복 있는 사람

오직 여호와의 율법을 즐거워하여 그 율법을 주야로 묵상하는 자로다.
저는 시냇가에 심은 나무가 시절을 좇아 과실을 맺으며 그 잎사귀가 마르지 아니함 같으니
그 행사가 다 형통하리로다. (시편 1:2-3)

세상의 빛이 아니라 골칫거리가 되 버린 듯한 한국 교회의 절박한 현 상황에서 이 책은 우리 교회가 어떻게 본질을 회복하고, 제 역할을 감당할 수 있을 것인지를 구체적이고 설득력 있게 제시하고 있다. 이 책을 통해 한국 교회는 만민과 만물을 예수 그리스도 안에서 구원하여 회복시키는 하나님의 선교에 참여하기 위해 이 세상에서 부름을 받고, 이 세상 속으로 보냄을 받은 하나님 백성의 공동체로서 분명한 정체성을 확립하는 데 큰 도움을 얻게 될 것이다. 또한 이 책이 개신교, 특히 복음주의 신학의 취약점이었던 교회론에 대한 심도 있는 논의를 촉발시키는 계기가 되기를 기대해 본다.

변진석 | 한국선교 훈련원GMTC 원장

마이클 고힌의 새 책을 오래 기다리지 않고 한글로 읽을 수 있게 된 것을 기쁘게 생각합니다. 특정한 주제에 초점을 두고 성경을 읽는다는 것은 더러 위험할 수도 있지만, 선교적 관점에서 그렇게 한다는 것은 정당하다고 봅니다. 선교가 성경이 계시된 궁극적인 목적이기 때문입니다. 이 책은 선교적 교회론의 논의를 성경적 이해에 뿌리내리게 하는 데 중요한 기여를 하면서 이른바 선교적 성경 읽기의 좋은 모범을 보여준다고 생각합니다.

문상철 | 한국선교연구원kriM 원장, 합동신학대학원대학교 선교학 교수

이 책에는 고힌의 오랜 목회 경험과 선교학자로서의 깊은 연구, 강의와 저술을 통해 다져진 스토리텔링 능력이 잘 응축되어 있다. 이 책을 통해 독자들은 교회의 선교적 정체성과 사명을 다시 소망의 눈으로 바라볼 수 있게 될 것이다. 그 길은 다름 아닌 성경적 안목의 회복이다. 뉴비긴의 말처럼 성경은 바라볼 책이 아니라 통해서 볼 책이기 때문이다. 이 책이 고힌의 소망대로 성경을 안경으로 우리 시대의 교회의 선교적 사명을 다시 이해하는 일에 사용될 수 있기를 진심으로 기대한다.

신국원 | 총신대학교 신학과 교수

마이클 고힌은 성경의 거대한 이야기 속에서 하나님 백성의 연속성과 발전을 노련하게 추적해 가며, 모든 단계마다 하나님 백성은 이 세상 모든 민족을 향한 하나님의 선교를 위해 존재해 왔다는 사실을 보여준다. 오늘날 교회가 선교적 정체성을 숙고하고 실천하기 위해 필요한 모든 성경적 깊이가 이 책 안에 다 들어 있다.

리처드 보캄 | 케임브리지 리들리 홀 선임교수

성경의 선교적 해석에 대한 관심이 되살아나고 풍성해져서 열매를 맺는 것을 보니 매우 고무적이다. 마이클 고힌의 이 훌륭한 책은 이 분야를 상당히 진일보시켰다. 이 책은 교회의 역할과 선교에 대한 우리의 이해를 성경 전체에 뿌리내리게 하고, 구약이 얼마나 예수님과 신약의 제자들, 그리고 우리에게까지 형성적인 역할을 하는지 보여준다. 현대 교회의 문화적 근원에 대한 역사적 분석과 함께 풍부한 성경적 고찰들은 오늘날 교회가 어떻게 진정한 선교적이고 성경적인 교회가 될 수 있는지에 관한 도전적 결론을 이끌어 낸다. 이 책은 하나님의 세상을 위해 하나님의 백성이 하나님의 선교에 참여하도록 돕는 성경신학이다.

크리스토퍼 라이트 | 「하나님의 선교」 저자

선교에 관한 책들은 주로 상황화에 대한 전략과 방법에 초점을 맞춘다. 성경적이고 신학적인 기초에 대한 연구를 좀처럼 찾아보기 어렵다. 이에 반해 마이클 고힌은 교회의 본질을 분석하면서 원래 역사적인 상황 속에서 성경적 정체성과 역할을 두고 씨름하는 내러티브적 성경신학을 우리에게 제공하고 있다. 너무 많은 교회들이 사역과 프로그램에 몰두하다 보니 하나님의 선교—"모든 창조세계와 모든 인간의 삶을 죄의 파괴력에서 회복하는"—에 참여하라는 교회의 보다 큰 부르심을 보지 못한다. 이 중요한 책에서 독자들은 크게는 하나님의 목적에 관한 성경 이야기를 배울 것이고, 특별히 하나님의 선교에 관한 넘치는 자원들을 얻을 수 있을 것이다.

에크하르트 슈나벨 | 트리니티 복음주의 신학교 교수

마치 능숙한 오케스트라를 연상케 하듯 「열방에 빛을」의 주제는 첫 두 장에서 선포되고, 그 뒤를 잇는 장들은 구약과 신약 속에서 하나님의 선교적 백성의 성공과 실패를 추적한다. 마지막 두 장은 다시 주제를 되풀이하면서, 그 주제가 오늘날 하나님의 백성에게 절대적인 중요성을 갖고 있음을 보여준다. 마이클 고힌은 섬세한 학문성과 오늘날 하나님의 선교에 온전히 참여하고픈 열정을 효과적으로 접목시킨다.

윌버트 쉥크 | 풀러 신학교 교수

「열방에 빛을」은 선교적 교회에 관한 성경적 연구를 위해 매우 긴요한 기본 교재로서, 충분히 관심을 기울일 만한 값진 책이다. 마이클 고힌은 폭넓은 범위의 성경신학자들을 주의 깊게 읽고 해석함으로써, 진지한 대화를 나눌 가치가 있는 학자들의 목소리를 끌어들이고, 선교적 교회에 대한 성경신학의 주요 주제들을 다루며, 추가적인 연구를 자극하는 통합적 접근을 제시한다. 이 책은 대학과 신학교에서 교회와 교회의 선교를 다루는 강의 계획표에서 빠지지 않는 중요한 교재가 될 것이라고 확신한다. 목회자와 성도들, 또한 선교단체는 이 책을 통해 급변하는 시대 속에 신실한 선교를 위한 성경적 방향을 발견하게 될 것이다.

대럴 구더 | 프린스턴 신학교 교수

'하나님의 선교'에 관한 새로워진 대화들이 이 책을 쓰도록 요구했다! 이 책을 쓰기에 고힌만큼 잘 준비된 사람은 없을 것이다. 고힌은 성경 이야기에 관한 포괄적인 지식과 오늘날 교회들이 움직이는 선교적 방향에 대한 목회적 감수성을 바탕으로 세상을 향한 하나님의 사랑 이야기에 철저히 뿌리내린 하나님 백성의 매력적인 이야기를 전해 준다.

조지 헌스버거 | 웨스턴 신학교 교수

「열방에 빛을」은 아주 능숙한 방식으로 독자들에게 새로워진 선교적 상상력을 불러일으킨다. 마이클 고힌은 성경 속에서 선교적 주제를 추적하고, 우리로 하여금 그의 비전이 실제로는 새로운 것이 아니라 하나님 백성의 최상의 모습을 특징지어 온 견고한 선교적 교회론의 재발견이라는 사실을 보게 한다. 고힌은 하나님의 부름 받은 종말론적 백성이 새 창조를 구현하며 살아가는 것이 무엇인지를 보여주는 광범위한 비전으로 우리를 이끌어 간다. 단지 표어가 아닌 가장 깊은 우리의 정체성으로서, 선교적 교회가 실제로 무엇인지 이해하기 원한다면, 이 책은 없어서는 안 될 지침서가 될 것이다. 진심으로 이 책을 추천한다!

티모시 테넌트 | 애즈버리 신학교 교수

이 책은 성경 전체의 이야기를 근거로, 21세기의 선교적 교회가 "열방의 빛"이 되기 위해 필요한 것이 무엇인지를 분명하게 보여준다. 매우 주목할 만하고, 설득력 있는 책이다.

제럴드 앤더슨 | OM 연구센터 명예원장

열방에 빛을

MICHAEL W. GOHEEN

A LIGHT TO THE NATIONS

열방에 빛을

마이클 고힌 지음 | 박성업 옮김

복 있는 사람

열방에 빛을

2012년 3월 12일 초판 1쇄 발행
2023년 9월 26일 초판 7쇄 발행

지은이 마이클 고힌
옮긴이 박성업
펴낸이 박종현

(주) 복 있는 사람
서울특별시 마포구 연남동 246-21 (성미산로 23길 26-6)
Tel 723-7183 (편집), 723-7734 (영업·마케팅) | Fax 723-7184
hismessage@naver.com
등록 1998년 1월 19일 제1-2280호

ISBN 979-11-7083-018-4 03230

선교적 교회를 양육하고 있는 동료 목회자들,

하워드 맥피, 앤드루 잔팅, 팀 쉐리던, 피터 시니아,

데이비드 그룬, 앤드루 분크에게

차례

추천의 글

오래전 입학시험 성경고사를 채점하면서 웃지 못할 일을 겪은 적이 있다. 응시자 전원이 세례교인임에도 불구하고 그들이 보여준 성경 지식은 정말 우려할 만한 수준이었다. 특히 구약부분이 심각해 요셉이나 룻에 대한 간단한 물음에도 제대로 답을 하지 못한 학생들이 많았다. 하지만 "땅끝까지 이르러 내 증인이 되리라"(행 1:8)는 지상명령에 관해서는 자세히 쓴 사람이 꽤 많았다. 예를 들어, 창세기에 나오는 요셉을 "마리아의 남편"이라고 쓴 학생이 사도행전 말씀은 바울처럼 해외선교에 힘쓰라는 말씀임을 장황하게 역설하는 식이었다. 교회마다 선교를 강조한 덕분이라 다행이다 싶으면서도, 과연 요셉이나 룻이 누구인 줄 모르는 사람이 땅끝까지 전하는 복음의 내용이 무엇인지 궁금해지지 않을 수 없었다. 문제는, 성경이 펼쳐 보여주는 하나님 역사에 대한 전체적 조망이 없으면 교회의 정체성과 사명에 대한 이해에 심각한 장애가 생긴다는 데 있다.

고등학생들은 입시에 치여서 그렇다고 하자. 어른들의 형편은 나을까? 특히 내 오랜 친구 마이크 고힌이 이 책에서 주장하는 것처럼, 서구 교회가 성경적 조망을 상실하여 선교적 정체성을 잃고 쇠퇴한 것이 사실이라면 한국 교회라고 안심할 수 있을까? 한국은 만 명 넘는 선교사를 파송해 세계 2위의 선교대국이 된 지 오래다. 하지만 우리는 선교에 대해 바로 알고 행하고 있는 것일까? 마이크는 지난 두 세기 동안 서구 교회가 선교를 타문화권의 미전도 지역을 향해 나가는 복음의 지리적 확장으로만 국한시켜 온 것에 대해 문제를 제기한다. 서구 교회는 선교를 창세기로부터 요한계시록에 이르며 펼쳐지는 구속 역사와 연관 지어 폭넓게 생각하지 않았다. 그 결과 교회가 전도를 위한 특정 활동보다 훨씬 큰 일 곧 창조의 회복을 이루기 위해 열방 가운데 빛을 드러내기 위해 보냄을 받았다는 사실을 잊었다. 해외 선교는 힘썼지만 정작 자신의 사회와 문화는 동양과 아프리카의 선교지보다 더 세속적인 복음의 불모지가 되어 버린 것이다. 서구 교회는 기독교적 문화 속에서 살고 있다는 착각 속에 선교적 정체성을 상실하면서 서서히 시들어 갔다는 것이다.

마이크는 이 근본적 잘못을 고치는 방법은 선교를 하나님의 큰 역사적 섭리의 맥락 속에 다시 위치시키는 것에서 찾는다. 구약성경과 복음서에서 선교가 어떤 의미를 갖고 있는지를 세세히 파헤치는 것은 바로 그 때문이다. 물론 사도행전 이후에 서구 사회와 문화 속에서 하나님의 역사가 교회와 선교를 통해 어떻게 이루어져 왔는지도 자세히 검토한다. 복음은 하나님 나라의 도래, 곧 하나님의 우주적 주권 회복이다.

하나님께서 이 일을 구약에서 시작하셨기 때문에 선교에 대한 반성 역시 구약에서 시작해야 한다는 것이다. 특히 교회가 이스라엘 백성이 실패한 선교적 정체성과 역할을 이어받은 공동체라는 의식에 입각해 선교를 다시금 생각하도록 도전한다. 교회는 이스라엘 백성처럼 열방 가운데 "대조적 사회contrast society"로 민족주의적 배타주의의 어둠 속에서 모든 장벽을 허무는 사랑의 빛이어야 한다. 이런 의미에서 교회는 하나님의 결정적인 종말론적 행동이라고 주장한다. 마이크의 이런 주장은 20세기 최고의 선교사 레슬리 뉴비긴이 「성경 통독하기A Walk through the Bible」에서 선교를 성경을 통해 새롭게 이해하려고 시도한 내용의 확대판 같은 인상을 준다.

뉴비긴이나 마이크의 이런 접근 방식은 선교에 관한 기존의 태도와 큰 차이를 보여준다. 이 책은 좁은 의미의 선교학이나 교회론이 아닌 것은 분명하다. 오히려 성경신학과 조직신학은 말할 것도 없고 철학사까지 동원해 선교와 교회를 이해할 수 있는 통합적인 관점을 제시한다. 신학은 하나 또는 몇 개의 중심 주제를 사용하여 성경의 진리를 정리하려고 한다. 예를 들어, 개혁신학은 언약을 중심으로 성경의 진리를 체계적으로 제시한다. 마이크도 개혁주의 전통 속에 서 있기에 언약을 중시한다. 그러면서도 구속 사역에 입각한 성경 특유의 세계관에 입각한 선교와 교회 이해가 구약과 신약의 통일성을 보여줄 유일한 해석학적 렌즈라고 말한다. 나아가 그것이 교회가 하나님의 역사를 증언하기 위해 세워졌다는 시각이 선교를 구속사적으로 풀어내는 방법임을 보여준다. 이 모델은 분명히 선교와 교회를 역동적으로 연계시킬 수 있는 장점을 갖고 있다. 더불어 마이크가 알버트 월터스Albert Walters의 「창조 타락 구속Creation Regained」 부록에서 주장한 대로 기독교 세계관 논의가 철학 이론처럼 보일 수 있는 부작용을 완화시킬 수 있는 유익도 있다.

이러한 주장은 마이크 자신이 지난 20년 넘게 목회와 교직의 현장에서 쌓아 온 실천적 경험들을 통해 도출된 결실이다. 캐나다 태생인 마이크는 미국 웨스트민스터 신학교Westminster Theological Seminary를 마친 후 토론토 기독교학문연구소Institute for Christian Studies를 거쳐 네덜란드 우트레히트 대학Utrecht University에서 뉴비긴의 선교 이론에 대한 연구로 박사학위를 마쳤다. "아버지께서 나를 보내신 것 같이 나도 너희를 보내노라"는 요한복음 20:21을 책 제목으로 출판된 그의 학위논문은 뉴비긴 연구 가운데 가장 방대한 것이다. 마이크는 도르트 칼리지Dordt College와 리디머 대학Redeemer University College과 칼빈 신학교Calvin Theological Seminary 등지에서 교수를 역임했고, 지금은 밴쿠버에 있는 트리니티 웨스턴 대학Trinity Western University의 제네바 기독교 세계관 석좌 교수이면서 리젠트 칼리지Regent College에서도 가르치고 있다. 마이크는 늘 자신이 설교자이지 저술가나 연구가가 아니라고 겸손해 했다. 하지만 최근 출간하는 책마다 독자들에게 환영받는 점도 뉴비긴을 닮았다. 마이크가 뉴비긴에게서 큰 영향을 받은 것은 박사학위 연구 때문만은 아니다. 마이크는 서구 교회의 쇠퇴에 대한 뉴비긴의 안타까움에 깊이 공감하고 그의 교훈을 자신의 삶과 목회에 대한 반성과 대안으로 뼛속 깊이 새겼다.

마이크는 근래에 활발히 전개되고 있는 "선교적 교회Missional

Church"의 갱신운동에 대해서도 호의적이지만 그에 대한 근본적인 반성을 요청한다. 이 운동 역시 뉴비긴을 따라 선교의 의미를 보다 넓게 하려고 애쓰고 있음은 인정한다. 이들도 서구 교회가 근대적 세계관에 물들어 본연의 정체성을 상실했음을 의식하며 문화와의 선교적 대면missional encounter의 중요성을 강조한다. 그러나 이들 역시 신학적 깊이의 결여로 선교의 폭을 너무 좁게 생각하는 경향이 있고 특히 구약을 무시하는 점이 약점이라고 비판한다. 이들은 세상을 새롭게 하시는 하나님 역사의 연장이라는 관점에서 선교를 바라보는 대신 교회의 쇠퇴를 역전시키려는 부흥운동에 매여 시야가 좁고 신학적 반성이 깊지 않다는 것이다.

이런 문제는 선교적 교회 운동뿐 아니다. 마이크는 목회자와 교회 지도자들이 꼭 필요한 신학적 씨름조차 실천적이지 않다는 이유로 하려 하지 않는다고 꼬집는다. 그래서 자신은 이 최소한의 필수적인 신학적 씨름을 제안하기 위해 연구를 하고 또 책을 쓴다는 것이다. 바로 이 점도 뉴비긴을 연상하게 한다. 마이크는 오래전에 내게 뉴비긴의 역사를 분석하는 철학적 안목이 개혁주의 세계관과 닮았다는 사실을 알게 해주었다. 특히 다원주의 사회 속에서 복음을 소통하는 동시에 타협 없이 증거하는 것이 어떻게 가능할지를 모색하는 점에 많은 공감대를 갖고 있다. 마이크는 뉴비긴에게서 계몽주의 시대 이후 서구가 세속화된 과정을 철학적으로 분석하는 안목에서 자신의 논제를 발견한다. 그가 이 책에서 한 작업은 서구의 역사, 문화, 철학에 대한 폭넓고 깊은 이해가 있어야만 가능한 것이다. 아울러 오랜 목회 경험과 선교학자로서의 깊은 연구에 기초하여 지난날의 선교와 교회론의 약점을 보완하는 실천적 방안을 제시했다. 마이크는 자신을 좁은 의미의 선교학자로 생각하지 않는다. 문화와 철학에 대한 폭넓은 이해를 갖고 있지만 철학자도 아니라고 말한다. 마이크는 설교는 물론이고 강의와 저술에서도 독자들이 이해하기 쉽게 풀어내는 스토리텔러로서의 능력이 탁월하다. 여기에는 부인과 함께 네 아이를 홈스쿨링으로 양육한 성공적인 경험도 분명히 작용한다.

마이크가 어떻게 강단과 교단을 섬겨 왔는지를 잘 알기에 이 책이 그에게 어떤 의미가 있을지 짐작할 수 있다. 첫째, 이 책은 마이크의 최초 본격적인 저술이다. 이제까지 마이크는 「성경은 드라마다*The Drama of Scripture*」와 「세계관은 이야기다*Living at the Crossroads*」에서 크레이그 바르톨로뮤와 듀오를 연주했다. 이 책의 그의 첫 "솔로 앨범"인 셈이다. 마이크는 본래 글쓰기보다 이야기하기를 훨씬 더 좋아한다. 밤늦게까지 친구들은 물론이고 학생들과도 이야기 나누기를 좋아한다. 훌륭한 설교자이며 유능한 교수인 그가 이 책을 통해 탁월한 저술가의 반열에 들게 될 것이 분명하다. 둘째, 본서는 마이크가 가장 잘 아는 전공분야의 연구 결과일 뿐 아니라 그가 늘 관심을 기울여 온 기독교 세계관과 교육에 대한 식견을 통합시킨 책이라는 점에서도 큰 의미가 있다. 마이크는 이 책의 목적이 성경 이야기에 나타나는 교회의 역할을 추적하면서 교회의 선교적인 정체성을 조사하는 것이라고 했다. 선교가 "교회 정체성의 핵심"이며 하나님의 백성으로서의 소명의 중심이라고 보고, 이 정체성과 소명의 회복이 곧 부흥의 열쇠라고 보기 때문이다. 그것은 "오직 우리가 성경 이야기 속에서 하나님께서 우리에게 주신 역할을 받아들일 때, 우리는 그분이 의도하신 모습이 될 것"이라고 말한다. 이를 통해 쇼핑몰이나 극장 또는 온천과 같이 변해 버린 제도화된 교회가 선교적 사명을 다시 회복하게 될 것을 꿈꾼다. 결국 마이크는 이 책을 통해 선교적 비전을 회복한 교회의 모습을 투사하고 있다. 이 책의 마지막 장이 그런 교회의 예배와 설교와 교육과 봉사가 어떤 모습을 갖게 될지를 그려 보는 일로 마치는 것은 자연스러운 결과다.

마이크는 선교적 정체성의 회복으로 새롭게 된 교회의 모습을 결코 안락한 곳으로 그리지 않는다. 세계 어디서나 교회가 하나님이 인류의 구원을 위해 행하신 일의 증인으로 살기 위해서는 비장한 각오가 필요하다고 보기 때문이다. 교회는 기꺼이 고난받는 삶을 그러나 매력적으로 증거하는 공동체로 거듭나려는 용기가 있어야 한다고 역설한다. 이는 기독교가 더 이상 서구 사회에서조차 주도적인 위치에 있지 않기 때문에 그렇다. 오늘날과 같은 다원주의 사회 내에서는 끝없이 세계관 충돌이 일어나게 마련이다. 지배적인 세계관은 언제 어디서나 반대하는 공동체에게 엄청난 압력을 행사해서 독특함을 포기하고 순응하도록 만든다. 오늘의 사회를 지배하는 세 가지 영적인 힘인 세계화globalization, 포스트모더니즘postmodernism, 소비주의consumerism는 결코 대처하기 쉽지 않다. 교회는 이런 힘과 타협하든지 복음에 신실한 선교적 공동체가 되기 위해 고난을 받을 각오를 해야 한다. 특히 공적인 장에 나가면 압박과 고난은 더욱 커진다. 하지만 신앙을 개인적인 일로 만드는 것은 복음의 우주적 범위를 부정하는 지난 수세기 동안의 실패를 반복하는 것이다. 예수 그리스도의 공동체인 교회는 공적이며 우주적인communal and cosmic 삶 속에서의 증인의 정체성을 회복해야 한다. 교회는 열방에 빛이 되기 위해 사람들을 모으고 거룩하게 하는 일을 하나님 나라가 오기까지 계속하기 위해 고난을 감수할 각오를 해야 할 것을 강조한다.

이 책은 물론 북미 지역 상황과 서구 교회를 염두에 두고 썼다. 하지만 마이크는 자신의 논의가 한국 교회를 위해서도 의미가 있다고 확신하는 데 나도 전적으로 동감한다. 그는 이미 여러 번 한국에서 강의를 하여 한국의 사정을 비교적 잘 알고 있다. 제자이자 번역자인 박성업 목사를 통해서도 한국에 대해 더 깊은 이해를 쌓고 있는 중이다. 무엇보다 그는 한국 교회에 대해 깊은 관심과 애정을 갖고 있다. 또 자주 기독교의 미래는 한국과 사하라 남부 아프리카에 달렸다고 말하곤 한다. 그러기에 때 이른 위기에 직면한 한국 교회의 현실에 대해 무척 안타까워하며, 이 책이 조금이라도 상황의 변화에 도움이 되기를 기대한다. 마이크는 이 책에서 교회의 선교적 정체성과 사명을 다시 소망의 눈으로 바라볼 수 있는 길을 제시하려고 했다. 그 길은 다름 아닌 성경적 안목의 회복이다. 뉴비긴의 말처럼 성경은 바라볼 책이 아니라 통해서 볼 책이기 때문이다. 이 책이 마이크의 소망대로 성경을 안경으로 우리 시대의 교회의 선교적 사명을 다시 이해하는 일에 사용될 수 있기를 진심으로 기대한다.

신국원 교수 총신대 신학과

열방에 빛을

한국의 독자들에게

한국에 있는 독자들이 읽을 수 있도록 이 책을 출간해 주신 '복 있는 사람' 출판사에 깊은 감사를 드립니다. 저는 이 책이 한국과 매우 다른 배경에서 쓰여졌으며, 성경이 많은 점에서 상이한 상황에 대해 말하도록 시도하고 있음을 잘 알고 있습니다. 이 책이 배경으로 삼고 있는 곳은 바로 북미 지역입니다. 하지만 이 책은 또한 한국 교회를 위한 중요한 메시지를 갖고 있다고 생각합니다.

19세기와 20세기 초에 북미 지역 교회의 선교는 복음을 들고 미전도 지역으로 나가는 타문화권을 향한 노력cross-cultural endeavour으로 이해되었습니다. 타문화권 선교에 대한 집중은 우리 자신의 문화 안에서, 그 문화로의 선교를 시들게 하는 상황으로 이끌었습니다. 우리는 어느 정도—그리고 잘못되게—우리의 서구 문화가 기독교적이라고 믿었고, 결국 우리의 선교적 정체성missional identity을 잃어버렸습니다. 20세기 중반에, 특히 1938-1952년 동안 선교 자체는 해외선교보다 훨씬 더 큰 의미를 갖고 있다는 것이 점차 분명해졌습니다. 선교는 또한 복음전도와 봉사활동과 같이 의도적으로 복음을 전하기 위한 특정한 활동보다 훨씬 더 큰 것이었습니다. 이런 모든 일이 중요했지만, 문화 간 선교, 복음화, 의도적인 자비와 정의의 행동은 모두 보다 깊은 곳에서, 훨씬 더 근본적인 우리의 선교적 정체성으로부터 나왔습니다. 다시 말해, 우리는 모든 열방 가운데서 복음을 구현하고 전하기 위해 보냄을 받은 사람들이었습니다.

레슬리 뉴비긴의 사역은 북미 교회에 이런 정체성을 일깨워 주는 촉매 역할을 했습니다. 그는 선교사로서 40년간 인도에서 사역을 한 후 돌아왔습니다. 돌아온 후에 그는 유럽과 북미 교회가 인도보다 훨씬 더 어려운 사역지라는 것을 깨달았습니다. 서구 교회는 자신의 선교적 정체성을 이해하지 못했고, 자신의 문화에 대한 선교적 분석과 이해를 제공할 수도 없었습니다. 오염된 물에서 오염된지도 모르고 숨 쉬는 물고기처럼, 서구 교회는 주변 문화의 우상숭배 속으로 빠져들었고, 더 이상 삶과 말, 행동으로 복음을 전하지 못했습니다. 강력한 증거를 보여주는 대신에, 교회는 놀라운 속도로 성도들을 잃어 갔습니다. 그리스도께 열정적으로 헌신했던 사람들은 종종 복음을 내세적이고 개인적인 구원으로 축소시키며 복음을 문화적 삶으로부터 분리시키는 이원론을 받아들였습니다. 모든 창조세계, 모든 인간의 삶, 모든 역사의 주인이신 성경의 예수님은 개인의 구주로 축소되었습니다. 바로 이것이 뉴비긴이 지적하고 변화시키기 원했던 상황이었습니다.

뉴비긴의 저술들은 대단한 영향을 미쳤고, 많은 사람들을 움직였습니다. 그 결과 가운데 하나가 '복음과 우리 문화 네트워크 운동Gospel and Our Culture Network movement'이라 불리는 그룹이 생겨난 것입니다. 그들의 목표 가운데 하나는 교회와 북미 문화 사이의 선교적 대면을 촉진시키는 것이었습니다. 이것은 교회가 선교적 정체성을 회복하는 동시에 서구의 중심에 놓인 우상숭배를 폭로하는 선교적 분석을 포함하는 것입니다. 그들이 가장 먼저 출판한 것은 선교적 교회에 대한 책이었습니다. 이때까지 교회의 선교적 정체성은 '선교사적missionary'이라는 보다 오래된 단어로 불렸지만, 그들은 선교에 대한 보다 깊고 넓은 이해를 표현하기 위해서 '선교적missional'이란 새로운 단어를 만들어 냈습니다. 북미 문화와의 선교적 대면에 대한 관심을 불러일으키고자 하는 그들의 소망은 분명하게 실현되었습니다. 관련된 책들이 쏟아져 나왔고 '선교적'이라는 단어도 널리 사용되었습니다.

많은 북미 사람들은 교회가 어려움에 처해 있음을 알았고 급진적인 개혁의 필요성을 인식했습니다. '선교적'이라는 단어는 이런 문제의식을 가진 사람들의 큰 공감을 얻었습니다. 선교적 교회에 대한 폭발적인 관심은 많은 좋은 결과들을 가져왔지만, 반대로 많은 문제들도 일으켰습니다. 첫째, '선교적'이라는 단어는 사소한 것에서부터 심오한 것까지 많은 의미를 내포하고 있었습니다. 우리가 선교적이라고 말할 때, 우리는 정확히 무엇을 이야기하는 것일까요? 둘째, 그런 논의에는 종종 신학적 깊이가 결여되어 있었습니다. 소수의 책만이 '복음과 우리 문화 네트워크 운동' 지도자들의 저술이 보여준 수준에 도달했습니다. 그보다 더 소수만이 레슬리 뉴비긴의 저술이 지닌 깊이에 도달했습니다. 예를 들어, 뉴비긴이 주장한 선교의 넓이를 포착하고 있는 책들은 거의 없습니다. 뉴비긴에게는 삶 전체가 선교였습니다. 곧 하나님 백성의 삶 전체가 새 창조의 일부이며, 따라서 이 세상에서 하나님이 새롭게 하시는 사역의 증거였습니다. 더 나아가, 뉴비긴과 같은 깊이와 섬세함을 가지고 서구 문화를 분석한 사람은 거의 없었습니다. 대부분의 선교적 교회 문헌이 갖고 있는 세 번째 문제는, 선교적이라는 새로운 단어를 쇠퇴하는 교회에 대한 가장 최신의 해결책이자 교회 개혁의 열쇠로 붙들었다는 점입니다. 결과적으로 대부분의 책은 매우 실용적이었고 새로운 구조와 관습에 대한 필요에 초점을 맞추었습니다. 물론 일부는 도움이 되었지만, 다른 많은 책들은 훌륭한 신학적 기초가 결여되어 있습니다.

이러한 선교적 교회 문헌에서 확연히 누락된 것 가운데 하나는 성경적이고 주해적인 작업이었습니다. 그나마 성경이 다루어지더라도 구약이 사실상 무시되었습니다. 이것은 많은 잘못된 긴장을 유발하고 선교에 대한 훨씬 좁은 관점을 가져왔습니다. 이 책은 이러한 필요를 채우고 선교적 교회를 위한 성경적인 기초를 제공하기 위해 기획되었습니다. 제가 확신하는 바는 선교란 교회 정체성의 핵심이며, 우리가 그 선교적 정체성을 이해하지 못하고 소유하지 못하고 표현하지 못하는 만큼, 우리는 하나님의 백성으로서 우리의 소명에 충실하지 못하다는 점입니다. 오직 우리가 성경 이야기 속에서 하나님께서 우리에게 주신 역할을 받아들일 때, 우리는 그분께서 의도하신 모습으로 변화될 것입니다.

이러한 최근의 역사가 이 책의 배경을 제공하고 있습니다. 다시 말해, 우리 북미 지역의 상황이 이 책을 쓰도록 요구했다고 생각합니다. 여기서 저의 질문은, 과연 이 책이 한국 상황에도 적용될 수 있을까 하는 것입니다. 저는 적어도 세 가지 이유에서 그것이 가능하다고 생각합니다. 첫째, 세계의 일부 지역에서 교회가 성경과 씨름하는 문제들은 다른 지역의 교회에 교훈을 줄 수 있습니다. 둘째, 이 책이 성경의 가르침을 다룬 만큼 세계의 어느 지역에 있는 교회에도 의미가 있다고 생각합니다. 성경은 하나님의 말씀이기 때문에 세계 모든 교회에 동일한 권위를 갖고 있습니다. 셋째, 북미 교회와 한국 교회의 사이에는 특정한 유사점들이 존재하기 때문에 이 책이 시사점을 갖는다고 생각합니다.

저는 겸손하고 조심스러운 마음으로 세 가지를 이야기하고자 합니다. 이제까지 저는 아주 짧은 시간 동안만 한국을 방문했기 때문에 그 상황을 깊이 알고 있다고 생각하지 않습니다. 하지만 때로는 외부의 시각이 내부의 사람들이 쉽게 볼 수 없는 것을 볼 수 있게 해준다고 생각합니다. 게다가 한국 교회에 있는 저의 많은 친구들이 공통적으로 이야기하는 것을 듣습니다. 그래서 이러한 유사점들을 잠정적으로 제시하고 그 판단은 독자들에게 맡기고자 합니다.

한국 교회는 이 세기에 유례없는 수적인 성장을 이루어 왔으며, 이것은 한국 밖에 있는 많은 사람들에게 하나님의 역사하심에 대한 감탄과 감사를 드리게 하는 영적인 활력을 주었습니다. 하지만 통계에 따르면 지난 수십 년간 한국 교회는 쇠퇴하고 있습니다. 아마도 수적인 감소는 북미에서와 같이 심각하지 않을 것입니다. 그럼에도 교인이 줄어들자 교회 지도자들은 어떻게 하면 교회가 새로워질 수 있을지 고민하기 시작했습니다. 게다가 성직자 부패와 사회적 영향력의 감소는 교회가 과연 건강한지, 또한 어떻게 개선될 수 있을지에 대한 질문을 제기하도록 만들었습니다. 교회가 복음 안에서 새로운 삶을 찾으려고 한다면, 한 가지 중요한 부분은 한국 교회가 그들의 내적인 선교적 정체성과 문화와의 외적인 선교적 대면을 회복하는 길입니다. 아마도 이 책은 한국 상황에서 이 점을 심사숙고하도록 자극할 수 있을 것입니다.

북미 지역에서의 선교는 종종 복음전도, 타문화권 교회 개척, 봉사 활동을 통한 다른 의도적인 노력들로 축소되었는데, 이는 복음에 대한 잘못된 인식에 기인한 것입니다. 예수님은 하나님 나라의 복음을 선포하셨습니다. 그것은 하나님께서 다시 왕이 되고 계신다는 선포였습니다. 모든 창조세계와 모든 인간의 삶—문화적·사회적·개인적—은 모두 그분의 권위와 통치 아래로 들어와야 했습니다. 그러나 공적 생활은 여전히 서구 문화의 우상에 의해 지배되고 있었고, 작은 사적인 영역—영적 혹은 도덕적—만이 기독교 신앙을 위해 남겨져 있었습니다. 그리스도 안에서, 성령의 권능에 의한 하나님의 보편적이고 회복적인 통치는 교회의 삶이 그리스도의 우주적 통치에 대해 증거하지 못하는 만큼 축소되었습니다. 저는 이러한 이원론이 한국에도 존재한다고 생각합니다. 편협한 복음은 선교에 대한 편협한 이해를 의미할 것입니다. 아마도 이 책은 하나님 나라의 복음에 근거한 교회의 선교를 보다 크고 성경적으로 이해하도록 도와줄 수 있을 것입니다.

마지막으로, 세계의 어느 곳에 있든지 교회가 처한 위험은 그 교회가 주변 문화에 충분히 비판적이지 않고 그들의 강력한 우상숭배적 호

름에 굴복하게 되는 것입니다. 뉴비긴은 서구 교회에 혼합주의syncretism
가 상당히 깊숙이 자리 잡고 있다고 믿었습니다. 선교적 백성이 되는 것
은 예수 그리스도의 주권 아래 매력적인 삶, 사람을 끄는 대안적인 삶의
방식을 제공하는 것입니다. 그것은 진정한 삶이란 문화의 지배적인 우
상숭배를 반대하는 복음으로부터 온다는 사실을 입증하는 공동체가 되
는 것입니다. 교회가 문화적 상황에 대해 강한 긴장감을 상실하고 그 상
황에 편안함을 느끼는 만큼, 교회는 그들의 선교적 정체성을 잃어버리
고 빛과 소금의 역할을 감당하지 못할 것입니다. 분명히 한국 교회는 이
것을 고민하고 있으리라고 생각합니다. 선교적 교회는 교회가 주변 문
화와 어떻게 타협해 왔는지를 물어볼 것입니다. 한국 교회에게 이 질문
은 한국의 오래된 토착 문화가 어떻게 교회의 복음과 삶을 훼손시켜 왔
는지를 물어보는 것을 의미할 것입니다. 권위에 대한 오래된 견해가 교
회 리더십의 역할을 위태롭게 하지는 않았습니까? 그것은 나아가 서구
의 우상숭배를 세계의 모든 지역으로 퍼뜨리고 있는 경제적 세계화의
강력한 추세가 한국 교회에 어떠한 영향을 끼치고 있는지를 물어보는
것이기도 합니다. 한국의 그리스도인들은 복음에 대한 신실함보다 전문
적·교육적·경제적인 성공에 더 큰 관심을 갖고 있지 않았습니까? 한국
교회의 축적되는 부가 교회의 정체성을 왜곡시키지는 않았습니까? 이
것은 교회가 어떻게 주변 문화에 비판적이지만 호의적인 방식으로 관
계를 맺을 수 있는지에 관한 질문들입니다. 이러한 질문들은 오직 한국
교회가 그들의 선교적 정체성을 깨닫고 우상숭배가 가득한 어둠 가운
데서 빛이 되는 그들의 소명을 잘 이해할 때에만 일어나게 될 것입니다.

저는 20세기에 미국 교회가 세계 교회에 영향을 미쳤던 것과 같이 21세기 세계 교회의 미래는 한국 교회의 건강함과 신실함에 의해 크게 영향을 받을 것이라고 믿습니다. 지난 세기에 미국 교회는 세계 교회에 긍정적인 영향과 부정적인 영향을 동시에 주었습니다. 한국 교회가 21세기에 동일한 역할을 하게 된다면, 좀 더 선한 영향을 주기를 기도합니다. 선교적 정체성에 대한 신실함, 곧 **성경적** 정체성이 매우 중요할 것입니다.

짧은 서문의 마지막으로 저는 이 책을 출간한 복 있는 사람 출판사에 다시 한 번 감사를 표합니다. 이 책의 메시지가 한국 교회를 잘 준비시키는 데 조그만 역할이라도 감당할 수 있기를 기도합니다. 이 책을 번역한 박성업 목사에게도 감사의 마음을 전합니다. 박성업 목사는 리젠트 칼리지에서 공부하는 저의 매우 훌륭한 제자들 가운데 한 명입니다. 그래서 이 책이 잘 번역되었으리라 믿어 의심치 않습니다. 저는 하나님께서 이 책을 기쁘게 사용하셔서 한국 교회를 더욱 큰 신실함으로 인도하시기를 기도합니다.

캐나다 브리티시 컬럼비아에서

마이클 고힌

이 책의 가장 중요한 목적은 성경 이야기에 나타나는 교회의 역할을 추적하면서 교회의 선교적인 정체성을 조사하는 것이다. 지난 이십여 년간 선교적 교회론missional ecclesiology에 대한 수많은 책들이 나왔다. 그질이 다양하지만 가장 훌륭한 저서들 가운데서도 성경신학적이고 주석적인 작업은 거의 없었다. 게다가 성경을 다루려고 할 때조차 구약성경은 뚜렷하게 무시되어 왔다. 내가 이 책을 쓴 이유는 바로 이러한 간격을 채우기 위함이다.

　이 책의 주요 독자는 신학생과 목회자, 교회 지도자들이다. 그러나이 책은 빠른 해결책을 찾는 실용적이고 성급한 목회자들을 위해 쓰여지지 않았다. 원래의 역사적 상황 속에서 우리의 성경적 정체성과 역할을 찾으려는 성경적이고 내러티브 신학적인 작업이기 때문이다. 이 책이 기술적인 책은 아니지만 빠른 답을 찾고자 하는 독자들이 기꺼이 쏟을 수 있는 노력보다 더 많은 것을 요구할 것이다. 나의 소망은, 한편으로 학자들이 그들의 관심을 사로잡기에 충분한 내용을 발견하는 것이 며, 다른 한편으로 진지한 평신도들이 이 책을 읽고 유익을 얻는 것이다.

독자들은 이 책이 쓰여진 배경을 알 필요가 있다. 지난 나의 삶에서 다섯 가지 요소들이 이 책을 형성했다. 첫 번째는 레슬리 뉴비긴의 선교적 교회론을 다룬 나의 박사 논문이다.[1] 나는 교회에 대한 뉴비긴의 견해를 이해하고자 10년 가까운 세월을 보냈다. 나의 선교적 교회에 대한 이해는 뉴비긴에게서 큰 영향을 받았으며, 이 점은 현대적 관련성을 논의하는 마지막 장에서 분명하게 나타날 것이다.

두 번째 요소는 20여 년 전 조지 밴더벨드George Vandervelde와 함께 참여한 수차례의 성경적, 역사적, 에큐메니컬 교회론에 관한 박사 과정 세미나들이다. 교회사 전반에 걸쳐 성경학자와 신학자, 현대의 에큐메니컬 사상가들이 말해 온 것을 읽었다. 이와 함께 조지의 교회를 향한 사랑과 예리한 신학적 사고는 나에게 교회론을 향한 새로운 애정을 불러일으켰고, 그 애정은 교회에 대한 지속적인 연구의 토대를 세워주는 매우 귀중한 동력이 되었다.

이 책에 영향을 준 세 번째 요소는 나의 지속적인 목회 경험이다. 나는 신학교를 졸업 후 처음 7년을 교회 개척자church planter로서, 이후에는 목회자로서 사역했다. 비록 지역 교회로부터 더 이상 사례를 받지 않고 거의 이십여 년 동안 학교에서 받은 사례로 생활했지만, 나는 결코 말씀 사역으로부터 동떨어져 있지 않았다. 뉴비긴에 관한 논문을 끝마칠 즈음에 나는 온타리오 주의 해밀턴에 위치한, 교인이 점차 줄어들어 힘겨워하던 한 도시 교회의 파트타임 설교자로 제안받았다. 내가 그 제안을 받아들이도록 자극한 것은 다음과 같은 질문들이다. 선교적 교회가 신학적으로 강의실이나 연구실에서 다루기 좋은 주제일지라도, 실제로 그것이 도시 회중 안에서도 적용될 수 있을 것인가? 좀 더 구체적으로, 다른 지역의 제도화되고 오래된 회중 안에서도 적용될 수 있을 것인가? 나는 예전에 선교적 교회에 대한 주제로 파리에서 열린 소규모 학회에서 위르겐 몰트만Jürgen Moltmann이 장난스럽게 한 말을 기억한다. "우리 모두 선교적 교회가 무엇인지 알고 있다. 하지만 현실적인 질문은 '교회'라고 불리는 다른 모든 제도화된 기관들을 어떻게 할 것인가다." 실제로, 과연 오래된 제도 교회가 선교적 색채를 띨 수 있을까? 나는 두 명의 동료들과 함께 사역했고, 성령이 이 제도화된 도시 교회 회중 안에서 일하시고 그들이 선교적 정체성을 점차적으로 받아들이면서 극적인 변화와 성장이 나타나는 것을 목격했다. 6년 후에 캐나다 반대편의 브리티시 컬럼비아 주에 있는 또 다른 학교 근무지에서 일하기 위해 떠날 때, 나는 나의 공식적인 목회 사역이 끝났다고 생각했다. 그러나 그런 일은 일어나지 않았다. 나는 지금도 밴쿠버 지역의 한 교회에서 파트타임 설교자로 계속 일하고 있다.

이러한 목회적 경험과 훌륭한 선교 지도자들과의 사역, 복음에 헌신한 회중을 섬기며 경험한 모든 일은 선교적 교회에 대한 신학적인 이해를 많은 부분 개선시켜 주었다. 이 책은 상당 부분을 선교적 교회의 개념을 위한 확고한 성경적–신학적 기초를 제공하는 데 할애하고 있지만, 그것은 또한 이러한 개념들을 실천하려는 시도 속에서 이루어진 설교와 목회적 경험에 의해서 형성되었다. 지역 회중의 지평은 결코 나의 주석적이고 신학적인 작업으로부터 분리되어 있지 않다.

이 책을 형성한 네 번째 요소는 수십 년간 이 책의 내용을 대학과 대학원의 학생들에게 가르칠 수 있었던 경험이다. 나는 작은 기독교 대학들에서 교수로 일했는데 학생들은 나에게 매우 폭넓게 가르쳐 주기를 원했다. 선교에 대한 다양한 주제들을 가르치는 일은 나로 하여금 교회론의 다양한 측면들을 연구할 수 있도록 도와주었다. 그러나 나의 가르침은 또한 성경신학과 세계관으로 확장되었다. 성경신학을 가르치면서 나는 선교적 해석학이 성경 이야기의 중심적 위치를 차지하고 있음을 깨닫고 선교에 더욱 깊이 헌신했다.[2] 세계관을 가르치는 일은 복음과 문화의 연관성, 공적 생활 속에서의 교회 선교에 관한 질문들과 씨름하도록 만들었다. 나는 또한 이러한 주제들을 대학원에서 가르쳤고 밴쿠버의 리젠트 칼리지에서도 계속해서 가르치고 있다. 이 책의 내용은 그러한 수업들과 도르트 칼리지, 리디머 대학, 트리니티 웨스턴 대학, 칼빈 신학교, 맥매스터 신학대학원McMaster Divinity School, 휘튼 칼리지 Wheaton College, 리젠트 칼리지에서 수천 명은 아닐지라도, 수백 명의 뛰어난 학생들을 가르치면서 나온 논문과 연구에 의해 형성되었다.

이 책에 영향을 준 마지막 요소는, 내가 다양한 교파적 전통을 가진, 세계의 많은 다른 지역에 있는 목회자들 앞에서 선교적 교회에 관한 자료들을 발표한 귀중한 경험이다. 목회자들이 종종 상아탑 신학을 꺼려하는 것은 정당하다. 그러나 때때로 교회 지도자들은 **지나치게** 실용적이고, 꼭 필요한 신학적 고찰에 대해 **너무** 인내심이 없다. 하지만 목회자들에게 이 내용을 이야기하고 그들과 대화를 나눈 것은 나로 하여금 상아탑 신학에만 머물지 않도록 도와주었다. 그러는 동안에 나는 목회자들로부터 많은 귀중한 통찰들을 얻을 수 있었다.

따라서 내가 이 책을 선교학자이자 목회자의 입장에서 기록했다는 사실이 분명해질 것이다. 나는 우선적으로 성경학자도 아니고, 이 책의 주된 독자도 성경학자들이 아니다. 비록 이 책은 성경학자들의 세계에 관여하겠지만, 텍스트 아래 놓인 많은 비평적 질문들은 다루지 않았다. 대신 내가 깊이 신뢰하는 여러 훌륭한 성경학자들의 주석적 결론에 의존했다. 나는 하나님의 백성으로서 복음에 신실하게 살아가기를 원하는 목회자, 신학생, 학식을 갖춘 교회 성도들을 위해 이 책을 썼다.

하나님의 선교와 교회의 선교에 대한 추가 자료들을 제공하는 웹사이트가 개설되었다. www.missionworldview.com. 다음의 웹사이트들도 독자들에게 유익할 것이다. www.biblicaltheology.ca, www.genevasociety.org, www.alloflliferedeemed.co.uk/goheen.htm.

서문을 마치며 이 책에 이런저런 모양으로 기여한 많은 사람들에게 감사를 표하고 싶다. 가장 먼저, 이 주제에 가장 큰 영향을 주었지만 지금은 주님과 함께 거하고 있는 레슬리 뉴비긴과 조지 밴더벨드에게 감사한다. 나는 제네바 협회라 불리는 이사회가 운영하는 종교와 세계관 연구의 제네바 의장Geneva Chair of Religious and Worldview Studies을 맡고 있다. 나는 내 작업에 방향을 제시해 준 이사회의 모든 분들께 감사한다. 관대하게도 그들이 2008년 한 해 동안 나에게 안식년을 주어서 이 책의 많은 부분을 쓸 수 있었다. 제네바 협회와 함께, 피에테르Pieter와 프란 밴더폴Fran Vanderpol, 그리고 오이코돔Oikodome 재단에 감사를 드린다. 그들은 기독교 학문을 위한 지속적인 비전을 가지고 제네바 의장의 자리를 재정적으로 후원하고 있다. 늘 도움을 주는 베이커 아카데믹Baker Academic의 짐 키니Jim Kinney와 그의 동료들에게도 감사한다. 언제나 내 일에 협력적인 아내 마르니Marnie에게도 감사한다. 나는 또한 다른 학자들과의 유대관계와 우정에 감사한다. 그들은 같은 길을 가는 동반자이자, (때때로 먼 곳에 있지만) 대화와 저술들을 통해 나의 생각에 도움을 주었다. 특히 대릴 구더Darrell Guder, 위르겐스 헨드릭스Jürgens Hendricks, 조지 헌스버거George Hunsberger, 데이비드 케틀David Kettle, 앨런 록스버그Alan Roxburgh, 윌버트 쉥크Wilbert Shenk, 크레이그 반 겔더Craig Van Gelder, 그리고 크리스토퍼 라이트Christopher Wright 등이다.

많은 사람들이 이 책의 원고를 읽고 유익한 평가를 해주었다. 이들은 캘리포니아 주의 샌디에고에 있는 칼레오 교회의 데이비드 페어차일드David Fairchild와 드류 굿맨슨Drew Goodmanson, 온타리오 주의 해밀턴에 위치한 퍼스트 크리스천 개혁교회와 뉴 호프 크리스천 개혁교회의 앤드루 잔팅Andrew Zantingh과 팀 쉐리던Tim Sheridan, 브리티시 컬럼비아 주의 버나비에 위치한 뉴 웨스트 크리스천 개혁교회의 데이비드 그룬David Groen, 애리조나 주의 피닉스에 있는 이스트 밸리 바이블 교회의 타일러 존슨Tyler Johnson, 브리티시 컬럼비아 주의 버나비에 있는 넬슨 에비뉴 교회의 요하네스 슈텐Johannes Schouten, 호주의 시드니에 위치한 트리기어 장로교회의 마크 글랜빌Mark Glanville, 온타리오 주의 브래드포드에 위치한 스프링데일 크리스천 개혁교회의 하워드 맥피

Howard McPhee, 그리고 미시건 주의 홀란드에 있는 웨스턴 신학교 Western Theological Seminary의 조지 헌스버거 등이다. 그들은 이 책에 도움이 되는 많은 유익한 제안들을 해주었다. 불행히도, 나는 이 책을 더 좋게 만들 수 있는 몇몇 제안들을 부족한 시간과 능력 때문에 다 수용할 수가 없었다. 더욱이 데이비드 그룬과 마크 글랜빌은 목회 동역자일 뿐만 아니라 좋은 사위들이라고 말할 수 있어서 기쁘다.

나는 더그Doug와 캐리 로니Karey Loney에게도 고마움을 표하고 싶다. 더그는 좋은 친구이자 귀중한 친구로서 지금까지 관대하게 작가로서의 은사를 세 권의 책에서 나누어 주었다. 이 둘은 원고를 읽고 편집을 해서 내가 좀 더 분명하게 표현하도록 도와주었다. 이 원고는 그들의 수고 때문에 훨씬 좋아졌다.

나는 온타리오 주의 해밀턴에 위치한 퍼스트 크리스천 개혁교회와 브리티시 컬럼비아 주의 버나비에 있는 뉴 웨스트 크리스천 개혁교회의 일원으로서 큰 축복을 받았다. 이러한 놀라운 공동체를 섬기며 그들의 일부가 된 것은 신약성경에 나타난 교회에 대한 많은 가르침들을 깨닫게 해주었다. 이 두 교회가 보여준 많은 것들 가운데 사랑과 관대함, 그리고 캐나다에서 하나님의 선교에 대한 헌신은 나를 양육시켜 왔다.

지난 25년간 나는 목회 사역에서 훌륭한 동료들과 함께 일할 수 있는 특권을 누렸다. 나는 선교적 교회에 대해서 이들에게 배운 많은 것들에 대해 감사한다. 나의 첫 목회지에서 나는 아주 잠깐 동안 하워드 맥피와 일했는데, 그는 나의 초기 멘토였으며 그리스도를 설교하는 것이 무엇인지를 포함하여 많은 것을 가르쳐 주었다.

해밀턴에서 7년을 지내면서 나는 재능이 매우 많은 앤드루 잔팅과 팀 쉐리던과 같이 일했다. 앤드루는 선교가 구조, 예배, 제자훈련, 리더십에 대해 의미하는 바와 일반적으로 회중의 내적인 삶을 잘 알고 있다. 팀은 도시 배경을 이해하고, 그들의 필요를 인식하며, 자비 사역의 목적을 위한 조직을 구성하고, 하나님의 선교를 위해 교회들을 연합하는 놀라운 은사를 갖고 있다.

버나비에서 데이비드 그룬과 함께 일하게 된 것은 큰 기쁨이었다. 그는 선교적 방법으로 학생부와 청년 사역을 발전시키는 어려운 일을 감당했다. 짧은 시간 동안 하나님은 재능이 많은 목회자이자 행정가인 피터 시니아Peter Sinia라는 동료를 만나게 해주셨고, 가장 최근에는 선교적 비전에 헌신한 또 다른 담임 목회자인 앤드루 분크Andrew Beunk와 함께 목회적 협력을 누리고 있다. 리더십을 선교적 교회를 위해 세우는 일에 사용하는 이러한 소중하고 헌신된 목회 동료들에게 이 책을 바친다.

열방에 빛을

왜 교회론이 그토록 중요한가

천국이 없다고 상상해 보세요.

당신은 나를 몽상가라고 비웃을지 모르지만

이런 생각은 나만 하는 것이 아니에요.

언젠가 당신이 우리와 함께하게 된다면

세상은 하나가 될 수 있을 거예요.

존 레논은 1970년대의 상징이었던 그의 노래에서 더 나은 세상을 꿈꾼다. 그 **세상**은 현재 자신이 경험하고 있는 전쟁, 불의, 분쟁, 가난, 불평등, 상처와 고통이 없는 곳이다. 그의 목소리 속에 들리는 열망처럼, 레논은 평화와 정의로 '하나가 될' 세상, '형제애'로 가득한 세상, 탐욕과 굶주림이 없는 세상, 그리고 사람들이 평화롭고 조화롭게 온 세상을 공유할 수 있는 세상이 되기를 갈망했다. 평화를 가로막는 모든 장애물,

곧 이기적이고 내세 지향적인 기독교, 폭력을 부추기고 정당화하는 다른 종교들, 그리고 국가 안보라는 환상 속에서 군사력 증강을 위해 엄청난 돈을 쏟아붓고 있는 나라들도 사라질 것이다.

레논은 그의 꿈이 이 세상에서 실현되려면, 그것이 단지 말이나 생각으로만 남아서는 안 된다는 것을 알았다. 그와 같이 꿈꾸고, 기꺼이 그 꿈을 따라 살기를 원하는 사람들의 공동체 안에서 가시화되어야 한다고 생각했다. 존 레논은 "나 혼자만이 아니에요"라고 말하면서 자신도 바로 그런 사람들과 함께하고 있음을 분명히 밝혔다. 그들은 1960-1970년대 반문화 운동countercultural movement을 일으킨 대중이다. 레논은 그가 갈망하는 평화와 정의가 그들의 삶에서 이미 드러나기 시작했다고 믿었다. 레논은 다른 사람들이 그의 꿈을 받아들이고 이를 실현해 가는 대열에 참여하도록 초청했다. 그가 스스로를 한 구성원으로 보았던 이 공동체는 그 시대를 지배하던 폭력적이고 탐욕적이며 이기적인 문화에 말과 행동으로 매력적인 대안을 제시하는, "와서 우리와 함께하자"라고 외치는 사람들이었다.

그러나 시간이 흘러서 반문화 운동에 참여했던 대다수의 사람들—60, 70년대 히피족—은 80년대의 '여피족yuppies'이 되었고, 시대에 순응하지 않는 젊음의 이상을 저버렸으며, 결국 물질의 풍요를 가장 우선시하는 이데올로기를 받아들였다. 우리는 그 이후로 이 이데올로기가 전 세계의 평화와 정의에 얼마나 파괴적인 영향을 미쳤는지 잘 알고 있다. 레논의 비전은 아름다운 꿈이자 고귀한 야망이었다. 하지만 그 비전이 실현될 수 있는 어떤 희망도 없었다면, 그 꿈이 실현 가능하다고 제시하는 것은 잔인한 일일 것이다.

문제는 바로 인간 내면의 깊은 곳에 자리 잡고 있는 불의와 이기심이다. 40, 50년 전의 반문화 공동체의 젊은이들은 자신들이 꿈꾸던 변화를 구현할 수 없었다. 아무리 선한 의도를 갖고 있었다 할지라도, 그들이 혐오했던 탐욕과 타락은 '기득권층'—종교, 군사, 정치 구조와 기관들—뿐만 아니라 그들 자신의 내면에도 깊숙이 자리 잡고 있었기 때문이다. 그러므로 서구 기술사회를 형성한 전통적인 과학적 세계관의 위험성을 잘 간파하고 있었다고 할지라도, 20세기 중반의 반문화 운동은 진정한 평화와 정의를 구현한 새로운 인류의 선구자도 아니었고 그렇게 될 수도 없었다.[1] 그들에겐 그곳에 도달할 방법이 전혀 없었다. 그저 꿈과 좋은 의도에 지나지 않았다. 레논의 꿈을 실현시킬 공동체는 어디에도 **없었다**.

그러나 분명한 사실은 모두가 레논이 꿈꾸었던 세상을 동경하고 있다는 점이다. 교회가 바로 레논이 살았던 시대의 히피족이 꿈꾸었던 그러한 사회가 되어야 하지 않을까? 어떻게 레논은 교회를 포함한 '종교 자체'가 모든 사람의 평화와 정의를 막는 장애물 가운데 하나라고 생각하게 되었는가? 17세기 유럽에서 오랜 기간 동안 값비싼 희생을 치르며 일어난 기독교 교파들 간의 전쟁은 많은 사람들에게 교회가 세상에 줄 수 있는 것이 아무것도 없는 것처럼 생각하게 만들었다. 기독교는 평화, 정의 그리고 사회적 화합을 가져올 수 있는 기회를 저버린 것처럼 보였다. 그 이후로도, 종교적인 이유로 지속되는 폭력행위, 예를 들어, 테러리즘, 대량학살과 여러 잔혹 행위들을 통해 나타난 폭력은 세상이 전통적인 종교적 신앙에서는 어떤 희망도 찾아서는 안 된다는 주장에 설득력을 더하고 있다. 지난 수세기 동안 과학, 기술, 교육, 민주 정치와 자유시장 경제라는 자칭 '세속 메시아들'이 등장했지만, 18세기가 약속했던 황금시대를 가져오는 데는 모두 실패했다.[2] 그래서 오늘날 많은 사람들은 "당신이 노력한다면, 쉬울 거예요"라며 포기하지 말라는 레논의 권고에도 불구하고 더 나은 세상을 꿈꾸거나 희망하는 일을 멈추었다. 그러나 존 레논이 한 가지만큼은 확실히 옳았다. 그러한 소망과 꿈은 공동체적인 삶 속에서 이미 실현해 낸 공동체가 존재하는 경우에만 믿을 수 있다는 점이다.

바로 이것이 교회론이 중요한 이유다. 하나님께서는 성경 이야기의 시작 부분에서 바로 그러한 새 세상을 가져오겠다고 약속하셨다. 그분은 인류 역사의 한가운데서 자신의 치유 사역을 구현할 공동체를 선택해서 만드셨다. 이 공동체는 하나님을 아는 지식과 언젠가 온 세상에 가득할 새 세상의 기쁨, 공의, 정의와 평화를 드러내면서 "나는 당신이 언젠가 우리와 함께하기를 원해요"라고 진실로 말할 수 있는 사람들이 되어야 했다. 사람들은 이 공동체를 통해 하나님께서 창조 때에 본래 의도하셨고 구원 역사를 통해 종말에 완성하실 세상이 시작되고 있음을 볼 수 있었다. 구약의 역사 속에서 이스라엘은 그러한 공동체가 되도록 선택받았다. 이스라엘에게 선물로 주신 율법과 지혜는 고대 근동 사람들 가운데서 그 새로운 세상을 분명하게 보여줄 삶의 방식을 표현했다. 그러나 이스라엘은 하나님이 의도하신 예표적인 공동체exemplary community가 되는 일에 지속적으로 실패했다. 그들의 마음은 여전히 옛 세상의 지배를 받고 있었기 때문이었다.

　하나님께서는 이스라엘 공동체를 지속적으로 새롭게 하셨다. 하지만 그분은 예언자들을 통해 언젠가는 이스라엘을 마침내 새롭게 하고, 죄를 해결하며, 회복된 백성으로 이루어진 새로운 사회로 만들 것이라고 약속하셨다. 하나님께서는 바로 이 약속을 예수 그리스도 안에서 성령을 통해 이루셨다. 이것이 바로 기쁜 소식, 복음이다. 하나님은 십자가에서 레논이 그토록 혐오하던 모든 것에 대해 궁극적인 승리를 이루셨다. 레논이 갈망하던 새로운 세상은 예수님의 부활을 통해 시작되었다. 예수님은 새로운 '이스라엘'을—이방인들도 곧 포함하게 되는—모으시고 그들에게 성령의 능력을 부어 세상의 모든 문화 속으로 보내시면서 하나님의 새 세상이 실제로 도래하고 있음을 보여주는 실재적이고 가시적인 표징이 되도록 하셨다. 예수님의 제자들의 말과 행동, 곧 바로 그들의 삶과 공동체적인 삶은 "우리의 삶이 다가올 새로운 시대, 새로운 세상의 예표입니다. 언젠가 이 세상은 실제로 이와 같이 될 것입니다. 와서 우리와 함께하지 않겠습니까?"라고 말해야 한다. 이것이 바로 교회가 선택받고 구원을 미리 맛보는 이유다. **이것이 바로 우리의 정체성이다.**

교회론과 우리의 선교적 정체성

이렇게 교회의 역할과 정체성을 이해하고 표현하는 것을 '선교적 missional'이라고 부른다. 이 용어는 교회를 묘사하는 비교적 새로운 방식이지만, 모든 교파적 전통에서 널리 사용되고 있다. '선교적'이라는 용어의 채택은 깊이 있는 것과 함께 피상적인 것을, 성경적인 풍성함과 함께 문화적인 종속을 동시에 포함하고 있다. 하지만 '선교적'이라는 용어의 대중화는 많은 그리스도인들의 마음을 움직였다는 것을 뜻한다.

많은 그리스도인들에게 '선교mission'라는 용어는 여전히 사람에 의해 주도되는 지리적인 **팽창**과 해외 선교활동, 곧 복음을 한 번도 듣지 못한 사람들에게 복음을 전하기 위해 해외로 나가는 활동을 의미한다. 이러한 움직임은 언제나 서구에서 세계의 다른 곳으로 나아가는 한 방향으로만 진행된다. 선교사는 복음의 확장을 위한 대리인이며, 선교지는 이러한 활동이 이루어지는 서구 사회 바깥의 모든 지역이다.

지난 20세기에 일어난 사건들은 선교에 대한 이러한 견해가 시대에 뒤쳐진 것임을 보여주었다. 아마도 가장 중요한 변화는 제3세계 교회의 (교인들의 숫자, 생명력과 선교적 비전에서 나타난) 극적인 성장과 이에 상응한 서구 교회의 급격한 쇠락이었다. '선교'에 대한 낡은 견해는 더 이상 21세기의 세계에 적합하지 않다. 그렇다고 해서 복음을 한 번도 들어보지 못한 다른 문화의 사람들에게 복음을 전하는 프로젝트를 폐기해야 한다고 말하는 것은 아니다. 실제로 그렇게 해서는 안 된다. 하지만 **선교적**이 된다는 것은 그 이상을 의미한다.

교회의 본질을 묘사하기 위해 '선교적'이라는 용어를 사용할 때는 다른 방식으로 이해해야 한다. '선교적'이란 교회의 구체적인 **활동**이 아니라 교회가 문화적 상황 가운데 하나님의 이야기 속에 주어진 역할을 감당하고, 세상을 향한 하나님의 선교에 참여하는 모습으로서 교회의 본질과 정체성을 서술하는 것이다. 이 책은 성경 이야기 속에서 주어진 교회의 역할과 정체성을 '선교'로 설명하기 위한 시도다.

이러한 '선교'의 이미지가 21세기 교회가 추구해야 하는 모습의 적절한 표상representation이 되는 것은 다음 몇 가지 이유 때문이다. 첫째, '선교'가 많은 사람들의 생각을 사로잡은 이유는 서구 교회가 역사적으로 종종 내부적인 문제와 제도적인 삶에 우선적인 관심을 두는 내향적 조직이 되었기 때문이다. '선교'는 교회가 **세상 지향적**이 되어서 타인을 위해 존재해야 한다는 사실을 상기시킨다. 지난 수세기 동안 타문화권 선교사들은 우선적으로 자신들을 위해서가 아니라 선교지 사람들을 위한 사명을 감당하기 위해 보냄을 받았다. 그래서 교회를 '선교적'이라고 서술하는 것은 모든 기독교 공동체가 **세상으로 보냄을 받았고**, 자신을 위해서가 아니라 세상에 복음을 전하기 위해 존재하는 하나의 몸이라고 정의하는 것이다.

둘째, '선교'라는 용어는 서구 교회가 서구 문화의 우상들과 깊이 타협해 왔다는 인식이 증대되면서 대중적이 되었다. 교회가 세상 안에서 다가올 하나님 나라를 구현하면서 "와서 우리와 함께하자"라고 말하는 공동체가 되려면 그들의 삶은 반드시 서구 문화를 비롯한 세상의 우상숭배적인 문화와 구속적 긴장redemptive tension을 유지하면서 이에 도전하는 모습을 보여주어야 한다. 교회는 자신이 속한 문화 속에서 비판적 참여자critical participant가 되도록 부름 받았다. 그러한 참여는 유대관계와 도전을 모두 포함한다. 자신의 목적이 보냄 받은 곳의 사람들 가운데서 하나님 선교의 대리인이 되는 것임을 인지하는 선교사는 두 가지 모두를 구현할 것이다. 그래서 선교사들은 주류 문화의 영적인 흐름에 복종해서는 안 된다는 사실을 알게 될 것이다. 선교사로서 그곳에 있어야 하는 이유를 말해 주는 것은 바로 하나님의 이야기이지, 주류 문화의 이야기가 아니기 때문이다. 오늘날 서구 교회는 너무 자주 자신이 속해 있는 지배적인 문화의 이야기 속에서 자신의 정체성과 역할을 발견해 왔다. '선교'라는 단어는 우리가 누구이며, 왜 여기 있고, 또 우리가 누구에게 속해 있는지를 상기시킨다.

따라서 '선교적'이라는 용어는 교회가 세상을 지향해야 하고, 하나님 선교의 대리인이자 하나님 이야기의 참여자로서 자신의 정체성에 충실해야 한다는 사실을 상기시킨다. 교회가 주변 문화의 일부이지만 그 우상숭배적인 문화에 반대하면서 하나님 나라를 신실하게 구현하는 경우에만, 교회의 삶과 말이 예수님 안에 새 세상이 도래했고 곧 다가온다는 복음에 대한 강력하고 호소력 있는 증거가 될 것이다. '선교'라는 말이 오늘날 그리스도인들의 관심을 끄는 이유는 교회가 이러한 선교적 역할을 받아들이고 **자기중심적인 관심사**와 교회가 속한 문화의 이야기에 **죄악된 순응**으로부터 벗어나도록 도전하고 있기 때문이다.

교회론은 이러한 교회의 역할과 정체성을 회복하는 데 중요한 역할을 한다. "우리가 누구이며 누구에게 속해 있는지에 대해 혼동할 때, 우리, 곧 교회는 무엇이든 될 수 있고 어느 누구의 소유도 될 수 있다."[3] 교회론은 우리의 정체성, 곧 우리는 누구이며, 하나님이 왜 우리를 선택하셨는지—우리가 누구에게 속해 있는지—를 이해하는 것이다. 우리가 성경의 드라마 가운데 부름 받은 역할의 측면에서 자기를 이해하려고 노력하지 않는다면, 우리는 지배적인 문화의 우상숭배적인 이야기로 형성된 우리 자신을 발견하게 될 것이다.

존 스택하우스John Stackhouse는 교회가 주변 문화에 의해 형성되었던 역사적인 예들을 언급한다. 나치 독일 시대의 독일 교회, 인종차별정책 아래 남아공 교회, 부족 간 오랜 폭력전쟁 속의 르완다 교회, 그리고 모던과 포스트모던 세속 문화 속에서의 서구 교회 등이다. 이 각각의 예에서 교회는 자신의 성경적 역할을 잃어버리고 대신에 주변 문화에 의해 형성된 정체성을 채택하고 그 문화의 이야기 속에 있는 자리를 받아들였다. 레슬리 뉴비긴은 그의 생애 마지막 수십 년을 서구 교회 안에서 어떻게 이러한 일들이 일어났는지를 밝히는 데 사용했다. 1985년에 쓴 글에서, 뉴비긴은 서구 교회는 "혼합주의가 상당히 진행된 실례"라는 도발적인 언급을 하며 "과연 서구 교회가 회심할 수 있을까?"[4]라고 반문했다. 서구 교회는 주변 문화의 우상에 굴복해 왔다. 서구 교회는 과연 성경적인 소명을 회복할 수 있을까? 스택하우스가 주변 문화에 길들여진 서구 교회를 위해 제시한 부분적인 치료책은 옳다고 생각한다. "우리는 우리의 정신을 분명하게 하고, 우리의 마음을 움직이며, 우리의 손을 움직일 교회론(교회에 대한 교리)이 필요하다. 우리는 우리의 본래 모습을 되찾고 실제로 하나님의 소유가 되기 위해서 교회론이 필요하다."[5]

역사적으로 교회에 관한 연구는 주로 교회의 직제, 성례, 사역과 훈련 등의 문제에 관심을 기울였다.[6] 이러한 문제들은 매우 중요하다. 그러나 교회론은 먼저 정체성과 자기이해self-understanding에 관한 것이다. 교회는 정체성과 자기이해를 정립한 후에 비로소 무엇을 해야 하며 또한 그 소명을 이루기 위해 교회를 어떻게 조직할 것인지를 고려해야 한다. 조지 헌스버거가 말한 것처럼, "교회론의 중심에는 기독교 공동체의 자기이해가 놓여 있다. 그러한 자기이해는 교회 공동체의 삶을 특별한 방식으로 조직한다. 교회론은 바로 그러한 사람들의 모임인 교회가 무엇이며 **왜** 존재하는지에 대해 생각하는 것이다."[7] 그러므로 이 책의 주된 목적은 성경에 의해 형성된 교회의 자기이해와 정체성에 관한 질문들을 생각해 보는 것이다.

윌버트 쉥크는 이와 관련해 다음과 같이 말한다. "성경은 교회의 정의를 제시하거나 그것을 이해하기 위한 교리적인 기초를 제공해 주지 않는다. 대신에 **성경은 교회의 의미를 밝히는 상징들과 이야기에 의존해 있다.**"[8] 이는 앞으로 우리가 이 책에서 사용하게 될 중요한 해석학적 단서interpretive clue가 될 것이다. 교회는 어떤 이야기 속에서 특정한 역할을 함으로써 자신의 정체성을 발견한다. 그렇다면 **누구의 이야기**가 교회의 정체성을 형성할 것인가? 나아가, 그러한 정체성을 형성하는 이야기는 우리의 자기이해를 제공해 주고 우리의 행동과 공동체적 삶을 가르쳐 줄 다양한 이미지들을 부과할 것이다. **어떤 이미지들**이 우리의 공동체적 삶을 위한 비전을 제시할 것인가? 서구 사회에서는 문화의 이야기와 이미지들이 너무 자주 교회의 자기이해를 지배하고 교회의 삶을 가르쳐 주었다. 교회가 세상 속에서 하나님이 주신 자신의 정체성과 역할을 회복하고자 한다면, 성경 이야기와 성경의 이미지들을 회복하려는 의도적인 노력이 필요하다.

서구 교회와 우리가 따라 살아가는 이야기

우리가 우리의 문화 이야기에 속박당해 왔고, 그 속박이 우리의 본질적인 선교적 정체성을 모호하게 만든 것이 사실이라면, 어떻게 이런 일들이 일어나게 된 것일까? 교회의 역사를 간단하게 살펴보는 일은 이 질문에 대한 실마리를 제공할 것이다.

이방인 거류민으로서 초대 그리스도인

A.D. 1-3세기 동안에 그리스도인들은 이방인들과 종종 적대적인 로마제국 안에 살면서 자신들을 이방인 거류민*Paroikoi* [9]으로 간주했다. 파로이코이*Paroikoi* [10]의 우선적인 의미는 교회와 문화적 상황 간의 구속적 긴장을 뜻한다. 초대 그리스도인들은 자신들이 동일한 문화에 속해 있는 다른 사람들과 달라야 한다는 것을 알았고, 대안적 이야기로 양육된 대안적 공동체로서 함께 살아갔다. 그 대안적 이야기는 성경 이야기로서 교리교육 과정에서 초신자들에게 깊은 영향을 미쳤다.[11] 교리교육의 전 과정은 성경 이야기로 구성되어서 구별된 사람들로 살아가도록 양육하려는 목회적 목적을 갖고 있었다.[12]

　　그러므로 성경에 의해 형성된 공동체는 로마제국 속에서 하나님 나라의 매력적인 표지sign였다. 초대교회의 "예식과 실천들은 교회에 참여한 이방인들을 그리스도인으로, 곧 개인적으로나 공동체적으로 예수님을 닮아 가는 구별된 사람들로 변화시키기 위해서 마련되었다. 따라서 사람들이 그렇게 변화된다면 매력적이 될 것이다."[13] 실제로 그들은 매력적이었다. 2세기 혹은 3세기에 살았던 어떤 그리스도인은 이렇게 말했다. "아름다운 삶이 이방인들을 교회 공동체로 이끌었다.…… 우리는 위대한 것들에 대해 말하기보다 삶으로 보여준다."[14] 이러한 삶의 증거들은 단지 초대교회의 증언에서만 발견되지 않는다. 심지어 교회의 적대자들—예를 들면, 셀수스Celsus와 배교자 율리아누스 황제Julian the Apostate—도 교회의 공동체적인 삶의 매력적인 힘을 인정했다.[15]

이러한 예표적인 삶의 내용은 무엇이었는가?[16] 초대교회는 고대 세계에서 부자와 가난한 자, 남자와 여자, 노예와 자유인, 그리스인과 이방인 사이에 세워진 장애물들을 무너뜨렸다. 이는 독창적이면서도 당황스럽게 만드는 "사회적 불가능성sociological impossibility"[17]이었다(사회적 불가능성이란 당시 사회 구조 속에서 결코 이루어질 수 없었던 일들이 복음으로 형성된 새로운 공동체 안에서 가능하게 되었음을 의미한다—옮긴이). 강력한 '사랑과 자선의 복음'은 가난한 자, 고아, 과부, 병든 자, 광부, 죄수, 노예, 나그네를 향해 선포되었다.[18] 평범한 그리스도인의 이러한 본보기적인 도덕적 삶은 로마에 만연한 부도덕한 모습과 대조를 이루었다. 그리스도인의 소망, 기쁨, 확신은 무너져 가는 제국의 절망, 불안, 불확실성 속에서 밝게 빛났다. 그리스도인의 연합된 모습은 로마의 분열과 다원주의와는 분명한 대조를 이루었다. 그리스도인은 퇴폐적이고 성적 음란으로 가득 찬 로마제국 안에서 순결, 결혼생활의 신실함과 자기절제의 모습을 보여주었다.[19] 검소한 생활방식과 더불어 소유와 재산을 관대하게 나누는 모습은 재산의 축적과 소비를 추구하는 세상에서 그리스도인의 삶을 구별지었다.[20] 서로를 용서하고 적을 용서하는 사랑은 복음의 능력이 무엇인지를 증거했다. 성경 이야기로 양육되고 형성된 믿음의 공동체는 그리스도인이 어둔 세상 속에서 빛과 같은 이방인 거류민의 삶을 살아가게 했다. 로마제국의 문화적 상황 속에서, 그리스도인의 "대조적 가치들"은 매력적인 "대조적 이미지의 공동체"로 이끌었다.[21] 히폴리투스의 법령집Canons of Hippolytus은 그리스도인의 삶이 "서로에게만이 아니라 이방인들 앞에서도 선행으로 빛나서 이방인들이 그들을 닮아 가고 그리스도인이 되기"를 바라는 소망을 표현하고 있다.[22]

초대교회의 증거들은 공개적으로 체제전복적인subversive 것이었다.[23] 초대교회는 로마 사회에서 눈에 띄지 않는 구석 자리의 사적인 영역으로 밀려나는 것을 허락하지 않았다. 로마제국의 공적인 정책들에 순응하기를 거절하고 대신 성경 이야기를 따라 살아갔다. 초대교회는 로마제국을 하나로 묶어 준 "황제는 주"라는 고백에 대해 분명한 반대 입장에서서 "예수는 주"라고 고백했다. 교회는 자신을 에클레시아ekklesia—곧 새로운 인류의 선구자로서 하나님의 부름을 받은 사람들의 공적인 모임—로 불렀고, 오직 미래적이고 내세적인 구원에만 관심을 갖는 사적인 종교 공동체라는 개념을 명백하게 거부했다.

초대교회에서, 우리는 세상 한가운데서 세상을 위해 하나님 나라를 증거하도록 부름 받은 백성이라는 정체성을 가진 공동체가 어떤 모습인지를 보게 된다. 초대교회 그리스도인들은 성경 이야기를 따라 살아갔고 그래서 주위의 이교 문화와는 대조적인 삶을 살았다. 그들의 대조적 공동체의 삶은 주류 사회의 주변부에 머물렀지만 많은 사람들에게 매력적이었고, 로마제국 안에 만연한 우상숭배에 대해서는 공개적으로 도전했다.

크리스텐덤의 제도화된 교회

A.D. 312년에 콘스탄티누스 황제는 그리스도인이 되었고 기독교 신앙을 합법화했다. 그 후 여러 해에 걸쳐 붕괴하는 제국 내에서 교회는 영향력 있는 새로운 위치에 걸맞게 광범위한 조정들을 해야 했다. 391-392년 동안에는 테오도시우스Theodosius가 기독교를 제국의 공식적인 종교로 만들었다. 교회는 당시 사회의 주변부에서 중심부로 옮겨졌다. 사회적·정치적·지적으로 열등한 위치에서 이제는 권력을 가진 우월한 위치에 올랐고, 경제적으로 궁핍했었지만 엄청난 부를 누리게 되었으며, 불법적인 종교에서 제국의 유일한 공인 종교가 되었다. 한때 스스로를 이교 문화 속의 이방인 거류민으로 간주했던 그리스도인들은 이제 기독교화된 제국에서 제도화된 교회의 구성원이 되었다.

이러한 사회적·정치적·경제적 지위의 변화들은 불가피하게 교회의 자기이해에 영향을 미쳤다. 크리스텐덤Christendom이라고 불리게 된 교회와 제국의 연합 아래, 표면적으로는 기독교 문화에 둘러싸여서 교회는 대안적인 이야기를 구현하는 구별된 공동체로서의 자기이해를 점차 잃어 갔다. 주변 문화와의 관계에서 교회가 지닌 예언자적-비판적 차원은 약화되었고 교회의 정체성은 점차적으로 하나님의 선교가 아닌 주변 문화의 이야기에 의해 형성되어 갔다. 교회는 하나님의 구속적 목적을 위한 도구가 되기보다는 제국 정책의 수단과 중개인이 되었고, '기독교' 제국 내에서 정치, 경제, 군사, 사회 및 지식 권력과 같은 권력집단의 일부가 되었다. 이로 인해 교회가 "선교의 사명에 없어서는 안 되는, 주변 문화와의 비평적 관계를 포기했다"라고 쉥크는 주장한다.[24]

그래서 제도 교회 혹은 크리스텐덤 교회의 선교적 정체성은 희미해지기 시작했다. 이제 사회 전반이 기독교적인 것으로 간주되었기 때문에 어둠의 문화 가운데서 빛과 같이 살아가는 소명은 더 이상 남아 있지 않았다. 결과적으로 교회는 번영하고 보존하는 일에만 열중하게 되었고 교회의 목회적 차원과 내적인 삶을 교회의 정체성으로 간주하게 되었다.

우리는 이 점에서 문제를 정확히 파악하도록 주의를 기울여야 한다. 오늘날 교회의 선교를 위해 크리스텐덤의 유산에 관한 논의들이 많이 이루어지고 있다. 선교적 정체성의 상실이 종종 교회가 주변적인 위치에서 문화 권력의 중심부로 이동하면서 발생한 필연적인 결과라고 가정한다. 하지만 크리스텐덤 안에서 새롭게 제도화된 교회의 문제를 바라보는 보다 유용한 관점은, 교회가 새로운 사회적 위치에 어떻게 대응했는지를 살펴보는 것이다. 교회가 정치적·사회적 체제에 대한 책임을 지는 것이 잘못은 아니었다.[25]

문제는 단순히 교회가 주변부에서 중심으로 이동했거나 제도화되었기 때문이 아니라, 교회가 오히려 새로운 사회적 위치가 제공하는 황홀한 유혹에 자주 굴복한 데 있었다. 교회는 다른 방식으로 대응할 수도 있었다. 말하자면, 새롭게 얻은 영향력을 신실하게 사용할 수도 있었다. 그러나 보다 환대적인 문화적 상황 속에서 그리스도인들은 자신들의 독특한 이야기와 정체성을 잊어버렸다.[26]

21세기 교회는 서구 사회에서 더 이상 공적이거나 확고한 지위를 갖고 있지 않다. 그러나 크리스텐덤 시기에 형성된 교회의 정체성에 관한 많은 가정들assumptions은 현재까지 지속적으로 교회의 삶을 형성해 오고 있다. 오늘날 교회는 "역사적 크리스텐덤의 영향 아래 발전"해 왔고 "크리스텐덤의 유산은 교회가 신앙에 대한 현대 문화의 강력한 도전에 대응하는 일을 방해해 왔다."[27] 오늘날 북미 지역에 잔존하는 크리스텐덤의 형태는 "공적인official" 것이 아니라 "기능적인functional" 것이다.[28] 후기 계몽주의 시대의 교회는 크리스텐덤 교회가 갖고 있던 많은 특징과 태도들을 지속적으로 유지해 왔지만 문화를 형성하는 권력의 자리는 상실했다.

후기 계몽주의 교회의 문화적 포로 상태

역사적 크리스텐덤은 18세기에 합리적 인본주의rationalistic humanism에 기반한 계몽주의가 공적 생활에 대한 대안적 비전을 제시하면서 등장할 때 끝이 났다. 기독교 신앙은 점차 공적 생활의 중심부에서 사적인 주변부로 밀려나기 시작했다. 계몽주의 시대에 이르러 고전 인본주의의 승리는 명백해졌다. 고전 인본주의가 어느 정도까지는 기독교 신앙에 의해 형성되었을지라도 말이다. 그러나 계몽주의적 인본주의의 신조는 과학과 기술을 통한 인간의 노력이 이루는 진보에 대한 신앙이었다.

열방에 빛을

리처드 타나스Richard Tarnas가 정확히 말한 것처럼, "서구 사회는 자신의 (기독교) 신앙을 잃어버렸고, 과학과 인간 안에서 새로운 신앙을 발견했다."[29]

계몽주의의 비전은 18세기에 매우 희망적으로 보였다. 아주 오랜 시간 동안 종교전쟁은 유럽의 구조를 분열시켜 왔었다. 복음이나 기독교 신앙은 유럽 사회를 통합시킬 수 있는 토대를 제공할 수 없다고 여겨졌다. 이와 대조적으로, 물리와 천문학의 세계를 설명하는 자연과학의 성공은 과학적인 이성scientific reason이 인간 사회 전체를 위한 통합적인 비전을 제공해 줄 수 있을 것이라는 희망을 갖게 했다.

이 시기에 교회가 걸었던 길은 여전히 크리스텐덤의 유산에 의해 결정되었다. 교회의 크리스텐덤 전통은 교회로 하여금 타협의 길을 걸어가도록 만들었다. 교회는 오랫동안 주변 문화 속에서 제도화된 자리를 차지하고 있었기 때문에 더 이상 문화와의 다른 어떤 관계도 생각하지 않았다. 계몽주의 시대 이후로 서구 문화 속에서 교회의 역할은 점차 축소되었고, 마침내 문화의 사제culture's chaplain로서 단지 개개인의 종교적인 필요를 채워 주고 도덕적인 문제에 관한 개인적인 가르침을 주는 기능만을 감당하게 되었다. 교회는 더 이상 광범위한 문화적 영향력을 행사하지 못했다.

1) 베스트팔렌 조약과 데카르트의 새로운 비전

1648년에 맺어진 베스트팔렌 조약The Peace of Westphalia은 유럽 역사에서 가장 맹렬했던 종교전쟁들 가운데 하나를 종식시켰다. 약 30년 동안 루터교, 칼빈주의, 로마 가톨릭에 속한 국가들은 서로 싸웠고, 유럽 대륙은 동료 그리스도인들에 의해 죽임을 당한 그리스도인들의 피로 붉게 물들었다. 생명과 재산의 손실은 실로 엄청났다. 도대체 무엇이 이러한 야만적인 폭력과 살육으로 이끈 것일까? 어떻게 그리스도인들은 서로를 죽일 수 있었을까?

이에 대한 대답은 크리스텐덤의 교회와 국가 사이의 긴밀한 관계에서 발견된다. 이러한 정치적 환경 속에서 한 민족은 하나의 종교를 추종하는 한 명의 통치자 아래 살았다. 비록 16세기 프로테스탄트 종교개혁에 의해 유럽의 통일이 깨어졌을지라도, 프로테스탄트 교회들은 크리스텐덤의 지역적이고 정치적인 모델을 버리지 않았다. 그래서 16세기 이후로 유럽은 루터교, 칼빈주의와 로마 가톨릭을 고백하는 나라들로 갈라졌으며, 모든 나라는 서로 패권을 차지하기 위한 전쟁을 벌였다. 아우크스부르크 평화협정(1555년)은 통치자들이 최초로 자신들의 통치 영역의 종교를 결정하고 반대자들에게는 보다 우호적인 지역으로의 이주를 허락하는 불안한 휴전을 가져왔다. 이러한 긴장완화détente는 오래 지속되지 않았다. 베스트팔렌 조약이 관용에 대한 약속과 함께 종교적인 반목을 끝낼 때까지, 1618년부터 1648년까지 유럽은 잔인한 30년 전쟁으로 인해 황폐화되었다. 이 사건은 정치적인 체제로서의 크리스텐덤의 종말을 보여주는 적절한 상징을 제공해 주었다.

수세기 동안 유럽사회를 묶어 주었던 문화적 비전이 이제 사라졌다면, 무엇이 사회적 중심을 새롭게 차지할 수 있었겠는가? 르네 데카르트René Descartes는 후에 자신을 "근대의 아버지"로 불리게 만든 새로운 길을 확립했다. 이는 코기토 에르고 숨Cogito ergo sum, 곧 '나는 생각한다. 고로 존재한다'이다. 바로 여기 개개인의 인간 정신이 가진 사고 능력 안에 새로운 유럽의 출발점이 놓이게 된다.

데카르트는 인류 사회의 향상을 위해 확실한 지식을 찾으려고 헌신했었다는 사실을 강조할 필요가 있다. 데카르트의 프로젝트는 상아탑에 갇힌 철학적 사색이 아니었다. 그는 프랜시스 베이컨Francis Bacon과 같이 '아는 것이 힘'이라는 확신, 곧 세상에 대한 과학적 지식은 인류가 우선 세상을 통제하는 일을 가능하게 해주고, 궁극적으로 더 나은 세상을 만들게 한다고 확신했다. 극단적인 불확실성 속에서 데카르트는 세상에 대한 확실한 지식을 갈망했다. 그가 믿기에, 이런 지식은 객관적 지식을 오염시켜 왔던 모든 주관적인 오염물로부터 스스로를 정화시킨 경우에만 얻을 수 있었다. 그렇게 하는 것은 모든 권위와 전통을 거부하고 엄격한 질문의 방법을 사용하여 진리를 발견하고 입증하는 것을 의미했다. 사람들은 각각의 전통적 가정을 중립적, 합리적이라고 가정된 방법론의 명령에 복종시킴으로써 합리적 진리의 성전을 조금씩 세워 갈 수 있었다.

이러한 데카르트의 기획은 계몽주의 세대의 생각을 사로잡았다. 그 방법론은 진리에 대한 확실성을 제공할 뿐만 아니라 유럽을 황폐화시킨 종교적 전통과 권위들을 주변부로 몰아낼 수 있는 진보적인 길을 제공하는 것처럼 보였기 때문이다. 그러므로 유럽은 사회적이고 정치적인 삶을 위한 새로운 중심을 과학적 합리주의에서 찾았고, 이 새로운 공적 교리는 점차적으로 전 유럽의 문화를 형성해 나갔다.

누군가 데카르트의 길을 따라갔다면, 그들에게 교회나 전통적인 권위에 근거한 진리 주장들truth claims은 더 이상 받아들여지지 않았다. 그러한 주장들은 과학적 이성의 잣대로 판단받아야만 했다. 인간의 이성이 입증할 수 있는 가정들은 '사실facts'이라는 높은 위치를 차지하게 된 반면, 그럴 수 없는 가정들은 (단지) 가치, 견해 혹은 기호라는 낮은 자리로 밀려나야 했다. 방법론적 합리성을 유일한 진리의 재판관으로 간주하는 우상숭배적인 헌신은 서구 문화의 중심에 영속적인 이원론을 만들어 냈다. 이러한 이원론은 인위적으로 사실과 가치, 지식과 믿음, 공적인 영역과 사적인 영역, 진리와 견해, 과학과 종교를 분리시켰다. 전자에 속하는 것들은 높은 위치를 차지했고 공적 생활을 형성하는 유일한 것으로 받아들여졌다. 그 이후로 이원론은 서구 사회에서 의심의 여지 없는 신념, 곧 우리의 집단적 경험을 형성하는 숨은 가정이 되었다. 그것은 비록 보이지는 않더라도, 문화적·정치적·사회적 지형의 모양과 방향을 형성하는 지각판tectonic plate과 같은 기능을 하고 있다.

2) 복음을 위한 새로운 자리와 교회를 위한 새로운 역할

데카르트의 변혁은 "새로운 교회적 이상을 가진 새로운 세상의 시작"이었다.[30] 복음의 주장들과 교회의 역할은 이제 서구 사회의 새로운 공적 교리 안에서 그들의 자리를 찾아야만 했다. 복음은 과학적인 방법으로 입증하기가 어려웠기 때문에 복음의 메시지는 단지 개인적인 가치, 주관적인 견해와 개인적인 선호라는 지하세계로 대부분 강등당했다. 어떤 개인이 복음을 매력적인 것으로 받아들일 수는 있어도 복음의 보편적인 진리 주장들을 진지하게 받아들일 수 없으며, 더욱이 한 나라의 공적 생활을 형성할 수 있는 자리를 얻을 수 없었다.

교회의 역할에 대한 대중적 인식도 이와 유사하게 바뀌었다. 후기 계몽주의 시대의 여론은 교회가 가치, 견해와 선호라는 사적인 영역 안에서 기능하는 자발적 공동체로서의 자유만을 가져야 한다고 생각했다. 크리스텐덤의 제도 교회는 실패로 끝났다. 그러나 교회가 더 이상 정치적이고 지리적인 경계에 의해 정의될 수 없었다면, 무엇이 교회를 하나로 묶을 수 있었을까? 그것은 바로 개인적인 차원에서의 종교적 체험이었다! 그러므로 후기 계몽주의 시대 교회는 복음에 자유롭게 응답함으로써 얻는 하나님과의 개인적인 관계에 대해 새롭게 강조하게 된다. 결국 교회는 이런 종교적인 체험을 가진 개인들의 모임으로 여겨지게 되었으며, 나아가 동일한 생각을 지닌 사람들의 자발적인 공동체를 형성하게 되었다. 후기 계몽주의 시대의 교회는 더 이상 열방을 위해 하나님의 사회적 질서를 구현하는 공적 사회로 간주되지 않는다.

서구 교회를 향한 뉴비긴의 고발은 서구 교회가 과학적 이성에 대한 우상숭배적 헌신에 저항하지 않고 오히려 스스로를 순응시켰다는 점이다. 서구 교회는 계몽주의의 견해에 순순히 동조했고 사적인 영역 안에서 자발적 공동체로서의 역할을 순순히 받아들였다. 그러한 교회는 관심을 가진 개개의 구성원들에게 내세적이고 전적으로 미래적인 구원을 제공하고, 윤리적인 삶을 형성하도록 도와주며, 그들의 종교적인 필요를 채워 준다. 그러나 계몽주의 시대 이래로 교회는 서구 사회가 허용한 역할 안에서, 인간의 모든 삶—한 나라의 공적 생활을 포함하는—을 이해하기 위한 진정한 출발점으로 복음을 믿거나 선포해서는 안 된다.

리처드 타나스는—예수 그리스도에 대한 신앙을 분명히 고백하지 않은 사람이다—서구 사회의 세계관에 대한 이야기를 하면서, 교회가 인본주의적 세계관에 맞게 스스로를 재단하면서 어떻게 기독교 신앙을 축소시켰는지를 언급한다. 18세기 이후로 기독교 신앙은 "내면의 영적인 문제들에만 배타적으로 초점을 맞추었다." 그리고 "타락과 구속은 단지 인간만이 아니라 전 우주와 연관된다는 초대 그리스도인들의 교리는 종교개혁 이후 희미해지다가, 이제는 완전히 사라져 버렸다. 구원의 과정이 어떤 의미가 있었다면, 그것은 오직 하나님과 인간 사이의 개인적인 관계에만 한정되었다."[31] 그러므로 구원의 범위는 하나님과 인간 사이의 개인적인 관계만 남을 때까지 축소된다. 교회가 정말로 성경 이야기가 진실임을 실제로 믿는다면 어떻게 주변 문화를 묵묵히 따르고 자신에게 할당된 주변적인 위치를 받아들일 수 있겠는가? 분명한 사실은 이제 서구 교회가 계몽주의에 뿌리를 두고 있는 근대의 세속적인 세계관을 비판적으로 평가하고, 이 세계관에 연루되었던 죄를 회개하며, 다시 하나님 백성으로서의 진정한 정체성과 역할을 전해 주는 성경 이야기로 되돌아가야 할 시간이 되었다는 점이다.

3) 후기 계몽주의 시대의 교회와 소비주의

18세기 계몽주의는 유럽을 이끌어 갈 새로운 이야기를 제공했다. 그것은 과학에 의해 성취되는 보다 나은 세상을 향한 진보였다. 과학적 이성은 먼저 자연을 사회적 용도로 사용하기 위해 기술로 전환되었고, 그 후에는 합리적 방법으로 인간 사회를 조직하는 일에 적용되었다. 이후 혁명의 세기들을 지나면서 이러한 진보의 비전은 유럽과 그들 식민지의 정치적·사회적·경제적 전망을 변화시켰다. 애덤 스미스Adam Smith (1723-1790년)가 제공한 계몽주의적 이상의 **경제** 형태보다 더 중요한 것은 없었다. 이러한 경제적 형태의 비전은 오늘날까지도 지배적이며, 21세기에 진행된 세계화의 가장 강력한 문화적 동력이 되었다.[32]

여기서 오늘날 서구 문화의 공적 생활을 형성하는 세 가지 영적인 힘, 곧 세계화, 포스트모더니즘, 소비주의에 대해 언급하는 것은 도움이 될 것이다. 세계화는 근대 계몽주의 신앙의 경제적 형태가 전 세계로 퍼져 나가는 현상이다. 그러나 경제적 근대화가 전 지구적인 차원으로 확산됨으로써 계몽주의적 비전에 대한 포스트모더니티postmodernity의 깊은 불만족과 혹독한 비판 또한 일어난다. 특히 세계화는 전 세계 시장에서 발생하는 불공정의 문제로 인해 서구에 많은 부를 가져다주었고, 동시에 포스트모더니즘은 우리의 삶에 의미를 주는 포괄적 이야기혹은 세계관을 거부하도록 많은 사람들을 자극했다. 서구 현대인 삶의 이러한 두 가지 요소들, 곧 부와, 의미의 완전한 상실은 함께 결합되어 오늘날 서구 사회에서 가장 강력한 **종교적** 운동인 소비주의를 만들어 냈다. 소비주의는 "실재를 설명한다고 주장하는 포괄적인 거대 서사가 되었다.……우리 대부분은 이러한 소비주의를 아주 철저하게 '우리의 이야기'로 만들었기 때문에 그 영향력을 거의 알아채지 못하고 있다."[33]

하나의 문화 이야기로서 소비주의는 실제로 거의 삶의 모든 부분을 형성하는 영향력을 행사하고 있다. 필립 샘슨Philip Sampson은 "소비 문화는 일단 형성되면 너무 무차별적이어서, 모든 것이 소비품이 된다"[34]는 것을 관찰했다. 비슷한 맥락에서 돈 슬레이터Don Slater는 "누가 무엇을 소비할 수 있는지를 제한하는 원칙이 없다면, 무엇이 소비될 수 있는지에 대한 원칙적 제한도 있을 수가 없다. 모든 사회적 관계, 행동 그리고 대상은 원칙적으로 상품으로서 교환이 가능하다."[35] 심지어 복음과 교회도 소비주의적 정신에 사로잡힐 수 있다. 교회가 소비 문화 속에서 주어진 역할을 취하고 그 이야기가 스스로를 형성하도록 내어준다면, 교회는 단지 종교적 상품과 서비스의 판매자가 될 것이다. 분명한 점은 교회가 사회 속에서 그러한 역할을 받아들여서는 안 된다는 것이다. 샘슨이 주장한 것처럼, "교회가 당면한 과제는 모든 삶의 개혁과 갱신을 위한 자신의 역할을 감당하는 것이지, 또 다른 고립된 소비 센터가 되는 것이 아니다."[36]

우리를 형성하는 이미지들

애버리 덜레스Avery Dulles는 성경은 "교회의 본질을 조명하려고 할 때, 거의 모든 경우에 이미지들을 사용하여 이야기한다"[37]라고 말한다. 분명하게 이야기와 이미지는 서로 긴밀하게 연결되어 있다. 거대한 이야기 속에서 교회가 감당하는 역할은 교회의 정체성을 결정하고 그 정체성은 또한 거대한 이야기로부터 발생하는 이미지들에 의해 가장 잘 표현된다.[38]

그러나 교회의 자기 정체성을 형성하는 이미지나 은유들을 주변 문화와 지배적인 문화 이야기로부터 무비판적으로 수용할 때 문제가 발생한다. 오늘날 문화 이야기의 관점에서 성경의 이미지들을 재구성하고 비성경적인 내용으로 각색하는 것은 잠재적으로 더욱 위험하다. 존 드라이버John Driver는 이 두 가지의 위험성을 잘 요약하고 있다.

> 성경의 기록과 기독교 역사 모두 교회가 자신의 정체성과 역할을 이해하기 위해서는 이미지들을 필요로 한다는 사실을 상기시켜 준다. 하지만 교회사는 역시 교회가 세속 문화로부터 그러한 이미지들을 차용하려는 유혹이 항상 있었다는 사실을 생생히 상기시켜 준다. 또한 교회의 삶과 선교가 행하는 실제 모습에 좀 더 잘 어울리도록 하기 위해서 교회는 성경 이미지들의 의미를 왜곡하도록 현혹되었다. 이 두 가지 경우 모두 교회가 채택해 왔던 이미지들은 교회의 왜곡되고 신실하지 못한 삶과 선교를 단순히 승인해 주었다.[39]

그러한 이미지들을 채택하는 일은 종종 무의식 중에 일어난다. 그러나 그것을 자각하지 못한다고 해서 이미지들이 갖고 있는 교회의 삶을 형성하는 힘이 약해지는 것은 아니다. 틀림없이 더 강력한 힘을 갖고 있다. 그러므로 성경의 상황 속에서 성경 이미지들을 살펴보고, 무의식의 차원에 숨어 있는 잠재적인 이미지들을 자각하고, 우리를 지배하고 있는 이미지들을 철저하게 비판적으로 검토하며, 오늘날에도 우리에게 강력하게 이야기하는 성경 이야기에 충실한 새로운 이미지들을 발견하는 것은 매우 중요한 일이다.

크리스텐덤, 계몽주의와 소비주의의 유산을 반영하고 있는 교회의 이미지들을 몇 가지 살펴보자.

- 쇼핑몰 혹은 푸드코트 같은 교회: 쇼핑몰은 다양한 소비 상품들을 제공하고 유사하게 푸드코트는 다양한 선택의 기회를 제공한다. 이와 같이 교회는 교인들의 종교적 필요를 채워 주기 위해 다양한 프로그램을 제공한다.

- 커뮤니티 센터 같은 교회: 컨트리 클럽, 휘트니스 클럽과 같은 다양한 단체들은 사람들의 필요를 채우기 위해 존재하며 회원들의 취미나 특별한 관심사를 중심으로 스스로를 조직한다. 이 모델에서 교회는 공유된 일련의 믿음과 종교적인 관심사를 중심으로 스스로를 조직하고 구성원들의 사회적 필요를 채우기 위한 중심지가 된다. 구성원들의 다양한 사회적 필요를 채우기 위해 청소년, 미혼 남녀, 신혼부부와 여러 다른 그룹들을 위한 프로그램이 마련된다.

- 기업 같은 교회: 기업들은 성장, 이윤, 그리고 상품의 효율적인 마케팅을 위해 합리적으로 조직된다. 종종 교회 리더십과 조직은 목회적 돌봄과 선교적 리더십보다는 효율성을 지향한다. 그러한 교회들은 자신들이 제공할 수 있는 종교적인 상품을 팔도록 조직된다.

- 극장 같은 교회: 극장은 사람들이 앉아서 수동적으로 다양한 오락을 즐

기는 장소다. 종종 예배 공간과 예식을 구성하는 방식은 예배가 좀 더 편하게 오락을 즐기기 위한 장소 같이 보이도록 만든다.

- 교실 같은 교회: 교육기관은 지속적으로 서구 문화를 지배해 왔다. 소비 구조 안에서 그 기관은 삶을 위한 교육과 통찰력을 제공한다. 이는 교회가 성경공부와 가르침을 통해 구성원들에게 제공해야만 하는 소비 상품들 가운데 하나를 잘 반영하고 있다.

- 병원 혹은 온천 같은 교회: 병원은 치료하는 곳이고 온천은 스트레스로 가득한 세상에서 활력을 되찾을 수 있는 기회를 제공한다. 교회는 영적인 치료와 활력을 되찾는 장소다.

- 동기부여 세미나 같은 교회: 자기계발을 지향하는 세상에서 우리 삶의 다양한 차원을 향상하도록 돕는 동기부여 세미나가 넘쳐 난다. 교회 또한 보다 나은 자녀교육을 위한 정보에서부터 결혼생활을 향상시키는 방법까지 다양한 세미나를 제공할 수 있다.

- 사회사업장 같은 교회: 정부의 사회사업 부서는 사회적 약자, 빈곤한 자, 가난한 자를 돌보기 위해 존재한다. 이웃에 대한 긍휼 사역에 관심을 가진 온정적인 교회는 도움이 필요한 사람들을 돌보기 위해 존재하는 기관을 닮아 갈 것이다.

• 캠페인 본부 혹은 시민단체 같은 교회: 시민단체나 정당은 정치적, 경제적 혹은 환경적 정의라는 자기만의 특별한 브랜드를 선전한다. 이 모델에서 교회는 자신의 역할을 좀 더 기독교적인 사회를 위해 압력을 행사하는 것이라고 가정한다.

이러한 교회의 이미지들 속에 표현된 많은 활동들이 유용하다는 사실은 의심의 여지가 없다. 교회는 가르치고, 가난한 자를 돌보고, 사회적 관계 등을 제공해야 한다. 문제는 성경 이야기와 교회의 본질을 잊어버려 그러한 활동들이 다른 이야기에 의해 형성되고 진정한 교회의 모습을 잃어버릴 때 발생한다.

우리가 직면한 질문들은 다음과 같다. 어떤 이야기가 우리의 자기 이해를 형성하고 있는가? 어떤 이미지가 우리의 정체성을 만들어 가고 있는가? 교회는 오직 성경 이야기와 이미지들로 되돌아갈 때 낯선 이야기에 형성되고 낯선 이미지들에 의해서 순응했던 모습을 고칠 수 있다. 때때로 앞으로 나아가는 유일한 방법은 처음부터 다시 시작하는 것이다.

복음 안에서 선교적 교회를 위한 출발점

우리가 교회의 문화적 포로 상태에 대해 만족하지 못한다면, 우리는 어디서부터 자유를 향한 여정을 시작해야 하는가? "교회는 자신이 출발한 장소로 되돌아가야만 하는데, 그 출발점은 바로 예수 그리스도이며,

복음이다"[40]라는 한스 큉Hans Küng의 말은 전적으로 옳다. 우리는 교회에 관한 논의를 복음에서부터, 곧 하나님과 전 창조물을 향한 하나님의 목적을 온전히 계시하신 예수님으로부터 시작할 것이다.

예수님은 역사의 공적인 무대에 등장하시면서, "하나님의 나라가 도래했다"는 복음을 선포하신다. 예수님의 메시지는 우주적 회복cosmic renewal, 곧 모든 피조물과 모든 인간의 삶, 그리고 사회의 회복에 관한 것이다. 그것은 신문의 종교란에서 눈에 띄지 않게 감춰져야 할 종류의 소식이 **아니다**. 우리가 오늘날 불완전한 형태로 존재하는 복음이 아닌 당시 본래의 문화적 상황에 주어졌던 복음을 충실히 이해한다면, 그것은 세계적 뉴스감이자 기사 일면을 장식할 만큼 놀라운 이야기다.

예수님은 당시 유대인들의 언어, 곧 **하나님 나라**의 언어로 말씀하셨다. 유대인들은 모두 우주적 역사의 결정적 순간이 도래하기를 기다리고 있었다. 그들에게는 기름부음을 받은 왕(메시아)과 성령의 역사적 개입을 통해 하나님께서 사랑과 진노와 능력 가운데 일하실 것이며 온 세상, 곧 모든 피조물, 모든 나라, 모든 인간의 삶에 대한 하나님의 통치를 회복하실 것이라는 기대가 만연했다. 예수님은 자신이 바로 그 기름부음 받은 왕이며, 모든 피조물과 모든 인간의 삶을 회복하여 다시 전능하신 하나님의 통치 아래 살아가도록 하기 위해서 하나님의 영이 자신에게 임하셨다는 놀라운 주장을 하셨다. 이것은 정말로 복된 소식이다.

예수님은 수천 년을 기다려 온 하나님의 구속 사역의 긴 이야기가 절정에 이르렀음을 선언하신다. 오셔서 바로 그날이 도래했음을, 곧 전 우주를 새롭게 하실 하나님의 능력이 성령에 힘입어 예수님 자신 안에

임했다고 선포하신다. 이러한 자유케 하시는 능력은 예수님의 삶과 행동에서 나타나고 예수님의 말씀으로 설명된다. 예수님은 이스라엘의 잃어버린 양, 하나님의 약속된 종말론적 백성을 모으기 시작하신다. 예수님은 작은 제자 공동체를 만드시고 하나님 나라를 드러내는 자신의 사역에 참여하도록 초청하신다. 예수님이 십자가에 이르렀을 때, 그분의 사역은 제대로 시작하기도 전에 끝이 난 것처럼 보인다. 예수님은 굴욕과 고난을 당하시고 상상할 수 있는 한 가장 잔인한 방법으로 죽임을 당하신다.

그러나 얼마 지나지 않아, 제자들은 예수님의 죽음은 하나님의 계획된 승리라고 선포한다. 그들은 바로 십자가 상에서 하나님은 악의 세력과 싸워 이기셨다고 주장한다. 이것은 바로 죄의 지배를 받고 있던 옛 세상을 끝내 버리신, 전능하신 하나님의 행위 가운데 가장 강력한 행위다. 게다가 예수님의 제자들은 작고 연약한 공동체일지라도 언젠가 새로운 세상을 채우게 될 새로운 인류의 선구자라고 선언한다. 어떻게 이 사람들은 그런 터무니없는 주장을 할 수 있었을까? 초대 그리스도인들의 담대함은 예수께서 다시 살아나셨고 죽음에서 부활하셨다는 확실한 이해에 근거한다. 예수님은 죽음에서 부활하심으로 다가올 부활의 삶의 첫 소생이 되셨고 그로 인해 우주적 역사의 미래는 확립되었다. 그러나 하늘로 올라가셔서 모든 피조물과 역사의 주로서 권능의 오른편에 앉으시기 전에, 예수님은 작은 제자들의 무리를 만나신다. 예수님은 이들을 모으시고 회복된 이스라엘로 파송하신다. 이들은 예수님이 돌아오시기 전까지, 하나님 나라의 복음을 전하며 모든 민족으로 제자를 삼는, 그분의 사역을 지속해 나가야 할 새로운 인류다. 예수님은 하나님 아버지의 오른편에 앉으셔서 사랑과 정의와 능력으로 모든 피조물과 역사를 통치하신다. 예수님은 자신의 영을 이 작은 회복된 이스라엘 공동체 위에 부어 주시고 이들이 세상 끝까지 복음을 구현하고 선포할 때 자신의 치유와 포괄적인 통치를 그들 안에 그들을 통해 나타내신다. 예수님은 그들에게 한 가지 약속을 남겨 주신다. 언젠가 예수께서 회복하는 일을 마치시기 위해 만유의 심판자로서 돌아오실 것이라는 약속이다. 모든 민족은 다 예수님 앞에 무릎 꿇을 것이고 모든 열방은 예수님을 창조주, 구속자, 만유의 주로 고백할 것이다.

하지만 그 절정의 날이 도래하기까지, 교회의 구성원들은 그들의 삶과 행동과 말에서 복음, 곧 하나님께서 세상을 위해 예수님 안에 성취하신 일을 드러내는 성령의 사역에 참여하도록 인도함을 받는다.

교회를 이해하기 위한 복음 안에서의 출발점

복음에 대한 이 간단한 개요로부터 우리가 교회론을 추구할 때 우리를 인도해 줄 중요한 다섯 개의 표지들을 발견한다. 그 첫 번째 표지로, 복음은 듣는 자들에게 그것이 이 세상에 대한 참된 이야기이며, 다른 모든 것의 의미를 밝혀 줄 단 하나의 사건으로 받아들일 것을 요구한다. 뉴비긴이 말한 것처럼, "예수님 안에서 그 이야기의 모든 의미가 밝혀진다."[41] 복음은 예수께서 역사 한가운데서 일어난 자신의 삶, 죽음과 부활을 통해 모든 역사가 향하는 목적을 드러내셨다고 주장한다. 그 목적은 언젠가 인류와 우주의 이야기가 하나님 나라로 완성된다는 것이다.

우리가 예수님의 복음을 믿는다면, 우리는 세상에 관한 실제 이야기인 성경 이야기에 전념할 것이다. 이것은 **규범적인** 주장normative claim이다. 복음은 공적 진리이며, 하나님께서 창조하신 것의 모든 측면을 이해하기 위한 열쇠다. 성경 이야기는 어떤 민족이나 종교에 관한 특정 지역의 이야기로 단순하게 이해되어서는 안 된다. 그것은 모든 만물의 창조에 관한 이야기로 시작하고 모든 만물의 회복으로 끝이 난다. 그 둘 사이에서 성경 이야기는 우주적 역사의 의미에 대한 해석을 제공한다. 더 나아가 가장 **포괄적인** 주장을 한다. 우리의 이야기와 우리의 현실, 교회의 정체성—실제로 모든 인류와 인간 이외의 모든 실재—은 다른 곳이 아닌 바로 성경 이야기 속에서 자신의 자리를 찾아야 한다고 주장한다.

세상 속에서 교회의 참된 정체성과 역할을 이해하기 위해 우리는 바로 **성경 이야기**에 관심을 기울여야 한다. 교회는 성경이 들려주는 위대한 하나님의 드라마 속에서 어떤 역할로 부르심을 받았는가? 이 이야기는 하나님의 백성에게 어떤 정체성을 부여하는가?

두 번째 표지는 이 이야기의 중심 주제로서 전 **창조물과 인간의 삶을 회복하시는 하나님의 목적과 활동**이다. 오늘날 많은 사람들이 역사 속에서 이러한 목적을 성취하기 위한 하나님의 결심을 **하나님의 선교**mission of God라고 표현한다. 크리스토퍼 라이트는 이 용어를 자신의 책 제목으로 사용했다. "나의 주요 관심사는 우리가 성경 전체를 읽는 틀로서 하나님의 선교(와 하나님의 백성이 그 속에 참여하는 것)를 바라보는 성경해석학을 개발하는 것이었다. 선교Mission는……웅장한 성경의 전체 내러티브를 푸는 중요한 열쇠다."[42]

하나님의 선교는 바로 죄의 황폐함으로부터 피조물과 인류의 삶을 회복하는 것이다.[43] 이 이야기 속에서 교회의 기능은 하나님의 선교에 참여하는 것이다. 말하자면, 우리는 회복하고 치료하시는 하나님의 사역에 사로잡혀 있어야 한다. 이것이 교회의 정체성과 역할을 규정한다.

교회에 관한 우리의 연구를 인도하는 세 번째 지표는 복음의 핵심 주제인 하나님 나라의 도래다. 그러나 예수님이 주장하신 것처럼 역사 속에 침투하는 하나님 나라란 정확히 무엇을 말하는가? 하나님 나라는 무엇보다도 죄의 오염과 그 파괴적인 영향력으로부터 모든 창조세계와 인간의 삶을 회복하시기 위해서, 메시아 안에 나타나고 성령에 의해 드러난 하나님의 권능이다. 예수님은 자신의 말과 행동을 통해 모든 역사가 이러한 회복을 향해 나아가고 있다는 것을 드러내신다. 하나님의 치료하시는 능력은 궁극적으로 만물의 마지막에 죄와 죽음과 악을 이기고 승리하실 것이다. 그러나 사람들은 심지어 지금도 역사의 한가운데서 하나님의 통치로 인한 구속과 복이 무엇인지를 어느 정도 알 수 있다.

교회의 정체성은 바로 이 복음, 예수 그리스도 안에서 드러난 하나님 나라의 복음에 의해 규정된다. 교회는 삶의 한가운데서 하나님의 새롭게 하시는 능력을 경험하고 나아가 세상을 위해 하나님 나라의 포괄적이고 회복하시는 구원을 구현하는 공동체다.

네 번째 지표에서 복음이 우리에게 밝혀 주는 점은, 하나님께서는 역사가 향하는 곳을 모든 사람에게 알려 주기 위해 한 민족을 선택하심으로 그분의 구속적인 목적을 이루어 가신다는 사실이다. 예수님은 다음 세대에 복음을 전달하기 위해서 책을 기록하지 않으신다. 대신에 한 공동체를 선택하여 준비시키고 파송하셔서 우주적 역사의 목적을 드러내도록 하신다. 이렇게 회집gathering하는 일은 하나님 나라의 선교에서 핵심적인 것이며 예수님의 사역 초기부터 시작된다. 예수님의 죽음과 부활이라는 구원 이야기의 핵심적인 사건들을 따라, 그분은 "아버지께서 나를 보내신 것 같이 나도 너희를 보내노라"(요 20:21)고 말씀하시고 이 작은 공동체를 파송하신다. 여기서 우리가 오늘날 교회라고 부르는 이 공동체의 핵nucleus은 세상을 위해 하나님이 예수 그리스도 안에서 하신 일을 알리도록 파송받는다. 이러한 백성은 모든 민족을 하나님의 언약 공동체로 모으는 일을 계속해야 한다. 크리스토퍼 라이트는 성경 이야기 속에서 하나님의 백성이 갖는 중요성을 잘 파악했다. "성경 전체는 우리에게 하나님 백성이 하나님의 전 창조세계를 위해 그분의 세계에 참여하는 하나님의 선교 이야기를 들려준다."[44]

교회의 역할과 정체성은 이러한 선택에 의해 규정된다. 선택은 세상을 위한 하나님의 선교 안에 있는 목적을 성취하기 위한 것이다. 그들의 공동체적인 삶이 하나님 나라의 예표가 되고, 그들의 말과 행동이 하나님 나라의 도구가 될 때, 교회는 다가올 하나님 나라의 표지가 된다.

다섯 번째 지표는 복음이 예수님에 의해 선택받고 보냄을 받은 이 공동체가 새로운 어떤 것의 시작일 뿐 아니라 훨씬 오래된 것의 연속임을 보여준다. 한편으로는 분명히 새로운 어떤 것이 시작되고 있다. 예수님의 죽음과 부활은 모든 역사의 전환점이 된다. 예수님의 죽음은 죄로 가득한 옛 세상을 종결시킨다. 예수님의 부활과 선물로 오신 성령은 새로운 세상을 시작하신다. 이 새롭게 회집된 신자들의 공동체는 이러한 결정적인 사건에 참여하며 그것을 나타내도록 부름 받고 선택된다. 그들은 모든 민족 가운데 살고 모든 사람을 하나님 백성의 공동체에 참여하도록 초청하는 일을 위해 보냄을 받는다. 그 결과는 모든 민족과 나라로부터 형성된 교회이며, 구속 역사 가운데 이루어진 매우 새로운 공동체다.

그러나 다른 한편으로 이 공동체는 수천 년 간 존재해 온 사람들의 연속(이며 갱신)이다. 예수님은 하나의 이야기 가운데로 오신다. 예수님이 오시기 전 수세기 동안에 예언자들은 흩어진 이스라엘이 회집되고 새롭게 될 것이며 모든 사람을 향한 그들의 소명이 성취될 것이라고 약속한다. 예수님은 오셔서 이 흩어진 양들을 모으는 일과 그들을 하나님 나라의 상속받는 무리로 형성하는 일에 중점을 두신다. 이렇게 회집되고 새로워진 이스라엘은 열방으로 보냄을 받고, 따라서 열방이 이스라엘에게로 이끌림을 받게 된다.

게르하르트 로핑크Gerhard Lohfink는 예수님이 형성한 제자 공동체에 관해 매우 유익한 의견을 제시했다. "천 년 이상의 역사가 흐른 후에 하나님의 백성은 발견되거나 만들어질 수 없었고 단지 **회집되고 회복되었다.**"[45] 교회는 예수님과 성령에 의해 처음으로 발견되거나 만들어진 것이 아니었다. 교회론은 신약에서 시작되지 않는다. 오히려 교회는 회집되고 본래적 소명을 회복한 언약 공동체다. 교회에 대한 바람직한 이해는 이스라엘—이스라엘의 역할과 정체성, 다른 민족과의 관계—에서 시작한다. 교회는 이스라엘의 계승자이기 때문이다.

먼저 우리는 구약 안에서 하나님 백성의 이야기를 살펴본 다음 예수님이 오신 이후에 펼쳐지는 하나님 백성의 이야기로 나아가야 한다. 우리의 목적은 교회에 대해 오래된 것—교회와 구약에 나타나는 하나님 백성과의 관련성—과 예수님의 결정적 사역과 성령이 오신 이후로 교회에 대해 완전히 새로워진 것에 주목함으로써 예수 그리스도 교회의 역할과 정체성을 분별하는 것이다. 이 과정에서 선교적 정체성과 역할이 하나님 백성을 위한 그분의 계획 안에 언제나 존재했었다는 사실이 분명해질 것이다.

2장
하나님이 이스라엘을 선교적 백성으로 만드시다

우리는 교회를 바로 이해하기 위해 구약을 출발점으로 삼아야 한다. "그리스도 안에 있는 성도들을 지칭하는 신약의 가장 특징적인 이름들" 이 "이스라엘의 오래된 이름들"[1]일 뿐만 아니라, 교회의 선교적 본질이 이스라엘의 소명에 뿌리를 내리고 있기 때문이다. 하나님의 백성과 그 공동체 외부 사람들과의 관계는 열방 가운데 있는 이스라엘과 그들의 소명에 관한 이야기 안에서 발전된다. 신약에서 하나님의 백성은 이러한 이스라엘의 정체성과 역할을 이어받는다.

우리가 교회를 "세상 속에 있는 하나님의 백성"으로 말하고 이런 교회의 진정한 본질에 관해 질문할 때, 언약 백성으로서의 이스라엘이라는 구약의 개념에 놓인 교회의 **뿌리**에 대해 말하지 않을 수 없다. 그래서 교회의 **선교적** 본질에 관한 질문, 곧 하나님 백성과 세상 사이의 실제 관계는 우리가 이스라엘과 세상의 민족들과의 관계를 탐구하기 전까지는 해결

될 수 없다.[2]

안타깝게도, 선교적 교회에 관한 많은 연구들이 교회의 구약적 기초들에 대해 충분한 관심을 기울이지 않는다. 이렇게 성경 이야기의 대부분을 잘라 내는 것은 신약 교회의 이미지 안에서 풍부하게 울리는 구약의 자원과 이스라엘의 전통 안에 있는 선교적 백성에 관한 풍성한 유산을 자각하지 못하게 한다. 이 책의 2장과 3장은 하나님의 언약 백성에 대한 이야기 속에서 교회의 뿌리를 탐색할 것이다. 이번 장에서는 하나님이 구속 사역 안에서 어떻게 이스라엘을 그분의 백성으로 삼으시고 그들에게 선교적 정체성과 역할을 주시는지를 살펴볼 것이다.

구약에서 선교의 의미

이스라엘의 역할과 정체성에 대해 '선교적'이라는 단어를 사용하기 위해서는 약간의 설명이 필요하다. 구약의 관점에서 선교는 비그리스도인들을 믿음의 공동체에 편입하도록 만드는 의도적인 활동과는 다른 의미를 갖기 때문이다. 로버트 마틴 아처드Robert Martin-Achard는 선교를 구약의 이야기에 나타난 세 가지 관련된 개념들, 곧 보편주의universalism, 이방인들의 편입incorporation of foreigners, 개종주의proselytism와 구분했다. **보편주의**는 성경의 하나님이 유일한 하나님, 창조주, 그리고 온 세상과 사람들의 주인이시지만, 다른 민족들이 하나님을 인정하도록 해야 하는 어떤 특별한 책임도 하나님의 백성에게 부여하지 않는다고 말한다. 반면, 성경은 확실히 하나님의 우주적 주권을 선포하는 동시에 이스라엘이 이방 나라들과의 관계에서 어떤 특정한 역할을 갖고 있다는 사실을 분명히 보여준다. 마찬가지로 이스라엘 공동체로의 **이방인들의 편입**도 성경 이야기에서 자주 발견된다.[3] 이방 인들은 공동체의 의무, 곧 민족적·사회적·종교적인 의무를 받아들이 고 난 뒤에 이스라엘 공동체의 온전한 일원이 되었다.[4] 이방인들의 편 입을 규정하는 율법들이 이스라엘의 선교적 성격과 일치한다고 할지 라도(그래서 주위 나라들의 법과는 다른),[5] 이러한 자연스러운 동화 assimilation의 과정은 세상에서의 이스라엘이 가진 독특한 소명에서 기 인하지 않았고, 단지 이스라엘의 이웃에게 보여지는 하나의 실천이었 다. 이와 유사하게 **이방인들을 개종하는 일**은 유대인들에 의해 활기차 게 이루어졌고, 예수님과 제자들의 시대에 절정에 도달했다.[6] 그러한 개종은 개인적이고 민족적인 성격을 갖고 있었다. 이것은 개개인들에 의해 이루어지는 개인적인 활동이었으며, 특정한 이방인들을 유대 국 가로 편입시키려는 방향성을 갖고 있었다. 이와 반대로 "선교의 개념 은 공동체 전체가 모든 인류를 위해 성취해야 하는 임무가 있다는 믿음 을 수반한다."[7]

이스라엘의 선교적 정체성은 하나님의 구속 계획 안에서 부름 받은 역할에 의해서 결정된다. 크리스토퍼 라이트가 말한 것처럼 "근본적으 로 우리의 선교는 (성경에 근거하고 성경에 의해 입증된다면) 우리가 하나님 의 백성으로서, 하나님의 부르심과 명령에 따라 하나님의 창조세계를 구속 하기 위해 세계의 역사 속에서 일하시는 하나님 자신의 선교 안에 헌신적으로 참여하는 것을 의미한다."[8] 선교는 바로 하나님께서 세상을 위해 하시는 일이며 세상을 회복하시기 위해 그분이 세우신 장기적인 목표다. 하나님의 백성은 세상을 위한 하나님의 사역에 부름을 받았다는 점에서 선교적missional이다.

크리스토퍼 라이트가 내린 두 번째 정의는 하나님의 백성이 구약에서 행한 역할을 밝혀 준다. "하나님의 선교는 열방 앞에서 하나님의 방식대로 살아가는 하나님의 백성을 수반한다."[9] 그러므로 이스라엘 민족은 그들의 공동체적인 삶 속에서 인류를 향한 하나님의 본래적인 창조 의도와 종말론적 목적을 구현하는 전시 백성display people이 되어야 했다. 하나님은 이스라엘 가운데 임하시고 거주하실 것이며 그들의 공동체적인 삶을 하나님의 방식대로 인도하기 위해 율법을 주실 것이었다. 하나님의 백성은 모든 열방 앞에서 하나님이 창조 때에 의도하셨던 모습과 하나님의 목적, 곧 모든 창조세계와 인간의 삶을 죄의 부패로부터 회복하시는 일에 대한 매력적인 표지가 되어야 했다. 이스라엘은 우선적으로 하나님의 부르신 모습이 됨으로써 하나님의 선교 안에서 그들의 자리를 생각했을 것이다. "선교는 우선적으로 **나가는 것**도 아니고 **행하는 것**도 아니기 때문이다. 선교는 **되는 것**, 구별된 사람들, 곧 열방 가운데서 반문화적……공동체가 되는 것이다."[10]

마르쿠스 바르트Markus Barth는 하나님의 백성은 "하나님을 공적으로 찬양하기 위해 살아가는 것 외의 다른 목표나 목적을 갖지 않는다"[11]라고 옳게 말했다. '공적publicly'이라는 단어는 그들이 열방 앞에 살게 되는 것을 의미한다. 그러나 바르트가 분명히 밝히듯이, 하나님의 방식

대로 살아가는 것은 **하나님의 영광을 찬양**하는 것이다. 하나님의 백성
은 "오직 한 가지 목적을 위해 창조되었고 회집되었으며 교화되고 파송
받았으며, 지속되고 준비되어 왔다. '그것은 바로 하나님의 영광을 찬
양하는 것이다.'" [12] 하나님 백성의 삶은 모든 열방이 지켜보는 가운데
하나님의 영광을 드러내야 한다. [13]

　　주변 민족들 앞에서 하나님의 영광을 반영하고 매력적인 생활방식
을 보여주는 구별된 백성이 되기 위해서 이스라엘은 한 번에 세 방향을
향해 살아가야 했다. **후방으로는 창조**를 바라보면서 인간의 삶을 향한 하
나님의 본래적 계획과 의도를 구현해야 했다. **전방으로는 완성**을 바라보
면서 보편적 역사의 목적지, 곧 새 땅 위에 회복된 인류에 대한 하나님의
약속을 삶 속에서 드러내야 했다. 그리고 **측방으로는 열방을 향해서** 그들
의 우상숭배에 대항해야 했다. 이 모든 것은 열방을 위한 것이었고, 열방
이 참 되고 살아 계신 하나님을 찬양하며 알아가게 하기 위함이었다.

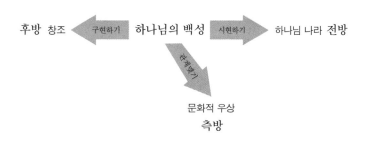

표1. 세 방향을 향하는 삶

하나님의 선택된 백성은 자신을 위해 존재하지 않는다. 오히려 하나님의 영광과 선교를 위해서, 하나님 선교의 대상인 타인들을 위해서 존재한다. 그들은 실제로 창조세계를 회복하고 하나님을 영화롭게 하는 그분의 선교 안에 예정된 역할을 하도록 "하나님에 의해 선택"되었다. 그러나 이러한 선택은 "세상을 위해서"다. 하나님의 백성은 "양쪽을, 곧 하나님과 세상을 향하고 있다."[14] 양쪽 방향은 모두 필요하다. 어느 한쪽을 무시하면 하나님 백성의 정체성을 왜곡하는 것이다. 하나님께서 부르신 공동체는 하나님의 회복 사역이 시작되는 장소이며, 구원이 모든 백성에게 흘러가 하나님의 영광을 찬양하게 하는 통로로서 존재한다.

구약은 하나님이 그분의 백성 안에서, 그분의 백성을 통해 이루시는 그분의 선교 속에서 어떻게 스스로를 영화롭게 하시는지에 대해 이야기한다. 이 장에서 우리는 이스라엘이 거룩한 나라로 형성되는 과정을 살펴볼 것이다. 이스라엘의 선교적 역할과 정체성은 특히 족장들에게 주어진 약속 안에서, 그리고 출애굽기에서 형성되고 있다. 다음 장에서는 하나님이 이스라엘에게 그들의 역할을 수행하게 하시고 선교적 백성으로서 그들의 정체성을 살아 내도록 부르셨던 세 가지 상황들을 살펴볼 것이다.

아브라함 언약_복이 되기 위해 복을 받음

창세기 12:2-3에서 하나님은 아브라함과 약속을 맺으시고 후에 이 약속은 족장 이야기의 핵심이 된다. 이 약속은 언약의 형태(창 15장)를 취하고 있으며 할례의 표지(창 17장)와 함께 해명되고 확증된다. 창세기 12장에 주어진 이 약속은 아브라함(창 18:18-19)과 이삭(창 26:3-5)과 야곱(창 28:13-15)에게서 반복되고 하나님이 펼치시는 구속 계획을 이해하기 위한 핵심이 된다.

창세기 1-11장: 아브라함 언약의 배경

창세기 12:2-3에서 하나님은 창조세계를 회복하시는 그분의 선교를 실행하기 위한 전략을 드러내신다. 하나님은 한 사람, 아브라함을 선택하시고 그를 위대한 민족으로 삼으셔서 모든 민족이 그를 통해 복을 받게 하겠다고 약속하신다. 그러나 아브라함에게 하신 하나님의 말씀은 신중하게 짜인 내러티브의 맥락, 곧 그 이야기가 창세기 전체의 신학적 메시지에 속한다는 사실을 인식하는 것이 중요하다.

창세기는 종종 원역사primeval history라고 불리는 1-11장과 이스라엘 족장들의 역사—아브라함과 이삭과 야곱—인 12-50장으로 나누어진 기본 구조를 갖고 있다. 창세기 12:2-3에서 아브라함에게 주어진 약속은 두 부분을 이어 주는 "연결 본문"[15]이다. 아담은 첫 번째 부분의 맨 앞에 서 있고 아브라함은 두 번째 부분의 맨 앞에 서 있다. 한 탁월한 유대 해석은 아브라함의 역할이 아담이 일으킨 혼란을 정리하는 것이라고 한다. 창세기에 관한 랍비 미드라쉬midrash에는 "내가 아담을 먼저 만들 것이며, 만약 그가 옳은 길에서 벗어난다면, 그 문제를 해결하기 위해 아브라함을 보낼 것이다"[16]라고 하나님께서 말씀하셨다고 기록되어 있다. 전반부에서는 문제를 설정하며 그 문제에 대한 해결책으로서 아브라함에게 하나님의 약속이 주어진다. 게르하르트 폰 라드Gerhard von Rad는 다음과 같이 말한다. "구속 이야기를 여는 말들은 세상의 초기 역사에서 제기된 문제에 대한 해답을 제공한다. 이는 하나님과 모든 민족과의 관계에 대한 해답이다. 그러나 창세기 12:1-3에서 구속 이야기의 시작은 초기 역사를 끝낼 뿐만 아니라……실제로 그에 대한 열쇠도 제공한다."[17]

창세기 1-11장은 (인류에게 특별한 위치를 제공하면서) 세상을 창조하시는 하나님의 이야기, (세상의 선함과 조화를 무너뜨리는) 인간의 반역, 온 세상으로 퍼져 나가는 죄의 불길한 증가, 심판으로 나타난 죄에 대한 하나님의 대응, 그리고 창조세계를 보존하고 회복하시겠다는 하나님의 약속과 헌신을 이야기한다. 이 내러티브의 세 가지 중요한 특징들이 창세기 12장에서 아브라함에게 주어진 하나님의 약속을 위한 배경이 된다.

이러한 내러티브의 첫 번째 특징은 **창조-타락-회복**의 이야기 구조다. 이 내러티브는 세상의 창조와 함께 시작한다. 창조된 세상은 하나님이 의도하고 계획하신 대로 보기에 매우 좋았으며, 인간은 문화 개발을 하도록 부름 받은 하나님의 형상으로 창조세계 안에서 중요한 위치를 차지한다. 인간의 불순종이 (모든 인간의 문화를 포함하여) 모든 창조세계를 훼손했을 때, 하나님은 즉각적으로 아담과 이브의 반역으로 풀려난 모든 죄의 힘들을 박살 내실 것이라고 약속하신다(창 3:15). 하나님은 회복의 긴 여정을 시작하시고 지속적인 인간의 실패와 불성실함에도 창조세계를 치료하겠다는 약속을 유지하신다. 아브라함을 선택하고 그를 위대한 민족으로 만드시겠다는 하나님의 약속은 이러한 전체적인 내러티브의 틀 안에서 이해되어야 한다. 다시 말해, 하나님은 모든 피조물과 모든 인간의 삶과 문화를, 아브라함을 통해 다시 한 번 "좋은 것"으로 만들기를 원하신다. 그러므로 창세기 3:15에서 주어진 약속, 창세기 3-11장에서 나타난 인간의 실패에도 불구하고 유지된 하나님의 약속은 창세기 12장에서 갱신된 형태로 아브라함에게 주어진다. 하나님은 여전히 창조세계의 회복을 이루어 가시지만, 앞으로는 새로운 방식, 곧 아브라함을 통해 이루어 나가실 것이다.

전반부의 내러티브가 아브라함을 위한 배경이 되는 두 번째 방식은 하나님의 목적과 사역의 **우주적인** 범위를 확립하는 것이다. 창세기의 앞부분에서 하나님은 (이스라엘의 이웃 국가들이 섬기던 신들과 같이) 부족 신으로 묘사되지 않고 모든 피조물의 창조자이자 통치자이며 모든 민족의 주인으로 묘사된다. 하나님은 오직 한분이시며, 온 세상의 위대한 왕이시다. 이러한 하나님은 모든 만물의 창조자이시기 때문에, 모든 인류는 하나님께 완전한 헌신과 충성을 바쳐야 한다. 아담과 이브의 반역, 그리고 이어지는 민족들의 반역은 바로 그들의 합법적인 주인에 대한 반역이다. 온 세상은 이 하나님 앞에서 범죄했으며, 하나님은 그들에게 책임을 물으신다. 하나님이 모든 사람의 주인이시기 때문에 인간의 반역에 대한 하나님의 반응은 모든 민족을 포함한다. 하나님은 온 세상의 심판자이시며, 홍수와 바벨탑에서 하나님의 심판은 모든 인류에게 내려진다. 마찬가지로 하나님은 구속을 이루어 가시면서 모든 인류에게 손길을 펴신다. 하나님의 약속은 모든 사람에게 베풀어지며, 결국 모든 민족이 다시 하나님을 인정하고 그분의 영광을 알게 될 것이다.

창세기 12장에서 이 이야기의 초점은 모든 민족을 다루시는 하나님의 이야기에서 한 사람과의 특별한 관계로 갑자기 좁혀진다. 이 시점을 지나면서 구약의 나머지 이야기는 한 민족 안에서, 한 민족을 통해 일하시는 하나님에 집중할 것이다. 그러나 창세기의 처음 열한 장에 나타난 보편적인 범위는 구약의 아브라함과 이스라엘을 향한 하나님의 특별한 관심은 **모든** 민족을 위한 것이며, **모든** 피조세계를 위한 것이었다는 사실을 상기시킨다. 하나님은 이 보편적인 목적을 이루시기 위해 특별한 수단을 선택하신 것이다.

이러한 내러티브의 세 번째 특징은 죄가 모든 인간의 삶과 피조세계를 파괴함에 따라 **증가하는 죄의 결과들**에 초점이 맞추어져 있다는 점이다. 폰 라드는 창세기 3-11장에 나타난 성경 저자의 "위대한 죄악론"[18], 곧 죄에 대한 가르침을 언급한다. 그 이야기는 아담과 하와의 반역 안에서 죄의 어두운 기원을 묘사하고, 뒤이어 모든 민족과 인간의 삶의 구석구석으로 퍼져 가는 죄의 오염, 모든 창조세계에 대한 죄의 파괴적인 결과들을 묘사한다. 모든 인류, 모든 피조물은 하나님을 반역하고 그분의 심판을 경험한다. 창세기 3-11장은 전 세계와 모든 나라를 **하나님과의 관계 속에서** 설명하는데, 특별히 하나님과 모든 인류 사이의 분리를 보여주고 있다.

그러므로 창세기의 앞부분은 보편적인 문제를 보여주고 뒤따르는 아브라함의 약속에서는 해결책이 등장한다. 창세기 3-11장의 저주와 분리라는 나쁜 소식에 반하여, 우리는 창세기 12:1-3에서 복과 화해의 좋은 소식을 듣는다(갈 3:8 참조). 나쁜 소식은 생생하게 전해졌다. 모든 민족이 하나님과 분리되었고 죄는 사회와 문화생활의 전반을 황폐하게 만들었으며, 인간 이외의 모든 피조물을 훼손했다. 그러나 심판은 죄를 뿌리 뽑을 수 없었다(창 6:5, 8:21 참조). 하나님의 약속은 인간의 불성실함에 의해 지속적으로 위협받는다. 창세기의 앞부분은 하나님의 모든 민족에 대한 극적인 심판으로 끝이 난다(창 10, 11장). 그리고 복된 소식으로의 전환이 일어난다. 하나님은 아브라함을 선택하시고 약속을 주신다. 그것은 아브라함을 통하여 열방을 위해 하나님의 선한 창조의 복과 조화가 회복될 것이라는 약속이다. 폰 라드는 다음과 같이 말한다.

> 모든 열방과 하나님 사이의 관계는 마침내 끝난 것인가? 하나님의 은혜로운 관용은 이제 모두 사라진 것인가? 하나님은 열방을 영원히 진노 가운데 내버려 둘 것인가? 이러한 질문은 11장까지 읽은 신중한 독자들이 피할 수 없는 부담스러운 질문이다. 실제로 우리의 내레이터가 초기 역사의 전체적인 계획을 가지고 정확히 바로 이 질문을 하도록 유도했으며, 가장 심각한 형태로 그 문제를 제기하려 했다고 말할 수 있다. 그래서 독자들은 바벨탑의 씁쓸한 이야기에 뒤이어 나오는 낯설고 새로운 이야기인 아브라함의 선택과 축복을 받아들이도록 준비된다. 그러므로 우리는 초기 역사와 신적 역사가 만나는 지점, 구약 전체에서 가장 중요한 지점들 가운데 한 곳에 서 있다.[19]

우리는 또한 성경에서 교회론을 위한 가장 중요한 지점들 가운데 한 곳에 서게 된다. 이곳에서 우리는 하나님이 선택하신 공동체의 본질과 목적에 대한 이해를 시작할 수 있다.

창세기 12장 1-3절: 열방을 위한 선택

이스라엘의 역사는 약속의 말씀으로 시작한다.

> 여호와께서 아브람에게 이르시되 너는 너의 고향과 친척과 아버지의 집을 떠나 내가 네게 보여줄 땅으로 가라.
> "내가 너로 큰 민족을 이루고
> 네게 복을 주어
> 네 이름을 창대하게 하리니
> 너는 복이 될지라.
> 너를 축복하는 자에게는 내가 복을 내리고
> 너를 저주하는 자에게는 내가 저주하리니
> 땅의 모든 족속이 너로 말미암아 복을 얻을 것이라" 하신지라.
>
> (창 12:1-3)

이러한 "놀라운 말씀"[20]이 교회론—실제로 성경 전체의 이야기—을 위해 갖는 중요성을 간과하기는 어렵다. 하나님 백성의 역할은 바로 이것이다. 그들은 세상을 위해 선택받았다. 하나님께로부터 멀어지고 하나님의 심판 아래 놓인 모든 인간, 그들을 대표하는 칠십여 민족들을 보편적인 배경으로(창 10, 11장)[21] 아브라함은 "정확히 말해서, 복이 열방에, 하나님이 온 땅의 지면에 흩으신 이 칠십여 민족들에게 임하도록 하기 위해 부름을 받았다."[22] 한 사람의 선택으로 모든 사람을 구원하시고자 하는 것이다. "아브라함의 이야기가 그 시작부터 보편적 구원을 향해 있었다는 사실은 매우 중요하다. 아브라함을 부르시고 이스라엘을 선택하신 진정한 의미는 여호와께서 의도하신 완전한 계획의 일부로서만 이해될 수 있다. 그것은 바로 모든 사람을 위한 구원이다."[23]

창세기 12:2-3에서 하나님이 아브라함에게 하신 약속은 세 가지 요소로 이루어져 있다. 이 세 가지는 그 약속을 간략하게 요약해 놓은 창세기 18:18-19에서 발견된다. 약속의 첫 번째 요소는 하나님의 구원 계획에는 두 가지 단계가 있다는 사실이다. "아브라함은 강대한 나라가 되고 천하 만민은 그로 말미암아 복을 받게 될 것이다"(창 18:18). 여기서 창세기 12:2-3은 두 가지 목적으로 요약된다. 첫 번째 목적은 후손과 땅, 축복의 선물을 가지고 아브라함을 강대한 나라로 만드는 것이다.[24] 두 번째 목적은 아브라함이 위대한 나라가 됨으로써 세상의 모든 나라가 복을 받는 것이다.

구원 계획은 창세기 12:2-3의 원리가 제시하는 두 단계로 이루어진다.[25] 마지막 절("천하 만민은 그로 말미암아 복을 받게 될 것이다")은 "앞 절들의 주요 진술이 된다. 아브람에게 주어진 개인적인 약속들은 궁극적으로는 세상의 축복을 목표로 삼고 있기 때문이다."[26] 아브라함은 선택을 받고 반드시 강대한 나라가 되며, 그로 인해 열방이 축복을 받게 될 것이다. 그러므로 폴 윌리암슨Paul Williamson은 창세기 12:1-3에 나타난 "두 가지 의제agenda"에 관해 말한다.[27] 아브라함은 먼저 하나님이 주시는 복의 수여자가 되고, 그래서 복의 중개자가 될 것이다.

"복"은 풍성한 울림을 가진 성경적 용어로, 죄로 인한 저주를 반전시키고 창조의 풍요로움을 회복하는 의미를 내포한다. "복"이라는 단어는 창세기 12:1-2에서 다섯 번 사용되었다. 한스 월터 울프Hans Walter Wolff가 생각하듯이, 이것은 의도적인 사용이다. 저주라는 단어 또한 창세기 1-11장에서 다섯 번 사용되었기 때문이다.[28] 따라서 창세기 저자는 하나님께서 아브라함을 통해 죄의 영향력을 역전시키실 것이라는 사실을 밝히려는 의도를 갖고 있다. "창세기 12:1-3에서 아브라함의 언약을 형성하는 이 새롭고 강력한 단어인 '복'은 창세기 1-11장의 저주를 폐기한다."[29] 복은 하나님께서 태초에 창조세계에 풍성히 부어 주신 모든 선을 회복한다(창 1:22, 28 참조). 나아가 하나님과의 관계, 사람들 간의 관계, 그리고 인간 이외의 피조물과의 관계 속에서 인간의 번영을 위한 하나님의 뒤이은 구속 사역을 예견한다.[30]

아브라함에 대한 하나님의 약속에서 주목할 만한 두 번째 요소는 선택이 선교를 위한 것이라는 점이다. "내가 그를 택하였나니 **이는**so that" (창 18:19, 저자 강조). 성경에서 선택의 교리는 교회사에서 많은 논쟁을 일으켜 왔다. 그러나 우리가 아브라함의 이야기 속에서 선택을 바라볼 때 몇 가지 분명한 사실이 있다. 아브라함과 이스라엘이 선택된 것은 하나의 보편적 상황에 기초해 있다. "이스라엘을 선택하신 것은 하나님의 주도권 문제이며, 그 주도권은 전 세계의 모든 민족이 하나님을 인정하는 것을 목적으로 삼는다."[31] 아브라함은 전 세계를 향한 하나님의 보편적인 목적을 성취하기 위한 수단으로 특별히 선택된다. 그러므로 성경 이야기 속에서 선택은 특권과 책임, 구원과 섬김, 복의 수취와 매개를 모두 포함한다. 하나님의 백성은 **열방을 위한 백성**a so that people이다. 그들은 하나님의 구원을 경험하고 난 후에 열방을 그분의 구원으로 초청하기 **위해**so that 선택되었다.

이스라엘의 역사와 교회사를 통해 드러난 변함없는 유혹은 선택의 선교적인 목적을 잊어버리고 단지 수혜자의 특권, 구원과 신분만을 강조하는 것이었다. 요나의 이야기는 극적이고 감동적인 방식으로 이스라엘이 선택받은 진정한 의미—또한 이스라엘이 얼마나 비극적으로 그 의미를 이해하지 못했는지를—를 잘 표현한다.[32] 구약 전체를 통해서 하나님은 이스라엘이 책임과 섬김, 선교를 잊어버렸을 때 이를 책망하셨다. "내가 땅의 모든 족속 가운데 너희만을 알았나니 그러므로 내가 너희 모든 죄악을 너희에게 보응하리라"(암 3:2).

아브라함의 약속에서 마지막으로 주목할 요소는 그러한 약속이 이루어지는 방식이다. 하나님은 아브라함에게 "내가 그로 그 자식과 권속에게 명하여 여호와의 도를 지켜 의와 공도를 행하게 하려고 그를 택하였나니 이는 나 여호와가 아브라함에게 대하여 말한 일을 이루려 함이니라"고 말씀하셨다(창 18:19). 우리는 이 말씀이 정확히 어떻게 이루어질지에 대해서는 듣지 못한다. 그러나 "여호와의 도를 지켜"와 "의와 공도를 행하게"라는 말씀은 우리에게 중요한 실마리를 제공한다. 이 두 표현은 구약에서 종종 사용되는 것으로, 창조 안에 나타난 하나님의 질서와 법에 순응하는 삶을 가리킨다. 이러한 표현들의 문맥은 소돔과 고

모라의 불의와 압제를 향한 "울부짖음"이다. 하나님의 백성이 이 비통한 죄악에 대항해서 인간의 삶을 향한 하나님의 의와 공도를 구현할 때 복은 흘러가게 된다. 아브라함과 이스라엘은 "창조자의 참된 인류" 혹은 "참된 아담적인 인류true Adamic humanity"가 되어야 한다.[33] 그들의 삶은 인간의 삶을 향한 하나님의 창조 계획과 그분의 구속 계획이 향하는 목표를 보여주어야 한다.

그러므로 아브라함과 그의 가족, 그에게서 나온 민족은 하나님의 선교에 참여하기 위해 선택되었다. 그들이 하나님의 구속적 복을 누리고 그분의 길을 걸어갈 때 열방은 그 복에 참여하게 될 것이다.

출애굽기_ 거룩한 백성의 형성

하나님의 백성을 통한 하나님의 선교 이야기는 출애굽기에서도 계속된다. 하나님은 이집트에서 종살이하는 이스라엘의 신음소리를 들으시고 아브라함과의 언약을 기억하신다(출 2:23-25). 이어지는 이야기는 하나님께서 이스라엘 백성을 구속하시기 위해 어떻게 행동하시며, 그들과 언약을 세우시고, 그들 가운데 거하시게 되는지를, 곧 아브라함에게 주신 약속이 어떻게 성취되는지를 말해 준다. 하나님의 두 가지 계획—먼저 아브라함을 위대한 민족으로 만들고 그를 통해 열방이 복을 받는—은 출애굽의 사건들 속에서 분명하게 밝혀진다. 출애굽은 바로 아브라함의 약속을 성취하기 위해 하나님이 취하신 첫 번째 단계다. 따라서 이 책에 나타난 중요한 움직임—구속, 언약과 성막—은 아브라함에게 계시된 하나님의 선교적 목적에 비추어 해석되어야만 한다.

존 더헴John Durham은 말한다. "출애굽기는 문학적 혹은 신학적 굴라시goulash(유럽에서 고기와 야채를 넣고 파프리카와 향신료를 가미한 수프다. 여기서 굴라시는 아무것이나 집어넣어 만들 수 있는 특징을 표현하고 있다—옮긴이)가 아니다. 아무렇게나 만들어졌거나 혹은 주된 목적이 없거나, 전체를 묶어 주는 통합적인 개념 없이 만들어진 이야기가 아니다." 오히려 출애굽기는 그 문학적 구조에서 잘 드러난 것처럼 "신학적 통일성"을 갖고 있다.[34] 출애굽기의 문학적 구조는 하나님 백성의 정체성과 역할을 그분의 목적 안에서 이해하는 데 신학적으로 깊은 영향을 미친다. 하나님은 이스라엘을 노예 상태에서 구속하시고(1-18장), 언약을 체결하시고(19-24장), 그리고 그들 가운데 거하신다(25-40장).

구속받은 백성(출 1-18장)

출애굽기의 처음 열여덟 장은 하나님 백성의 구속을 이야기한다(출 6:6, 15:13). 많은 사람들이 '구속redemption'이란 단어가 구원salvation을 서술하는 또 다른 신학적 어휘라고 생각한다. 하지만 출애굽기에서—실제로 성경 전체에서도—구속이란 단어는 고대 근동 지역 사람들에게 친숙한 문화적, 사회적 이미지에서 왔고 이를 통해 사람들에게 하나님이 하시는 일이 무엇인지를 정확히 전달하기 위해 사용된다. 구속자 redeemer는 가족이나 가족의 저당 잡힌 소유물을 되찾아 주는 책임을 지닌 가족 구성원이다.[35] 예를 들어, 구속은 노예가 된 친척을 해방시켜 원래 가족 구성원으로 회복시켜 주는 것을 뜻한다(레 25:47-55 참조). 이

것이 출애굽기에 기록된 하나님께서 자유케 하시는 일의 우선적인 의미로 보인다. 하나님은 신적 구속자가 되시며 바로의 노예 상태로부터 그분의 맏아들을 해방시키시고 하나님 가족 안에서 그의 합법적인 자리로 회복시키기 위해 일하신다(출 4:22-23). 한 아들의 구속은 "전체 출애굽 이야기가 갖는 핵심적 의미다."[36]

출애굽기에서의 구속은 영적인 구출의 이미지로 해석되거나 해방신학의 전통에서는 정치적 해방의 이미지로 해석되어 왔다. 하지만 영적인 해석과 정치적 해석 모두 출애굽의 이미지 안에 내재된 투쟁 conflict이라는 심오한 **종교적** 본질을 간과한다. 서구 문화의 세속적이고 이원론적인 세계관은 우리로 하여금 고대 근동 사람들과 동일하게 종교적인 방식으로 세상을 바라보는 일을 어렵게 만든다. 그들에게 종교는 삶의 사회적·경제적·정치적인 차원과 매우 밀접하게 연결되어 있었다. 바로는 이집트 태양신 르Re[37]의 이미지이자 대리자였고, 신들을 대신해서 사회의 정의, 질서와 조화를 유지하도록 다스리는 신적인 왕 god-king이었다.[38]

바로의 권력 아래 살아가는 것은 단순히 정치적인 문제만이 아니라 근본적으로 종교적인 것이다. 바로의 노예로서 이스라엘 백성은 그의 신적인 통치 아래 살아가야 하고, 그렇기 때문에 우상숭배적인 제도 안에 사로잡혀 있다. 그들은 하나님을 섬길 수도 예배할 수도 없다(출 8:1). 모세는 여호와—참되고 살아 계신 하나님–왕—의 대리자로서 이스라엘 백성이 하나님을 예배하고 섬길 수 있도록 자유롭게 해줄 것을 요구한다(출 4:23, 7:16 등). 바로는 이를 거절하고 하나님은 심판을 내리신다. 하나님은 이집트와 바로, 이집트의 신들에게 재앙을 쏟으셔서 (출 12:12, 민 33:4 참조)[39] 온 세상으로 하여금 하나님 한분만이 왕인 것을 알게 하신다(출 6:7, 7:5 등). 따라서 출애굽기에서 하나님 백성의 구속은 근본적으로 종교적인 것이다. 이스라엘 백성은 삶의 모든 영역, 곧 사회적·경제적·정치적인 영역에서 하나님을 섬기기 위해 다른 신들에 대한 섬김과 헌신으로부터 자유롭게 된다. 하나님은 우상을 숭배하는 이집트와 다른 대안적 공동체alternative community를 세우신다.[40] "출애굽기에서 종주국의 권세는 무너졌다. 이집트의 신적인 왕이었던 바로는 패배를 당했고 그 결과 이스라엘의 종주국이 되는 권리도 없어졌다. 하나님이 바로를 정복했고 그 결과 이스라엘의 왕이 되어 다스리시게 되었다(출 15:18). 이스라엘의 구속자로서, 하나님은 언약 안에서 그분 백성들의 순종적인 헌신에 대한 권리를 요구하셨다."[41] 구속을 받는 것은 하나님 한분께만 온전한 충성을 바치도록 해방되는 것을 의미한다. 하나님은 그분의 백성들을 우상숭배적인 삶의 방식으로부터 해방시키셔서 대조적 공동체로서 살아가게 하신다. 이스라엘이 하나님의 복 안에서 살아가야 하고 다른 사람들이 그 복으로 들어오도록 초청해야 한다면, 그들은 먼저 그들을 구속하는 다른 신들에 대한 섬김으로부터 자유롭게 되어야 한다. 오직 그런 후에야 이스라엘은 하나님의 본래적인 창조 계획과 회복된 인류를 향한 종말론적인 목표를 구현할 수 있을 것이다. 따라서 구속은 아브라함의 역할과 정체성을 성취하기 위해 이스라엘을 해방하는 것이다.

언약 백성(출 19-24장)

하나님의 백성은 구속받은 백성일 뿐만 아니라 언약 공동체다. 언약은 아마 하나님과 그분 백성의 관계를 정의하는 성경의 가장 핵심적인 이미지일 것이다. 하나님은 이스라엘과 하나님의 관계를 설명하기 위해 이스라엘의 주변 문화에서 보편적으로 통용되는 개념인 언약의 이미지를 채택하신다. 그러나 성경은 그 이미지를 변형하여 사용한다. 성경 언약의 두 가지 측면, 곧 고대 근동 지역의 사회적 관습들과의 유사점과 하나님의 목적을 위해 변혁된 방식을 모두 주목할 필요가 있다.

1) 고대 근동 지역의 배경

언약이란 단어는 일반적으로 고대 근동의 이방 문화 속에서 친구 간(삼상 18:3), 민족 간(창 14:1, 왕상 5장: 20:34), 혹은 결혼 당사자 간(잠 2:17, 말 2:14)의 관계를 규정하는 구속력 있는 협정binding agreement을 설명하기 위해 사용되었다. 이것은 매우 엄숙하고 구속력 있는 계약으로서 각각의 당사자들은 서로 간에 체결된 조약들을 신실하게 지킬 것을 약속했다.

　　20세기 중반에 고고학자들은 히타이트, 이집트와 같은 세계 제국의 강력한 왕들이 맺은 여러 개의 언약 문서들을 발견했다. 이런 문서들은 이스라엘이 이집트로부터 해방되던 시대의 실제적인 국제 정치 협정을 보여준다. 이러한 언약 문서들과 (특히 출 19-24장과 신명기에 나타나는) 하나님께서 이스라엘과 맺으신 언약 사이에는 놀라운 유사성이 있다.[42]

　　이러한 언약에 관한 연구는 하나님께서 그분 백성들과의 관계를 설명하기 위해 사용하신 언어를 이해하도록 도와준다.[43] 언약은 세계 제국의 왕들이 그들의 왕국을 다스리고 관리하는 수단이었다. 언약에는 제국과 다른 나라 사이의 관계 협정들이 자세히 기록되어 있다. 거기에는 동등한 부족 간이나 동등하게 강력한 제국들 사이에 이루어지는 동등한 조약이 있었다. 예를 들어, B.C. 1290년에 세계 제국이었던 히타이트와 이집트는 전쟁을 끝내기 위해 시리아에서 평화조약을 맺었다. 또한 동등하지 않은 두 상대자, 예를 들면 위대한 왕과 그의 제국에 종속된 피지배민들 사이에 맺어진 봉신조약vassal covenants도 있었다. 여기서 왕은 전적으로 언약의 조건을 제시하며 이에 대한 신실한 복종을 요구했다. 이러한 봉신조약은 구약의 언약과 매우 흡사하다.

봉신조약은 왕과 종속 백성 사이의 구속적인 관계를 기술했다. 그러한 관계는 불변하며 깨어질 수 없었고, 언약 당사자 간의 완전한 헌신을 요구했다. 그래서 언약은 종종 언약 당사자들이 충성의 서약을 맹세하고 그 협정에 대한 이행을 약속할 때 승인되었다. 또한 피 뿌리는 저주 예식imprecatory ceremony도 있었다. 그 예식에서 언약의 당사자들은 피를 뿌리면서, 만약 그 언약에 대한 자기 책임을 다하지 못할 경우 짐승의 피가 뿌려진 것처럼 그들의 피도 뿌려질 것이라고 말했다.[44] 언약의 당사자들은 모두 책임을 갖고 있었다. 왕은 그의 백성에게 한 약속을 이행했고, 대신에 백성에게는 신뢰, 복종, 완전한 순종과 충성, 심지어 사랑으로 신실하게 반응할 것을 요구했다.[45] 또한 언약 관계 속에서 봉신들의 행동을 지도할 수 있는 법규도 있었다. 이러한 언약 관계는 봉신들이 언약을 신실하게 지키며 살아가는 경우에만 지속되었다. 언약을 파기하면 죽음에 처했다. 언약은 그들에게 매우 중요한 것이었다.

바로의 왕궁에서 교육을 받았던 모세는 그런 언약에 대해서 잘 알고 있었을 것이다.[46] 그러나 봉신조약을 하나님과 이스라엘의 관계를 설명하는 적절한 이미지로 만드는 것은 무엇일까? 피터 크레이기Peter C. Craigie는 이에 대한 부분적인 해답을 제시한다. "언약은 단순히 하나님과 이스라엘 백성을 묶어 줄 뿐만 아니라 세속권력, 곧 이집트에 대한 종속으로부터 그분 백성의 해방을 뜻한다.…… 주변의 다른 작은 민족들과 같이 이스라엘은 봉신국가가 되어야 했지만 이집트나 히타이트에 속한 것이 아니었다. 이스라엘은 그들의 충성을 하나님 한분께만 바쳐야 했다."[47] 이집트에는 이집트에 종속된 외부 국가들뿐만 아니라 제국 안의 이방인 노예 집단들과 맺은 봉신조약도 있었다는 증거들도 있다.[48] 이집트에서 가장 큰 민족이었던 이스라엘은 아마도 바로와의 언약에 묶여 있었으며 바로의 주권 아래서 살았을 것이다. 시내 산의 언약은 이스라엘이 어떻게 그러한 속박으로부터 해방되었고 이스라엘의 삶 전체가 이제부터는 새로운 관리자 아래서 살아가게 되었는지를 확실히 보여준다. 이스라엘은 충성을 바쳐야 했던 바로로부터 자유롭게 되어서 이후로는 오직 하나님 한분께만 속하게 되었다. 이처럼 출애굽기는 "바로로부터 야훼에게로, 이전 주인으로부터 새로운 주인에게로"[49]의 탈출을 보여주고 있다.

2) 이스라엘의 특별한 언약적·선교적 정체성

그러나 왜 열방의 주인이신 하나님은 이 한 민족, 곧 이스라엘을 해방시키시고 언약 안에서 그들과 관계를 맺으셨을까? 아마 이스라엘 백성도 자신들을 이집트에서 건져 내시고 홍해를 건너서 시내 산으로 인도하시는 하나님을 보면서 이 점이 궁금했을 것이다. 하나님께서 이스라엘을 위해 이 질문에 대답이 될 만한 메시지를 모세에게 주신다. "너는 이같이 야곱의 집에 말하고 이스라엘 자손들에게 말하라. 내가 애굽 사람에게 어떻게 행하였음과 내가 어떻게 독수리 날개로 너희를 업어 내게로 인도하였음을 너희가 보았느니라. 세계가 다 내게 속하였나니 너희가 내 말을 잘 듣고 내 언약을 지키면 너희는 모든 민족 중에서 내 소유가 되겠고 너희가 내게 대하여 제사장 나라가 되며 거룩한 백성이 되리라. 너는 이 말을 이스라엘 자손에게 전할지니라"(출 19:3-6). 여기서 우리는 "하나님 백성의 특별한 정체성,"[50] 곧 성경의 나머지 이야기 속에서 하나님의 백성이 맡게 될 특별한 역할을 발견한다. 창세기 12:2-3에서 하나님은 아브라함이 위대한 민족이 되어서 온 세계에 복을 가져올 것이라고 약속하셨다. 출애굽기에서는 그 축복을 가져오기 위해 하나의 위대한 민족이 형성되고 부름을 받고 구속되는 것을 말해 준다. 특히 출애굽기 19:3-6에서는 이스라엘이 하나님의 복을 전하는 역할을 **어떻게** 이루게 될 것인지를 말해 준다. 이 단락은 세 부분으로 구성되어 있다. 하나님의 전능하신 행위에 대한 역사적 서론(4절)과 언약의 조건들(5-6절), 언약의 조항들에 대한 이스라엘의 응답(7-8절)이다.[51]

이스라엘을 향한 하나님의 말씀은 고대 근동 지역에서 언약 문서의 기본 특징인 간결한 역사적 서론으로 시작한다. 하나님은 이스라엘을 위해 행하신 전능한 행위, 곧 그분이 이집트에게 어떤 일을 행하셨는지와 시내 산에 이르기까지 어떻게 그 험한 광야 길에서 이스라엘을 돌보셨는지에 대해 설명하신다.

그러나 하나님은 왜 이스라엘을 위해 이 일들을 행하셨을까? 하나님은 이스라엘에게 언약의 조건들을 말씀하신다. 이것이 하나님께서 이스라엘을 선택하신 이유다(5-6절). 이스라엘의 역할과 정체성을 이해하기 위해서 이러한 말씀들의 중요성을 간과해서는 안 된다. 테렌스 프레다임Terence Fretheim이 주목했듯이, "출애굽기 전체를 보게 하는 렌즈는 19:3-6에서 하나님이 하신 말씀이다. 실제로, 이 말씀은 모세의 모든 전승 속에서 이스라엘 신앙에 대해 우리가 갖고 있는 계획적인 말씀programmatic speech이라고 알려져 왔다."[52] 이 말씀이 갖는 중요성은 출애굽기 전체가 하나님께서 이스라엘을 향한 그분의 목적과 그들의 역할을 드러내시는 이 순간을 향해 나아간다는 사실에 주목할 때 분명해진다. "마치 하나님께서 그분의 백성을 이집트에서 구원하시려고 모세를 부르신 이후에(출 3장) 일어난 모든 일은 바로 이 순간을 향해 이끌린 것 같다."[53] 여기서 하나님의 구속, 섭리적인 돌봄과 언약 안에서 이스라엘을 회집하신 목적이 모세에게 선포되고, 나아가 이스라엘에게 알려진다. 그러나 이야기는 이 순간을 **향해** 나아왔을 뿐만 아니라 또한 그 순간을 **떠나** 멀어진다. 구약의 나머지 이야기들은 이스라엘이 얼마나 자신의 소명을 잘 성취해 내는지에 관한 이야기를 들려준다. "이스라엘의 이 특별한 역할은 성경의 나머지 이야기를 읽는 내내 이스라엘을 바라보는 일종의 렌즈가 된다."[54]

세 개의 명칭들이 이스라엘의 이 특별한 역할을 설명해 준다. 이스라엘은 하나님의 "특별한 소유"와 "제사장 나라", "거룩한 백성"이 되어야 한다. 첫 번째 명칭, "특별한 소유"는 왕의 개인적인 재물을 가리킨다. 모든 왕국이 왕에게 속해 있다고 말할 수 있지만, 왕은 또한 개인적인 용도를 위해 따로 마련된 재물을 갖고 있다. 하나님도 모든 민족을 다스리시지만, 이스라엘은 특별한 의미에서 하나님께 속해 있고, 특별한 임무를 위해서 선택을 받는다.[55] 하나님께서 이스라엘을 선택하신 것은 보편적 상황 속에서 이해되어야 한다. "전 세계가 하나님의 소유이기 때문이다."[56] 전 세계가 하나님께 속해 있고 하나님은 그 모든 것을 다시 되돌리고 계신다. 이런 이유로 하나님은 이스라엘을 선택하신다. 이스라엘은 하나님께서 창조세계와 모든 민족을 회복하시기 위해 선택하신 수단이 될 것이다. 폴 윌리암슨이 언급한 것처럼, "여호와의 '특별한 소유'로 이스라엘을 선택하신 것은 그 자체가 목적이 아니라 보다 큰 목적을 위한 수단이 된다. 그러므로 시내 산 언약의 목적은 특별한 민족을 세우시고, 이를 통해 여호와께서 지상의 모든 민족에게 자신을 드러내시기 위함이다."[57]

　나머지 두 가지 명칭은 이스라엘이 어떻게 이 역할을 하게 될 것인지를 보여준다. 다시 말해, 이스라엘은 제사장 나라이자 거룩한 백성이 될 것이다. 먼저 "제사장 나라"라는 용어를 생각해 보자. "이스라엘은 모든 민족 가운데 제사장의 역할을 하는 민족이 되어야 한다. 이는 전 세계 민족 가운데서 하나님을 대표하는 일이다. 제사장이 백성을 위해 존재하는 것처럼, 이스라엘도 세상을 위해 존재한다."[58] 이 시점에 구약에서 제사장의 역할이 가진 세 가지 요소를 살펴보는 것은 유익할 것이다. 제사장은 거룩하게 구별되며, 하나님의 임재와 복을 중재한다. 이 모든 것은 다른 사람들을 위한 것이다.[59] 먼저 제사장은 성별되고 전적으로 하나님께 헌신한다. 이것은 제사장의 존재와 사역의 가장 중요한 본질이다. 또한 그는 거룩한 삶과 행동, 곧 하나님께로 성별되고 헌신하는 삶의 모범을 통해 하나님의 거룩한 임재를 공동체에게 중재하는 통로가 된다. 조 베일리 웰즈Jo Bailey Wells가 언급한 것처럼, 제사장이 거룩하다는 것은 "제사장이 (그는 하나님과 가까운 사람이기에) 하나님과 특히 친밀한 관계 속에서 살아가고, 그의 특별한 삶의 방식으로 하나님의 거룩한 성품을 사람들에게 드러내는 것"을 의미한다(레 21:8). 그러므로 "그는 사람들에게 하나님의 거룩하심을 구현하여 보여줄 책임을 갖고 있다."[60] 이와 같이 하나님은 그분의 임재를 주변 국가들에게 중개하고, 그들 가운데서 하나님의 실재를 드러내는 가시적인 증거가 되도록 이스라엘을 부르셨다.

제사장이 수행하는 이 모든 일은 다른 사람을 위한 것이다. 제사장은 자기 자신을 위해서가 아니라 이스라엘에게 복을 가져다주기 위해서 존재한다. 하나님은 아론과 그의 아들들에게 이스라엘 백성을 축복하도록 명령하셨다. "여호와는 네게 복을 주시고 너를 지키시기를 원하며 여호와는 그의 얼굴을 네게 비추사 은혜 베푸시기를 원하며 여호와는 그 얼굴을 네게로 향하여 드사 평강 주시기를 원하노라 할지니라"(민 6:24-26). 이와 같이 하나님은 아브라함에게서 나온 이 민족이 다른 모든 나라에게 복을 가져다줄 것이라고 약속하셨다. 이러한 방식으로 이스라엘은 이웃 나라들 앞에서 제사장의 기능을 성취하게 될 것이다. 월

열방에 빛을

리엄 덤브렐William Dumbrell은 심지어 출애굽기 19:4-5의 부르심은 "창세기 12:1-3에 대한 실제적 재진술"[61]이라고 말한다.

그러므로 제사장 나라로서 이스라엘은 열방을 위해 살아갈 것이다. 이스라엘은 하나님을 섬기는 일에 완전히 헌신할 것이고 그들의 공동체적인 삶 속에 참된 하나님에 대한 충성과 하나님이 모두를 위해 의도하신 복 있는 삶의 모델로서 살아갈 것이다.

또 다른 호칭, "거룩한 백성"은 하나님 백성의 정체성과 역할에 관한 유사한 이해를 보여준다. 거룩은 일상적인 사용을 멈추고 하나님을 섬기기 위해 성별된 것들이 지닌 특성이다. 거룩한 백성으로서 이스라엘은 열방으로부터 물러나야 한다. 이스라엘 백성의 삶은 주위 다른 사람의 삶과는 명백하게 달라야 한다. 존 더햄이 말하듯이, 그들은 "모든 성별된 민족이 되어야 하고 그들이 누구이고 무엇이 되고 있는지, 곧 하나님과의 언약 관계가 어떻게 한 민족의 삶을 바꾸는지를 세상에 보여주는 전시 백성, 진열품이 됨으로써 다른 민족들과 구별되어야 한다."[62] 이스라엘은 거룩한 백성으로서 하나님께서 모두를 위해 의도하신 바가 무엇인지를 세상에 보여주는 모델이자 실례로서 살아가야 한다. 이는 "세상을 위한 사회적 모델societary model…… 세상을 위한 성경의 목표가 되는 신정통치theocratic rule의 실례"[63]로서 살아가는 것이다.

이스라엘은 거룩해야 한다. 그들은 거룩하신 하나님께 속해 있기 때문이다. "너희는 거룩하라. 이는 나 여호와 너희 하나님이 거룩함이니라"(레 19:2). 이러한 권고 이후에 이스라엘을 특별한 백성으로 구분 짓게 해줄 그들의 삶에 대한 포괄적인 명령이 뒤따른다. 이스라엘은 삶의 모든 영역에서 하나님 앞에 거룩해야 한다. 이는 가족 관계 안에서의 존중(3절), 우상으로부터 자유(4절), 가난한 자(9-10절), 약자(14절), 노인(32절), 그리고 거류민(33절)에 대한 관심, 공정한 경제 관계(13절), 정직한 대인관계(11절), 정의로운 재판(15절)과 언사(16절), 이웃의 안전과 안녕(16절), 심지어 사랑(18절)에 대한 관심, 성적인 신실함(20-22절), 인간 이외의 피조물에 대한 돌봄(23-25절), 이방 종교를 멀리함(26-28절, 31절), 상업적 정직(35-36절) 등이다. 그러므로 이스라엘은 자신들의 삶이 변화되었을 때 열방 가운데서 거룩한 백성으로 살아가게 될 것이다.

여기 출애굽기 19장에서 거룩한 백성과 제사장 나라로 서술된 이스라엘의 선교적 소명은 **구심적**centripetal 특성을 갖는다. 이스라엘은 모든 인류를 향한 하나님의 창조 의도를 세상을 위해서 구현해야 하고 하나님과의 언약 속으로 열방을 끌어들이는 방식으로 살아야 한다. 또는 후대 이사야의 언어를 빌려서, 이스라엘은 "열방의 빛a light to the nations"(사 42:6)으로 부르심을 받는다. 그러므로 하나님이 이스라엘을 제사장 나라와 거룩한 민족으로 부르신 것은 명백하게 이스라엘을 하나님과 열방 사이의 중재적 자리에 위치시킨다.

한편으로, 이스라엘은 **하나님의 영광과 목적을 위해** 구별되고 하나님의 장엄함을 드러내기 위해 그분에게 방향을 맞추면서 하나님의 선교 속에 주어진 자신의 역할을 수행한다. 다른 한편으로, 그들은 **열방을 위해** 구별되고 주변 민족들에 방향을 맞추면서 그들에게 하나님 복의 중재자가 된다. 이처럼 출애굽기 19:3-6에서, 이스라엘에게 주어진 언약은 모든 열방 가운데서 이러한 선교적 역할과 정체성을 갖고 살아가는 것이다. 모세는 장로들을 불러 하나님의 부르심에 응답할 것을 요청하고, 그들은 온 백성을 위해서 "여호와께서 명령하신 대로 우리가 다 행하리이다"(출 19:8)라고 확증한다.

3) 대조적 백성의 매력적인 삶

언약의 조항들은 이스라엘의 선교적 부르심(출 20-23장)에 뒤따라 나온다. 하나님이 이스라엘 백성에게 주신 토라 혹은 지침은 그들이 자신들의 소명, 곧 열방 가운데서 거룩한 백성과 대조적 백성으로 살아가도록 돕기 위한 것이다. "출애굽은 이스라엘이 새로운 사회가 되도록 그들을 이집트에서 건져 낸 것이고, 토라는 그런 새로운 사회를 위한 모델을 제공한다."[64] 이스라엘은 먼저 열 개의 "계명들"(출 20:1-17), 곧 이스라엘의 삶을 형성하는 전반적인 창조적 지침을 받는다. 그 다음은 이스라엘의 특정한 문화적 상황에 맞게 십계명을 적용한 사회법(출 20-23장)이 뒤따른다. 한편으로 이스라엘에게 주어진 토라는, 인류를 향한 하나님의 창조 계획과 의도를 드러낸다는 점에서 **보편적**이다. 그러나 다른 한편으로, 토라는 특정한 시간과 장소, 문화 속에서 그 질서를 구체적인 사회·문화적 상황에 맞게 상황화contextualization시킨 예이기 때문에 **특수적**이다. 이처럼 율법은 삶의 방식, 곧 하나님께서 인간이 어떻게 살아가도록 의도하셨는지를 보여주는 방식이다.

이스라엘과 교회의 선교적 소명을 이해하고자 한다면, 우리는 율법과 피조세계의 관계에 주목해야만 한다. 에덴동산 이래로 하나님의 선교는 죄의 오염으로부터 선한 창조세계를 회복하는 것이었다. 하나님은 아담에게 약속하셨고 이를 성취하기 위해 구속의 긴 여정을 시작하셨다. 이스라엘은 약속의 전달자가 되고 창조세계를 회복하시겠다는 하나님의 약속을 구현한다. 따라서 이스라엘의 삶은 후방으로 인간의 삶을 향한 창조 계획과 의도를 가리키고, 전방으로는 회복된 창조세계를 향한 하나님의 마지막 목적을 가리킨다.

이것이 바로 이스라엘을 향한 율법의 지침이 인간의 모든 삶을 포함하는 이유다. 이스라엘 백성은 이제 새로운 언약의 주인이신 창조주 하나님을 섬긴다. 그들은 온전한 충성을 바쳐야 하고, 그들의 사회적·경제적·가족적·정치적인 구조—실로 개인적·사회적·문화적인 삶의 전부—를 하나님께 바쳐야 한다. 토라는 열방에 빛이 되어야 하는 한 공동체와 한 민족을 형성한다. 토라의 다방면에 걸친 조항들은 "삶의 전 영역을 하나님의 즉각적이고 직접적이며 극단적인 주권 아래 놓고자 하는 유일한 목적을 갖고 있다. 삶의 어떤 영역도 하나님의 목적과 의지로부터 벗어난 곳은 없다."[65] 오늘날 우리는 이원론으로 인해 하나님에 대한 순종을 "윤리적" 또는 "도덕적"이라 부를 수 있는 사적이고 개인적 삶의 영역으로 제한시킨다. 그러나 오늘날의 이원론과는 완전히 다르게, 이스라엘은 토라 속에서 하나님이 모든 인간의 삶을 다스리고 계신다는 것을 기억한다. "인간 삶의 어떤 영역도 하나님의 율법과 언약의 조망에서 벗어나지 않는다. 근대 세계는 자주 종교적인 것과 세속적인 것, 또는 성스러운 것과 부정한 것을 구분 지었다. 이스라엘에게 그러한 구분은 부자연스러운 것이었다. 율법이 작동하는 삶의 영역 안에 어떤 구분도 없었기 때문이 아니라, 모든 삶이 언약의 주인이신 하나님의 통

열방에 빛을

치 아래 놓여 있었기 때문이다."[66]

율법이 주어진 상황적 특징은 이스라엘의 선교적 정체성이 가진 또 다른 측면을 강조한다. 이스라엘은 주변 나라들의 우상숭배에 도전해야 하는 위치에 놓여 있다. 이스라엘은 정확히 고대 근동의 문화적 상황 속에 살아가면서 그 사회의 우상숭배에 도전하도록 부름을 받는다. 율법은 이스라엘이 위치한 폭넓은 문화적 상황과 동떨어진, 그저 추상적이고 보편적인 지침이 아니다. 인간의 삶을 향한 하나님의 보편적으로 유효한 계획은 이스라엘의 특정한 문화적 환경 속에서 상황화된다. 이스라엘의 순종적인 삶은 가나안 문화의 이교적 종교 정신에 선교적 대면을 하면서 살아가는 것이다. 따라서 거기에 이스라엘의 삶에 나타난 세 번째 지향점이 존재한다. 이스라엘은 후방으로는 창조 계획을 바라보고 전방으로 하나님의 구속 목적을 바라보며, 또한 **측방으로** 인간의 삶을 더럽히고 손상시킨 우상숭배에 대항해야 한다. 바로 이런 이유로, 신명기의 율법은 이스라엘이 약속의 땅에 들어가기 직전, 그들이 그 땅에서 마주치게 될 많은 위험들을 말하기 위해서 확장된다. 이스라엘이 율법을 지킬 때, 그들은 열방 가운데서 대조적 백성이 될 것이다. "이스라엘의 거룩함은 또한 그들이 하나님께서 주신 사회적 질서에 부합하고, 다른 모든 나라가 갖고 있는 질서와 완전한 **대조**를 이루는 삶을 실제로 살아가는가에 달려 있다."[67]

예를 들어, 이러한 대조적 사회 질서 속에서, 부자든 가난한 자든 관계없이 모든 사람은 성공할 수 있는 기회를 갖게 될 것이다. 그 사회는 각 사람들을 보호하고 스스로를 부양할 수 있는 장소가 될 것이다. 이것은 특히 이스라엘의 각 가족들에게 선물로 주어진, 양도할 수 없는 땅에 관한 율법 속에서 잘 드러난다. 땅은 영구적으로 팔릴 수 없다. 따라서 각 가족들은 부를 창출할 수 있는 자본을 얻게 되어 만성적인 빈곤으로부터 보호를 받게 된다. 한 가족이 힘든 시기를 만나서 그들의 재산을 팔았다 해도 희년Jubilee Year에 되돌려 받을 수 있다. 땅의 축적이나 타인에게 해를 끼치면서 부를 추구하는 행위는 엄격히 금지되었다. "네 이웃의 모든 소유를 탐내지 말지니라"(신 5:21). 모든 땅에 대한 여호와의 소유권이 바로 이러한 율법의 기초였다. "토지를 영구히 팔지 말 것은 토지는 다 내 것임이니라"(레 25:23). 크리스토퍼 라이트가 말하듯이, "하나님은 스스로가 토지 소유자의 역할을 맡으시고 이스라엘은 종속된 소작인으로 정하신다."[68] 이러한 율법과 가나안 민족 안에서 행해지던 일들을 비교해 보면, 그것은 그야말로 혁명적인 일이었다. 가나안의 지배자들은 작은 왕국에 있는 모든 땅을 소유했고 무거운 세금을 받는 대가로 다른 사람들이 땅을 경작하도록 허락해 주었다.[69]

다른 율법들은 사회적·경제적 정의를 위해서 주어졌다. 이삭줍기 법은 추수의 일부를 가난한 자들을 위해 남기게 하는 것이다(레 19:9). 십일조는 레위인과 가난한 자들을 부양한다(신 26:12). 일꾼에게 공정한 임금을 지급하는 것(신 24:14)과 심지어 동물을 위한 법(신 25:4)도 있다. 이렇게 율법은 정의를 요구하고 약자와 취약계층을 향한 호의적인 돌봄으로 확장된다. "너희 중에 가난한 자가 없으리라"(신 15:4). 억눌린 자, 주린 자, 갇힌 자, 눈먼 자, 낙심한 자, 나그네, 고아와 과부를 돌봐야 하는 이스라엘의 책임은 연약한 자들을 향하신 하나님의 특별한 관심에 기초해 있다(시 146편).

모세 율법에 나타난 정의와 자비의 사회생활은 주변 나라들의 감탄과 부러움을 자아내도록 계획되었다. 주변 나라들은 "오늘 내가 너희에게 선포하는 이 율법과 같이 그 규례와 법도가 공의로운 큰 나라가 어디 있느냐"(신 4:8)라고 외칠 것이다. 율법에 대한 불의와 불순종은 이스라엘의 선교적 정체성을 포기하는 것과 같다.

하나님께서 수세기 전에 아브라함에게 주신 약속은 오직 그가 여호와의 도를 지켜 공의와 정의를 행할 때에만 이루어질 것임을 분명히 말씀하셨다(창 18:19). 이제 이스라엘 민족 역시 인류를 향한 하나님의 창조 의지에 순응하고 창조세계를 회복하시는 하나님의 궁극적인 목적을 가리키며, 이방 나라들의 우상숭배에 대항하는 삶을 살아감으로 그들의 소명을 이루어 가야 할 책임이 부여되었다. 아브라함과 같이 이스라엘은 정의와 공의, 자비와 **샬롬**의 삶을 통해 창조주 하나님이 그들 가운데 계신 것을 증명하는 거룩한 백성이 되어야 한다(신 4:5-8).

4) 이스라엘의 확정된 언약적·선교적 정체성

하나님과 이스라엘 사이의 언약식은 두 가지 의식과 함께 확정된다(출 24:3-8, 9-11). 이 두 가지 의식은 당시 언약 풍습의 측면에서 이해될 수 있다. 첫째, 모세는 희생제물을 드리고 제물의 피를 하나님 임재의 상징인 제단에 뿌린다. 그는 한 번 더 언약에 대한 백성의 응답을 요청하고 백성은 "여호와의 모든 말씀을 우리가 준행하리이다"(출 24:7)라고 대답한다. 피 뿌림은 언약이 깨어질 경우 죽음의 저주를 청원하는 저주 언약 예식imprecatory covenant ceremony이라고 할 수 있다—"이 언약이 깨어지면 내 피가 이 동물의 피와 같이 뿌려지게 하소서." 피가 제단과 사람들 모두에게 뿌려진다는 사실은 이 언약에 두 당사자들, 곧 하나님과 이스라엘이 참여한다는 것을 보여준다. 두 당사자들은 이제 이 언약에 의해 묶이는데, 이는 피로 맺은 언약이다.[70] 그러나 이스라엘 백성을 향한 피 뿌림은 또한 거룩한 백성과 제사장 나라로서의 선교적 소명을 위한 성별을 암시한다.[71] 제사장이 피 뿌림에 의해 성별되듯이, 이스라엘도 제사장의 역할을 위해 성별된다(출 24:6-8; 29:1, 21 참조).

두 번째 의식은 언약적 식사covenant meal로서 하나님이 만백성의 대표자로 나아온 이스라엘의 지도자들과 함께 식사를 하신다. 피로 세운 언약이 비준되면, 두 당사자들은 이 언약적 식사를 통해 친교를 나누며, 새롭게 세워진 관계를 경축한다.[72]

이와 같이 이스라엘은 언약 안에서 하나님께 묶이고, 모세에게 하신 하나님의 약속은 성취된다—"너희를 내 백성으로 삼고 나는 너희의 하나님이 되리니"(출 6:7). 이스라엘은 열방에 이 하나님을 알리기 위해 부름을 받는다. 따라서 언약은 이스라엘과 하나님의 관계를 정의한다. 이스라엘의 정체성은 하나님의 백성이고 그들의 역할은 열방에 하나님의 복을 중재하는 것이다. 구약의 나머지 이야기는 이스라엘이 이 부르심에 얼마나 신실하게 반응했는지에 대한 이야기를 전해 준다.

자신의 백성 가운데 임하시는 하나님(출 25-40장)

하나님 백성의 정체성은 구속과 언약뿐만 아니라 그들 한가운데 거하시는 살아 계신 하나님의 임재에 의해서 정의된다(출 25-40장).[73] 이것은 결국 **하나님**의 선교에 관한 이야기다. 출애굽기의 마지막 장들은 출애굽과 시내 산 언약과 함께 자신의 백성 가운데 거하기 위해서 오시는 하나님에 관한 기록들로 끝이 난다. 출애굽기의 마지막 부분은 세 부분으로 구성되어 있다. 첫째, 하나님이 거하실 성막을 어떻게 세워야 하는지에 관한 하나님의 지침(출 25-31장), 둘째, 금송아지 사건과 그 이후에 일어난 이스라엘의 불순종에 관한 역사적 기록(출 32-34장), 셋째, 어떻게 이스라엘이 하나님의 지침을 따라서 성막을 세우는지에 관한 설명(출 35-40장)이다. 이 세 부분으로 구성된 놀라운 이야기는 성막을 가득 채우시는 하나님의 영광으로 마무리된다(출 40:34-38).

하나님은 모세에게 다음과 같이 이스라엘에게 말하라고 명령하신다. "내가 그들 중에 거할 성소를 그들이 나를 위하여 짓되 무릇 내가 네게 보이는 모양대로 장막을 짓고 기구들도 그 모양을 따라 지을지니라"(출 25:8-9). 하나님의 성막을 가리키는 두 단어는 매우 중요한 의미를 갖는다. "성소sanctuary"로 번역되는 단어는 "거룩"을 뜻하는 단어로부터 파생되었다. 그래서 이 천막은 "하나님의 거룩하심과 그분 백성의 거룩함을 향한 관심과 의도가 고대 이스라엘 백성—나아가 현대 독자들—에게 새겨지게 하는"[74] 거룩한 장소가 될 것임을 보여준다. "장막tabernacle"으로 번역되는 단어는 "거하다"라는 동사와 관련되어 있고 이곳이 이스라엘 한가운데 하나님의 거하시는 곳이 될 것임을 나타낸다—"내가 그들 중에 거할 것이다"(출 25:8). 출애굽기에서 이 성막을 나타내는 세 번째 단어는 "천막tent"으로, 이스라엘이 거주했던 천막을 가리키는 평범한 단어다. 하지만 그것은 **회합**을 위한 천막으로 지정되었다. "내가 거기서 너희와 만나고 네게 말하리라. 내가 거기서 이스라엘 자손을 만나리니 내 영광으로 말미암아 회막이 거룩하게 될지라.……내가 이스라엘 자손 중에 거하여 그들의 하나님이 되리니 그들은 내가 그들의 하나님 여호와로서 그들 중에 거하려고 그들을 애굽 땅에서 인도하여 낸 줄을 알리라. 나는 그들의 하나님 여호와니라"(출 29:42-46).

성막의 구조, 재료와 기구들에 관한 세심한 지침은 거룩하신 하나님께서 그분의 백성 가운데 거하시는 것이 무엇을 뜻하는지를 상징적으로 드러낸다. 하나님의 지침 속에 주어진 세부 사항들은 하나님과 그분의 백성 사이에 맺어진 언약적 관계가 무엇을 포함하고 있는지를 보여준다.

성막의 형태와 (모세 시대에 이집트를 통치한 왕으로 생각되는) 이집트 왕 람세스 2세의 전쟁 천막의 형태는 놀랍게도 유사하다.[75] 게다가 이집트인의 전쟁 야영지처럼 성막은 야영지의 한가운데 있다.[76] 이것은 이스라엘 백성에게 새로운 언약의 주인이 그들 가운데 거하기 위해 오셨으며, 이 새로운 왕에게 완전한 충성과 절대적인 순종을 드려야 한다는 사실을 분명히 기억하도록 했을 것이다.

출애굽기 25-31장은 성막을 짓는 법에 관해 모세에게 주신 하나님의 지침을 보여준다. 출애굽기 35-40장은 이러한 지침과 완전히 일치하게 성막을 만드는 이스라엘의 순종을 기록한다. 그러나 이 두 단락 사이에 이상하리만치 낯설게 느껴지는 내러티브, 곧 "성막 건축에 관한 이야기 속에 역사적, 문학적 삽입interruption"이 나타난다.[77] 문학적 구조 안에서 이 내러티브의 위치가 갖는 심오한 신학적 중요성을 간과하기가 매우 쉽다.

출애굽기 32-34장의 "삽입"은 **어떻게** 하나님이 그분의 백성 안에 거하시는가에 대한 중요한 이해를 제공한다. 이 삽입은 하나님이 그분의 백성 안에 거하시는 것 자체를 위협하는 배교적 행동에 대한 이야기로 시작한다. 이스라엘은 금송아지를 세우고 예배한다. 하나님께서 이 백성을 멸망시키시려고 할 때 모세는 언약과 열방 안에 드러난 하나님의 이름을 근거로 탄원한다. 그러자 하나님은 마음을 푸신다(출 32:7-14). 하나님께서는 심판을 하신 후에 이스라엘에게 땅은 주겠지만 그들과 함께 가지는 않을 것이라고 말씀하신다(출 33:1-3). 죄 많은 이스라엘 백성은 거룩하신 하나님의 임재 앞에서 지속적인 심각한 위험에 처하게 될 것이기 때문이다. 그것은 마치 용접공장 안에 쌓여 있는 폭발물과 같은 것이다. 하나님이 그들과 함께 살아가신다면, 하나님의 임재는 그런 죄 많은 백성을 아마도 멸망시킬 것이다. 그러나 모세가 계속해서 하나님께 간청하자, 하나님은 마음을 다시 푸시면서 하나님의 임재가 모세와 함께("너와 함께"에서 "너"는 단수다) 갈 것이라고 말씀하신다(출 33:14).[78] 모세는 단지 모세 자신만이 아니라 **모든** 이스라엘과 함께 가시기를("우리와 함께") 간청한다. 모세는 실로 놀라운 질문, 이 모든 하나님의 말씀과 하나님의 백성이 되는 것이 무엇인지에 대해 분명한 초점을 두는 질문을 던진다. "나와 주의 백성이 주의 목전에 은총 입은 줄을 무엇으로 알리이까? 주께서 우리와 함께 행하심으로 나와 주의 백성을 천하 만민 중에 구별하심이 아니니이까?"(출 33:16) 비록 위험한 일일지라도, 그분의 백성과 함께하시는 하나님의 임재가 다른 사람들로부터 이스라엘을 정확히 구별되게 한다.

아래 출애굽기 34:6-7은 중요한 고백, 곧 이스라엘의 역사 전체에 울려 퍼지는 신조credo의 근거가 된다(왕하 30:9, 느 9:17, 시 86:5, 15: 103:8; 145:8, 욜 2:13, 욘 4:2). "여호와라. 여호와라. 자비롭고 은혜롭고 노하기를 더디하고 인자와 진실이 많은 하나님이라. 인자를 천대까지 베풀며 악과 과실과 죄를 용서하리라. 그러나 벌을 면제하지는 아니하고 아버지의 악행을 자손 삼사 대까지 보응하리라." 출애굽기에서 이 부분의 강조점은 하나님의 거룩하심과 그분 백성의 거룩함에 대한 요구에 있었다. 그러나 여기 사랑과 은혜의 단어는 겹겹이 쌓여서 하나님이 그분의 백성 가운데 은혜와 사랑과 자비와 인내와 신실과 용서의 하나님으로 거하실 것임을 재확신시켜 준다. 여호와(야훼)라는 이름은 이제 그분의 언약적 사랑*hesed*과 연결된다. 이 헤세드라는 단어는 "일반적으로 '변함없는 사랑,' '언약적 신의' 또는 그 밖에 유사한 것으로 번역된다. 이 단어는 이제부터 이스라엘과의 언약적 관계에 대한 하나님의 헌신을 요약하는 단어가 된다."[79] 하나님께서는 이스라엘을 사랑 안에서 자신과 묶으셨다. 그래서 모세는 하나님께서 그분의 백성 가운데 거해 주실 것과 악인을 용서하시는 하나님, 언약적 사랑의 거룩하신 하나님으로서 그들과 함께 가 주시기를 간구한다. 이제 하나님 거하시는 장소를 건축하는 일이 시작될 수 있다. 그 장소가 완공되었을 때, 하나님 임재의 구름이 회합의 천막을 뒤덮고 하나님의 영광이 성막을 가득 채운다(출 40:34-38). 이 지점으로부터 하나님은 구름과 불 가운데 이

열방에 빛을

스라엘과 함께하시고 그분의 백성을 인도하며 보호하신다.

이스라엘의 정체성을 위한 하나님 임재의 중요성은 적어도 세 가지가 있다. 첫째, 하나님 백성의 삶은 지속적인 사랑과 복종의 관계라는 특징을 갖게 될 것이다. 신적인 왕인 바로가 그의 군대 속에 거한 것처럼, 이스라엘의 언약적 왕인 여호와는 이스라엘 가운데 거하신다. 그들은 그분의 언약적 주되심covenant lordship에 반드시 복종해야 한다. 그러나 이것은 정치적인 관계 이상이다. 이스라엘 역사의 이 시점으로부터 부모와 자식 사이의 사랑은 이 언약적 관계의 가장 중요한 요소가 된다.[80]

둘째, 하나님 백성의 삶은 이제부터 공동 예배corporate worship라는 특징을 갖게 될 것이다. 테렌스 프레다임이 주목한 것 같이, "성막에 관한 세부적인 이야기로 어떤 이해를 갖게 되든지 간에 그 이야기들은 예배와 그와 관련된 하나님의 특별한 임재의 중요성을 보여준다."[81] 오직 하나님을 예배하는 백성이 하나님의 구원을 요청할 수 있다. 모세는 바로에게 이 메시지를 전해야 했다. "내 아들을 보내 주어 나를 섬기게 하라"(출 4:23). 모세는 바로 그 메시지를 일곱 번 전달한다. "여호와의 말씀에 내 백성을 보내라. 그들이 나를 섬길 것이니라"(출 8:1, 20 등). 구속의 목적은 예배하는 백성을 만드는 것이다. 이스라엘 백성 가운데 하나님의 지속적인 임재는 이제 그들의 신적인 왕을 지속적으로 예배하도록 요청한다. 예배는 하나님 백성의 정체성에 가장 중요한 것이다. "선교mission의 궁극적인 목적은 교회가 아니라 예배다. 선교 사역missions은 예배가 드려지지 않기 때문에 존재한다. 예배는…… 선교 사역의 동력이자 목적이다. 예배가 선교 사역의 목적인 이유는 우리가 단지 열방이 나아와 하나님의 영광을 아주 열렬히 즐기도록 만드는 것을 선교 사역의 목표로 삼고 있기 때문이다. 그러나 예배는 또한 선교 사역의 동력이다.……우리가 소중히 여기지 않는 것을 추천할 수 없다.……선교 사역은 예배에서 시작되고 끝난다."[82] 이처럼 하나님의 백성은 예배하는 공동체로서 그들 가운데 임재하시는 하나님을 경축한다.

셋째, 하나님은 그들 가운데 임하셔서 그들 안에서, 그들을 통해 자신의 선교가 이루어지도록 일하실 것이다. 열방을 위해 거룩한 백성과 제사장 나라가 되는 것은 이스라엘이 스스로의 힘으로 그 일을 성취하도록 단순히 그들에게 주어진 역할이 되지는 않을 것이다. 하나님께서 그들 가운데 거하실 것이며, 강력한 방법으로 자신을 열방에 드러내기 위해 일하실 것이다.

주 여호와(야훼, YHWH)는 이스라엘 가운데 거하실 것이다. 이것은 하나님이 모세의 요청에 대한 대답으로 가르쳐 주신 이름이고(출 3:14) 시내 산에서 이스라엘에게 알려 주신 이름이며(출 6:2-3) 하나님이 계속해서 이스라엘에게 알려 주실 이름이다(출 3:15). 고대 근동 문화에서 신들의 이름은 그들이 누구이며 그들을 숭배하는 자들에게 어떤 존재가 될 것이라는 것을 설명한다. 야훼YHWH라는 이름은 동사 "있다to be"에서 유래하고 "나는 스스로 있는 자다I Am Who I Am"(출 3:14) 또는 "나는 미래에 존재할 그것일 것이다I Will Be What I Will Be"(TNIV의 각주 참조)를 의미한다. 그 이름은 "하나님이 이스라엘 백성 가운데 임재하실 것이다"[83]나 "하나님의 성품은 장차 일어날 그분의 전능하신 행위로 드러날 것이다"[84]를 의미할 것이다. 하나님의 임재는 이스라엘을 통해 활발하고 역동적으로 나타난다. 또는 대안적으로, 하나님은 그분이 행하시는 일 속에서 나타나실 것이다.[85] 하나님이 누구신지는 이름 하나로 포착할 수 없다. 그것은 오직 미래에 일어날 하나님의 전능하신 행위에 의해 알려질 수 있다. 그분의 이름은 이스라엘이 하나님의 놀라운 일들을 볼 때 채워질 텅 빈 그릇과 같다. 이처럼 행동하시는 전능한 하나님은 이스라엘 백성 가운데 거하기 위해 찾아오셨다.

그분의 행동 혹은 선교는 먼저 이스라엘 **안에서** 이루어질 것이다— 그러나 그분은 이스라엘을 **통해서** 그 선교를 지속해 나갈 것이고 창조세계와 모든 민족의 구원을 가져올 것이다. 요하네스 블라우Johannes Blauw가 말한 것처럼, "구약의 중심부에 서 있는 것은 인간의 활동이 아니라 이스라엘의 구속을 위해 일하시는 하나님의 행위다. 이러한 행위는 이스라엘에게만 한정될 수 없다. 이스라엘의 존재와 구속은 열방에 영향을 미치기 때문이다."[86] 이와 같이 마틴 아처드도 그들 안에서, 그들을 통해서 강력한 방식으로 일하시는 하나님의 임재가 그분의 선교를 성취하실 것이라고 분명히 한다.

하나님은 그분의 백성 가운데 일하심으로 열방을 개종한다. 그분의 개입만이 이스라엘을 세상의 빛으로 만든다. 교회는 주님이 힘을 주시는 만큼만 복음화evangelisation의 사역을 하게 된다. 교회가 하나님과 함께 살아갈 때 바로 그 존재가 영향력을 갖는다. 때때로 믿고 있었던 것과 반대로 선교는 어떤 종류의 정치 활동이나 상업 활동과도 공통점이 없다.

선교는 전적으로 그분의 교회 안에 숨겨진 하나님의 활동에 의존하고 실제로 하나님께 뿌리내린 삶의 열매다. 세상을 복음화하는 것은 우선적으로 말이나 행동의 문제가 아니다. 그것은 임재의 문제—**인류 가운데 하나님 백성의 존재와 그분의 백성 가운데 하나님 임재**의 문제다. 분명한 점은 구약이 교회에게 이 진리를 상기시키는 것은 전혀 쓸모없는 일이 아니라는 사실이다.[87]

이렇게 출애굽기는 이스라엘을 속박에서 건져 내시는 하나님의 행동, "이스라엘을 한 백성으로 만드시는 행동"을 이야기한다. 하나님은 이스라엘을 언약 속에서 자신과 묶으시고, 이어지는 이야기 속에서 맡게 될 특별한 역할을 정해 주신다. 이것이 교회론을 위해 갖는 중요성은 나머지 성경 이야기가 이 역할에 대한 이스라엘의 신실함을 어떻게 말해 주는지에 따라서 입증될 것이다. "이 특별한 역할은 성경의 나머지 이야기에서 이스라엘을 바라보는 일종의 렌즈가 된다.……실로 이 특별한 역할은 창세기에서 시작하고 오직 요한계시록에서 끝나는 정경의 이야기에 출애굽기가 완전히 포함되도록 만들어 준다."[88]

결론

이 장은 구약 이야기 속에서 하나님 백성의 역할과 정체성을 추적했고 이는 신약에서 교회를 이해하기 위한 근거가 된다. 구약의 하나님 백성과 신약의 하나님 백성 사이에는 많은 유사성이 있다. 신약new covenant

또는 신약성경New Testament은 하나님의 백성이 그들의 사명으로 다시 부르시는 언약 갱신의 긴 과정 가운데 가장 최신의 것이다.

요하네스 블라우는 "세상 안에서, 세상을 위해 이스라엘의 보편적 사명을 끊임없이 기억하는 것은 '선교 사역의 신학'뿐만 아니라 '교회의 신학'을 위해서도 매우 중요하다"[89]는 사실을 상기시킨다. 그것은 교회가 이 소명을 상속받았기 때문이다. 그러나 하나님의 새로운 언약 백성의 이야기로 넘어가기 전에, 우리는 이스라엘이 열방 가운데 그들의 선교적 사명을 어떻게 이루어 가는지를 추적해 보아야 한다.

3장

이스라엘이 열방 가운데
선교적 역할과 정체성을 구현하다

창세기 12:2-3과 출애굽기 19:3-6은 구약에서 하나님 백성의 역할과 정체성을 분명하게 보도록 돕는 해석학적 렌즈hermeneutical lens를 제공한다. 여기서 하나님은 "소수의 이스라엘을 세상의 중심으로, 역사의 초점으로, 창조세계의 목적으로 삼으셨기" 때문이다.[1] 하나님은 이스라엘을 통해 모든 창조세계를 향한 그분의 목적을 성취하실 것이다. 먼저 하나님은 아브라함을 위대한 민족으로 만드시고 그 다음으로 그 민족을 통해 **모든** 민족과 모든 창조물을 축복하실 것이다. 아브라함의 후손은 우상숭배로 가득한 세상 가운데 대조적 백성으로 살아가고 구속역사가 어디로 향해 가는지를 보여주는 징표로서 하나님의 창조 의도를 구현해야 한다. 두엔 크리스텐센Duane Christensen이 말한 것처럼, "'열방의 빛으로서 이스라엘'은 정경화 과정canonical process 안에서 지엽적인 주제가 아니다. 열방은 이스라엘 삶의 기반이며 이스라엘이 존재하는 이유다."[2] 크리스토퍼 라이트도 이와 유사한 의견을 제시한다.

"하나님의 선교는 창세기 11장에 나타난 열방을 흩으심과 요한계시록 22장에 기록된 열방을 치료하심 사이의 간극을 채우는 것이다. 어떤 다른 주제보다도 **열방을 향한 하나님의 선교**는 성경의 거대한 내러티브를 여는 열쇠를 제공한다."[3] 하나님은 **그분의 백성 안에서 그들을 통해** 자신의 거대한 선교를 이루도록 선택하신다. 하나님의 선교는 하나님께서 택하시고 그분의 구속적인 목적을 위해 사용하시는 백성으로부터 결코 분리되어서는 안 된다.

다양한 상황 속에서 이스라엘의 선교적 소명

초기 이스라엘 이야기는 하나님이 어떻게 이스라엘을 그분의 백성으로 만드시고 그분의 구속 목적 안에서 그들에게 선교적 정체성과 역할을 주셨는지를 보여주었다. 구약의 나머지 이야기는 이스라엘이 얼마나 이 사명을 잘 이루어 갔는지를 기록하고 있다. 선교적 교회론의 목적을 위해, 우리는 이스라엘이 연속되는 구속 역사의 시대 속에서, 곧 다양한 배경과 상황 안에서 어떻게 자신의 소명을 구현했는지를 추적해 보는 것이 필요하다. 각각의 배경 속에서 이스라엘이 주변 민족들과 맺은 관계와 증언은 상이했다. 이 모든 경우는 우리가 교회의 구약적 뿌리를 이해하고자 한다면 매우 중요한 것들이다. 각각의 상황들로부터 우리는 이스라엘의 선교적 정체성의 다양한 차원을 발견하고, 오늘날 우리의 선교적 소명을 위한 지침을 얻을 수 있기 때문이다.

 게르하르트 로핑크는 교회론을 위해 이스라엘의 공동체 생활이 보

열방에 빛을

여주는 다양한 형태를 추적하는 것이 중요하다고 말한다. 그의 견해에 따르면, 이스라엘의 역사는 "하나님이 의도하신 세상의 모습이 어떠한 것인지를 모든 사람에게 분명히 알리기 위해서" 올바른 사회 형태를 찾아 가는 한 민족을 기록하고 있다. 그러나 과연 어떤 특별한 형태의 사회가 하나님의 창조 의도를 신실하게 증언하는 것일까? 로핑크는 구약에서 "하나님의 백성은 심지어 유배와 디아스포라의 불행에 처하면서까지 사회의 올바른 형태를 찾아 가는 긴 여정을 그리고 있다"[4]라고 생각한다. 그의 생각은 많은 형태들이 이스라엘 앞에 주어지고 마침내 "올바른" 형태를 발견하게 된다는 것을 암시한다. 그러나 성경 텍스트에 대한 월터 브루그만Walter Brueggemann의 견해가 더 타당해 보인다. 로핑크처럼 브루그만도 하나님의 백성이 취한 다양한 사회적 형태들에 관심을 갖는다. 그러나 브루그만이 생각하기에, 이스라엘이 찾았던 것은 "이상적인" 형태라기보다는 그들의 긴 여정 가운데 직면한 각기 다른 문화적 상황 속에서 그들에게 적합한 형태였다. 각각의 상황 속에서, 다시 말해 자유로운 부족연맹이거나 강한 통일왕국이거나 혹은 열방 안에서 흩어진 민족이 된 상황 속에서 이스라엘은 열방을 위한 하나님의 백성이 되어야 했다. 브루그만은 이스라엘을 위한 이상적인 혹은 올바른 형태가 존재한다고 보지 않는다. 다만 이스라엘이 겪은 각각의 상황과 사회적 질서는 하나님 백성의 선교적 소명에 대한 특별한 통찰을 준다고 생각한다.

나아가 브루그만은 이스라엘의 왕국(B.C. 1000-587) 이미지가 구약 이야기의 대부분을 차지하고 있으며 자주 이스라엘 삶의 **대표적인**

전형으로 간주되고 있다고 말한다.[5] 실제로 다윗과 솔로몬을 거쳐 포로시대에 이르기까지 구약 대부분의 이야기에서 "성전–왕국–언약적 temple-royal-prophetic" 공동체는 가장 중요하다. 그러나 이것만이 우리가 구약 역사 속에서 발견할 수 있는 유일한 사회적 질서는 아니다. 예를 들면, 신약에서 많은 교회의 모델들이 이스라엘의 포로시대로부터 취해진다. 이를 통해 우리가 교회의 본질을 실제로 이해하는 길은 오직 하나님의 구약 백성과 그들이 열방과 맺은 관계에 주의를 기울일 때 가능하다는 것을 다시 한 번 상기하게 된다. 구약의 언약 공동체가 열방과 맺은 관계들을 세심하게 살펴보기 위해서는 이스라엘의 역사 속에 나타난 다양한 상황과 형태들을 살펴보는 것이 필요하다. 이 장에서 우리는 세 가지의 경우, 곧 부족연맹으로서의 이스라엘, 왕국으로서의 이스라엘, 포로시대에 흩어진 민족으로서의 이스라엘을 간략하게 살펴볼 것이다.

부족연맹: "열방의 중심에 있는" 거룩한 백성

아브라함을 향한 하나님의 약속은 백성과 땅을 포함한다. 여호수아서는 가나안의 정복, 곧 하나님이 아브라함과 맺으신 언약을 따라 그분의 백성에게 땅을 선물로 주시는 장면을 기록하고 있다(수 21:43-45, 창 13:14-17; 15:7-21을 보라). 그러나 아브라함을 향한 하나님의 약속(백성, 땅과 복)은 모든 민족에게 복을 주시려는 하나님의 궁극적인 목적을 성취하기 위한 매개적 수단에 불과하다는 것을 우리는 기억해야만 한다. 이런 보편적인 목적이 이스라엘의 정체성과 역할을 규정하기 때문이다.

열방에 빛을

이스라엘은 빛과 같이 빛나도록 이방 나라들 한복판에 있었다. 에스겔이 수세기 후에 말했던 것처럼—"주 여호와께서 이와 같이 이르시되 이것이 곧 예루살렘이라. 내가 그를 이방인 가운데에 두어 나라들이 둘러 있게 하였거늘"(겔 5:5)—이스라엘은 열방의 교차로와 전 세계의 중심에 놓였고[6] 열방이 잘 알아볼 수 있는 전시 백성이 되었다.[7] "이스라엘은 그 당시 세계의 끊임없는 감시 아래 살고 있다는 것을 알았다." 이스라엘은 "주변 민족들의 눈앞에서 언제나 하나님의 영광이 가장 중요한 것임을 의식하면서 살아가는 삶"[8]으로 자신의 역사를 만들어 나가야 했다. 이스라엘의 공동체적 삶이 보여주는 메시지는 "이것이 바로 역사가 향해 가는 곳이다. 와서 우리와 함께하자"가 되어야 했다. 그러므로 "이스라엘의 가시성visibility은 그들의 **신학적 정체성과 역할**—열방 가운데 하나님의 제사장—의 일부였다."[9]

신명기는 이스라엘 백성이 약속의 땅에 들어가기 직전에 모세가 그들의 선교적 소명에 대해 행한 "세 번의 설교"를 기록하고 있다. "신명기 전체의 축소판"[10]인 신명기 4장에 초점을 맞추는 것이 아마도 도움이 될 것이다. 여기서 열방 가운데 있는 이스라엘의 정체성과 역할에 대해 말하는 것은 매우 유익하다.

내가 나의 하나님 여호와께서 명령하신 대로 규례와 법도를 너희에게 가르쳤나니 이는 너희가 들어가서 기업으로 차지할 땅에서 그대로 행하게 하려 함인즉 너희는 지켜 행하라. 이것이 여러 민족 앞에서 너희의 지혜요 너희의 지식이라. 그들이 이 모든 규례를 듣고 이르기를 이 큰 나라 사람은 과연 지혜와 지식이 있는 백성이로다 하리라. 우리 하나님 여호 와께서 우리가 그에게 기도할 때마다 우리에게 가까이 하심과 같이 그 신이 가까이 함을 얻은 큰 나라가 어디 있느냐. 오늘 내가 너희에게 선포 하는 이 율법과 같이 그 규례와 법도가 공의로운 큰 나라가 어디 있느냐 (신 4:5-8).

이스라엘은 하나님의 율례와 법을 구현함으로 구별된 삶을 살아야 한 다. 이 율법은 하나님 아버지의 사랑의 마음에서 나온 것으로 그분 백 성의 삶을 제한하기 위해서가 아니라 하나님이 창조 때에 의도하셨던 풍성한 삶과 새 창조 때에 회복하실 삶으로 이끌어 가기 위해 주신 것 이다.

율법은 이스라엘의 모든 공동체적인 삶을 지배해야 한다. 이런 율 법의 지배를 받는 삶은 이스라엘로 하여금 영속적인 위험이었던 주변 국가들의 우상숭배에 대항하도록 이끌어 간다. 우상숭배는 하나님이 의도하신 모든 것을 파괴하면서 온전하고 풍성한 삶으로부터 멀어지게 한다. 그래서 모세는 이스라엘에게 "오직 너는 스스로 삼가며 네 마음 을 힘써 지키라"(신 4:9), 또한 "너희는 깊이 삼가라. 그리하여 스스로 부패하여 자기를 위해 어떤 형상대로든지 우상을 새겨 만들지 말라"(신 4:15-16)고 권고한다. 참으로 신명기 4장의 후반부는 지속적인 경고의 말씀들이다. "너희는 스스로 삼가 너희의 하나님 여호와께서 너희와 세우신 언약을 잊지 말고 네 하나님 여호와께서 금하신 어떤 형상의 우 상도 조각하지 말라. 네 하나님 여호와는 소멸하는 불이시요 질투하시는 하나님이시니라"(신 4:23-24). 주 하나님은 유일한 참 하나님이시다. 하나님의 율법에 순종하는 이스라엘의 삶은 열방에 이러한 근본적인 현실을 증명해야 한다. 그들은 열방의 우상에 맞서야 하고 이교주의와 어떤 타협도 해서는 안 된다. 이스라엘 백성이 이 일에 실패할 경우, 그들은 열방 가운데 흩어지게 될 것이라는 경고를 받는다. 그들은 자신의 정체성을 잊어버리게 되고, 하나님의 선교 안에 주어진 자신의 역할을 포기하게 되며, 결국 그들의 소명을 저버리게 될 것이기 때문이다. "(신명기에 기록된 율법의) 구체적인 조항들은 하나님과의 언약 관계를 맺은 백성에게 적합한 삶의 방식 전부를 보여준다. 이방 나라의 종교적 관행들이 가진 위험성에 대한 경고가 이 구체적인 조항들 안에 스며들어 있다. 그 경고들은 하나님에 대한 충성을 깨뜨리고 하나님과의 진실한 언약 관계를 위험에 빠뜨리는 방식들을 설명한다."[11]

우상숭배와의 싸움은 약속의 땅에서 살았던 이스라엘의 이야기 속에 담긴 하나의 중요한 주제다. 그런 삶은 또한 선교적 상황 속에서 이해되어야만 한다. 다시 말해, 선교는 하나님의 백성이 열방의 눈앞에서 공개적으로 하나님의 길을 걸어가는 것이다. 그러나 열방은 중립적이거나 수동적인 목격자들이 아니다. 그들은 그들의 사회적, 문화적 생활 속에서 하나님이 아닌 우상을 숭배한다. 그러므로 이스라엘의 소명은 주변 나라들의 이교적인 문화에 "선교적 대면"[12]을 하는 것이다. 이를 통해 이스라엘은 살아 계신 하나님을 선포하고 우상숭배에 대적한다. 하나님의 율법으로 형성된 이스라엘의 삶은 열방과는 대조적인 모습으로 서서, 이교의 어둠 가운데서 빛과 같이 빛나야 한다. 그러나 불행하게도 이스라엘의 역사는 이스라엘이 빈번히 하나님의 빛이 되는 일에 실패했으며 다른 종교적 영들에 굴복해서 오히려 쫓아내야 할 어둠의 일부가 되었음을 보여준다.

이스라엘의 선교적 소명에 관한 다른 중요한 주제는 신명기 4장에 나타난다. 이스라엘은 다음 세대를 교육하는 일을 심각하게 고려해야 한다. 이스라엘 백성의 신실함을 위협하는 것은 단지 우상숭배뿐만 아니라, 하나님의 전능하신 행위와 그분의 길(신 4:9)을 잊어버리고 그로 인해 그들의 자녀와 **그 다음 세대의** 자녀에게 그분의 전능하신 행위와 율법을 제대로 가르치지 못하는 위험도 있다(신 4:9-10). 다음 세대가 여호와의 길로 걸어가고 다른 삶의 길에 대항하도록 훈련시키는 일을 소홀히 한다면, 어떤 신실한 선교적 공동체도 살아남지 못할 것이다. 그러한 가르침이 없이는 다음 세대가 주변 나라들의 우상숭배적인 길에 매우 쉽게 빠질 것이기 때문이다.

역사서의 내러티브는 열방 가운데서 이스라엘이 우상숭배와 싸우고 하나님이 이스라엘 안에서 그들을 신실한 백성으로 만들어 가시는 사역에 분명한 초점을 맞추고 있다. 그러나 우리는 이 드라마의 배경이 되는 더 큰 그림, 곧 열방을 위해 이스라엘 안에서 그들을 통해 일하시는 하나님의 선교라는 그림을 잊어서는 안 된다.

사사 시대에 이스라엘이 그 땅에서 취한 첫 번째 사회 형태는 부족 간의 자유로운 연맹이다. 로핑크는 이러한 삶의 방식이 "매우 혁명적인" 것이었다고 말한다. 이스라엘 주변의 모든 민족은 군주제monarchies였으며, 왕이 이방 종교의 중심점이었기 때문이다. 이스라엘은 달라야만 했다. 다시 말해, 그들은 "군주제로 조직되어 있는 도시국가와 비교해서 의도적인 대안 모델"이 되어야 했다. "여호와의 백성"에 대한 가장 오래 된 표현 가운데 하나가 사사기(5:11, 13)에서 발견되는데, 이는 "자유롭 게 공동연대에 참여하고 담대하게 야훼 하나님을 섬기는"[13] 백성이다.

대조적인 공동체로서 이 부족연맹은 이를 구성하는 부족들 간에 평 등과 자유를 명백히 보여준다. 이스라엘 백성이 엄격한 중앙권력 없이 그들의 소명을 따라 살아가야 한다면, 그들은 강요가 아닌 합의를 통해 하나님의 백성으로서 살아가야 한다.[14] 그들은 "(이스라엘의) 핵심적인 이야기와 그들의 독특한 사회적 열정에 공동으로 헌신하는 공동체, 가 시적인 형태가 없이 정기적으로 들려지는 이야기에 의존하는 공동체" 가 되어야 한다.[15] 다시 말해 이스라엘은 출애굽 이야기로 형성된 민족 이 되어야 한다.

그러나 사사기는 이스라엘이 그 이야기대로 살아가지 못하고 반복 적으로 실패하는 비극적인 이야기를 전한다. 마치 카멜레온처럼, 이스라 엘은 이방 문화의 색깔을 그들의 것으로 만든다. 그들은 세겜에서 하나 님의 언약을 지키고 우상숭배와 타협하지 않기로 약속했다(수 23-24장). 그러나 사사기의 초반부는 어떻게 이스라엘이 그 땅의 우상숭배를 제거 하지 못하고(삿 1:27-36) 다음 세대에 신앙을 전수하지 못했는지(삿 2:10)를 보여준다. 그래서 하나님은 언약 소송 사건을 통해 이스라엘을 만나고 심판을 선언하신다. 이제 이방 민족과 신들은 그 땅에 남아서 이 스라엘의 덫과 올무가 될 것이다(삿 2:1-5).

가나안 땅의 새로운 삶에 적응하면서, 이스라엘이 가나안 거주민들 삶의 방식을 배우게 되는 일은 피할 수 없었다. 가나안 거주민들의 농경 생활은 풍요를 가져다주는 이방 신들로 가득 차 있었다. 이스라엘은 안타깝게도 이방 종교와 사회적 관습이라는 어둠에 순응했다. 사사기 (3-16장)는 이스라엘의 우상숭배와 하나님의 심판, 여호와를 향한 이스라엘의 울부짖음과 사사들을 통한 하나님의 구원이라는 이야기의 반복적인 순환을 기록한다. 이스라엘은 빛이 되기보다 어둠에 굴복해 왔다. 그들은 대조적 공동체가 되기보다 다른 민족들에 동화되었다.

그러나 사사기는 하나님의 목적을 위해 이스라엘 백성을 보호하시기 위한 그분의 은혜로운 결정을 보여준다. 하나님은 군사적 지도자(사사)를 차례로 보내셔서 이스라엘이 그들의 소명을 회복할 수 있게 하신다. 이것은 이스라엘이 가나안의 이교주의에 완전히 흡수되지 않도록 그들을 지켜 주었다. 사사기를 마무리하는 반복구refrain는 또한 하나님이 이스라엘을 신실한 민족으로 만드시기 위해 앞으로 무엇을 행하실 것인지를 암시한다. "그때에 이스라엘에 왕이 없으므로 사람이 각기 자기의 소견에 옳은 대로 행하였더라"(삿 21:25). 이런 부족의 형태는 이스라엘에 깊게 뿌리내린 반역으로 인해 실패했다. 이제 필요한 것은 이스라엘을 우상숭배로부터 벗어나게 하고 이를 통해 그들의 선교적 소명을 성취할 수 있게 도와주는, 보다 안정된 리더십의 형태였다.

군주제_ "열방의 중심에 있는" 제사장 나라

다음 시대(B.C. 1000-586) 동안에 이스라엘이 취한 사회 형태는 "성전-왕국-언약적 공동체"다.[16] 이 세 가지 표현은 다음 4, 5세기 동안 이스라엘의 공동체 삶이 가진 세 가지 핵심적인 특징들을 이해하도록 도와준다. 성전과 왕, 예언자들은 주변의 이방 민족들 앞에서 이스라엘을 제사장 나라가 되는 소명으로 양육하시기 위해 하나님이 주신 선물이다. 이러한 세 가지 사회적 제도들은 이스라엘이 신실하게 살아가도록 양육하고 열방을 향한 보편적 지평universal horizon을 계속 유지하도록 돕는 기능을 한다.

사사기는 왕에 대한 부르짖음으로 끝이 난다(삿 21:25). 부족 시절에 "내적이고 외부적인 위협은 하나님이 이스라엘에게 주신 사명을 성취하지 못하도록 방해했기 때문에 성경 이야기의 큰 걸림돌이었다. 따라서 사사기가 우리에게 남긴 질문은 군주제가 과연 그러한 위협을 해결할 수 있을 것인가다."[17] 과연 왕은 이스라엘이 자신의 선교적 소명을 이루게 할 수 있을까? 왕에 대한 부르짖음이 사무엘서의 이야기에서 응답되었을지라도, 이스라엘이 열방에 대한 진정한 복이 되기 위해, 그들에게 왕이 필요한 존재가 될 것이라는 소망은 처음부터 없었다. 이스라엘이 왕을 원한 이유는 다른 민족들처럼 되기 원했다는 점 때문이다(삼상 8:5). 이러한 이유는 이스라엘의 배교이자 그들의 선교적 소명에 대한 포기임을 보여준다. "우리도 우리 왕이 있어야 하리니 **우리도 다른 나라들 같이 되어** 우리의 왕이 우리를 다스리며 우리 앞에 나가서 우리의 싸움을 싸워야 할 것이니이다"(삼상 8:19-20, 저자 강조). 그들은 "다른 나라들 같이" 되기를 원했다. 이것은 정확하게 하나님께서 이스라엘에게 **되지** 말라고 하신 모습이었다.

그러나 하나님은 결국 이스라엘에게 다윗을 주신다. 하나님께서 보시기에 다윗은 이스라엘이 언약적으로 신실한 백성이 되기 위해서 그들에게 필요한 왕이다. 하나님은 이스라엘 가운데 거하시는 진정한 왕이시기 때문에, 지상의 왕은 하나님의 통치를 중개해야만 한다. 다윗은 이스라엘이 거룩한 민족이 되기 위해 왕이 어떠한 모습이어야 하는지를 보여주는 모범이다. 그는 이스라엘의 적들과 싸워 이기고 우상 숭배의 위협을 제거했다. 이스라엘 성전 중심의 삶을 조성하고 예배와 제사가 이스라엘의 삶을 양육하게 했다. 율법을 시행하고 집행해서 인간의 삶을 향하신 하나님의 뜻을 이스라엘의 삶 속에 반영하도록 했다 (삼하 5-8장). 이와 같이 다윗은 언약의 중재자로서 하나님의 통치를 중개하고, 이스라엘의 선교적 정체성과 사명을 양육하며, 이를 통해 이스라엘이 열방 앞에서 신실한 나라가 되게 하는 소명으로 부름을 받았다.

군주제라는 새로운 제도는 이스라엘에게 하나님의 사회적 질서를 따라 사는 백성이 되고, 삶의 모든 영역이 하나님의 율법에 복종하는 하나의 통합된 국가로 살아갈 수 있는 독립적 공간을 제공했다. 이스라엘은 언약에 헌신된 왕과 포괄적인 율법을 언약적인 삶의 기초로 삼고 이제 하나님의 뜻을 삶의 전 영역, 곧 사회적·정치적·경제적·법적·경제적인 영역에 드러내는 기회를 갖게 되었다.[18]

왕은 하나님의 언약에 대한 이스라엘의 신실한 응답을 장려할 뿐만 아니라 그들의 소명이 가진 보편적 지평을 다시 확립한다. 다윗의 혈통에서 나온 한 왕이 미래적 소망의 대상이 된다. 하나님은 다윗과 언약을 맺으시면서 언젠가 다윗의 후손 가운데 나온 한 왕이 우주적이고 영원한 왕국을 다스리게 될 것이라고 약속하신다(삼하 7:11-17). 이것은 정치적인 성공에 대한 약속 이상을 의미한다. 이스라엘을 통한 하나님의 구속 사역의 목적, 곧 열방을 하나님의 언약 백성으로 통합시키려는 목적을 예견한다. 그래서 시편기자들은 하나님께서 이스라엘의 왕을 통해 우주적 통치를 회복하시겠다는 약속을 찬양한다(예를 들어, 시 2:7-9, 72:11-17). 특별히 흥미로운 점은 시편 72:17에 사용된 아브라함 언약의 언어다. "그의 이름이 영구함이여, 그의 이름이 해와 같이 장구하리로다. 사람들이 그로 말미암아 복을 받으리니 모든 민족이 다 그를 복되다 하리로다." 이러한 아브라함적 언어는 우리로 하여금 이스라엘이 무엇을 위해 선택받았고 왜 왕이 그들에게 주어졌는지에 대한 원래 목적을 돌아보게 한다. 다윗의 혈통에서 나온 한 왕의 통치를 통해 이스라엘은 열방에 복을 전하는 그들의 선교적 소명을 성취하게 될 것이다. 예언자들은 역시 하나님이 다윗의 후손 가운데 한 명을 통해 세상을 다스리시게 될 시대를 예견했다(예를 들어, 사 11장; 55:3-5, 렘 33:14-22). 그날에 열방은 이스라엘에 편입될 것이며 그들과 함께 언약의 복과 구원을 경험하게 될 것이다(사 55:3-5).

그러므로 왕은 두 가지 방식으로 이스라엘의 선교적 정체성과 역할을 형성하는 결정적 역할을 한다. 첫 번째는 이스라엘을 위협하는 우상 숭배하는 나라들을 물리치고 율법에 대한 의로운 순종을 격려하고 성전 중심의 삶을 장려하는 왕의 임무를 통해서다. 두 번째는 이스라엘 선교의 궁극적 지평, 곧 미래에 이루어질 모든 열방을 향한 하나님의 우주적이고 은혜로운 통치의 상징적 역할을 통해서다.

성전은 이스라엘의 역사에서 왕과 유사한 역할을 한다. 성전은 이스라엘 가운데 하나님 임재의 상징이다. 그레고리 빌Gregory Beale은 성전이 고안된 것이 하나님의 영광스러운 임재를 전 우주로 확장시키는 선교적 정체성과 역할로 이스라엘을 양육하기 위해서라는 설득력 있는 주장을 펼친다.[19] 성전은 "이스라엘이 성전 너머로 확장되어야 하는 하나님의 영광스러운 임재와 진리의 세계에 대한 신실한 증인이 되도록 동기부여하는 것이었다." 성전은 "모든 열방으로 하나님의 임재를 확장시키는 이스라엘의 임무에 관한 상징"[20]으로서 기능을 한다.

솔로몬은 이 주제를 되풀이한다. 솔로몬은 성전을 봉헌한 후에 자신과 이스라엘이 하나님께 기도할 때 그들의 기도를 들어주실 뿐만 아니라(왕상 8:27-30) 하나님을 알고 섬기기 위해 이 성전으로 모인 이방인들의 기도도 들어주시기를 간구했다(왕상 8:41-43). 이사야는 이 일들이 성취되어 하나님의 집이 "만민이 기도하는 집이라 일컬음이 되는"(사 56:7) 때를 바라보았다. 따라서 우리는 예수님의 시대에 성전이 자민족 중심적인 특권, 폭력과 분리의 장소가 되었다는 사실이 얼마나 비극적인 것인지 알 수 있다. 그레고리 빌은 이렇게 말한다. "출애굽기 19:6은 이스라엘이 집단적으로 하나님의 제사장 나라와 거룩한 백성이 되어야 했다고 말한다. 그래서 그들은 열방을 향해 나아가며, 하나님 계시의 빛을 증거함으로 하나님과 열방 사이의 중재자가 되어야 했다. 하지만 이스라엘은 성전을 모든 열방으로 하나님의 임재를 확장시키는 임무의 상징으로 보지 못하고 성전이 하나님의 유일한 참된 백성으로 그들을 선택하신 것에 대한 상징이며, 하나님의 임재는 민족국가인 자신들에게만 국한되어야 한다는 잘못된 견해를 갖고 있었다."[21]

열왕기상 8장과 이사야 56장은 모두 성전의 또 다른 중요한 특징을 강조한다. 그 특징은 성전이 예배와 제사의 장소라는 점이다. 이 두 가지는 모두 이스라엘의 선교적 정체성과 소명을 위해 필수적인 요소들이다. 제사 제도는 언약이 깨어졌을 때 이를 회복할 수 있도록 고안되었다. 레위기 9장에서 우리는 제사 제도가 실제로 어떻게 이루어지는지를 본다. 아론은 속죄제와 번제, 화목제를 드린다(레 9:15-17, 22). 속죄제는 동물에게 손을 얹음으로 죄를 그 동물에게 전가시키고 그 동물이 죄지은 인간을 대신해서 죽을 때 죄사함을 얻게 되는 제사다. 완전히 태워 없애는 번제는 죄사함의 뒤를 이어 완전한 성결과 헌신의 모습을 위한 것이다.[22] 마지막으로, 화목제는 하나님과 죄인 사이의 회복된 교제 communion를 나타내고 이를 축하하는 제사다.[23] 죄사함과 회복된 헌신, 하나님과의 화목은 이스라엘이 열방을 향한 자신의 소명을 성취하기 위해 필수적인 요소들이다. 이스라엘은 제사를 통해 이러한 것들을 얻을 수 있었다.

성전은 또한 예배의 장소다. 우리는 이스라엘의 성전 찬송가집 temple hymnbook—시편, 곧 사람들로 하여금 감사, 지혜, 헌신, 회개, 기쁨과 순종을 촉구하는 책—을 읽을 때, 이스라엘 예배의 풍성함을 어렴풋이 엿볼 수 있다. 시편은 삶의 모든 차원에서 **신실하게** 살아가도록 이스라엘을 양육시켜서 그들이 매력적인 전시 백성이 되게 한다. 또한 이스라엘의 예배와 예식은 이웃한 이방 나라들의 세계관과는 다른 대안적 세계관을 형성해서, 세상을 매우 다른 방식으로 바라보고 살아가게 한다. 이것은 유일한 참 신이신 이스라엘의 하나님이 모든 만물의 창조주이고 우주와 역사의 통치자이며 자비로운 구원자로서 다스리시는 세상에 대한 분명한 비전을 제공한다. 로드니 클랩Rodney Clapp은 예배에 대한 이런 관점을 잘 포착해서 그의 책 중에 교회의 예배를 다루고 있는 장의 제목을 "현실 세계에 오신 것을 환영합니다"[24]라고 붙였다. 이스라엘의 예배는 가나안 땅 한가운데서, 또한 열방 앞에서 유일한 참 하나님과 역사 속에 드러난 그분의 전능한 행위를 찬양하는 것이다. 폴 존스Paul Jones가 교회에 관해 말한 것은 분명히 이스라엘에게 먼저 적용할 수 있다. "교회가 하나님의 은혜로우신 행위에 고정되어 있는 한, 공동 예배는 기독교 정체성을 지속적으로 형성하며 전달한다."[25] 그렇게 이스라엘의 예식은 이스라엘의 정체성과 자기이해, 열방 한가운데서 그들의 역할과 소명을 지속적으로 기념하게 하고 양육시킨다.[26]

그러나 시편의 예배는 그런 역할을 넘어서 이스라엘에게 그들의 소명이 갖는 보편적 지평—곧 그들이 열방을 위한 것임을 상기시켜 준다. 크레이튼 말로우W. Creighton Marlowe가 시편을 "선교의 음악"[27]이라 부르고 마크 보다Mark Boda는 "선교적 모음집"[28]이라 부른 것은 바로 이러한 보편적 시각에서 나온 것이다. 조지 피터스George Peters는 시편에서 세계 열방에 대한 일반적인 언급을 175번 이상 찾아냈다.[29] 아마도 그러한 언급들 가운데 가장 분명한 것은 시편 67편이다.

하나님은 우리에게 은혜를 베푸사 복을 주시고
그의 얼굴 빛을 우리에게 비추사

주의 도를 땅 위에, 주의 구원을 모든 나라에게 알리소서.

하나님이여, 민족들이 주를 찬송하게 하시며

모든 민족으로 주를 찬송하게 하소서(시 67:1-3).

크레이그 브로일즈Craig Broyles는 이 시편의 선교적 중요성에 대해 다음과 같이 언급한다. "시편 67편이 우리에게 보여주는 것은 하나님의 선택이다. 하나님은 좋아하는 것을 택하신 것이 아니라 단지 모두를 위한 복의 통로를 택하셨다. 선택은 그러한 복을 모두에게 확장하기 위한 수단과 관련이 있다."[30]

시편 67편을 하나의 예외라고 보기는 어렵다. 시편은 이스라엘이 열방을 향하게 하는 이미지들로 가득하다. 거기에는 열방 가운데서 하나님의 전능하신 행위를 찬양하라는 권고가 있다(시 9:11, 18:49, 96:2-3, 105:1). 시편기자들은 열방 가운데서 하나님을 찬양할 것이라는 개인적인 헌신을 갖고 권고하며, 이스라엘이 이에 응답하도록 이끈다(시 18:49, 57:9, 108:3). 그곳에는 열방에게 하나님을 찬양하라는 많은 호소들이 있고(시 47:1; 66:8; 67:3; 96:7, 10; 100:1; 117:1), 열방이 하나님을 찬양하며 이스라엘에 합류하게 될 것이라는 미래의 약속들도 있다(시 22:27, 66:4, 86:9).

그러므로 성전은 이스라엘 앞에서 하나님 구속의 목적, 곧 온 세상을 하나님의 영광스러운 임재로 채우려는 목적을 붙들고 있음으로써 이스라엘의 선교적 정체성과 역할을 양육한다. 성전은 사람들의 실패를 회복하고 다시 올바른 길 위에 세우기 위한 방법으로 제사 제도를 제공한다. 성전은 예배를 제공함으로 이스라엘이 신실하게 살아가도록 양육하고, 이교주의 세계관과 대조되는 대안적 세계관을 기념하고, 진실하신 하나님과 실제 세상에 대한 증인으로 서서 그들의 보편적 비전을 실천하게 한다. 따라서 성전의 선교적 중요성을 간과하는 것은 바로 이스라엘의 삶에서 성전이 하는 역할을 완전히 잘못 이해하는 것이 된다.

이스라엘의 선교적 역할과 정체성을 기르기 위해 그들에게 주신 하나님의 마지막 선물은 "언약 집행자들covenant enforcers"[31]인 예언자들이다. 예언자들의 우선적인 임무는 이스라엘이 언약을 깨뜨리고 그들의 정체성을 잃어버릴 때 그들에게 도전하는 것이다. 이스라엘이 거룩한 나라가 되는 일에 실패할 때 우리는 그들의 존재 목적으로 되돌아올 것을 간청하는 예언자들의 목소리를 듣게 된다. "예언자들의 중요한 관심사는 이스라엘이 된다는 것이 무엇을 의미하는지를 그들에게 전달하는 것이다."[32] 그러므로 예언자들은 이스라엘의 불신앙이 삶의 다양한 차원에서 드러날 때, 다시 말해 위선적인 예배, 지켜지지 않는 안식일, 어리석은 우상숭배, 끔찍한 가난과 불의와 가난한 자들에 대한 압제 가운데 탐욕스러운 풍요, 약자에 대한 학대 속에서 그들의 불신앙이 드러날 때, 이에 과감히 반대의 목소리를 높인다. 한스 월터 울프에 따르면 예언자들은 이스라엘이 저질렀던 세 가지 영역의 죄를 주로 폭로했다고 말한다. 이는 경제생활의 전 분야에 걸친 착취와, 자국 보호를 위한 외국과의 정치적·군사적 동맹, 그리고 부패한 제의적 관습들이다. 이러한 언약을 깨뜨리는 행위의 원인은 이스라엘이 그들의 하나

열방에 빛을

님을 잊어버리거나 거절하고[33] 열방에 빛이 되는 선교적 소명과는 완전히 다른 삶의 방식을 채택했기 때문이다. 그러므로 예언자들은 이스라엘 백성에게 그들의 소명으로 되돌아오고, "오직 정의를 행하며 인자를 사랑하며"(미 6:8), "정의를 물 같이 공의를 마르지 않는 강 같이 흐르게"(암 5:24) 하라고 권고한다.

예언자들에게 때때로 명백하게 나타나는 주제는, 이스라엘의 신실함이 언젠가 모든 피조물과 모든 민족에서 나아온 백성에게 구원을 가져다주리라는 것이다. 예레미야는 이스라엘 백성이 하나님께로 돌아와서 우상을 제하고 진실과 정의와 공의로운 방식으로 살아가면, 여호와께서 열방에 복을 가져다주실 것이라고 말한다.

> 여호와께서 이르시되 이스라엘아,
> 네가 돌아오려거든 내게로 돌아오라.
> 네가 만일 나의 목전에서 가증한 것을 버리고
> 네가 흔들리지 아니하며
> 진실과 정의와 공의로 여호와의 삶을 두고 맹세하면
> 나라들이 나로 말미암아 스스로 복을 빌며
> 나로 말미암아 자랑하리라(렘 4:1-2).

여기 "문장 전체의 논리를 주목할 필요가 있다. 열방을 향한 하나님의 선교는 이스라엘의 지속되는 영적, 윤리적 실패로 인해 지연되고 있다. 이스라엘이 다시 그들의 선교(곧 여호와의 백성이 되고, 하나님만을 예배하며, 하나님의 도덕적 명령을 따라 살아가는 선교)로 돌아오게 하라. 그러면 하나님께서 **그분의 선교**—열방에 복을 주시는 선교로 되돌아오실 수 있다."[34]

예언자들이 이스라엘의 정체성과 역할을 열방을 향한 그들의 선교의 관점에서 이해하기 때문에, 하나님의 우주적인 목적은 현 시대에서 이스라엘의 신실함을 향한 예언자들의 요청뿐만 아니라 미래에 관한 예언자들의 약속에서도 분명히 나타난다. 구약 예언서들의 가장 중요하고 독특한 특징은 아마도 미래에 대한 조망일 것이다.[35] 이스라엘이 하나님께서 주신 사명에 실패한다고 할지라도, 하나님께서는 열방을 구원하시는 그분의 사역에 실패하지 않으실 것이다(사 19:23-25). 하나님은 약속하신 대로 다윗의 후손에서 나온 메시아와 성령을 통해 전 세계적인 왕국을 가져오실 것이다. 그때에 하나님께서는 이스라엘을 회집하실 것이며, 그들의 고유한 역할을 회복하실 것이고, 그들을 사용하셔서 열방이 하나님의 전 세계적 왕국의 일부가 되도록 이끌어 오실 것이다(겔 36:24-27).

바벨론 포로, 종속 그리고 디아스포라_ 열방에 흩어진 거룩한 백성

예언자들은 이스라엘 반역의 흐름을 막을 수 없었다. 마침내 이스라엘은 하나님의 심판을 받기에 이른다. B.C. 722년에 (열왕기에서 '이스라엘'이라고 불린) 북쪽의 열 지파는 앗수르인들에 의해 그들의 영토 전 지역으로 흩어지게 된다. B.C. 586년에는 (열왕기에서 '유다'라고 불린) 남

열방에 빛을

아 있던 두 지파는 바벨론의 포로가 된다. 이스라엘 역사의 이 시점에서 열방에 복을 주시려는 하나님의 목적은 좌초된 것처럼 보인다. 그러나 그때에도 하나님은 이스라엘과의 관계를 끝내시지 않는다. 이스라엘이 민족의 주권을 빼앗겼을 때, 그들의 선교적 정체성과 역할은 새로운 형태를 띠게 되고, 그들은 이제 이방 문화 한가운데 소수민으로서 살아가는 것을 배워야 한다. 이스라엘의 선교적 소명을 위한 새로운 상황은 바벨론 포로 상태에서 시작되고 페르시아제국,[36] 그리스제국과 로마제국의 지배 아래 지속된다.

우리는 이스라엘이 바벨론의 포로가 됨으로써 발생한 정체성의 위기와 이스라엘의 선교적 정체성을 위협하는 두 가지 중대한 위험, 곧 후퇴withdrawal 혹은 동화assimilation의 위험을 간과해서는 안 된다. 데이비드 버네트David Burnett는 이스라엘에 대한 이 두 가지 영속적인 유혹에 대해 말한다. "첫 번째 유혹은 그들의 신념과 관습을 보호하기 위해 주변 민족들로부터 스스로를 고립시키는 것이었다. 그러나 그럴 경우에 그들은 하나님께서 의도하셨던 열방에 빛이 되는 일에 실패하게 될 것이다. 두 번째 유혹은 이스라엘이 주변 민족들과 완전히 동화되어서 전혀 구분되지 못하는 것이다."[37] 한편으로 폐쇄적 공동체로의 후퇴는 신앙의 순수성을 지키는 데 도움이 되겠지만 하나님의 메시지를 세상과 아무 관련이 없는 것으로 만든다. 다른 한편으로 이방 민족들의 삶에 동화되는 것은 하나님 백성의 차별성을 사라지게 한다. 포로시대의 문헌들은 이 두 가지의 위협에 대해서 강력히 반대한다.

이스라엘에 대한 가장 분명한 위협은 이스라엘이 이방 제국에 동화되는 것이다. 바벨론의 종교와 세계관은 특별히 이스라엘에게 지속적인 유혹을 가져왔다. 리처드 미들턴Richard Middleton과 브라이언 왈쉬Brian Walsh는 사회, 정치 체제 속에 반영된 바벨론인들의 강력한 문화 이야기와 그것의 위험성에 대해서 이야기한다. "그들의 실제적이고 상징적 세계인 땅, 도시와 성전을 잃어버리고, 그들의 선택 이야기는 누더기가 되었으며, 심지어 하나님의 전능하심과 신실하심에 대한 회의에 빠진 채로, 이스라엘은 **심각한 정체성의 위기** 속에 놓이게 되었을 것이다. 그들이 속해 있는 이 새로운 이데올로기적인 세계는 인간의 의미에 대해 항상 있어 왔던 다른 비전을 제공했을 것이고, 그것은 실로 엄청난 영향력을 행사했을 것이다."[38]

이런 바벨론의 정체성은 참된 하나님의 백성으로서 열방을 위해 그분의 목적을 구현해야 한다는 이스라엘의 자기이해에 도전한다. 이스라엘은 새로운 상황에서 그들의 특별한 선교적 정체성과 역할을 길러 내는 법을 배워야 할 의무가 있다. 그래서 "주류 문화가 그들의 낯선 정체성을 부정하거나 불신하거나 혹은 경시하려는 사회적 상황 속에서 **대안적 정체성**과 세계에 대한 **대안적 비전, 대안적 소명**을 유지해야 한다. 포로시대의 가장 큰 문제는 문화적 동화cultural assimilation이다. 이 고대 유대인들에 대한 일차적인 위협은 공동체의 구성원들이 유대인다움Jewishness을 지키는 것이 너무 힘들거나 너무 위험하거나 너무 사치스러운 것이라고 결정해서 현실에 대한 바벨론인의 정의와 관습을 그대로 받아들이는 것이다."[39] 열방 가운데 거룩한 백성과 제사장 나라라는 그들의 역할을 유지하기 위해서는 반드시 이스라엘이 그들의 고유한 정체성을 형성해 나가고 동화되지 않도록 저항해야 한다.[40] 새로운 상황에 맞게 그들의 선교적 정체성을 재확인하고 재서술하기 위해서 이스라엘은 그들의 이야기와 전통 속에 담긴 풍부한 자원으로부터 그들이 누구인지를 새로 형성하는 법을 배워야 한다.[41] 또한 이스라엘은 하나님의 선교 속에 주어진 그들의 정체성과 역할을 훼손하려고 위협하는 정복자들의 종교적·정치적·사회적인 압박에 완강히 저항해야 한다. 대니얼 스미스Daniel Smith는 이렇게 말한다. "이스라엘은 강력한 이방 제국들 속에서 그들의 특별한 정체성과 역할에 대해 인식하도록 조직, 리더십, 제도, 이야기, 역사적 본보기, 문학과 의식 등과 같은 전략과 장치들을 개발했고 이를 통해 포로기 동안에 동화되지 않도록 저항했다."[42] 우리는 그러한 것들 가운데 두 가지 예를 간략하게 살펴보려고 한다. 그 두 가지는 포로시대에 장로들의 역할과 포로기 문학의 역할이다.

두 명의 포로기 예언자들은 포로기 동안에 이스라엘의 "장로들"에게 이야기한다(렘 29:1, 겔 20:1-3). 예레미야가 여호와의 말씀을 받았을 때, 그 말씀을 장로들의 회합에 보내어 포로가 된 백성에게 전달하게 한 것은 매우 중요하다. 스미스는 "유배당하거나 그렇지 않고 지배를 받고 있는 민족이 그들의 정체성과 집단의식을 존속시키기 위해서는 내부 권위자local authority와 자기관리self-management가 얼마나 중요한 것인지를"[43] 설명한다. 장로들의 회합은 군주제가 생기기 전에 존재했던 리더십의 일반적인 형태였다. 그러나 그 이후로 장로의 직분은 왕에게 권력이 집중되면서 점차 약화되었다.[44] 포로시대에 장로들이 재등장한 것은 유대인들이 새로운 환경에 적응하도록 도와주고 그들의 특별한 정체성을 유지하는 데 필요한 자기관리를 제공하기 위해서다.[45] 예레미야가 장로들에게 편지를 써서 백성에게 읽어 주도록 한 것은 유대인들이 중요한 결정을 위해 모이고, 또한 예언자를 통해 전해지는 하나님의 말씀을 듣기 위해 모인다는 것을 암시한다. 이것은 이방 민족 안에서 언약 백성이라는 특별한 정체성을 유지하기 위해서 리더십과 사회 구조가 매우 중요하다는 것을 보여준다. "장로들"의 직분을 유지하는 것과 하나님 백성의 회집은 "열방 가운데 흩어진 유대인들이 구별된 민족으로서의 정체성을 유지할 수 있는 방식으로 그들의 사회적, 종교적 삶을 구성하였음"[46]을 입증한다. 이것은 단지 그들의 민족만을 보존하기 위한 것이 아니라 하나님의 이야기 속에 있는 그들의 정체성과 역할을 보호하기 위한 것이다.

이스라엘 백성이 그들의 정체성과 목적에 대한 인식을 유지하기 위해 사용한 다른 중요한 '장치'는 포로기 동안에 나온 방대한 문학작품이다. 이스라엘의 정체성을 유지하기 위해서 "이전의 신학적 전통을 회복하고 그것들을 이질적인 문화 속의 새로운 신앙의 상황에 맞게 재구성하는 새롭고 창의적인 신학적 작품들이 필요했다."[47] 다시 말해, 그들에게는 새로운 환경에 적합한 상황화가 필요했다.

이러한 문학의 본질적인 목적은 지배 제국의 이야기에 대한 대안적 이야기, 곧 역사가와 예언자들에 의해 선포된 이야기를 전달함으로써 세상에 대한 대안적 비전을 형성하는 것이다. 역대기 저자가 이스라엘 역사를 재구성한 것이 그 예다.[48] 그는 아담에게로 거슬러 올라가고 모세를 거쳐 포로시대의 세대들로 끝이 나는 계보와 함께 시작한다. 이 계보적 조사는 "국가 붕괴의 시기를 겪으면서 하나님 백성의 연속성에 대한 원리적 중요성을 주장하려는 시도"이고 "신적인 목표를 향해 가는 역사 속에서 일어나는 사건들이라고 이야기하려는 시도"로 여겨진다.[49] 따라서 역대기 저자는 "이스라엘의 하나님, 그분의 백성을 보호하고 그들을 위해 예정하신 운명으로 인도하는 하나님"[50]께로 소급하는 이야기 속에 포로기 이후 세대를 위치시킨다. 하나님은 우주적 역사를 그분의 궁극적인 목표를 향해 움직여 가시고, 이방 제국에 종속되어 살아가고 있는 이 공동체는 바로 그 이야기의 일부인 것이다.

예언자들도 유사한 역할을 수행한다. 예레미야와 에스겔은 동시대 사람들에게 하나님을 역사의 통치자로 보도록 촉구한다. 또한 존 브라이트John Bright는 이사야서의 후반부가 어떻게 삼중의 소망threefold hope을 제공하는지를 보여준다. 하나님은 역사를 주관하시고 그분의 선하신 목적을 위해 사건들을 통제하신다. 바로 이런 하나님이 과거에 이스라엘을 위해서 일하셨고 이스라엘을 그분의 구속 목적을 위해 언약 백성으로 삼으셨다. 역사는 하나님이 모든 민족과 모든 세상을 다스리시는 궁극적인 완성이라는 목표를 향해 나아가고 있으며 하나님은 바로 그 목표를 위해 이스라엘을 사용하실 것이다. 이사야는 "선택은 운명을 위한 것이며 의무를 수반한다"는 것을 잘 알고 있었다. "그래서 역사에 의미를 주는 이 승리적인 신학triumphant theology의 빛 아래서 (이사야는) 하나님의 백성이라는 그들의 운명으로 이스라엘을 다시 소집한다."[51]

다니엘서는 죄로 가득한 제국에서 소수 공동체로 살아가며 동화의 위협을 받고 있는 이스라엘 백성에게 격려와 비전을 제공한다. 다니엘, 사드락, 메삭과 아벳느고의 이야기는 모든 것을 아우르는 세계 권력을 가진 제국의 강력한 이교적 세계관에 성공적으로 저항한 좋은 예들을 보여준다. 다니엘과 친구들은 이방 음식에 더럽혀지는 것을 거부한다 (단 1장). 다니엘은 개인적으로 엄청난 위험에 직면해서도 오직 참된 하나님께만 지속적으로 기도한다(단 6장). 특히 감동적인 점은 다니엘의 친구들이 느부갓네살 왕의 금 신상에 절하기를 거절한 사건이다. "우리가 왕의 신들을 섬기지도 아니하고 왕이 세우신 금 신상에게 절하지도 아니할 줄을 아옵소서"(단 3:18). 우리가 바벨론의 왕이 그 임무를 위해 신들의 대표자로서 선택되었고 느브갓네살 금 신상과 같은 이미지들은 "신의 임재와 복을 중개하고 참배자들에게 신들의 현존을 눈으로 보고 느낄 수 있게"[52] 만들어 주는 것임을 알게 될 때, 이 어린 이스라엘 백성의 저항이 얼마나 중요한 것인지를 깨닫게 된다. 그들은 이교적 세계관 전체를 거부한 것이다. 다니엘서의 후반부에 기록된 꿈과 비전은 누가 실제로 역사를 다스리시는가에 대한 이해를 제공한다. 모든 왕국은 언젠가 모조리 망하게 되거나 참된 하나님을 섬기게 될 것이다. 요약하면, 다니엘의 비전과 이야기들은 디아스포라 백성에게 신앙의 세 가지 분명한 확신을 갖게 한다. 하나님 나라와 그들이 살아가는 신성모독적이고 거만한 세계 제국은 명백하게 대립하고 있다는 점, 이러한 대립은 궁극적으로 반드시 끝난다는 점—하나님께서 모든 반대자들을 이기실 것이다. 마지막으로 "신앙의 요구는 하나님의 궁극적 승리를 반영하는 신뢰와 순종을 가지고 현재의 삶을 살아가라는 것—아브라함 헤셸Abraham Heschel의 표현처럼 '하나님의 미래를 현재형으로 살아가는 것'—을 의미한다."[53]

따라서 소수의 포로 공동체의 종교는 사적인 영역으로 제한되지 않는다. 이스라엘이 외견상 우월해 보이는 바벨론의 신들과 이방 종교의 강력한 권력에 부딪쳤을 때 여호와의 우주적 주장들을 선포하는 것은 더 이상 쉬운 일이 아니었을 것이다. 이것은 언제나 소수의 종교적 공동체, 특히 전쟁에서 승리를 거둔 신이 가장 강력한 신이라는 단일신론적 신념henotheistic belief에 둘러싸인 공동체의 경우에는 더욱 어려운 것이다. 분명하게 그곳에는 이스라엘에 대한 바벨론의 승리는 바벨론 신들의 우월한 능력을 보여준 것이라고 말하는 유혹들이 있었을 것이다.

월터 브루그만은 포로기와 그 시대의 문학에 관해 가장 주목할 만한 사실들 가운데 하나는 유대인들이 "사적인 종교로 후퇴"[54]하지 않은 것이라고 말한다. 포로기 문학은 구약의 이야기를 세계에 관한 진짜 이야기로 붙들어 주고 이스라엘의 하나님이 유일한 하나님이심을 확신하게 함으로써 이스라엘을 그들의 선교적 소명으로 양육시킨다. 포로기 문학은 이방 신들을 조롱했으며 이와 반대로 하나님은 역사의 창조자와 통치자로 묘사한다. 이스라엘 백성이 포로기를 겪고 있는 이유는 이방 신들이 그들을 정복했기 때문이 아니라 유일한 참 하나님이 그들을 심판하고 계시기 때문이고, 하나님께서는 때가 되면 자신의 우주적 왕국을 회복하시는 구속 사역으로 이스라엘을 모으실 것이다. 그 동안에 이스라엘은 유일한 참 하나님의 백성이라는 정체성을 신실하게 유지하도록 요청받는다.

동화의 위협과 더불어 거기에는 또 다른 위험도 있다. 이스라엘 백
성이 지배적인 문화로부터 단지 **후퇴**하여 게토 같은 생활을 하고 스스
로를 고립시킴으로 동화의 위협을 피하고자 하는 위험이다. 이스라엘
은 이교 바벨론 종교가 제국의 공적 생활 전체에 미치는 형성적인 힘을
잘 알고 있다. 확실히 문화적 참여는 동화되는 유혹을 증대시켜 이스라
엘의 정체성을 위험에 처하게 한다. 그러나 이러한 상황에서 예레미야
는 이스라엘에게 바벨론 제국의 문화생활에 온전히 참여하라고 요청한
다. 그는 포로된 장로, 제사장, 예언자, 백성에게 편지를 보낸다.

> 만군의 여호와 이스라엘의 하나님께서 예루살렘에서 바벨론으로 사로
> 잡혀 가게 한 모든 포로에게 이와 같이 말씀하시니라. 너희는 집을 짓고
> 거기에 살며 텃밭을 만들고 그 열매를 먹으라. 아내를 맞이하여 자녀를
> 낳으며 너희 아들이 아내를 맞이하며 너희 딸이 남편을 맞아 그들로 자
> 녀를 낳게 하여 너희가 거기에서 번성하고 줄어들지 아니하게 하라. 너
> 희는 내가 사로잡혀 가게 한 그 성읍의 평안을 구하고 그를 위하여 여
> 호와께 기도하라. 이는 그 성읍이 평안함으로 너희도 평안할 것임이라.
> (렘 29:4-7)

예레미야의 권고는 분명하다. 바벨론의 번영과 **샬롬**을 구하고 그곳이
번성하고 번영하도록 기도하라는 것이다. 여기에 열방에 복이 되어야
하는 아브라함의 소명이 남아 있다. 그러나 그 소명은 다른 상황에 놓인

포로 공동체를 위해 다른 형태를 취하고 있다.

다니엘서는 다시 한 번 이 형태가 실제로 어떠한 것인지를 보여주는 예를 제공한다. 다니엘과 친구들은 바벨론 제국의 행정업무를 하도록 동원되었다. 그들이 공적 생활에서 주어진 임무를 수행할 수 있는 것은 바로 그들이 다른 이야기에 뿌리내리고 있기 때문이다. 따라서 그들은 자신의 정체성을 기억하고 어떤 공동체에 속해 있는지를 기억하며, 또한 그들이 어떤 하나님을 섬기는지를 기억한다. 다니엘과 친구들은 "제국의 언어를 알았고 그것을 기꺼이 사용한다. 그러나 결코 '모국어'의 어조를 잃어버리지 않는 '이중언어'를 사용하는 사람들이다."[55] 그들은 성경적 이야기와 제국의 매우 강력한 이야기의 교차로에서 신실하게 살아가기 위해 몸부림치면서, 여호와께 헌신하면서도 거만한 세계 제국의 샬롬을 위해 섬겨야 한다. 그들의 삶은 언제 순종해야 하고 또 언제 저항해야 하는 지에 대한 "끊임없는 절충endless negotiation"으로 이루어져 있다. 어떻게 이런 이교적인 세계 한가운데서 신실함을 유지할 수 있을까?

에스라-느헤미야서 안에서도 유사한 주제가 두 가지 방식으로 나타난다. 첫째, 그곳에는 분리와 섬김 사이의 긴장이 존재한다. 한편으로 에스라 9-10장과 같은 곳에서 우리는 "이스라엘 공동체가 자신의 정체성을 유지하기 위해 엄격한 분리 정책을 지키도록 촉구되는 것"[56]을 본다. 그러나 다른 한편으로 그들은 현재 상태에서 주류 문화를 섬기면서 평화롭게 살아가도록 요청받는다. 두 번째, 현재를 받아들이는 것과 미래의 변화를 소망하는 것 사이의 긴장이 존재한다. 에스라-느헤미야서가 "신정주의적theocratic" 지향성을 보여주는지 아니면 "종말론적 eschatological" 지향성을 보여주는지에 관한 학문적 논쟁이 있지만, 그 두 가지는 다 존재한다.[57] 이 책들을 신정주의적 지향성의 측면에서 읽는 것은, 저자가 이스라엘에게 현재의 상태를 받아들이고 그들의 군주를 섬기면서 하나님에게 신실할 것을 요청한다고 보는 것이다. 종말론적 지향성의 측면에서 읽는 것은, 현재 상태에 대한 예언자들의 불만족과 이방인들의 통치를 뒤엎고 그들의 독립왕국이 다시 세워지기를 바라는 소망에 주목하는 것이다. 폴 윌리암슨은 이러한 두 관점이 완전히 배타적인 것이 아니라고 말한다. "현재 상태를 받아들이거나 심지어 기꺼이 용납하면서, 동시에 현재는 완벽하지 않기 때문에 장기적으로는 변화를 갈망하는 관점을 유지하는 것은 가능하다. 이것은 에스라와 느헤미야가 취한 입장으로 보인다."[58] 이처럼 에스라-느헤미야서는 예레미야서와 다니엘서처럼 이스라엘 백성이 현재 상태에서 그들의 정체성을 신실하게 유지하면서도 하나님의 목적이 완성되는 것을 바라보도록 촉구한다. 그 중간에 이스라엘은 게토로 후퇴해서는 안 되고 제국의 삶에 전적으로 참여해야 한다.

열방에 복이 되는 이스라엘 백성의 선교적 소명은 그들이 바벨론에 끌려갔다고 해서, 그들이 페르시아, 그리스, 로마와 같은 강력한 세계 제국 아래 살아간다고 해서, 이집트나 그 외 지역에서 디아스포라로 살아간다고 해서 사라지는 것이 아니다. 이스라엘의 사회적 삶은 새로운 상황 속에서 각기 다른 형태를 취하고 그들의 선교적 정체성은 새로운 방식으로 양육되어야만 한다. 그러나 그들은 여전히 "열방을 위한 백성", 복이 되기 위해서 복을 받은 백성이다. 그들은 여전히 이 세상이 하나님 자신의 목적과 선교에 참여하도록 초청하는 "와서 우리와 함께하자"라고 말하는 백성이다.

이스라엘의 회집과 갱신에 대한 약속_ 하나님의 종말론적 백성

포로시대에 이스라엘의 선교적 정체성과 역할은 예언자들이 불어넣은 강한 소망에 의해 유지되었다. 예언자와 역사가들의 분명한 메시지 가운데 하나는 이스라엘이 포로시대에 뿔뿔이 흩어진 이유가 바로 그들의 반역 때문이라는 것이다. 예언자들은 이스라엘이 다시 회집되며 모든 열방이 참된 하나님을 섬기기 위해 언약에 참여하게 될 시간을 바라본다. 게르하르트 로핑크는 "'하나님의 흩어진 백성의 회집'은 이스라엘 신학의 근본적인 주장들 가운데 하나였지만 구약 신학은 회집에 관한 주제에 거의 관심을 보이지 않았다"라고 불평한다. 우리는 이미 신명기 30:1-6에서 하나님께서 이스라엘을 심판으로 흩으신 후에(신 29:28) 다시 회집하실 것이라는 약속을 듣는다. 흩어진 이스라엘을 소집하겠다는 이 약속은 "언제나 신학적 중요성"을 가지고 이사야서와 예레미야서, 에스겔서의 많은 곳에서 나타난다. 회집은 구원을 위한 기술적 용어terminus technicus가 된다. 이것은 회집하다gather라는 표현이 '구조하다rescue', '해방하다liberate', '치료하다heal', '구속하다redeem'라는 용어들과 나란히 사용되고 있다는 점에서 명백해진다.[59] 종말론적 목자가 되시는 하나님께서 그분의 흩어진 양들을 모으실 것이다(렘 31:10,

겔 34:11-13).

이 예언서들에서 우리는 현재로부터 미래로의 전환을 본다. 하나님은 출애굽을 통해서 이스라엘을 위해 이미 행하셨던 일을 다시 행하실 것이며, 포로 상태로부터 그들을 구속하시고 그들과 새로운 언약을 세우실 것이다(렘 31:31-34).[60] 예언자들은 우리의 시선을 미래로 전환시켜서 우리가 한 나라로서 다시 소집될 하나님의 백성을 바라보게 한다. 그러므로 "이스라엘, 하나님의 백성은 종말론적 개념이 된다. 여호와는 다시 이스라엘의 하나님이 **되실** 것이며, 이스라엘은 다시 여호와의 백성이 될 것이다."[61]

이러한 종말론적 미래의 이미지는 회집과 갱신 모두를 약속한다. 하나님이 이스라엘을 위해 장차 행하실 일에 대한 에스겔의 이야기 속에서, 우리는 이 두 가지를 어렴풋이 볼 수 있다. 이스라엘이 자신의 사명에 실패하고 열방 가운데서 여호와의 이름을 더럽혔을지라도(겔 37:16-21), 하나님은 "그들의 눈앞에서 너희[이스라엘]로 말미암아 나의 거룩함을 나타내리니"(겔 36:22-23) 자신이 여호와인 것을 열방이 알도록 역사하겠다고 말씀하신다.

내가 너희를 여러 나라 가운데에서 인도하여 내고 여러 민족 가운데에서 모아 데리고 고국 땅에 들어가서 맑은 물을 너희에게 뿌려서 너희로 정결하게 하되 곧 너희 모든 더러운 것에서와 모든 우상숭배에서 너희를 정결하게 할 것이며 또 새 영을 너희 속에 두고 새 마음을 너희에게 주되 너희 육신에서 굳은 마음을 제거하고 부드러운 마음을 줄 것이며 또 내 영을

열방에 빛을

너희 속에 두어 너희로 내 율례를 행하게 하리니 너희가 내 규례를 지켜 행할지라(겔 36:24-27).

이러한 하나님 백성의 회집과 재건은 마지막 날에 이루어질 것이다. 그 날에는 이스라엘이 그들의 본래적 소명으로 회복될 것이며, 열방은 여호와를 알게 될 것이다. 따라서 회복되고 회집되고 정결하게 된 이스라엘은 열방의 빛이 되는 그들의 소명을 성취하게 될 것이다. 그곳에는 예루살렘을 향해 나오는 "열방의 순례"가 있을 것이다(사 2:3; 19:23, 슥 8:20-23). 이스라엘은 이 모든 일에서 중요한 역할을 하게 될 것이다.

열방이 시온으로 나오는 순례에 대한 예언의 중요한 요소는 이방인들이 이스라엘 안에 가시화된 구원에 매혹되어서 자발적으로 하나님의 백성에게 나아온다는 점이다. 그들은 선교적 활동의 결과로 신자들이 되지 않는다. 오히려 하나님의 백성이 발산하는 매력에 이끌려 이스라엘에게로 다가온다. 예언서들은 이러한 관련성 속에서 예루살렘에 밝게 빛나는 찬란한 빛에 대해 주로 이야기한다.[62]

보라, 어둠이 땅을 덮을 것이며 캄캄함이 만민을 가리려니와
오직 여호와께서 네 위에 임하실 것이며 그의 영광이 네 위에 나타나리니
나라들은 네 빛으로, 왕들은 비치는 네 광명으로 나아오리라.
(사 60:2-3)

만군의 여호와가 이와 같이 말하노라. 그날에는 말이 다른 이방 백성 열 명이 유다 사람 하나의 옷자락을 잡을 것이라. 곧 잡고 말하기를 하나님 이 너희와 함께하심을 들었나니 우리가 너희와 함께 가려 하노라 하리 라 하시니라(슥8:23).

예언자들은 마지막 날에 하나님의 선교적 목적이 이스라엘 안에서 그 들을 통해 성취될 것이라고 예견한다. 열방이 회집되고 회복된 이스라 엘에 합류하는 것은 메시아와 성령이 하나님 나라를 가져오실 때 일어 날 종말론적인 사건이 될 것이다.

신구약 중간기_ 선교적 소명의 쇠퇴

구약의 이야기는 실패와 소망 모두를 보여주며 끝난다. 이스라엘은 열 방에 빛이 되는 소명에 실패했다. 주변에 있는 열방의 어둠에 압도되고 말았다. 하나님은 이스라엘 백성을 심판하셨고 유배를 보내셨다. 그럼 에도 예언자들은 흩어진 백성의 마음에 작은 소망의 불꽃을 일으켰다. 마지막 날에 하나님은 열방과 온 세계에 자신의 통치를 회복하시기 위 하여 메시아와 성령을 통해 다시 일하실 것이다. 하나님은 이스라엘을 회집하시고 정결케 하실 것이며, 성전은 재건될 것이고, 땅은 정화될 것 이며, 율법은 지켜질 것이다. 하나님은 다시 온 세계를 다스리시는 왕이 되실 것이다.

이스라엘의 소망은 하나님이 우주적이고 전 세계적인 왕국을 통치하실 미래의 모습에 초점이 맞춰져 있다. 이 소망은 계속되는 이방 나라의 지배와 포로시대 가운데서 타오른다. 메데-페르시아제국과 그리스 제국, 로마제국은 차례로 이스라엘을 짓밟고 압제한다. 이스라엘은 로마의 정치적, 군사적 힘에 저항할 소망조차 품을 수 없고 헬레니즘의 문화적 영향, 곧 그리스제국보다 더 오래 지속되었고 이교주의로 유혹하는 강력한 힘으로부터 도망칠 수도 없다.

이렇게 이스라엘이 이방 나라들에 의해 지속적인 종속을 경험하는 것은 그들의 이야기와 그들이 가장 소중히 여기는 믿음과는 명백히 모순된다. 하나님의 백성은 세상의 창조자요 통치자이신 유일하신 하나님 한분만 계시다고 믿는다. 그분은 이스라엘을 특별한 소유가 되도록 선택하셨고 율법을 통해서 삶의 전반적인 방식을 가르쳐 주셨다. 땅 자체는 (비록 이방 나라들에 의해 황폐해졌을지라도) 본질적으로 거룩하다. 하나님 자신이 거하시는 성전을 중심으로 한 그 땅을 이스라엘에게 주셨다. 그렇다면 어떻게 하나님은 자기 백성에게 이런 굴욕을 허락하실 수 있는가? 왜 하나님은 이교도들의 부패함으로 그분의 거룩한 땅과 성전이 더럽혀지는 것을 보고만 계시는가? 어떻게 하나님은 이교도들이 율법이 다스리는 삶을 위협하고 이스라엘의 구별된 정체성과 삶의 방식을 끊임없는 동화의 위협 아래 놓는 것을 참으실 수 있는가?

심한 매를 맞은 이스라엘은 그들을 회집하고 새롭게 하시며, 그들 위에 전 세계적인 왕국을 세우시겠다는 하나님의 약속 안에서 소망을 이어 간다. 이스라엘은 하나님이 그분의 메시아와 성령을 보내셔서 그들을 속박에서 구원하시기를 갈망한다. 다니엘의 70이레(단 9:24-27)

를 계산하면서, 이스라엘 백성은 로마의 지배 시기가 되면 세계의 통치자가 곧 오실 것이라고 믿는다.[63] 신구약 중간기에 이스라엘은 종말론적 소망으로 "펄펄 끓는 가마솥"[64]이 되고 왕국의 도래를 갈망하지만, 그 도래할 왕국에 대한 각기 다른 비전들로 인해 분파와 당으로 갈기갈기 찢겨진다. 이 분파들은 어떻게, 언제 하나님이 활동하실 것인지, 어떻게 그들은 그날이 오기까지 살아야 하는지에 대한 견해가 달랐다. 열심당원들은 거룩한 성전을 통해 압제자에 대한 폭력을 옹호하는 행동주의자들이다. 그들은 하나님께서 자신들의 영웅적인 군사적 행동을 통해 하나님 나라를 가져오실 것이라고 믿는다. 반대로 에세네파는 이교주의의 오염으로부터 후퇴하여 하나님 나라가 도래하기를 기도하는 정적주의자들이다. 바리새인들은 할례, 안식일 준수와 정결법과 같은 엄격한 문화적 관습—이교적 오염으로부터 이스라엘의 언약적 정체성을 보호해 줄 것이라고 생각되는 관습—을 통해 이교도의 위협에 대한 경계선을 세우려고 시도하는 분리주의자들이다. 그들은 이스라엘이 이교도의 오염으로부터 스스로를 잘 지키면 하나님은 적들로부터 그들을 구원하시기 위해 행동하실 것이라고 확실하게 믿는다. 사두개인들은 지배 권력과 타협하는 기회주의적 공모자의 길을 걷는다. 모든 민족이 멸망을 당하지 않는다면, 그들이 현 상태를 유지하고 편의에 따라 행동하는 것은 당연한 일이다(요 11:48-50).

이스라엘의 다양한 분파들은 다가올 왕국과 그 왕국에 대한 기대 속에서 그들의 소명을 이해하는 방식이 매우 다를지라도, 이 모든 분파들이 공통의 삶을 세울 수 있는 일부 공통적인 기반이 존재한다(실제로,

열방에 빛을

이렇게 본질적으로 다른 분파들이 예수님을 반대하기 위해 손을 잡을 수 있었던 것은 예수님이 이 공통 기반에 이의를 제기하고 뒤흔드셨기 때문이다). 유대 분파들이 서로 공유한 것은 아이러니하게도 그들이 선택받은 이유에 대한 심각한 **오해** 때문이다. 다시 말해, 그들은 모든 열방에 대한 이스라엘의 특권을 주장하는 자민족 중심적 배타주의를 공유하고 있었다. 압제의 경험 속에서 이스라엘은 이방인들에 대한 분리, 혐오와 복수심을 쌓아 왔다. "반이교주의적 태도는 많은 다른 분파들을 자극했고, 단지 강도의 차이가 있었을 뿐 모든 유대인에게 스며들어 있었다."[65] 요아킴 예레미아스Joachim Jeremias는 여기에 주목한다. "지배적인 대중적 기대는 특별히 로마에 대한 신적 복수의 날과 이방인들의 궁극적 멸망을 학수고대하고 있었다. '어떤 이방인도 다가올 세상의 일부가 될 수 없다'는 고대 전통을 변함없이 유지해 온 엘리에제르 벤 히르카누스R. Eliezer ben Hyrcanus의 가르침이었다(약 A.D. 90년). 지옥은 이방인들의 운명이다. '이방인들을 위한 어떤 속죄도 없다.'"[66]

이스라엘의 분파들은 다른 모든 면에서 분열되어 있었지만 증오라는 공통점을 갖고 있다. 이스라엘이 이방인을 혐오한 이유는 너무 명백하다. 그들은 수백 년 동안 포로가 되거나 그들의 땅에서 이방의 압제적인 점유를 지속적으로 당하면서 살았던 민족이다. 이방의 군대들은 이스라엘의 거룩한 땅을 짓밟았을 뿐만 아니라 강간, 소유물의 파괴와 약탈, 강제 봉사, 군인들의 숙식 제공과 돈의 강탈을 포함하는 잔학 행위와 불의를 저질렀다. 마틴 헹엘Martin Hengel은 "순박한 유대인들에게 그 모든 일은 거의 완전히 압제적인 착취, 형언할 수 없는 만행과, 수포로 돌아간 소망의 역사였다"[67]라고 언급한다. 어떤 사람들은 그런 압제를 일종의 고난으로 경험할 것이다. 그러나 이스라엘의 자기이해는 그 상황을 더욱 분노하게 만든다. 이스라엘 백성은 특별한 지위와 유일하고 전능하신 하나님, 거룩한 땅을 소유하고 있는 민족이다. 이 신구약 중간기 동안에 오랫동안 연기된 이스라엘의 소망은 압제자들을 향한 증오와 복수를 향한 쓰라린 갈망으로 부패해 갔다.

이스라엘의 소망에서 열방의 궁극적 운명은 마지막 날에 하나님의 왕국이 나타날 때 하나님께서 행하실 일과 관련되어 있다. 구약 예언자들은 이중적인 메시지를 말하고 있다. 한편으로 이스라엘을 통해 열방을 향한 복과 구원의 약속들이 있다.

> 내가 또 너를 이방의 빛으로 삼아 나의 구원을 베풀어서 땅끝까지 이르게 하리라(사 49:6).

> 그날에 이스라엘이 애굽 및 앗수르와 더불어 셋이 세계 중에 복이 되리니 이는 만군의 여호와께서 복 주시며 이르시되 내 백성 애굽이여, 내 손으로 지은 앗수르여, 나의 기업 이스라엘이여, 복이 있을지어다 하실 것임이라(사 19:24-25).

또 다른 한편으로 예언자들은 심판과 종속, 파멸을 열방의 운명으로 이야기한다.

만민 가운데 나와 함께한 자가 없이 내가 홀로 포도즙틀을 밟았는데

내가 노함으로 말미암아 무리를 밟았고 분함으로 말미암아 짓밟았으므로

그들의 선혈이 내 옷에 튀어 내 의복을 다 더럽혔음이니

이는 내 원수 갚는 날이 내 마음에 있고 내가 구속할 해가 왔으나……

내가 노함으로 말미암아 만민을 밟았으며

내가 분함으로 말미암아 그들을 취하게 하고

그들의 선혈이 땅에 쏟아지게 하였느니라(사 63:3-6).

구약 예언자들은 이러한 겉보기에 공존할 수 없는 두 개의 흐름들, 곧 심판과 구원을 조화시키려고 하지 않는다. 헤르만 바빙크Herman Bavinck 가 심판 이후에 구원이 온다고 말한 것은 아마도 정확할 것이다. "구약 예언자들은 열방의 구원을 마지막 날에, 메시아에 의한 전쟁에서 그들이 패배한 후에 일어날 사건으로 예견한다. 그때에 열방은 영적으로 새롭게 태어난 이스라엘에게로 온순하게 나올 것이며 여호와의 산에서 경배할 것이다."[68] 어쨌든 예수님이 오셨을 때에 이스라엘은 이방인을 "짓밟고," "철장으로 질그릇과 같이 깨뜨리실" 메시아의 오심을 학수고대하고 있었지만 이방 나라들의 **구원**은 전혀 기대하지 않았다. 1세기 문서인 '모세의 승천Assumption of Moses'은 지극히 높으신 분이 "이방인들을 벌하기 위해서" 일어나실 것이라고 언급한다(10:7-9). 조지 래드 George Ladd는 이 시대의 유대 문학에 대해 언급한다. "몇 군데에서 구원이 회개한 이방인들에게 미친다고 기록되어 있지만, 이것은 매우 드문

일이다. 보다 일반적인 것은 '나는 구원받은 소수의 이스라엘로 인해 기뻐할 것이다. 멸망할 이방인들의 무리에 대해서는 슬퍼하지 않을 것이다'(에스라 4서 7:61)는 말이다."[69]

이스라엘의 많은 기도들은 하나님께서 이방인들을 심판하시기를 갈망하고 있다. 이스라엘의 주요 기도문 중에 12번째 축복기도는 하나님께서 신속히 그들의 이방인 원수들을 멸망시키시고 뿌리 뽑으시고 박살내 주시고 던져 버리시고 겸손케 하시기를 요청하고 있다.[70] '솔로몬의 시편Psalms of Solomon'을 기록한 1세기 저자는 하나님이 한 왕을 일으키시고 그에게 "불의한 지배자를 멸망시키고, 이스라엘을 짓밟아 멸망에 이르게 한 이방인들로부터 예루살렘을 정결케 할 수 있는 힘을 주시고, 지혜와 공의로 물려받은 땅에서 죄인들을 내쫓을 수 있게 해주시고, 토기장이의 그릇과 같이 죄인들의 오만함을 깨뜨려 주시고, 철장으로 그들의 모든 소유물을 박살내 주시고, 그 입의 말씀으로 불의한 나라들을 멸망시켜"[71] 달라고 기도한다.

또한 증오와 복수뿐만 아니라 분리와 격리의 태도도 이스라엘이 열방과 맺는 관계를 형성한다. 토라에서 규정하는 이스라엘의 구별된 정체성과 삶의 방식은 로마에 자리 잡은 헬레니즘 문화의 놀라운 영향력에 의해 심각한 위험에 처하게 된다. 일부 유대인의 이방 문화와의 타협은 이스라엘의 분파들로부터 보수적인 비난과 신랄한 역비난을 초래한다. 이것이 안식일, 할례, 음식법과 정결법에 관한 논쟁을 이해하기 위해서 우리가 반드시 알아야 하는 상황이다. 그러한 논쟁은 유대 작품들의 많은 지면과 시간을 차지하고 복음서 안에서도 두드러지게 나타난다. 아마도 유대인이 가진 이방인과의 분리와 격리의 사고방식은 이방인에 의해 더럽혀지고 오염되는 것을 막기 위해 1세기에 통과된 18개의 법령에 가장 분명하게 나타난다.[72]

이스라엘의 엄격한 음식과 정결법은 이방인으로부터 스스로를 지속적으로 분리시키기 위해 세워 둔 높은 문화적 장벽이다. 이방인의 모든 집과 소유는 부정한 것으로 간주된다. 유대인은 이방인과 식탁교제를 할 기회가 생기지 않도록 조심해야 하고 그들의 아들과 딸이 이방인과 결혼하는 것을 금지해야 한다. 이방인은 이방인의 뜰을 넘어서 성전으로 들어가는 것이 금지되어 있다. 실로 성전은 열방이 이스라엘의 하나님께 예배하도록 초청하는 기도의 집(막 11:17)이기보다는 증오스러운 이방인들과의 엄격한 분리를 요구하는 폭력적 혁명주의자들의 소굴이 되어 있었다.

구약 예언자들은 이스라엘이 회집되고 정결케 되는 마지막 날에 대해 언급했다. 하나님 나라와 이스라엘의 회집 사이의 예언적 관계prophetic connection는 신구약 중간기 동안에 이스라엘이 가진 소망의 중요한 요소로 남아 있다.[73] 에밀 쉬러Emil Schürer는 말한다. 흩어진 이스라엘이 메시아 왕국에 참여하기 위한 회집은 그 시대의 유대인들에게는 "너무 명백해서 심지어 구약의 예언들이 없이도 소중히 간직되었다."[74] 하나님이든 메시아든 둘 중 하나는[75] 메시아 왕국에 참여하도록 흩어진 이스라엘을 모을 것이다. 이스라엘의 "기도 중의 기도prayer of prayers"에서 10번째 축복기도는 말하기를, "우리의 흩어진 자들을 함께 모으고 지구의 구석구석에서부터 우리를 소집하도록 깃발을 드소서.

당신의 백성 이스라엘의 추방당한 자들을 모으시는 주님, 당신은 복된 분이십니다."[76] 지저스 벤 시라Jesus ben Sira는 "옛날의 유산들을 받도록 야곱의 모든 부족을 함께 모으소서"(집회서 36:11)[77]라고 기도한다.

구약 예언자들에 따르면 이스라엘의 구원은 **열방을 위해** 마지막 날에 일어나야 한다. 그러나 이스라엘은 이 관련성을 잃어버렸고 대신에 회집된 이스라엘 자신만을 위한 구속과 축복, 이방인들에게는 복수와 진노의 묵시적인 미래를 바라보았다. **이스라엘은 구속 역사 속에서 주어진 그들의 선교적 역할과 정체성을 잃어버렸다. 그것은 모든 열방에 복의 통로가 되는 것이었다.**

결론

이스라엘의 역할과 정체성은 그들 이야기의 시작부터 세워졌다. 하나님은 자신의 충만한 복을 경험하고 다른 사람들에게 그 복의 통로가 되도록 아브라함과 이스라엘을 선택하셨다. 나머지 이야기는 이스라엘이 얼마나 이 일에 신실하게 살아갔는지를 이야기한다. 그들은 열방에 빛으로 빛나기 위해 약속의 땅 한가운데 놓여졌다. 처음은 자유로운 부족 연맹으로서, 다음은 왕국으로서, 마지막으로 열방 가운데 나라 없는 흩어진 소수민으로서 살아가게 되었다. 이 이야기 내내 하나님은 그들의 소명을 성취하기 위한 수단, 곧 지도자, 제도, 문학작품, 그 이상의 수단을 제공하셨다. 그러나 그들은 지속적으로 거룩한 백성이 되는 일에 실패한다. 미들턴과 왈쉬는 이 사실을 돌이켜 본다.

열방에 빛을

(하나님의 형상으로 지음 받은) 인간을 통해 모든 피조물에게 복을 주시려는 하나님의 본래적 목적이 창세기 3-11장에 기록된 자율과 지배를 향한 폭력적 요구에 의해 좌절되었을 때, 하나님은 인간의 본래적 소명을 회복시키시기 위해 아브라함과 그의 자손을 선택하심으로 열방에 복을 주려고 하셨다. 그러나 하나님 선민으로서의 이스라엘은 참담한 실패자였다. 방해물이 외적으로 군사적이었든지 내적으로 윤리적이었든지 이스라엘은 결코 자신이 선택받은 목적을 성취하지 못했다. 하나님은 몇 번이고 이야기의 갈등을 해결하기 위해 지명하신 대리인들을 보내신다. 모세로 시작해서, 사사들과 다윗 계보의 왕들을 거쳐서 예언자들까지 긴 목록을 이룬다. 이들은 모두 동일한 소명을 갖고 있었다. 그것은 이스라엘 백성이 열방에 복을 주는 그들의 소명을 회복하는 것이며, 따라서 모든 인간이 하나님의 복을 온 세상과 모든 피조물에게로 중개하는 그들의 소명을 회복하는 것이다.[78]

예언자들이 보았듯이, 문제는 이스라엘의 마음이 절망적으로 악하다는 것이었다(렘 17:9). 그들은 새로운 마음, 새로운 영이 필요했다. 그들은 존재 안에 새겨진 하나님의 율법을 필요로 했다. 그 후에야 비로소 이스라엘 백성은 하나님이 그들에게 주신 소명, 곧 인간의 삶을 향한 하나님의 목적이 실제적이고 살아 있는 실례가 되는 소명을 이룰 수 있을 것이다. 구약의 이야기는 바로 그러한 사람들이 회집되고 회복되며, 그들을 통해 하나님의 목적이 성취되는 시간을 바라보게 한다.

4장
예수님이 선교적 사명을 감당할
종말론적 백성을 모으시다

요아킴 예레미아스는 "예수님의 모든 활동이 갖는 **단 하나의** 의미는 하나님의 종말론적 백성을 모으는 것이다"[1]라고 대담한 주장을 펼친다. 이런 인상적인 진술은 하나님의 구속 계획에서 한 백성의 역할이 얼마나 중요한지를 강조한다. 성경 이야기의 시작부터 하나님의 목적은 파괴적인 죄의 영향력에서 모든 창조세계—모든 개인의 삶과 모든 열방의 백성을 포함하는—를 회복하는 것이었다. 하나님의 방법은 먼저 지상의 모든 민족으로부터 한 민족을 선택하고, 그들을 신뢰할 만한 구원의 표지와 하나님의 역사가 어디로 향해 가는지를 보여주는 예표가 되도록 형성한 다음, 모든 사람을 그 공동체로 모으는 것이다. 하지만 하나님의 백성인 이스라엘은 그들의 임무에 실패한다. 그들은 대조적 백성이 되기보다는 우상숭배로 오염된 다른 민족들과 같이 된다. 이로 인해 이스라엘은 하나님의 심판으로 뿔뿔이 흩어지게 된다. 신구약 중간기의 끝에 소수의 사람들이 다시 돌아오기는 했지만, 아직 구약의 예언자들이 말했던 모든 영광스러운 약속들이 이루어지지 않은 것은 분명하다. 그들은 여전히 심판 아래 있는 백성이고, 그들의 거룩한 땅은 로마의 권력자들에 의해 점령당했기 때문이다. 따라서 구약과 신약 사이에서 이스라엘은 다가올 하나님 나라를 기다린다. 그 동안에 하나님은 이스라엘을 다시 회집하실 것이고, 그들은 결국 그분의 선교적 소명을 성취하게 될 것이다. **그리고 하나님은 마침내 행동하신다.** 하나님은 예수님의 인격 안에서 하나님 나라를 이스라엘에 가져오신다. 예수님이 오심으로 약속하신 하나님의 종말론적 백성의 회집이 시작된다.

"예수님이 하신 모든 행동의 자명한 배경은 하나님께서 이스라엘을 다른 나라들 가운데 대조적 사회로 만드시려고 그들을 선택하고 정결케 하신 일이었다"라고 게르하르트 로핑크는 말한다. 우리는 예수님 안에서 "하나님의 종말론적 행동을 본다. 하나님은 열방 가운데 거룩한 한 백성을 세우시는 계획을 변경할 수 없도록, 결정적으로 완수하시기 위해 그분의 백성을 회복하시고 심지어 재건하신다."[2]

이 장에서 우리는 예수께서 이스라엘을 회집하시고 그들을 자신의 소명으로 회복하실 때, 하나님의 종말론적인 사역이 어떻게 시작되는지를 보여주는 복음서의 설명을 살펴볼 것이다. 이 하나님의 사역 안에서 우리는 신약 교회의 근원 또는 중심을 발견한다. 예수님이 이 초기 공동체에게 주신 형태와 정체성은 오늘날 교회의 역할과 정체성을 이해하고자 하는 사람들에게 매우 중요한 사안이 될 것이다.

예수님 선교의 이러한 부분을 이해하기 위해서, 우리는 그분의 선교가 이루어진 역사적인 상황으로 먼저 돌아가야 한다. 예수께서 공동체

열방에 빛을

를 회집하고 형성하시는 일은 이스라엘의 가장 뚜렷한 특징이 **하나님 나라를 향한 소망**이었을 때 일어난다. 다양한 분파들은 하나님 나라에 대한 서로 다른 견해들을 갖고 있었고 그들의 공동체적인 삶은 그 소망에 의해 형성되었다. 하지만 "하나님 나라"와 "공동체"에 대한 예수님의 정의는 나머지 모든 사람들과 다르다―그저 많은 분파들 가운데 다른 하나가 아니라 그들 모두와 극단적으로 다르며, 다른 모든 분파들이 공통적으로 갖고 있는 기초를 송두리째 흔들어 버리신다. 이 문제의 중심에는 하나님의 선교 안에서 모든 열방에 복이 되어야 하는 역할과 정체성을 잃어버린 이스라엘이 있다. 이와 반대로, 예수님은 구약의 소망 안에 바로 서서, 그 소망에 대한 당시의 왜곡에 견고히 맞서며, 다가올 하나님 나라를 선포하신다. 그분은 열방을 위한 선교적 소명을 회복하도록 이스라엘을 회집하고 정결케 하신다. **예수님 자신의 선교는 그러한 선교적 역할과 정체성을 다시 감당하는 종말론적 공동체를 회복시키는 것이다.**

하나님 나라의 도래

세례자 요한이 그의 사역을 시작할 때, 오랫동안 기다렸던 하나님 나라가 곧 도래할 것이라고 선포한다(마 3:11). 그리고 예수님께서 오셔서 하나님 나라가 도래했다는 복음을 선포하신다. "때가 찼고 하나님의 나라가 가까이 왔으니 회개하고 복음을 믿으라"(막 1:15). 마가복음의 언어는 성취fulfillment의 언어다. 이는 예언자들이 약속했던 마지막 날이 예수님 안에 현존하기 때문이다. 우리는 이런 언어를 누가복음에서도 찾을 수 있다. 나사렛의 회당에서 메시아와 그분의 다가올 구원에 대한 이사야의 예언을 인용하신 후에(사 61:1, 2) 예수님은 모여 있는 회중에게 말씀하신다. "이 글이 오늘 너희 귀에 응하였느니라"(눅 4:21). 이것은 미래의 약속이 아니라 현재적 실현의 언어다. 소망이 현실이 되었기 때문이다. 그러나 예수님은 하나님 나라가 아직 미래에 있다는 사실을 분명히 하신다. 예수님은 제자들에게 하나님 나라가 임하게 해달라고 기도하도록 가르치신다(눅 11:2). 그분은 미래의 하나님 나라의 잔치에 대해 말씀하시고(눅 13:28-30), **세상의 끝날**에 하나님 나라에 들어가는 것에 대해 가르치신다(마 7:21). 예수님의 가르침 속에는 두 가지 요소가 나란히 나타난다. 다시 말해, 하나님 나라는 현재 도래했지만, 미래에 온전히 임할 것이다.

그래서 하나님 나라의 "이미-그러나-아직already-not yet"의 본질을 말하는 것은 흔한 일이 되었다. 하나님 나라는 **이미 여기에** 있지만 그러나 **아직 완전히 도래하지** 않았다. 하지만 어떻게 무언가가 이미 현존하면서 아직 현존하지 않을 수 있을까? "여기 있다here." 그리고 "여기 없다not here?" 왜 마지막 완성은 우리가 "이미-그러나-아직"이라고 부를 수 있는 한 시대(현재까지 이천 년의 긴 시간) 동안에 연기된 것일까? 우리가 예수께서 모으신 공동체의 본질을 고려할 때 이 두 질문은 중요하다.

예수님은 지속적으로 "하나님 나라"가 무엇을 의미하는지를 설명하신다. 의심의 여지 없이 "하나님 나라"가 모든 이스라엘이 공통적으로 갖고 있는 한 가지 소망이었기 때문이다. 모든 청중은 그 하나님 나라가 온 세상에 대한 하나님의 통치를 회복하는 것이라고 알고 있었을 것이다. 그러나 이런 단순한 동의를 넘어 그 하나님 나라에 대한 수많은 질문들도 있었을 것이다. 예수께서 하나님 나라에 대해 말씀하신 것을 이해하는 유일한 길은 예수님의 말씀과 행동에 주목하는 것이다.

예수님은 하나님 나라를 적어도 두 가지 방식으로 설명하신다. 첫째, 하나님의 통치에 대적하는 무리를 패배시키는 그분의 임재로 인한 **역동적인 권능**의 출현, 둘째, 그분의 청중이 들어갈 수 있는 세계이자 받을 수 있는 선물로 묘사되는 **종말론적 구원**의 도래다. 이러한 하나님 나라에 대한 두 가지 묘사는 서로 밀접하게 연관되어 있다.

예수님의 말씀과 행동에서, 하나님의 자유케 하시고 치유하시는 능력은 성령을 통해 역사 속에 나타난다. 아마 이것을 가장 명확하게 표현한 부분은 예수께서 바리새인들에게 하신 말씀일 것이다. "그러나 내가 하나님의 성령을 힘입어 귀신을 쫓아내는 것이면 하나님의 나라가 이미 너희에게 임하였느니라"(마 12:28). 예수님 안에서 드러난, 사탄의 권세로부터 회복하고 구원하시는 성령의 강력한 역사는 하나님 나라가 도래했다는 것을 분명히 보여준다.

"사람들 가운데 작용하는 역동적인 권능"으로서의 하나님 나라는 "예수님이 선포하시는 핵심이자 그분의 모든 사역에 대한 열쇠다."[3] 이것은 예수님의 가르침이 유대교와 구별되는 점이다. 실제로, 이 둘을 비교하는 것은 매우 유익하다.[4] 유대교에서 하나님의 주권적인 통치와 우주적인 하나님 나라는 영원한 사실이다. 곧 "그분의 나라는 영원하다."

그분의 나라는 실재로서 "거기" 있고 사람들이 그분의 통치에 복종하기를 기다리고 있다. 하나님 나라는 하나님의 통치를 인정하는 사람들을 통해 "도래한다." 그러나 그분의 나라는 또한 종말론적 사건으로 미래에 도래할 것이다. 그래서 하나님은 권능으로 행하시고 그분의 통치가 전 세계에 나타나도록 하실 것이다. 현재는 하나님의 통치가 인간의 결정을 기다리고, 미래에는 하나님이 주권적으로 자신의 통치를 가져오기 위해 일하실 것이다. 이와 대조적으로, 예수님은 하나님께서 모든 창조 세계에 대한 그분의 통치를 회복하시기 위해서 바로 **지금** 권능으로 행하고 계신다고 선포한다. 예수님이 하나님 나라가 도래했다고 선포하실 때, 그것은 하나님이 이미 성령 안에서 구속적이고 역동적으로 세상 속에 그분의 통치를 세우시기 위해 일하고 계신다는 것을 의미한다. 하나님 나라는 더 이상 단순히 영원한 사실만이 아니라, 유효한 구속적 권능 안에서 지역적·직접적·내재적인 사실이 되었다.

예수님 안에서 작용하는 권능은 창조세계에 대한 하나님의 선하고 자비로운 통치에 반대하는 모든 것을 향하고 있다. 예수님은 하나님의 성령으로 사탄의 세력을 이기신다(마 12:28). 하지만 하나님 구원의 권능은 사탄에 대한 승리에서만 나타나지 않는다. 요한은 예수님이 진정한 메시아인지, 하나님 나라가 도래했는지 의심스러워지자 그의 제자들을 보내어 예수님이 오실 그분인지를 물어보게 한다. 예수님은 그들이 요한에게 돌아가서 하나님의 구속적 권능이 가시적으로 나타나고 있다는 것을 그대로 전하라고 말씀하신다. 눈먼 자가 시력을 되찾고, 앉은뱅이가 걸으며, 나병환자가 깨끗해지고, 귀머거리가 듣게 되고, 죽은 자가 일어나고, 가난한 자들에게 복음이 전파된다(눅 7:22). 세상의 모든 악을 이기시는 하나님의 권능이 예수님 안에 나타나고 있다. "(예수님이) 말씀하시고 행하셨던 모든 것은 다가올 하나님 나라와 직접적인 관련이 있었다. 예수님은 세상 속에 있는 모든 악의 결과들—다시 말해 질병, 귀신들림, 죄책감, 의례적이고 공허한 종교, 정결과 불결의 카스트 제도, 식량 부족, 척박한 자연, 경제적인 착취와 죽음을 역전시키신다."[5]

예수님이 하시는 말씀과 행동은 대부분 인간의 삶을 치유하는 것과 관련되어 있다. 예수님 안에서 하나님은 인간의 삶을 본래 의도된 **샬롬**으로 회복하신다. E. H. 쉐플러Scheffler는 누가복음에 나온 "구원"이라는 단어를 조사한 뒤 구원에는 여섯 가지 차원, 곧 영적·육체적·경제적·정치적·사회적·심리적인 차원이 있다고 결론 내린다.[6] 다시 말해, 신약에서의 구원은 인간 삶의 모든 차원을 치료하고 회복하시는 하나님의 권능이다. "구원은 하나님과 이웃에 대한 죄의 모든 악한 결과를 되돌리는 것이다."[7] 하지만 예수님의 강력한 사역은 또한 비인간적인 창조물을 회복하는 일에도 나타난다. 콜린 건턴Colin Gunton은 이른바 자연 기적들nature miracles—예를 들어, 폭풍을 잠잠케 하심(막 4:35-41)—은 "악에 종속되었던 창조세계에 대한 하나님의 통치를 공격적으로 재건"[8] 하시는 것이라고 언급한다.

따라서 하나님 나라는 온 세상을 지배하는 악의 세력을 전복시키기 위한 권능, 곧 예수님 안에 성령에 의해 나타난 하나님 권능의 문제다. 예수님 안에 나타난 하나님 나라의 사역은 "그 나라가 발현하는 모든 곳에서 악에 대한 총공격을 개시한다. 하나님의 통치는 예수님이 악의 세력을 이기시는 모든 곳에 드러난다. 악은 지금도 그렇듯이 많은 형태들—고통, 질병, 죽음, 귀신들림, 개인적인 죄와 부도덕, 하나님을 안다고 말하는 사람들의 사랑 없는 자기 의self-righteousness, 특별한 계층의 특권 유지, 인간관계의 단절과 같은 형태를 취했다. 그러나 예수께서는 말씀하신다. '인간의 고통이 다양한 형태를 취한다면, 하나님의 권능도 이와 같을 것이다."[9]

21세기의 개인주의적 편견이 예수님 안에 나타난 다가올 하나님 나라의 사회적·정치적·문화적인 차원을 보지 못하게 가려서는 안 된다. 죄는 공동체적이고 집단적인 형태를 취하고, 죄의 세력은 인간 삶의 모든 영역을 오염시킨다. "주권자들과 세력들"(엡 6:12-13 참조)이라는 신약의 개념은 죄의 사회적이고 구조적인 측면을 보여준다. "세력들"이란 원래 창조의 선한 부분이었지만 인간의 사회적인 삶 속에서 절대화되어 우상으로 변했다. 유대 공동체 안의 친족, 법, 전통과 종교—모두 선한 창조적인 삶의 일부였던—는 우상이 되었고 이스라엘의 공동체적 삶 전체를 일그러뜨렸다. 로마 문화와 유사하게, 신분, 후원, 정치 세력, 효율적인 체제와 법치라는 우상은 그들의 문화적인 삶을 왜곡시켰다. 예수님 안에 나타난 하나님의 권능은 유대인과 로마 문화 모두의 불의한 구조와 우상숭배적인 체제에 도전한다. 예를 들어, 예수님은 이스라엘을 부패시켜 온 배타적인 민족주의의 방식에 맞서신다. 예수님은 그분의 사역에서 소외된 자들, 권리를 빼앗긴 자들과 함께하신다. 이스라엘의 우상에 대한 예수님의 반대는 "이스라엘 공동체의 잠재적인 구성원들을 자의적으로 제한하거나 배제시킨 태도, 관습, 구조에 지속적으로 도전"하는 결과를 가져온다.[10] 따라서 하나님 나라의 도래는 하나님 나라의 권능과 인간 사회의 구조를 왜곡시키는 사탄적이고 우상숭배적인 세력과의 선교적 대면을 의미한다.[11] 하나님 나라의 도래는 모든 창조 세계와 모든 인간의 삶에 대한 하나님과 사탄 사이의 우주적인 대결을 의미한다. 하나님의 권능은 죄, 절망, 죽음, 우상과 사탄으로부터 온 세상을 자유케 하기 위해 부어졌다. 따라서 예수님을 따르라는 부르심은 이 대결에서 하나님 편을 택하고 그분의 구속적 권능을 경험하라는 초청이다.

예수님이 선언하신 이 구원은 사람들이 초청을 받아 들어가는 세계이자 받게 되는 선물로서 은유적으로 묘사된다.[12] 이 두 가지 이미지는 모두 마가복음 10:15에서 발견된다. "내가 진실로 너희에게 이르노니 누구든지 하나님의 나라를 어린아이와 같이 받〔들〕지 않는 자는 결단코 그곳에 들어가지 못하리라." 하나님 나라에 들어가거나 하나님 나라를 받는 것은 죄와 그 세력으로부터 인간의 삶을 회복하고, 치료하고, 자유케 하는 하나님의 능력을 경험하기 시작하는 것이다. "하나님 나라, 그분의 왕적 통치는 역사 안에서 역동적으로 활동하셔서 인간이 들어갈 수 있는 새로운 복의 세계를 만드신다."[13] 여기서 우리는 이미 도래한 하나님 나라와 미래에 도래할 하나님 나라 사이의 관계를 본다. 하나님 나라는 모든 인간의 삶과 온 우주에 대한 하나님의 통치를 회복하기 위해서, 그분의 선한 창조를 반대하는 모든 적을 패배시키시는, 예수님 안에서 성령을 통해 나타난 하나님의 권능이다. 하나님 나라를 선포하는 것은 하나님 구원의 권능이 예수님 안에서 성령을 통해 지금 임했고 이미 작용하고 있음을 의미한다. 미래에는 이러한 일들이 완성되어, 하나님 구원의 권능이 마침내 사탄의 세력, 죄, 악함, 질병, 최종적으로 죽음까지도 완전히 이기게 될 것이다. 다가올 시대에 하나님 나라의 최종적인 승리에 대한 약속은 확실하다. "아직"에 속하는 것은 승리의 완성으로 바뀌게 될 것이다.

열방을 향한 그들의 선교를 위해 회집되고 회복된 이스라엘

구속 역사의 한 시대, 곧 하나님 나라가 여기 있지만 마지막 완성을 기다리는 시대가 열렸다. 이에 대한 명백한 질문은 "왜 하나님은 마지막 완성을 연기하시는가?"이다. 그 이유는 아마도 이 "중간" 시대에 먼저 유대인을 모으고, 그 다음은 이방인을 하나님 나라로 모으기 위한 것으로 보인다. 하나님 나라의 온전한 계시는 먼저 예수님이, 그 다음은 그분의 회복된 백성이 모든 사람에게 하나님의 종말론적 구원 사역의 도래를 증거하도록 연기되었다. 따라서 지금은 회집과 선교를 위한 시대다.

예언자들은 하나님 나라가 도래함으로 이방인 역시 하나님의 백성으로 회집될 것이라고 분명히 말했다. 모든 열방이 하나님의 회복하시는 권능과 구원을 경험하게 될 것이다(사 2:2-3, 슥 2:10-11). 예수님은 이 예언적 비전을 그분의 사역 속에서 자주 확증하신다—"너희에게 이르노니 동서로부터 많은 사람이 이르러 아브라함과 이삭과 야곱과 함께 천국에 앉으려니와"(마 8:11). 그러나 예수님은 이런 열방의 회집을 확증하시면서도, 자신과 제자들의 선교를 유대인에게 제한하신다—"나는 이스라엘 집의 잃어버린 양 외에는 다른 데로 보내심을 받지 아니하였노라 하시니"(마 15:24, 마 10:5-6 참조). 우리는 하나님 나라의 우주적인 범위에 대한 예수님의 가르침과 이스라엘에게만 초점을 맞추신 사역 사이에 존재하는 표면적인 모순을 어떻게 설명해야 하는가?

예수님의 사역을 이스라엘에게로만 제한하는 것은 구약 예언의 성취다. 하나님이 계획하신 패턴은 반드시 지켜져야 하기 때문이다. 하나님께서 이스라엘을 열방에 빛으로 선택하셨고 그들은 자신의 실패에 대한 심판을 받았기 때문에, 마지막 날을 위한 하나님의 계획은 **먼저** 이스라엘을 모아서 회복시키는 것이고, **그 다음에** 이방인을 그분의 언약 가족으로 모으는 것이다. "우리는 두 가지 연속적인 사건들, 먼저 이스라엘을 부르고 이어서 이방인을 하나님 나라로 구속적인 편입redemptive incorporation을 시키는 일과 관련이 있다."[14] 그것은 우선적으로 "복음을 위해 이스라엘을 회복시키는 문제다. 그런 다음 복음을 믿는 이스라엘은 열방에 빛이 될 것이다."[15] 그러므로 예수님의 "분명한 배타주의는 보편주의의 다른 표현이다—예수님이 이스라엘에 오신 이유는 그분의 선교가 온 세상을 향한 것이기 때문이다."[16]

이스라엘이 열방에 빛이 되기 위해서는 두 가지 일이 반드시 일어나야 한다. 먼저 이스라엘은 한 공동체로 **회집되어야** 하고, 그 다음에 이스라엘 백성은 하나님의 율법에 순종하며 살아가도록 **회복되어야** 한다. 에스겔서는 하나님 나라의 이 두 단계 계시를 어렴풋이 보여준다(겔 36:24-36, 15-28). 예수님의 임무는 유대인을 모으고 회심시키는 것으로 시작하는 그 예언적 약속을 성취하는 것이다. 그분의 "임무는 하나님께서 그분의 약속을 성취하시고 이스라엘을 그들의 진정한 운명으로 이끄시기 위해 지금 일하고 계신다는 사실을 선포하는 것이었다."[17] 하나님 나라의 그러한 선포는 이스라엘이 열방을 위한 구원의 징표가 되도록 하나님 백성의 종말론적 회집이 시작되고 있음을 의미한다. 예수님의 회집하시는 사역은 이스라엘을 그들의 실패로부터 돌이켜서 하나님 나라를 받아들이고 그들의 소명을 감당하도록 초청하는 것에서 시작된다.

이스라엘의 회집은 모든 열방에 대한 언약의 시작을 알리는 전조로서, 구약 시대의 예언자들, 특히 이사야, 예레미야, 에스겔에 의해 약속되어 왔다. 신구약 중간기 동안에 흩어진 이스라엘의 회집은 다가올 이스라엘의 소망이 이루어지는 징조로서 예견되었다. 이러한 희망에 맞추어 예수님은 하나님 나라의 마지막 구원을 경험할 사람들을 모으기 시작하신다.

그러나 예수님이 처음으로 이 일을 하신 것은 아니다. 실제로 "그곳에는 그 일을 이루기 위한 많은 연속적인 시도들이 있어 왔다. 동시대 유대인들의 종교적인 삶 전체가 근본적으로 그러한 시도에 의해 결정되었다고 말하는 것은 전혀 과장이 아니다."[18] 예를 들어, 이것은 바리새인들과 에세네파에서 잘 나타난다. 하지만 예수님의 사역을 독특하게 만드는 것은, 그분은 단지 마지막 날에 다가올 구원을 받아 누리게 하려고 한 백성을 모으시는 것이 아니라 오히려 열방에 그 구원의 통로가 되도록 백성을 모으신다는 점이다. 근원적으로 예수님의 포용적인 실천과 일관된 우주적 비전은 그 당시의 배타적인 "남은 자" 신학과 극명한 대조를 이룬다. "예수님과 '남은 자' 그룹을 형성하는 모든 시도들 사이의 차이는 한 가지 관점에서 매우 분명히 드러난다. 그것은 "외부인으로부터의 분리"[19]다. 따라서 예수님은 열방에 빛이라는 구약의 소명을 감당하도록 한 공동체를 모으고 계신다.

복음서 전체에서 이 회합을 묘사하기 위해 여러 가지 이미지들이 사용된다. 첫 번째는 양들을 우리로 모으는 것이다. 이 이미지의 배경은 종말론적 목자가 마지막 날에 그분의 흩어진 양떼를 우리로 모을 것이라는 예언적 테마다(렘 23:2-3; 31:10, 겔 34:12). 예수님은 종말론적인 양치기의 역할을 맡으시고, 이스라엘의 잃어버린 양들을 모아서 하나님 나라를 기업으로 받게 될 작은 무리로 만드신다(눅 12:32). 그러나 "열방"이 방치된 것은 아니다. 그들 역시 언젠가 모이게 될 것이다. "이 우리에 들지 아니한 다른 양들이 내게 있어 내가 인도하여야 할 터이니 그들도 내 음성을 듣고 한 무리가 되어 한 목자에게 있으리라"(요 10:16).

두 번째 이미지는 사람들을 잔칫상으로 부르는 이미지다. 고대 근동 지역에는 신의 선물은 먹고 마시는 가운데 주어진다는 일반적인 생각이 있었다. 이러한 생각과 일치하게 예언자들은 하나님 나라의 다가올 구원을 풍성한 음식과 숙성된 포도주가 있는 잔치로 이야기한다(사 25:6-9). 그 이미지는 신구약 중간기 동안 점차적으로 대중화된다.[20] 이런 이미지는 예수님의 사역에서, 그분의 가르침과 예언자적 행동에서 자주 언급된다. 이러한 유대인들의 이해는 예수님의 식사 동료가 한 말 속에 잘 요약된다. "무릇 하나님의 나라에서 떡을 먹는 자는 복 되도다"

(눅 14:15). 이어지는 비유에서 예수님은 사람들을 잔치로 모으는 것에 대해 말씀하신다. 첫 번째로 초대를 받은 것은 유대인 지도자들이다. 하지만 그들은 핑계를 대거나(눅 14:18-20) 단순히 오기를 거절한다(마 22:3-5). 그러자 왕은 하인들을 보내서 소외된 사람도 포함하여 그들이 찾을 수 있는 사람을 모두 모으게 한다.

이 비유는 회집을, 하나님 나라가 온전히 도래하기 전에 그 중간기의 특징적인 활동으로 강조한다. 하나님 나라의 준비는 끝났다. 준비의 측면에서 볼 때 하나님 편에서 해야 할 일은 아무것도 남아 있지 않다. 그러나 잔치의 선포와 그것을 온전히 누리게 되는 시간 사이에는 지연 delay이 존재한다. 이 지연된 시간은 손님들을 잔칫상으로 불러 모으는 즐거운 임무를 위해 사용된다. 비유에 관하여 헤르만 바빙크는 호언한다. "그러한 일은 특히 큰 길과 작은 길로 나가서 왕의 결혼 잔치에 모든 사람을 초청하는 일이다. 그래서 중간기는 선교 사역의 명령에 몰두하고, 그 중간기에 의미를 주는 것은 바로 선교 사역의 명령이라고 말할 수 있다." 그는 더 나아가서 "선교 사역과 중간기는 서로 떨어질 수 없고" 예수님의 수난과 죽음 이전에 시작된 회집은 부활 이후에 훨씬 더 공개적으로 이루어진다고 말한다.[21] 다시 한 번, 잔치의 이미지는 이스라엘뿐만 아니라 사방에서 나아온 열방도 식탁에 참여하기 위해 모이게 될 것을 분명히 보여준다(마 8:11). 열방을 하나님 나라로 모으는 것은 종말eschaton, 곧 마지막 날의 특징적인 활동이다. 예수님의 사역이 시작될 때 종말도 시작된다. 예수님이 모으신 자들은 이제 다른 사람들을 하나님 나라의 구원으로 모으는 그분의 사역에 동참한다.

그러나 이 회집에는 어두운 면도 있다. 하나님 나라의 도래는 또한 심판의 도래를 의미한다. 이 잔치의 초청을 듣는 사람은 누구나 결정의 위기에 직면한다. 많은 사람들이 그 메시지를 거절하고 모이기를 거절하므로 심판 아래 서게 된다. 예언자들은 마지막 날에 이스라엘로부터 시작하는 하나님의 심판이 이루어질 것이라고 약속했다(렘 25:15-29). 하나님의 심판은 이스라엘을 연단해서 신실한 백성으로 만드는 정결케 하는 불purifying fire로 묘사된다(말 3:1-5). 이 일이 있은 후에, 이방 나라들은 하나님 나라에 들어올 것이다. "하나님의 백성은 먼저 위대한 심판 아래서 모든 무가치한 자와 악행자들로부터 정결케 된 후에 하나님 나라로 흘러들어 갈 것이다."[22]

그와 같이 시므온도 아기 예수에 대한 예언을 한다―"이는 이스라엘 중 많은 사람을 패하거나 흥하게 하며"(눅 2:34). 많은 사람들이 하나님 나라의 메시지를 불신하여 거부할 때, 실제로 그들은 "패하게" 된다. 복음서는 이스라엘이 지속적으로 불신하면 그들에게 무슨 일이 일어날지에 대한 예수님의 비유와 경고의 말씀으로 가득 차 있다(마 21:33-44 참조). 회집의 이미지에는 "회집되는" 것을 거절한 자들에 대한 심판의 경고가 내포되어 있다. 예수님은 족장들의 잔칫상에 앉기 위해 열방이 세상의 끝에서 나아올 것이라 말씀하시고, 이어서 다음과 같은 냉정한 말씀을 하신다. "그 나라의 본 자손들은 바깥 어두운 데 쫓겨나 거기서 울며 이를 갈게 되리라"(마 8:12). 예수님은 이스라엘의 수도에 대해 말씀하신다. "예루살렘아, 예루살렘아, 선지자들을 죽이고 네게 파송된 자들을 돌로 치는 자여, 암탉이 그 새끼를 날개 아래에 모음 같이 내가 네 자녀를 모으려 한 일이 몇 번이더냐. 그러나 너희가 원하지 아니하였도다. 보라, 너희 집이 황폐하여 버려진 바 되리라"(마 23:37-38). 이스라엘을 개혁하고 정결케 하는 과정은 예수님을 메시아로 인정하지 않는 자들을 제거하는 것을 포함한다. "이스라엘의 "회복"은 이스라엘의 (중요한 부분의) 회심 속에서 일어났다. 이 회복은 정결케 되고 새롭게 된 참된 이스라엘을 형성하고, 복음을 거절한 자들은 그들로부터 제거된다. 그들의 부정적인 응답으로 인해 후자는 이스라엘로부터 스스로를 배제시킨다."[23] 그러나 이스라엘 가운데 많은 사람들은 믿음으로의 초청에 응답할 것이다. 그래서 그들은 참된 종말론적 이스라엘로서 열방에 빛이 되는 임무를 감당하기 위해 심판을 통해 정결케 된, 하나님 나라의 백성을 형성하기 시작할 것이다.

교회론의 목적을 위해 여기서 무슨 일이 일어나고 있는지를 주목하는 것은 중요하다. 그것은 교회가 이스라엘을 대체하고 있는 것이 아니다. 예수님은 새로운 종류의 공동체를 세우고 있는 것이 아니다. 오히려 이스라엘 자체가 정결케 되고 재건되고 있다.[24] N. T. 라이트Wright는 이러한 사실에 주목한다. "예수는 또 다른 교회를 세우려고 의도하지 않으셨다. **그곳에는 이미 하나의 교회**, 곧 바로 이스라엘 백성이 있었기 때문이다. 따라서 예수님의 의도는 이스라엘을 **개혁**하는 것이었지, 전적으로 다른 공동체를 세우는 것이 아니었다."[25] 예수님의 죽음과 부활 이후에 이방인들은 이스라엘의 삶과 역사에 편입되고, 이들은 새로운 언약 공동체가 될 것이다.

예수님이 열두 명을 임명하신 것은 새롭게 되고 회복된 이스라엘의 시작을 보여주는 상징적인 예언자적 행동이다(막 3:13-19). "예수님이 열두 명의 제자들에게 중요한 위치를 주시고, 심지어 그들도 보좌에 앉아 열두 지파를 심판하리라고 말씀하신 것은 예수께서 이스라엘의 종말론적 회복의 관점에서 생각하고 계셨다는 사실을 아주 분명하게 보여준다."[26] 예수님은 그 당시에 이스라엘의 회복된 지파들을 상징하는 열두 종말론적 그룹을 세우려고 했던 유일한 유대인은 아니었다. 예를 들면, 유사한 현상이 쿰란에서도 일어난다. 그 공동체에서 열둘은 마지막 날에 회복된 이스라엘의 핵을 상징한다.[27] 그래서 열둘은 열방을 위한 이스라엘의 회집이 시작되었음을 상징한다. "열둘은 많은 무리의 제자들로부터 선택된다. 그들은 열두 지파를 대표한다. 그들은 회복된 종말론적 이스라엘의 시작이며 성장을 위한 중심이다. 따라서 모든 제자도는 이스라엘과 하나님의 모든 백성의 회집을 향하고 있다. 이스라엘의 종말론적 재창조는 제자들과 함께 시작한다. 옛 이스라엘의 재창조 속에서 하나님의 통치는 드러난다."[28]

예수님은 이렇게 재형성된 이스라엘의 역할을 그들의 원래 사명을 상기시키는 구약 이미지들의 관점에서 묘사하신다.[29] 특히 중요한 점은 열방이 예루살렘으로 몰려갈 것이라는 약속을 상기시키는 산상수훈에서 하신 예수님의 말씀이다. "너희는 세상의 빛이라. 산 위에 있는 동네가 숨겨지지 못할 것이요. 사람이 등불을 켜서 말 아래에 두지 아니하고 등경 위에 두나니 이러므로 집 안 모든 사람에게 비치느니라. 이같이 너희 빛이 사람 앞에 비치게 하여 그들로 너희 착한 행실을 보고 하늘에 계신 너희 아버지께 영광을 돌리게 하라"(마 5:14-16). 빛과 도시의 이미지는 함께 "종말론적 예루살렘, 곧 예언자들이 예언하기를, 언젠가 모든 산 위에 올라서고 그 빛으로 열방을 비추는" 예루살렘을 가리킨다 (사 2:2-5 참조).[30]

그러므로 예수님의 선교에서 이스라엘은 열방에 빛이 되는 원래 소명을 회복하게 된다. 이스라엘의 참된 백성이 회복되며 심판에 의해 정결케 되고 새로운 마음을 얻게 되면, 그들의 삶은 빛과 같이 빛날 것이고 열방의 언약 공동체를 향한 종말론적 순례는 시작될 수 있다.

열방의 빛으로 살아가는 회복된 이스라엘

예수님이 다가올 하나님 나라를 선포하고 회개와 믿음, 그분의 길을 따르기로 헌신하라고 촉구하실 때 회집은 시작된다. 따라서 이에 응답하는 사람은 예수님의 제자 공동체의 일부가 되고 하나님 나라의 선물과 의무를 받게 된다.

예수님에 대한 근원적인 충성

예수님은 그분의 청중에게 "회개하고 복음을 믿으라!"고 촉구한다. 이에 응답한 이들은 하나님의 종말론적 백성이라는 신분에 들어간다. 현대 사회에서 믿음의 개념은 계몽주의에 의해 형성되었다. 그래서 우리는 자주 믿음을 단지 지적인 동의라고 생각하고, 회개에 대한 이해는 우리의 죄에 대한 유감을 뜻하는 것으로 개인화시켜 왔다. 따라서 우리가 예수님의 본래 명령을 참으로 이해하려면, 우리는 **그분의** 상황 속에

열방에 빛을

서 그 명령을 이해할 필요가 있다.

회개하라는 요청은 구약의 배경, 특히 하나님께로 되돌아오라는 언어를 배경으로 삼는다. 신명기 저자는 마지막 날에 "너와 네 자손이 네 하나님 여호와께로 돌아와 내가 오늘 네게 명령한 것을 온전히 따라 마음을 다하고 뜻을 다하여 여호와의 말씀을 청종하면"(신 30:2) 이스라엘이 번영하게 될 것이라고 약속한다. 이 약속은 이스라엘의 심판 뒤에 오는 것이다(신 29:28). 회복은 이스라엘 백성이 하나님께로 돌아와서 그분의 선교를 위해 섬기고 그분을 온 마음으로 사랑할 때만 이루어질 것이라고 약속된다.[31]

이스라엘 백성은 그들의 우상숭배적인 길을 떠나서 온 마음을 다해 여호와께로 돌아오고 그분의 길을 걸어가겠다고 헌신함으로써 예수님의 초청에 응답해야 한다. 이러한 상황에서 그들의 회개는 한편으로 민족주의의 우상을 불러오는 혁명적인 열성과 폭력을 버리는 것이고, 하나님과 열방을 위한 그들의 소명으로 되돌아오는 것이다.[32] 그러나 예수님의 회개하라는 요청에서 발견되는 참으로 놀라운 사실은, 그분은 사람들에게 **예수님 자신에게 완전한 충성을 바침으로써** 하나님께로 돌아오라고 요구하신다는 점이다. 이러한 방식으로 예수님께 헌신하는 것은 회개와 함께 "**이스라엘의 신이 예수님 자신의 사역에서 결정적으로 행동하고 계신다는 믿음을 요구한다.**"[33]

따라서 하나님 나라의 선포는 단순히 정보를 전달하는 것이 아니다. 그것은 "급진적이고 철저한 결심"[34]을 요구한다. 회개하고 믿으라는 요청은 어떤 사람이 자신의 삶 전체를 예수님께 드리고, 자신의 집과 가족을 포기하고, 하나님 나라를 위해 다른 모든 의무를 제쳐 놓을 것을 요구한다(눅 9:57-62). 그는 다른 어떤 사람보다, 심지어 가족보다 예수님을 더 사랑해야 한다(마 10:34-39). 다른 모든 충성, 헌신, 관계, 의무는 매우 귀중한 보화와 진주, 곧 예수님 안에 나타난 하나님 나라를 얻기 위해 포기해야만 한다(마 13:44-46).

복음서와 1세기 유대교 안에 나타난 제자도 개념의 차이는 이러한 부르심이 얼마나 근원적으로 제자들을 예수님의 인격과 결합시키는지 보여준다. 데이비드 보쉬David Bosch는 제자도에 대한 두 가지 개념을 잘 비교해서 보여준다.[35] 유대교에서 율법 혹은 토라는 랍비와 제자 관계의 중심에 서 있다. 랍비의 권위는 토라에 관한 그의 지식에 근거한다. 다시 말해, 그는 율법의 자리를 차지하고 최고의 충성을 그의 인격과 사명에 바치도록 요구한다. 게다가 유대교에서 제자도는 단지 랍비와 같이 되는 목적을 이루기 위한 수단에 불과하다. 랍비의 제자가 토라를 배우고 익힐 때, 그는 그 자신이 선생이 될 순간을 바라보며 노력한다. 그러나 예수님의 제자는 결코 랍비가 되는 일을 "마칠 수" 없을 것이다. 그는 언제나 예수님의 추종자이자 제자로 남아 있다. 게다가 유대교에서 랍비의 제자들은 단지 학생에 불과하다. 그러나 예수님의 제자들은 그분의 종으로서 그분의 위대한 가르침과 통찰로부터 지적인 혜택을 입을 뿐만 아니라 그분의 권위에 복종하고 그분을 그들의 여호와로 섬긴다. 주목할 만한 점은 유대인을 위해 쓰여진 마태복음서에서, 예수님의 적들이 그분을 향해 "랍비"와 "선생님"으로 불렀지만, 그분의 제자들은 그분을 "주님"이라고 불렀다는 것이다(다만 유다는 예수님을 배신할 때 "랍비"라는 단어를 사용한다. 마 26:25, 48을 보라). 마지막으로, 유대교의 가르침은 제자도의 목적이 예수님의 것과 다르다. 유대교에서 제자는 충실하게 랍비의 가르침을 따라 살아가야 한다. 하지만 예수님의 제자들은 그분과 함께 있어야 하고 그분의 하나님 나라 선교에 참여해야 하며, 그분을 증거해야 한다—그분이 누구이고 그분이 성취하신 일이 무엇인지에 대해서 말이다(막 3:14-15). 그들은 단순히 배우는 공동체가 아니고, 하나님의 마지막 때에 예수님의 회집하시는 선교에 헌신적으로 참여하는 메시아적 백성의 선구자다.

하나님 나라의 선물

하나님은 이 새롭게 모인 공동체에게 열방의 빛이 되라고 명령하신다. 하지만 어떻게 이 새롭게 된 이스라엘이 죄에 빠져 실패한 구약 공동체와 달리 그 사명에 성공할 수 있을까? 조지 래드는 그 답을 이렇게 설명한다. "하나님 나라는 그 나라가 요구하는 것을 우리에게 준다. 그렇지 않으면 우리는 그 요구를 이룰 수 없었을 것이다. 하나님이 요구하시는 의righteousness는 그분이 우리의 삶을 다스리시기 위해 오실 때 나누어 주신 하나님 나라의 의다."[36] 하나님은 다가올 시대의 복과 능력을 선물로 주신다. 이 선물로부터 하나님은 열방에 빛이 되어 그분의 나라를 나타내는 삶을 살아가라고 요구하신다.

그분의 백성을 위한 하나님 나라의 복은 어떤 것일까? 첫 번째 복은 예수 그리스도 안에서 하나님과의 회복된 관계다. 예수님은 말씀하신다. "영생은 곧 유일하신 참 하나님과 그가 보내신 자 예수 그리스도를 아는 것이니이다"(요 17:3). 이것은 예언자들이 다가올 시대를 기다리며 붙들어 온 비전이다. 예레미야는 작은 자로부터 큰 자까지 다 여호와를 알게 되는 날을 기다린다(렘 31:34). 이사야는 마지막 날의 비전을 품고 있다. 그때는 "물이 바다를 덮음 같이 여호와를 아는 지식이 세상에 충만할 것임이니라"(사 11:9). 요한은 예수님의 제자들이 아들과 아버지가 나누는 친밀한 교제 안으로 초청받은 것을 보여준다(요 14-16장). 예수님은 자신의 유대적 상황 속에서 유일하게 하나님을 "아버지"라고 부르신다. 구약을 배경으로 하나님의 아버지되심을 이야기하는 것은 출애굽과 그분의 아들(이스라엘)을 속박에서 건져 내시는 하나님에 대한 기억을 떠올리게 할 것이다. 여기서 아버지는 다시 그분의 백성을 구원하시기 위해 일하고 계신다.[37] 또한 예수님께서 "아버지"라는 단어를 선택하신 것은 그분이 교제와 기도 속에서 하나님과 누리는 친밀함을 보여준다. 예수님의 아버지는 그분의 모든 제자들의 아버지가 되신다. 그들은 예수님처럼 하나님을 "아버지"라 부르도록 가르침을 받는다. 그들은 새로운 가족의 일부가 된 것이다.

두 번째 하나님 나라의 복은 죄의 용서다. 신약에서 "용서"라는 단어 뒤에 있는 이미지는 속박이나 감금에서 풀려나는 것이다. 예수님은 그분의 백성을 죄와 죄의 세력으로부터 자유케 하신다. 이것 역시 구약의 예언자들로부터 약속되었다. 예를 들어, 예레미야는 하나님의 약속을 전한다. "내가 그들의 악행을 사하고 다시는 그 죄를 기억하지 아니하리라"(렘 31:34. 또한 렘 33:8, 겔 36:25, 33을 보라). 또한 예수님의 적대자들이 이렇게 물어보는 것은 전혀 놀랍지 않다. "오직 하나님 외에 누가 능히 죄를 사하겠느냐?"(눅 5:21)

세 번째 하나님 나라의 복은 성령의 선물과 새 마음이다. 예언자들은 마지막 때에 주어지는 이 선물을 기다려 왔다. 에스겔은 그 두 가지 모두를 선포한다. "또 새 영을 너희 속에 두고 새 마음을 너희에게 주되 너희 육신에서 굳은 마음을 제거하고 부드러운 마음을 줄 것이며 또 내 영을 너희 속에 두어 너희로 내 율례를 행하게 하리니 너희가 내 규례를 지켜 행할지라"(겔 36:26-27). 요엘은 성령을 부어 주실 것이라고 약속한다(욜 2:28). 하나님 나라의 도래로 하늘에 계신 아버지는 구하는 자들에게 성령을 주실 준비가 된다(눅 11:13). 하나님 나라의 도래는 새롭게 된 할례 받은 마음이다. 예레미야와 에스겔은 구약의 이스라엘 백성의 실패를 마음에서 찾고, 하나님께서 그들에게 새 마음을 주실 날이 오고 있다고 약속한다(렘 31:33, 32:38-40). 예수님은 이스라엘에게 새 마음을 요구하고 주신다. 그러한 새 마음은 "그들의 특징을 여호와의 회복된 백성으로 나타낼 것이다. 예수님의 부르심은 '너희의 굳은 마음이 치유를 받는' 은총의 제자도다."[38]

이 모든 선물은 예수님이 죽음과 부활에서 그분의 결정적 사역을 완성하고 오순절에 성령을 부어 주실 때 누릴 수 있을 것이다. 마찬가지로 예수님의 사역에 드러난 하나님 나라의 역동적 권능은 이 공동체가 열방에 빛이 되도록 능력을 부어 주실 것이다.

구별된 삶의 방식

선물은 항상 책임을 가져오고, 특권은 의무로 이어진다. 하나님 나라의 선물은 하나님께서 회복하시는, 마지막 시대의 능력이 도래했다는 복된 소식을 구현하는 삶을 살도록 요구한다. 예수님은 많은 시간을 할애하면서 그분의 제자 공동체에게 주변 문화와 대조되는 구별된 삶의 방식을 가르치시고 하나님 나라가 시작되었다는 것을 분명히 말씀하신다.

구별된 삶의 방식 규정하기

학자들은 예수님의 윤리적인 가르침을 어떻게 상황화해야 하는지에 대해 고민한다. 어떤 이는 그것을 예수님의 하나님 나라의 선포와 완전히 분리시킨다. 예를 들어, 오래된 자유주의적 해석은 예수님의 윤리를 완벽하고 영원한 행동 규범으로서, 모든 시간과 장소에 있는 개인에게 유효한 것으로 간주한다. 이러한 견해에서 "하나님 나라"의 종말론적 구조는 단지 윤리의 보편적 체계를 담는 껍데기에 불과하다. 정반대편에는 알베르트 슈바이처Albert Schweitzer의 입장이 있다. 그는 예수님의 가르침을 최종적인 하나님 나라가 오기 전, 짧은 시간 동안만 적용되어야 하는 "중간 윤리interim ethic" 또는 비상 윤리emergency ethic로 해석한다.

　올바른 삶의 방식에 대한 예수님의 가르침은 종말론과 공동체, 선교라는 삼중적 상황에서 가장 잘 이해된다. 그분의 가르침은 종말론적이다. 하나님 나라의 선포는 하나님의 통치 아래 모든 인간의 삶이 회복된다는 메시지이기 때문이다. 예수님의 제자들은 하나님 나라와 역사 속으로 들어오신, 치유하시고 자유케 하시는 하나님 권능의 징표로서 살아야 한다. 인간 삶의 회복으로서, 하나님 나라는 후방으로 창조 안에서 인간을 위한 하나님의 본래적 계획을 돌아본다. 하나님 나라가 미래에 완전히 오실 것이기 때문에 그 나라는 또한 다가올 일들에 대한 징표로서 전방을 가리킨다. 하나님 나라는 오늘날 현존하고 있기 때문에, 다른 주인 아래서 살아가는 다른 삶의 방식과 대면한다.

또한 예수님의 가르침은 강한 공동체적 강조점이 있다. 하나님의 통치 아래 한 몸으로 살아가는 가시적이고 인식 가능한 공동체의 형성을 추구한다. 게르하르트 로핑크는 이것을 잘 설명한다. "예수님의 윤리는 고립된 개인을 향하지 않고 제자들의 모임, 하나님의 새로운 가족, 회집될 하나님의 백성을 향하고 있다. 그것은 분명하게 사회적인 측면을 갖는다."[39] 마지막으로, 예수님의 윤리적인 가르침은 선교적이다. 하나님의 백성은 예수님이 인도하시는 방식대로, 곧 공동체 외부의 사람들에게 빛이 되고, 언덕 위의 도시가 되고, 열방에 등불이 되는 삶을 살도록 부름 받는다.

예수님은 모든 영역을 다루는 삶의 방식을 가르치신다. "정확히 하나님의 백성이 그분의 통치에 사로잡히는 만큼만 그들은 **존재의 모든 차원**에서 변화될 것이다. 그들은 대조적 사회가 될 것이다."[40] 요아킴 예레미아스는 다음과 같이 말한다. "바실레이아(나라)는 **삶 전체**에 대한 소유권을 주장한다.…… 그들 자신은 하나님 통치의 징표, 어떤 일이 이미 벌어졌다는 징표가 되어야 한다. 그들의 **삶 전체**는 하나님의 통치가 시작되었음을 증거해야 한다. 하나님의 통치에 뿌리를 내리고 기초를 둔 그들의 삶을 통하여, 제자도의 기적, 바실레이아의 승리는 명백해 진다(마 5:16)."[41] 예레미아스는 예수님은 삶의 모든 영역과 관련된 지침들을 내리시거나 완전한 도덕신학 내지는 행동 양식을 주시지 않는다고 이어서 설명한다. 오히려 예수님의 요구는 하나님 나라가 죄와 악이 지배하는 세상으로 침투하셨을 때 어떻게 인간의 모든 삶이 변형되는지를 보여주는 징표와 예가 되는 것이다.

예수님의 가르침이 갖는 포괄적인 범위는 구약 시대의 율법과 비교하도록 만든다. "내가 율법이나 선지자를 폐하러 온 줄로 생각하지 말라. 폐하러 온 것이 아니요 완전하게 하려 함이라. 진실로 너희에게 이르노니 천지가 없어지기 전에는 율법의 일점 일획도 결코 없어지지 아니하고 다 이루리라"(마 5:17-18). 여기에 "이루리라fulfill"는 단순히 예수님의 가르침이 율법의 불변성을 확인하는 것이라고 말할 수 있다. 하지만 래드가 지적하듯이, 그것은 아마 예수님의 메시지가 율법의 의도를 **가장 온전히 드러낼 수 있다**는 의미로 확장되어야 한다.[42] 산상수훈에 나오는 예들은 예수님이 어떻게 율법의 온전한 의도를 열어 보이시는지를 잘 보여준다(마 5:21-48).

이와 비슷하게, 유대인의 지도자들이 예수님께 가장 위대한 계명이 무엇인지 물었을 때 예수님은 다음과 같이 대답하신다. "네 마음을 다하고 목숨을 다하고 뜻을 다하여 주 너의 하나님을 사랑하라 하셨으니 이것이 크고 첫째 되는 계명이요. 둘째도 그와 같으니 네 이웃을 네 자신 같이 사랑하라 하셨으니 이 두 계명이 온 율법과 선지자의 강령이니라"(마 22:37-40). 율법은 고대 이스라엘을 위한 삶의 방식, 곧 그들의

열방에 빛을

상황에서 하나님과 이웃을 사랑하는 것이 무엇을 의미하는지를 보여주는 삶의 방식을 기술한다.

이것은 열방에 빛이 되어 사는 것이 무엇을 의미하는지를 보여주는 중요한 통찰을 제공한다. 예수님은 근본적인 창조 계획과 인간의 삶을 향한 하나님의 의도로서 사랑을 가리킨다. 인류를 향한 하나님의 사랑은 변함이 없고 보편적으로 유효하지만, 다양한 문화적 상황 속에서 다른 형태를 취한다. 구약 시대의 율법은 그러한 형태 가운데 하나다. 산상수훈은 하나님 사랑의 법을 새로운 상황에 맞게 재상황화한다. 그러나 이 두 가지 경우에 하나님의 사랑을 드러내는 삶의 방식은 인간의 삶을 타락시켰던 그 시대의 우상숭배와는 대조가 되었다.

예수님이 명하신 이 세 가지 삶의 방식들—인간의 삶을 향한 하나님의 창조 계획을 가리키고, 다양한 문화적 환경 속에서 상황화의 형태를 취하고, 지배 문화의 우상에 반대하는—은 함께 **대조적 공동체가 어떤 것인지를 보여주는 모델**, 곧 세상에 빛을 비추는 언덕 위의 도시로 살아가는 백성의 모습을 구성한다.

우리는 이것을 산상수훈(마 5-7장)에서 볼 수 있다. 산상수훈은 추상적인 윤리 체계가 아니고, 문화적인 맥락에서 나온 도덕적 규범도 아니다. 대신에 그것은 "이스라엘이 이스라엘이 **되도록**", 다시 말해 그 당시 종말론으로 가득 찬 상황에서 사랑의 삶을 살아가도록 도전하는 것이다. 팔복(마 5:3-13)에서 예수님은 다가올 하나님 나라와 그분 나라의 복인 위로와 땅의 상속, 정의와 의에 대한 이스라엘의 갈망을 확인하신다. 그러나 그분은 이런 소망의 전제조건들, 곧 가난한 심령, 온유함, 자비, 깨끗한 마음, 화해, 지속적인 고통을 보여주심으로 소망을 재해석하신다. 이런 모든 특징은 그 당시의 민족주의적이고 군국적인 우상에 반대되는 것이다. 그것들은 "예수님의 청중이 여호와의 종말론적 백성으로서의 참된 소명을 발견하고 당시 자칭 지도자들의 방식이 아니라, 예수님이 그들을 위해 제시하신 방식을 따라 살아감으로써 그 소명을 이루라고 도전한다."[43]

예수님은 제자들에게 언덕 위에 드러난 도시와 모든 민족을 위한 빛이 되는 그들의 소명을 상기시키신다. 그분은 이스라엘의 전통적인 빛과 소금을 언급하시고 시온 산으로 열방을 모으는 예언자들의 소망에 분명하게 주목하신다(마 5:13-16). 이 모든 것은 율법과 예언자들이 항상 예견해 왔던 일들을 진정으로 성취한다. 당시 종교 지도자들은 구약의 이야기를 잘못 이해하고 있었다(마 5:17-20). 하나님께서 한 백성인 이스라엘에게 율법을 주시면서 진정으로 의도하신 바는 다섯 가지의 상반되는 진술—"옛 사람이 말한 바…… 내가 너희에게 이르노니"—곧 살해, 간음, 서약, 복수, 적 등을 대하는 방식에서 나타난다(마 5:21-48). 확실히 예수님의 제자들은 당시 이스라엘 사람을 특징지었던 증오와 복수, 폭력의 길로 가서는 안 되고 자비와 사랑의 길을 걸어가야 한다. 이러한 다섯 가지의 진술은 "예수님의 사역 안에서 이스라엘이 되는 새로운 길, 곧 현재 국가적 긴장 상태에 직시하고 그 상태에 놀랍고 급진적인 새로운 방법으로 이의를 제기하는 방식에 대한 요구로서 인식되었을 것이다."[44]

마태복음의 다음 장에서 예수님은 계속해서 그분의 공동체적 삶과 주변 사람들의 삶을 대조하신다. 세 가지 중요한 유대교의 종교적 관습들(자선, 기도, 금식)에서, 예수님은 제자들에게 유대인들의 방식을 따르지 말라고 지시하신다(마 6:1-18). 하나님은 아버지이시고(마 6:4, 6, 8, 9, 14, 18), 이 사실이 그들이 행하는 궁핍한 자를 향한 나눔과 기도와 금식을 형성하도록 해야 한다. 참된 하나님을 아버지로 아는 자들은 스스로를 정말 중요한 일에 바칠 수 있다. 예수님의 공동체적 삶은 다른 주인들이나 염려로 위태롭게 되어서는 안 되고 하나님 나라를 향한 사랑과 열망으로 특징지어져야 한다(마 6:19-34).

제자들의 삶은 다른 사람들과 같이 심판과 비난(마 7:1-6)이 아니라 그들의 필요를 아시는 아버지에 대한 끊임없는 기도가 특징이 되어야 한다(마 7:7-12). 하지만 이 모든 생활 방식은 어렵고 좁은 길이며, 많은 사람들이 그 길로 가기를 원하지 않는다(마 7:13-14). 게다가 많은 거짓 선생들이 예수님의 새롭게 회집된 공동체를 잘못된 길로 인도한다(마 7:15-23). 그래서 예수님은 엄중한 경고와 함께 이야기를 끝맺으신다. 예수님이 설명하신 삶의 길이 심판의 재난을 피하는 유일한 길이고, 이 길만이 하나님의 시험을 견딜 수 있는 확고한 기초를 제공한다(마 7:24-28).

산상수훈에 대한 이 간략한 개요는 예수님의 가르침이 매우 상황화되어 있음을 보여준다. 그분은 분명히 유대인의 우상에 반대하고 하나님과 이웃을 진정으로 사랑하는 삶이 어떤 것인지를 보여주신다. 예수님의 공동체는 1세기 유대인들 사이에 널리 퍼져 있었던 미움과 복수가 아닌 고난받는 사랑을 구현해야 한다—이 사랑은 심지어 그들의 적들에게까지 확장되어야 한다. "또 네 이웃을 사랑하고 네 원수를 미워하라 하였다는 것을 너희가 들었으나 나는 너희에게 이르노니 너희 원수를 사랑하며 너희를 박해하는 자를 위하여 기도하라. 이같이 한즉 하늘에 계신 너희 아버지의 아들이 되리니"(마 5:43-45). "너희 원수를 사랑하며 너희를 미워하는 자를 선대하며 너희를 저주하는 자를 위하여 축복하며 너희를 모욕하는 자를 위하여 기도하라. 너의 뺨을 치는 자에게 저 뺨도 돌려대며 네 겉옷을 빼앗는 자에게 속옷도 거절하지 말라"(눅 6:27-29). 한스 큉은 예수님의 급진적인 가르침을 다음과 같은 말들로 요약한다.

> 파괴 대신에 적을 향한 사랑을
>
> 보복 대신에 조건 없는 용서를
>
> 힘을 사용하는 대신에 고난받기 위한 준비를
>
> 증오와 복수의 노래 대신에 화평케 하는 자에게 축복을.[45]

오직 이러한 방식으로 살아갈 때 이스라엘은 열방에 빛이 될 수 있다. 복음서에는 예수님이 제자들에게 요구하신 삶의 방식에 대한 다른 많은 내용들이 있다. 요한은 사랑과 순종을 이 공동체의 사람들이 가져야 할 꼭 필요한 특징이라고 강조한다(요 15:9-17). 그들은 예수님이 아버지를 사랑한 것 같이 예수님을 사랑해야 하고, 이 사랑은 예수님에 대한 순종으로 나타날 것이다. 그들은 또한 서로 사랑해야 한다—이것은 아마 그들의 가장 중요한 특징이 될 것이다. 예레미아스는 사랑을 "하나님의 통치 아래 있는 삶의 법"이라고 표현한다.[46] 제자들의 발을 씻기시는 예수님의 행동(이 행동은 궁극적으로 십자가를 가리킨다)은 이 사랑이 무엇인지를 극적으로 보여준다. 그것은 다른 사람을 위해 자기를 내어주고 희생하며 기꺼이 죽음을 감수하는 사랑이다(요 13:1-17). 마태는 다섯 가지의 위대한 가르침[47]과 많은 "순종의 이미지들"[48] 속에서 예수님의 권위에 개인적으로 순종하는 것이 새로운 제자도의 특징임을 설명한다.

또한 예수님이 제자들을 이끄시는 삶은 화해와 용서로 규정된다.[49] "용서"로 번역된 단어는 종종 생각하는 것보다 더 많은 것을 의미한다. 그 단어는 감금의 상징으로부터 나온다. 용서는 죄와 죄의 세력뿐만 아니라 소외와 적대, 배제와 불의로부터 풀려나거나 해방되는 것을 의미한다. 하나님의 용서를 알고 서로 용서를 실천하는 것은 하나님의 백성을 화해의 공동체로 구별 지을 것이다(마 18:21-35).

예수님은 또한 평화와 기쁨을 구현하고 그분의 백성이 평화의 삶(요 14:27)과 기쁨의 삶(요 15:11)을 살아가도록 초청한다. 이러한 특별한 특징들의 배경은 구약 예언자들에게서 발견된다. 평화(샬롬)는 원래 의도되었던 창조 안에서의 인간의 삶, 곧 번성과 번영의 삶이고 그 속에서 우리는 하나님과, 이웃과, 인간 이외의 창조세계와, 풍성하고 번성하는 건강한 관계를 누린다. **샬롬**의 세계는 공의, 사랑, 감사로 특징지어진다. 또한 예수님은 제자들 자신의 기쁨을 구현하도록 초청하신다.[50] 기쁨은 다가올 하나님 나라에 대한 구약 예언자들의 견해 가운데 한 가지 중요한 특징이다. 이사야는 "우리가 그의 구원을 기뻐하며 즐거워하리라"(사 25:9)고 말하며, 마지막 날에 열릴 잔칫상을 고대한다. 예수님은 제자들을 "메시아 시대의 기쁨"[51]으로 초청한다. 예언자들이 약속한 그날이 도래했기 때문이다.

또한 제자들의 공동체는 정의를 특징으로 나타내야 한다. 예언자들은 메시아의 통치에 대해 다음과 같이 약속한다. "내가 붙드는 나의 종, 내 마음에 기뻐하는 자 곧 내가 택한 사람을 보라. 내가 나의 영을 그에게 주었은즉 내가 이방에 정의를 베풀리라"(사 42:1). 메시아를 따르는 자들은 먼저 하나님 나라의 의를 구하도록 부름 받는다(마 6:33). 마태는 반복적으로 디카이오쉬네*dikaiosyne*라는 단어를 사용함으로 예수님의 공동체가 가진 이런 차원을 특히 강조한다. 이 단어는 자주 의righteousness라는 뜻으로 개인의 윤리적 순종의 차원에서 이해되어 왔다. 그러나 그것은 훨씬 더 많은 의미를 내포한다. 정의는 경제적·정치적·사회적인 관계를 바로잡아서 조화롭게 만드는 것을 포함한다. 정의는 특히 기득권을 가진 자들에게 유리하게 작용하는 불의한 사회 구조 앞에서 사회에 속한 가난한 자, 약자, 취약계층을 보호하는 일에 관심을 기울인다(눅 4:18-19). 예수님을 중심으로 형성된 공동체는 정의에 대해 많은 관심을 갖고 있다.

예수님과 하나님 나라의 공동체에 대한 누가의 묘사는 사회에서 가난한 자, 죄인, 소외된 자에 대한 관심을 강조한다.[52] 예수님의 급진적으로 포용적인 식탁교제는 예수님이 소외된 자들과 스스로를 동일시하고 환영하시는 모습을 생생히 묘사한다. 유대인의 정결법—엄격하게 식탁 동료의 선택을 제한하는—의 배경 속에서 예수님은 "잃어버린 자"를

열방에 빛을

식탁에 초청함으로 그 당시의 지도자들을 분노하게 만든다. 잔치가 하나님 나라의 일반적인 이미지이기 때문에(사 25:6-9, 눅 14:15-24), 예수님은 가난한 자, 죄인, 병든 자, 거지, 종교적 추방자가 모두 하나님 나라에서는 환영받는다는 사실을 분명히 말씀하신다. 실제로, "복음이 가난한 자들에게 선포되는 것"은 하나님 나라가 도래했다는 징표다(눅 7:22). 바로 그러한 "경계를 무너뜨리는 긍휼"[53]이 예수님의 새롭게 회집된 공동체의 특징이 되어야 한다.

가난한 자와 소외된 자를 위한 관심은 유대교 집단들이 갖고 있던 민족주의적 배타주의와는 완전한 대조를 이룬다. 예수님은 열심당원(시몬, 유다)과 로마 권력에 결탁한 것으로 인해 미움을 받은 세리(마태) 등과 같이, 정치 성향이 정반대인 사람들을 제자로 삼으신다. 예수님은 적어도 사람들이 일반적으로 피하려고 하는 세 집단의 사람들을 환영하신다. 그들은 육체적 결함으로 소외된 자들(눈먼 자, 절름발이, 나병환자)과 이스라엘의 배신자와 착취자들(세리), 정치적 적들(사마리아인과 로마인)이다.[54] 도널드 시니어Donald Senior와 캐롤 스툴뮐러Carroll Stuhlmueller가 다음과 같이 언급했다.

이러한 예수님의 도발적인 관계는 그분의 사역에서 우연히 일어난 것이 아니다. 배제라는 윤곽이 뚜렷한 경계를 넘어서 긍휼, 충성, 우정이 확장되는 것은 행동하는 비유, 곧 예수님이 하나님과 그분 통치의 특징에 대해 이해하고 계신다는 사실을 생생하게 전달하는 방법이었다. 누가복음 15장에 기록된 자비의 비유들을 위해 누가가 제시한 상황은 이 점을 분

명하게 보여준다. 예수님은 하나님의 수치스러운 자비scandalous mercy
에 대한 세 가지 비유를 말씀하심으로써 "세리들과 죄인들"(눅 15:1-2)
과의 우정과 식탁교제를 변호한다. 예수님의 관계와 비유들은 모두 변
형된 이스라엘을 다스리기 위해 오시는 하나님의 본성에 대한 진술들에
대해 도전하고 있다.[55]

예수님의 변형된 이스라엘은 그러한 경계를 무너뜨리는 긍휼과 자비를
드러내야 한다. 그러한 포용주의inclusivism는 민족주의적 배타주의의
어둠 속에서 빛나는 강력한 빛이 될 것이다.

예수님은 가난한 자뿐만 아니라 부자에게도 관심을 가지셨다. 특
히 누가복음에서 예수님은 부자에게 많은 말씀을 하신다. 진정으로 회
개한 자는 경제적 정의와 가난한 자를 향한 긍휼, 관대함을 열망할 것
이다. 여기서 삭개오는 예수님께서 그분의 백성이 어떻게 살기 원하시
는지를 보여주는 모델이 된다. 그는 회개한 후에 가난한 자들에게 자신
의 소유 절반을 나누어 준다(눅 19:1-10). 누가는 삭개오와 엄청난 부에
마음이 사로잡혀 있는 젊은 부자 관료를 대조시킨다(눅 18:18-30). 예
수님은 하나님 나라보다 그들의 소유에 더 많은 관심을 갖고 있는 부자
들에게 엄중히 경고하시고(눅 6:24-26; 8:14; 12:13-21), 그분의 제자
들에게는 관대하게 살아갈 것을 권고하신다(눅 11:41). 그러므로 관대
함, 정의, 긍휼, 소유에 대한 여유로움은 예수님 제자들의 특징이 되어
야 한다.

이러한 것들은 예수님이 그분의 제자들에게 요구하신 특징적인 삶,

열방에 빛을

곧 매력적인 대조적 공동체가 되기 위해서 필요한 것들의 일부다. 성경 이야기의 시작부터 하나님의 백성은 여호와의 길을 걸어가고, 하나님이 창조 때에 인간의 삶을 향해 의도하신 계획과 질서를 따라 살아가며, 하나님이 모든 역사를 이끌어 가시는 목적지, 죄가 정복되고 인간의 삶이 하나님 나라 안에서 회복되는 곳의 징표가 되도록 부름을 받았다. 이와 같이 하나님의 백성은 하나님이 모든 사람을 위해 의도하신 삶을 살도록 부름을 받는다.

고난_ 구별된 삶이 지불해야 하는 대가

인간의 삶이 하나님의 은혜로 회복되었을 때, 그 삶은 항상 다른 믿음으로 형성된 사회의 삶과 대조가 된다—어떤 인간 사회도 그들의 삶의 방식이 믿음에 의해 형성되지 **않는** 곳은 없다. 이것은 확실히 이스라엘과 로마의 경우에도 사실이며, 그들의 문화 가운데서 예수님은 새 공동체를 형성하신다. 예수님이 가져오신 하나님 나라의 사회는 하나님의 뜻을 따르지 않는 공동체적 삶의 방식과 분명한 대조를 이루어야 한다. 예수님과 제자들의 무리는 로마와 유대 문화의 가짜 신들에 도전하고, 이로 인해 그들은 적대적인 반응을 얻는다. 우리는 예수님이 이루신 공동체가 에세네파, 열심당원, 바리새인, 사두개인과 이 모든 그룹에 공통적으로 나타나는 민족주의적 배타주의와 어떻게 다른지를 다루었다. 또한 예수님과 제자들은 로마 문화에도 도전한다. 조엘 그린Joel Green은 누가복음에서 예수님이 요청하신 가치와 행동은 그 당시 로마 제국의 생활과 상반되며 심지어 의문을 제기한다"[56]라고 말한다. "신성한" 로마의 사회적, 정치적 체제의 한가운데서 예수님은 한 공동체를 형성하시고, 그 공동체의 존재는 그 자체로 로마 문화의 이상을 지탱하는 로마의 합법성과 "신들" 모두에 도전한다. 그린은 더 나아가 말한다. "따라서 예수님이 세우신 새 공동체는 가장 깊은 의미에서 반문화적이다. 공동체로서 그들의 실천들은, 그들이 예수님을 따르고자 한다면, 로마의 윤리로부터 철저히 벗어날 것이며 그것의 신적 기원을 거부할 것이다."[57] 뉴비긴은 이러한 역학을 정확히 설명한다. "교회는 하나의 완전하게 새로운 종류의 공동체로서 공동체의 오래된 형태에 반드시 도전해야 한다. 이는 고난을 수반한 긴장을 유발한다. 그러한 긴장을 만드는 것은 교회 선교의 일부분이다." 교회는 문화의 죄악된 사회 구조에 포로가 되거나 그러한 구조로부터 후퇴해서는 안 된다. "교회는 문화와의 모든 친밀한 유대를 거부하고 부인하거나 또는 그들에 복종하고 우리를 통제하도록 내버려 둠으로써 (그 긴장을) 회피해서는 안 된다. 교회는 완전히 다른 체제로서 자신의 특성을 반드시 보여주어야 한다."[58]

지배적인 질서에 대한 도전은 고난을 가져올 것이다. "어떤 인간 사회도 공통의 신념과 관습의 기초를 제외하고는 일치하지 않는다. 어떤 사회도 그 사회의 신념과 관습이 자기방어적인 대응 없이 일정한 선을 넘어 위협받도록 허락하지 않는다. 신약은 예수님의 제자들이 고난을 제자도의 평범한 상징으로, 또한 증거의 한 특징적인 형태로 받아들여야 한다는 것을 분명히 보여준다."[59]

궁극적인 신념이 부딪칠 때, 지배적인 세계관은 **배타적인** 세계관이 되려고 하고, 반대하는 공동체에게 엄청난 압력을 행사해서 그들의 독특함을 포기하고 지배적인 공동체에 순응하도록 만든다. 반대자들은 타협을 선택하든지, 복음의 포괄적인 부르심에 신실하게 살아가며 그들의 반대에 대한 대가를 고난으로 지불하는 것을 선택하든지 해야 한다.

따라서 고난은 신실한 선교적 공동체의 특징이다. 예수님은 제자들에게, 그들이 예수님 편에 신실하게 남아 있다면 힘든 길을 가게 될 것이라고 충고하신다. "세상이 너희를 미워하면 너희보다 먼저 나를 미워한 줄을 알라. 너희가 세상에 속하였으면 세상이 자기의 것을 사랑할 것이나 너희는 세상에 속한 자가 아니요. 도리어 내가 너희를 세상에서 택하였기 때문에 세상이 너희를 미워하느니라. 내가 너희에게 종이 주인보다 더 크지 못하다 한 말을 기억하라. 사람이 나를 박해하였은즉 너희도 박해할 것이요"(요 15:18-20).

니콜라스 월터스토프Nicholas Wolterstorff는 이 구절에 대해 올바로 설명한다. "예수님이 그분의 제자들에게 경고하신 것처럼, 세상의 끝날까지, 교회와 주변 사회 사이에는 소외와 심지어 적대감이 있을 것이라는 사실을 고통스럽고 유감스럽지만 솔직하게 말해야 한다. 그 주변 사회는 다른 가치로 살아가고 다른 목적을 가지며 다른 신들을 섬기기 때문이다."[60]

하나님 나라의 삶_기도를 통한 성령의 선물

과연 누가 이런 방식으로 살아갈 수 있을까? 아무도 없다! 따라서 우리는 우리가 시작한 곳으로 되돌아간다. 하나님 나라에서 예수님은 그분이 우리에게 구하시는 것을 주신다. 하나님 나라는 선물이자 명령이기 때문이다.[61] 하나님 나라는 먼저 죄의 세력으로부터 인간의 삶을 회복하고 자유케 하시는 하나님의 모든 권능이다. 예언자들의 약속대로 성령이 오셨고 그분은 인간의 마음을 새롭게 하는 일을 지금 하고 계신다. 그러나 복음의 능력과 성령의 능력, 마음의 회복은 오직 기도에 대한 하나님의 응답과 그리스도 안에 거하는 삶을 통해서만 일어난다.

스티븐 스몰리Stephen Smalley는 누가복음에서 기도의 중요성이 하나의 중심 주제임을 발견한다. 하나님 나라는 성령이 기도에 응답하여 일하심으로 임한다.[62] 누가는 예수님이 기도에 헌신하셨으며 또한 그분의 제자들에게 기도하는 법을 가르치신 것을 강조한다. 게다가 예수님의 기도는 하나님 나라가 드러나는 중요한 순간마다 발견된다.[63] 오스카 해리스Oscar Harris가 기록했듯이, "누가는 기도를 하나님이 구속 역사의 과정을 이끌어 가시는 중요한 수단으로 생각한다.……이것은 기도에 대한 누가의 지배적이고 독특한 생각이다."[64] 또한 누가는 기도를 성령의 역사와 연관시킨다. G. W. H. 램프Lampe는 다음과 같이 말한다. "누가의 가르침에서 가장 특징적인 요소 가운데 하나는 기도가 '성령의 역동적인 힘을 붙드는 수단'[65]이라고 주장한다는 것이다." 하나님 나라는 성령에 의해 도래한다. 제임스 던James Dunn은 "**예수님**이 계신 곳이 하나님 나라라기보다는 **성령**이 계신 곳이 하나님 나라다"[66]라고 주장한다. 누가복음 안에서 기도와 성령, 하나님 나라의 도래 사이의 밀접한 연관성을 갖고 스몰리는 다음과 같은 결론을 내린다. 누가는 "간청하는 기도가 구원의 목적을 위해 성령의 역동적인 권능을 역사적으로 실현시키는

열방에 빛을

수단이라고 간주한다. 게다가 누가의 신학적 이해는 사람들 가운데 성령의 활동과 하나님 나라의 도래가 비록 동일하지는 않을지라도 일치하는 것으로 바라본다. 성령이 계신 곳에 바로 하나님 나라가 있다."[67]

예수님은 제자들의 무리를 모으시고 하나님 나라의 구별된 삶을 살아가도록 초청하시면서, 또한 제자들에게 기도하도록 가르치신다. 하나님 나라의 도래는 하나님의 통치를 회복하는 권능—성령에 의한 하나님의 권능—의 문제다. 공동체 안에서 성령의 역사는 제자들의 삶을 함께 형성하고, 그들이 말과 행동을 통하여 도래하는 하나님 나라의 효과적인 수단이 되도록 하는 것이다. 인간은 하나님 나라를 세우지 못한다. 그것은 하나님의 역사다. 그래서 제자들 가운데 하나님의 역사를 간청하는 기도는 예수님이 형성하신 공동체의 중심이 된다.

제자들은 기도하시는 예수님을 발견하고는 기도하는 법을 가르쳐 달라고 요청한다(눅 11:1). 예수님이 그들에게 가르쳐 주신 기도는 하나님 나라에 대한 기도다. 그 나라가 예수님의 사역 전체의 초점이기 때문이다. "내가 다른 동네들에서도 하나님의 나라 복음을 전하여야 하리니 나는 이 일을 위해 보내심을 받았노라"(눅 4:43). 예수님 자신의 기도가 다가올 하나님 나라와 연결되어 있기 때문에, 그분은 제자들에게 다가올 하나님 나라를 위해 기도하라고 가르치신다. 그 기도(마 6:19-13, 눅 11:2-4)는 다음과 같이 바꾸어 표현할 수 있다.

당신의 나라가 임하여서 예언자들이 약속한 대로 땅의 모든 곳에서 당신의 이름이 거룩히 여겨지게 하소서. 당신의 나라가 임하여서 당신의 뜻이 땅 위에 이루어지게 하소서. 당신의 나라가 임하여서 땅이 다시 풍요로워지고 가난한 자가 배불리 먹으며, 사람들의 필요가 채워지게 하소서. 당신의 나라가 임하여서 세상이 죄로부터 자유롭게 되고 용서가 땅을 덮게 하소서. 당신의 나라가 임하소서. 그래서 강력한 영적 저항에 부딪혔을 때, 유혹과 시험에 굴복하거나 악한 자의 능력에 굴복하지 않도록 우리를 지켜 주소서. 언젠가 당신의 나라가 온전히 임하게 하소서—그 나라의 권능의 징표와 증거들이 지금도 나타나게 하소서.

제자들이 이런 기도를 배울 때, 적어도 두 가지 일이 그들에게 일어났다. 첫째, 그들의 "마음은 그리스도와 그분의 나라를 찾고, 사랑하며 섬기고 싶은 열정적이고 뜨거운 소원에 사로잡히게 된다."[68] 그들은 그분의 삶과 사랑 안에 숨 쉬고, 그들 자신의 것으로 만들 수 있게 된다."[69] 배리 웹Barry Webb이 말하듯이, "예수님이 제자들에게 하나님 나라가 임하도록 기도하라고 가르치셨을 때, 그분은 기도하는 법 이상을 가르치셨다. 예수님은 자신의 마음을 그들에게 보이시고, 그분이 품으신 동일한 비전을 품도록 도전하시며, 그 비전을 위해 십자가로 향하신다. 예수님의 삶 전체와 사역은 하나님 나라에 관한 것이었다."[70] 둘째, 기도는 또한 하나님 나라의 권능이 제자들의 삶에 나타나게 하는 수단이다. 하나님 나라는 성령이 기도에 대한 응답으로 일하실 때 임하신다. "당신의 나라가 임하게 하소서"라는 간청에, 예수님은 "하물며 너희 하늘 아버지께서 구하는 자에게 성령을 주시지 않겠느냐"라고 약속하신다(눅 11:2, 13).

종말론적 회집에 참여하기_ 말과 행동, 기도

예수님은 그분의 회집된 공동체가 좀 더 의도적으로 자신이 시작한 종말론적 회집에 참여하도록 도전하신다. 이것은 마가복음에서 예수님이 시몬과 안드레에게 말씀하실 때 명백히 나타난다. "나를 따라오라.……내가 너희로 사람을 낚는 어부가 되게 하리라"(막 1:17). 마가도 왜 예수님이 열두 명을 임명하셨는지를 언급하면서, 동일한 목적을 분명히 한다. 이는 "자기와 함께 있게 하시고 또 보내사 전도도 하며 귀신을 내쫓는 권능도 가지게 하려 하심이니라"(막 3:14-15). 루돌프 페쉬Rudolf Pesch는 (비록 선교의 개념을 "사람을 낚기" 위한 의도적인 말과 행동으로 축소시키지만) 말한다. "제자들의 소명은 예수님을 따르라는 부르심이고 선교사적 활동을 위해 구별되는 것이다. 소명과 제자도, 선교는 함께 간다."[71]

예수님은 그분의 열두 제자를 보내어 하나님 나라의 도래를 선포하고 그분 나라의 강력한 임재를 행동으로 입증하게 하신다(마 10장, 눅 9:1-6). 후에 예수님은 칠십(이) 명을 동일한 임무를 위해 보내신다(눅 10:1-24). 이러한 "파송commissioning"에 대한 세 가지 견해는 하나님 나라 공동체의 정체성과 역할을 이해하기 위해 중요하다.

첫째, 예수께서 보내신 제자들의 숫자는 중요하다. 예수님은 먼저 열두 명을 보내시고 그 다음에 칠십(이) 명을 보내신다.[72] 이 숫자들은 상징적이다. 우리가 주목했듯이 열두 명의 사도들(종말론적 이스라엘의 기초들)은 고대 이스라엘의 열두 지파를 의미한다. 따라서 열둘을 보낸 것은 상징적으로 하나님 나라의 메시지가 모든 이스라엘을 위한 것임을 의미한다. 랍비적 사고에 따르면, 창세기 10장에 등장하는 열방의 일람표에 근거해서, 칠십(이) 나라들은 전 세계를 대표한다. "그러므로 예수님이 칠십 명의 전달자들을 그분의 말씀과 능력으로 보내실 때, 이 것은 그 당시의 사상을 배경으로, 단지 이스라엘만이 아니라 모든 인류가 듣고 순종해야 한다는 상징적인 주장을 하는 것이다. 열두 제자들의 선교가 명백히 이스라엘에게만 제한되었을지라도 말이다(마 10:5 참조)."[73] 이 메시지는 먼저 회집되고 그들의 선교적 소명으로 회복되어야하는 유대인을 위한 것이다. 그러나 예수님께서 칠십(이) 명을 보내신 것은 이 회집이 궁극적으로 모든 열방을 포함하는 것임을 보여준다.

파송에 대한 두 번째 견해는 추수의 은유에 관한 것이다. 예수님은 그 칠십(이) 명에게 말씀하신다. "추수할 것은 많되 일꾼이 적으니 그러므로 추수하는 주인에게 청하여 추수할 일꾼들을 보내 주소서 하라"(눅 10:2). 추수는 새로운 시대를 나타내는 확실한 상징으로서,[74] 구약과 신구약 중간기 문헌에 자주 등장한다. 따라서 추수라는 종말론적 회집의 이미지가 신약에서 일반적인 것은 놀라운 일이 아니다. 다른 회집의 이미지들―잔칫상으로 사람들을 초청하고 양들을 무리로 모으는―과 함께, 추수의 날에 곡식을 모으는 그림은 마지막 날에 일어날 하나님의 백성이 그분의 나라로 들어오는 것을 묘사한다. 예수님은 그러한 날들이 도래했다고 말씀하신다.

루시엥 르그랑Lucien Legrand이 언급한 것처럼, 구약과 신구약 중간기에 사용된 이 추수 이미지는 세 가지 특징을 갖고 있다. 추수는 종말론적이다(곧 미래다). 그때는 심판과 학살의 시간이며, (신구약 중간기에)

그 일은 천사들에게 맡겨진다. 예수님은 이 이미지를 취하시고 수정하신다. 종말론적인 추수는 **현재**에서 시작된다. 이때는 기쁨과 은혜의 시간이며, 그 일은 하나님의 동역자인 인간에게 맡겨진다.[75] 마지막 날은 시작되었고 예수님이 모으신 자들은 다른 사람들을 하나님 나라의 구원으로 회집하는 그분의 사역에 참여한다.

예수님이 제자들을 보내신 일에 대한 마지막 견해는 추수를 하도록 그들에게 주신 수단에 관한 것이다. 그 수단은 말과 **행동**이다. 그들은 "하나님 나라를 선포하고," "병든 자를 고치고, 죽은 자를 살리고, 나환자를 깨끗케 하고, 귀신을 쫓아"야 한다(눅 9:2, 마 10:7-8). 하나님 나라는 (많은 유대인들이 기대했던 것처럼) 폭력이나 군사적인 힘으로 오는 것이 아니라 약함으로 온다. 제자들은 이리 가운데 있는 양과 같이 무방비 상태에 있다. 그들의 연약함은 (무기로 사용될 수 있기 때문에) 지팡이도 가져가지 않을 것이라는 점에서 잘 드러난다. 그들은 평화의 복음을 가져가고 상징적 복장은 그들의 메시지를 예시해야 한다. 그들은 예수님께로부터 단지 메시지와 그것의 진정성을 확인시켜 줄 행동만을 받았다.

표면적으로는 이러한 수단들이 실로 너무 약해 보인다. 그러나 그것은 능력을 수반한다. 이제 성령이 하나님 나라의 열매를 맺도록 현존하시기 때문이다. 행동은 하나님의 권능이 역사 속으로 침입하는 징표가 된다—그러므로 죄와 사탄의 세력은 도전을 받는다. 메시지 자체는 하나님의 통치를 가져오는 능력을 수반한다. 씨 뿌리는 자의 비유는 하나님 나라가 임하시는 법을 분명하게 보여준다. 씨 뿌리는 자는 하나님 나라의 메시지인 씨를 뿌린다. 그 씨가 좋은 땅에 뿌려지면, 하나님 나라의 삶을 많은 열매로 거두게 된다(마 13:1-23). 하나님 나라는 말과 행동으로 온다. 말과 행동은 구원을 가져오는 하나님의 권능이다! 그러한 연약한 수단은 오직 하나님께서 그것을 통해 일하실 때만 효과가 있다. 그러므로 이 상황에서 기도의 중요성을 다시 발견하는 것은 전혀 놀랍지 않다.

우리가 앞에서 살펴본 것처럼, 누가복음의 중심 주제는 성령이 기도에 대한 응답으로 일하실 때 하나님 나라가 온다는 점이다. 예수님이 제자들을 파송하신 직후에 일어난 이야기에서 한 남자가 제자들에게 그의 귀신들린 아들을 데려온다. 하지만 제자들은 그 귀신을 쫓아낼 수 없다. 그 후에 예수께서 귀신에게 나가라고 명령하시자 귀신이 듣고 순종한다. 나중에 제자들이 왜 자기들은 귀신을 쫓아낼 수 없었는지를 묻자, 예수님이 이렇게 대답하신다. "기도 외에 다른 것으로는 이런 종류가 나갈 수 없느니라"(막 9:29). 기도는 성령이 예수님과 제자들의 말과 행동을 효과적이게 만드는 수단이다. 기도는 하나님 나라와 인간 사회의 삶을 여전히 지배하고 있는 죄악된 권세들 사이의 전쟁에서 가장 중요한 무기다.

십자가로 가시기 바로 전에, 예수님은 세상에서의 선교를 위해 제자들을 계속 준비시키시면서 기도에 대해 말씀하신다. 예수님은 이제 그들을 구약의 하나님 백성과 같이 "종"이라 부르지 않고 "친구"라 부를 것이라고 말씀하신다. 구약에서는 오직 아브라함만이 하나님의 친구로 불려진다(사 41:8, 약 2:23). 하나님은 아브라함에게 구원의 "큰 그림"을 보이시고 참여하도록 초청하셨기 때문이다(창 12:2-3). 제자들도 이와 유사하다. 예수님은 "너희는 내가 명하는 대로 행하면 곧 나의 친구라. 이제부터는 너희를 종이라 하지 아니하리니 종은 주인이 하는 것을 알지 못함이라. 너희를 친구라 하였노니 내가 내 아버지께 들은 것을 다 너희에게 알게 하였음이라. 너희가 나를 택한 것이 아니요 내가 너희를 택하여 세웠나니 이는 너희로 가서 열매를 맺게 하고 또 너희 열매가 항상 있게 하여"라고 말씀하신다(요 15:14-16). 예수님은 제자들이 자신의 선교에 참여하여 열매를 맺도록 선택하신다. 예수님은 제자들을 친구로 삼으시고 하나님이 이 세상에서 하시는 일을 드러내신다. 예수님은 이런 상황 속에서 기도가 제자들이 지속하는 선교의 중요한 부분이라고 말씀하신다. 이는 "내 이름으로 아버지께 무엇을 구하든지 다 받게 **하려 함이라**"(요 15:16, 저자 강조).

결론

예수님의 목적은 이스라엘을 회집하고 회복하셔서 역사 속에서 열방에 복을 가져오는 그들의 유일한 역할을 성취하는 것이었다. 하나님 나라의 선포는 이스라엘의 진정한 운명이 성취되고 있음을 의미했다. 예수님의 메시지에 회개와 믿음으로 반응하는 사람은 역사 속에서 하나님 백성의 역할을 감당하게 될 것이다. 그러나 그들이 자신의 소명을 성취하기 전에, 악의 통치와 죄의 세력은 끝나야 했다. 그들은 새 생명을 얻고 그들의 소명을 감당하도록 준비되기 위해서 다가올 시대의 권능이 필요했을 것이다. 이 모든 일은 예수님의 죽음과 부활에서 성취되었다.

5장
그리스도의 죽음과 부활, 교회의 선교적 정체성

매 주일마다 전 세계에 있는 수십 만의 기독교 공동체에서 사람들은 떡을 떼고 포도주를 마시는 예식을 통해 그리스도의 죽음을 기념한다. 이런 단순한 관찰은 한 가지 이야기를 말해 준다. 이 의식을 지키는 공동체는 역사 속에서 일어난 한 사람의 죽음이 그들의 공동체적 삶과 정체성을 결정한다고 믿는다. 그들은 일요일, 일주일의 첫째 날이자 예수님이 죽음에서 부활하신 날에 모여 **이** 사건이 다름 아닌 바로 새 창조의 시작임을 보여주기 위해 그 의식을 행한다. 새롭게 회집되고 회복된 이스라엘이 열방을 향해 보냄을 받고 그들의 삶 속에서 하나님 나라를 증거하기 전에, 열방의 종말론적 회집이 시작되기 전에, 예수님의 십자가형과 부활 사건은 하나님의 백성이 그 나라의 권능에 참여할 수 있도록 먼저 일어나야 했다. 이러한 사건들은 기독교 공동체의 중심에 서 있을 뿐만 아니라 우주적 역사의 중심에 서 있다.

십자가와 교회_ 세 가지 문제

예수님의 죽음과 부활이 **교회**에 주는 충분한 의미는 지난 2세기 동안 자주 검토되지 않은 채로 방치되었다. 예수님의 죽음과 부활이 그분의 선교를 수행해야 하는 제자 공동체에게 무엇을 의미하는지―실제로, **한 백성**인 우리에게도 무엇을 의미하는지―를 더 잘 이해하기 위해서, 우리는 이제 십자가와 교회를 위한 십자가의 중요성에 대한 전통적 복음주의의 관점이 가진 세 가지 문제들을 살펴볼 것이다. 이러한 문제들은 첫째, 십자가형 이야기의 **내러티브적** 상황에 대해 관심을 기울이지 않는 것, 둘째, 속죄의 **공동체적**이고 **우주적인** 중요성을 강조하지 않는 것, 셋째, 십자가의 변혁적인 **능력**의 메시지를 무시하는 것이다. 여기서 문제는 단순히 전통적인 복음주의 신학이 완전히 틀렸다는 것이 아니라 오히려 중요한 차원들을 무시해 왔다는 점이다.

첫 번째 해석의 문제는 십자가형의 의미가 주제별 신학 연구의 상황 속에서 다루어지고 내러티브적 상황(구속사적이고 문학적인)으로부터 분리될 때 일어난다. 설교나 신학 교재 속에서 개념들을 주제별로 배열하는 방식은 개개인의 구원을 강조하는 경향이 있다. 예를 들어, 복음 제시는 하나님과의 개인적 관계의 중요성에서 시작하여, 그런 관계를 가로막는 개인적인 죄와 죄책감으로, 그런 죄에 대한 해결책―그리스도의 십자가―으로 진행될 것이다. 그래서 복음전도자는 사람들에게 가서, 그들이 스스로를 위해 그리스도의 공로를 얻는 방법은 개인적인 믿음과 회개라고 이야기할 것이다. 다시 말하지만, 이러한 설명이 틀린

열방에 빛을

것은 아니다. 그러나 십자가의 이야기가 단지 또는 주로 이런 상황에서만 다루어질 때, 개별적인 신자의 삶을 넘어서는 십자가의 중요성은 불분명해진다. 예수님은 자신의 죽음으로 우리의 죄를 담당하셨고 우리가 믿음으로 용서를 받고 의롭다 하심을 입는다고 말하는 것은 개개인을 위한 복음의 중요한 은택을 잘 설명해 준다. 그러나 문제는 대속적 속죄substitutionary atonement의 이미지—십자가에 대한 성경적 이해의 핵심이다—에 있는 것이 아니라 그것이 개인적인 중요성으로만 축소되어 온 경향에 있다. 요한이 외친 말을 잘 생각해 보라. "보라, **세상** 죄를 지고 가는 하나님의 어린양이로다!"(요 1:29)

이와 같이 조직신학은 원래의 성경적이고 내러티브적인 맥락보다는 십자가의 상황을 제공하는 주제적이고 조직적인 배열을 사용한다. 일반적인 배열은 다음과 같을 것이다. 하나님, 하나님과의 관계 속에서의 인간, 그리스도의 인격과 사역(여기서 십자가형이 자세히 다루어진다), 구속 사역의 적용(개인을 위한 은택의 측면에서 다루어진다), 교회론, 마지막으로 종말론을 다룬다.[1] 그러한 배열은 확실한 논리를 갖고 있고 성경의 가르침이 가진 중요한 면을 강조하는 데 유익할 수 있다. 그러나 그것은 십자가를 개인 구원의 맥락 속에 확고히 위치시키고 교회가 단지 그리스도의 공로를 획득한 개인들의 모임이라고 생각하게 만든다. 교회에 대한 이러한 견해는 우리로 하여금 1장에서 설명했던 소비의 덫에 취약하게 만들 수 있다. 대신에 교회는 예수님의 초기 사역, 곧 하나님 나라의 선포와—우리의 목적을 위해 가장 중요한—하나님 나라의 선교에서 가장 중요한 특징인 **한 백성을 모으는** 이야기 속에서 십자가가 차지하는 올바른 위치를 아는 것이 필요하다. 복음서의 내러티브 상황 속에서 십자가형에 적절한 관심을 기울일 때 우리는 예수님께서 공동체를 세우시는 일이 십자가형보다 **우선한다**는 사실을 발견한다. 공동체의 중심적 위치는 아브라함에게로 거슬러 올라가고, 예수님의 하나님 나라 선교의 근본적인 표지는 하나님이 주신 역할을 수행하도록 이스라엘이 회집되고 회복되는 것이다. 그래서 십자가형을 올바로 이해하면, 그것은 그리스도의 회집 사역의 완성, 곧 예수님의 회집된 공동체를 선교로 내보내는 사건이 된다.

십자가형의 중요성에 대한 전통적인 복음주의 해석이 가진 두 번째 문제는 첫 번째 문제로부터 파생된다. 개별적인 신자에 대한 십자가의 은택을 지나치게 강조하면서, 우리는 십자가의 **공동체적** 중요성을 퇴색시키는 실수를 저질렀다. 종종 십자가의 메시지는 개인의 죄를 사해 주고, 그 죄를 용서와 칭의로 바꿔 주는 것에 지나지 않는다고 전해진다. 이 메시지에 사회적 요소가 들어 있다면, 그것은 나중에 덧붙여진 것이다. 교회는 단지 용서받고 의롭다 하심을 입은 개인들의 집합이기 때문이다. 아르헨티나 교회의 지도자인 르네 파딜라René Padilla는 서구 기독교가 "개인 영혼의 구원에 집중해 왔지만 가난한 자를 위한 희생적 사랑과 정의로 새로운 인류를 만드시려는 하나님의 목적을 자주 간과해 왔다"라고 지적한다. 이어서 그는 "속죄에 대한 고전적 이론들에서는 그리스도의 사역이 새로운 인류를 만드시려는 하나님의 의도와 무관하다"[2]라고 말한다.

그러나 속죄의 개인화는 십자가로부터 공동체적 중요성뿐만 아니라

열방에 빛을

종말론적 중요성과 우주적 범위도 빼앗는 것을 의미한다. 십자가형은 우주 역사의 목적과 전 우주의 회복을 충분히 드러내고 성취한다. 그러나 그것은 단지 개개인이 영생을 얻기 위한 방법으로 자주 제시된다. N. T. 라이트는 "개인화된 속죄"를 언급하면서, "19세기와 20세기의 많은 기독교 사상은 계몽주의가 제공한 틀을 받아들였고 그 속에서 기독교 신앙은 악한 세상으로부터 사람들을 구원하고 그들에게 현세와 내세의 죄사함을 보장해 주는 역할을 하게 되었다"[3]라고 말한다. 파딜라는 우주적, 종말론적 중요성의 측면에서 십자가를 "단지 개인 구원의 근거로서가 아니라 창조세계의 회복—하나님이 약속하시고 메시아적 공동체가 고대하는 새 하늘과 새 땅—이 시작되는 곳"[4]으로 보도록 촉구한다.

세 번째 해석의 문제는 속죄가 그것의 **변혁적인 능력**에 대한 신약의 강조를 종종 잃어버렸다는 점이다. 십자가에서 그리스도가 이루신 사역에 대한 복음주의적 이해는 자주 죄사함에 강조점을 둔다. 다시 말해, 예수님이 나를 위해 죽으셨기 때문에 나는 죄사함을 받고 의롭다 하심을 입었다고 강조한다. 이런 관점에서 바라보면, 예수님의 십자가형의 결과는 **변혁된 공동체**transformed community라기보다는 **의로워진 개인**justified individual이 된다. 또한 십자가는 그 중요성에 있어서 "단지 악하고 폭력적인 인간과 타락한 구조들을 실제적으로 변화하지 않게 내버려 두는 구원 거래saving transaction"[5]로 축소된다. 이러한 잘못된 해석은 죄책의 문제는 해결하지만, 죄의 세력은 해결하지 못한다.[6]

십자가에 대한 이해는 우리가 묻는 질문에 의해 정해진다. 우리가 "한 개인으로서 내가 여전히 죄인이고 형벌을 받을 수 밖에 없는데 어떻게 용서받고 영생을 얻을 수 있는가?"라고 묻는다면, "예수님이 나를 대신해서 죽으셨기 때문이다"라고 대답할 것이다. 그러나 우리가 "하나님은 어떻게 인간의 죄로 인한 오염으로부터 창조세계 전체와 인간의 모든 삶을 회복하실 수 있는가?"라고 묻는다면, 그 대답은 "십자가 상에서 예수님이 죄의 세력과 죄책을 짊어지심으로 모든 것을 파괴하려는 죄와 악의 세력을 패배시키셨기 때문이다"라고 할 것이다. 다시 한번 우리가 "하나님은 어떻게 다가올 하나님 나라의 삶을 성취하고 구현하는 새로운 공동체를 만드실 수 있는가?"라고 묻는다면, "그것은 하나님께서 예수님의 죽음을 통해 아담 이후로 인류의 삶을 타락시켜 왔던 악을 정복하셨기 때문이다"라고 대답할 것이다.

우리는 "이런저런 가능한 질문과 대답들이 서로 배타적이지 않다"[7]는 것을 분명히 알아야 한다. 죄의 세력에 대한 하나님의 승리를 단언하는 것이 누군가 죄사함을 무시해야 하는 것을 의미하지 않는다. 사람들이 우주적 회복에 참여하기 때문에 하나님이 그 회복을 성취하셨다고 말하는 것이 개인적인 구원과 긴장관계에 있음을 나타내지 않는다. 예수님이 십자가에서 죄를 이기셨다고 고백하는 것이 누군가 대속적 속죄관을 거부해야 하는 것을 의미하지 않는다. 또한 십자가가 죄악된 구조적 세력들을 패배시켰다고 말하는 것은 그것이 개개인의 죄를 다루었다는 것을 부정하지 않는다. 그러므로 속죄에 대한 환원주의적 견해 reductionist view를 피하기 위해서, 우리는 십자가의 **모든** 성경적 이미지를 인정하고[8] 십자가의 다면적—개인적·공동체적·우주적—인 의미 **전체**를 고백해야만 한다.

열방에 빛을

십자가의 우주적이고 공동체적인 중요성

십자가의 우주적이고 공동체적인 중요성을 이해하기 위해서, 우리는 십자가형을 처음 기록하고 있는 성경의 내러티브적 상황으로 돌아가야 한다. 복음서는 하나님 나라의 도래에 대한 이야기를 하고 예수님의 죽음은 그 이야기의 절정이다. 그러나 심지어 예수님과 하나님 나라의 이런 이야기도 전부는 아니다. 그것은 세상의 창조로부터 시작해서 모든 민족의 백성을 포함하고 모든 창조세계의 회복으로 끝이 나는 훨씬 큰 이야기, 성경 이야기, 우주적 역사의 일부다. 이 포괄적인 성경 이야기에서 두 가지 중요한 주제들—우주적 구원을 위한 하나님의 역사와 이스라엘의 역할—은 함께 복음서에서 절정에 달한다. 성경 이야기의 구속사 안에서 발견되는 내러티브적 상황과 복음서의 문학적 구조는 십자가형을 위한 원래의 배경을 제공한다. 두 가지는 모두 십자가와 교회 사이의 관계를 이해하는 데 중요하다.[9]

첫 번째 주제는 우주적 구원이다. 복음서의 이야기는 모든 창조세계와 모든 인류의 삶을 죄로부터 회복하기 위한, 악에 대한 하나님의 전쟁이 절정에 이르는 순간을 이야기한다. 또한 하나님께서 악의 세력으로부터 세상을 해방시키려고 행하시는 일에 관한 보다 큰 이야기의 일부다. 복음서는 한편으로는 예수님 안에 성령에 의해 임한 하나님 나라의 권능과, 다른 한편으로 악과 어둠의 세력들 사이의 전쟁에 대해 이야기한다. 이 충돌은 예수님께서 고통, 질병, 죄, 개인적인 죄와 부도덕한 생활 방식, 부에 대한 숭배, 깨어진 관계, 죽음, 자기 의, 적대적인 자연, 왜곡된 종교 구조와 관습, 배제시키고 소외시키는 불의한 사회 구조, 가난한 자를 착취하는 불의한 경제 구조와 권력을 남용하는 불의한 정치 구조를 공격하실 때 분명히 나타난다. 예수님은 이런 개인적이고 구조적인 악에 그분의 말씀, 능력 있는 행위, 많은 예언적 행동과 사회적 실천들로 대항하신다. 그분은 이 악의 근원을 인간의 마음(막 7:14-23)과 사회적·경제적·정치적인 구조 뒤에 숨어 있는 악마적이고 사탄적 세력들(눅 22:53, 요 12:31)에서 찾으신다. 십자가는 이러한 전쟁을 절정에 이르게 하는 사건이다. 모든 권력 구조—정치·종교·사회 구조—가 힘을 합쳐서 예수님을 처형시킨다(고전 2:8). 이들은 잔인한 병사, 모호한 대중, 소심한 제자, 배신자 유다, 질투하는 종교 지도자, 부패한 로마와 유대 사법제도다. 복음서가 이 이야기를 할 때, 십자가는 "악의 세력들과의 결투에서 승리하기 위해 지불한 대가다."[10]

십자가 상에서 하나님 나라가 악을 정복한 것은 강한 힘을 사용했기 때문이 아니라, 예수님이 죄의 완전한 공격을 몸소 받으시고 죄의 힘을 소멸시키셨기 때문이다. "예수님의 소명은 고난, 거부, 죽음의 길—곧 십자가의 길을 가는 것이다. 그분은 악의 힘들을 제압하지 않으시고, 오히려 그 힘들의 완전한 무게를 본인이 담당하심으로 하나님의 임재하시는 통치를 증거하신다. 하지만 그러한 외견상 패배 속에서 승리는 이루어진다."[11] 세상을 타락시키는 악과 죄를 극복하고 패배시킨 것은 바로 고난받는 사랑의 강함이다. 그 사랑 때문에, 하나님의 어린양은 죄책과 파괴적인 죄의 세력을 포함하는 세상의 모든 죄를 스스로 담당하신다.

여기서 우리는 성경 이야기의 절정을 본다. 예수님의 죽음은 하나님 나라를 위해 악과 죄에 대한 결정적인 승리를 획득하고, 옛 시대를 끝내면서 구속 역사의 목적을 성취한다. 이렇게 십자가는 우주적 중요성을 갖는다. 교회는 이러한 우주적 구원을 공유하고 이에 참여한다.

두 번째 주제는 **이스라엘**을 포함시킨다. 복음서는 세상을 위해, 그분의 백성 안에서, 그분의 백성을 통한 하나님 역사의 절정을 이야기한다. 창조세계를 회복하려는 계획 속에서 하나님은 죄의 치료책을 전달하기 위해 아브라함(그리고 아브라함에서 유래한 한 백성)을 선택하신다. 앞 장에서 우리는 랍비 주석을 인용했다. 거기서 하나님은 "내가 아담을 먼저 만들 것이며, 만약 그가 옳은 길에서 벗어난다면, 그 문제를 해결하기 위해 아브라함을 보낼 것이다"[12]라고 말씀하신다. 예수님의 시대에 유대인들이 처한 곤경은 아브라함과 이스라엘이 "그 문제를 해결하는 데" 실패했다는 점이다. 그들은 사실상 문제의 일부가 되었다. 이스라엘이 열방에 빛이 되는 일에 실패한 것은 하나님의 심판을 가져온다. 하나님은 이스라엘을 유배 보내시고, 그들의 죄를 벌하시기 위해 열방에 흩으신다. 하나님의 심판이 지속되면서, 이스라엘은 예언자들이 약속한 회집과 회복을 갈망한다. 하지만 이스라엘의 죄 때문에, 형벌은 로마의 잔인한 점령 아래서 지속된다. 그러므로 그 회집과 회복이 시작되기 전에, 이스라엘 자신의 죄가 먼저 다루어져야만 한다.

예수님의 사역에 앞선 몇 년 동안에 유대인들 사이에서는 이런 믿음이 발전해 왔다. 이스라엘의 "고통과 형벌은 그들의 고난이 끝나는 순간, 마침내 자신의 죄로부터 정결케 되어서, 비로소 그들의 유배를 되돌릴 수 있는 순간을 재촉할 것이다." 따라서 이스라엘의 고통은 "단지 회복되어야 할 상태"가 아니라 "그 구속에 영향을 미치는 수단의 일부"

였을 것이다.[13] 이스라엘의 집단적 죄에 대한 징벌로서 고통의 개념은 예언자들에게, 특히 이사야서에서 분명하게 발견되고 1세기 이스라엘 안에서는 매우 활발하게 살아 있었다.

> 너희의 하나님이 이르시되
>
> 너희는 위로하라. 내 백성을 위로하라.
>
> 너희는 예루살렘의 마음에 닿도록 말하며
>
> 그것에게 외치라.
>
> 그 노역의 때가 끝났고
>
> 그 죄악이 사함을 받았느니라.
>
> 그의 모든 죄로 말미암아
>
> 여호와의 손에서 벌을 배나 받았느니라(사 40:1-2).

심판은 가고 구속이 찾아오며, 포로시대는 가고 회복이 찾아오며, 형벌은 가고 구원이 찾아오며, 죽음은 가고 부활이 찾아올 것이다. 이러한 "메시아적 재앙들"은 산고와 같을 것이다. 그 속에서 증가하는 고통과 아픔은 새로운 백성과 새로운 창조를 가져올 것이다. 그것은 엄청난 어둠의 시간이 될 것이다. 그러나 구원의 여명으로 마침내 끝이 날 것이다. 어떤 사람은 이와 더불어 한 사람이 이스라엘을 대표할 것이고 하나님 진노의 초점이 되는 희생제물이 될 것이라는 믿음을 가졌다.[14]

　예수님은 이스라엘 백성을 모으시면서 그들의 죄, 곧 하나님이 부르신 목적대로 이스라엘이 되는 일에 실패했기 때문에, 그들에게 재난과 심판이 다가올 것이라고 경고하신다. 이스라엘의 특징이 되어 버린 (열방을 향한 사랑을 대체해 버린) 혐오와 폭력은 불가피하게 로마 당국의 끔찍한 보복을 가져올 것이다. 예수님은 이스라엘이 마땅히 받아야 할 형벌을 자신이 담당하심으로, 그들을 모으시고 본래적 소명을 회복하기를 간절히 원하신다.

　　암탉과 그 새끼들이라는 예수님 자신의 이미지는 그분이 이스라엘을 위해 계획하시는 희생을 가장 잘 묘사한다. "예루살렘아, 예루살렘아, 선지자들을 죽이고 네게 파송된 자들을 돌로 치는 자여, 암탉이 그 새끼를 날개 아래에 모음 같이 내가 네 자녀를 모으려 한 일이 몇 번이더냐. 그러나 너희가 원하지 아니하였도다. 보라, 너희 집이 황폐하여 버려진 바 되리라"(마 23:37-38). 암탉이 위험으로부터 그 새끼들을 보호하기 위해 날개 아래로 모으기를 원하는 것처럼, 예수님도 하나님 심판의 진노를 완전히 받으시고, 이를 통해 이스라엘을 보호하시기를 간절히 원하신다. 그러나 많은 사람들은 그분의 보호를 거절한다. 예수님이 여기서 사용하신 그림은 "농장에 불이 난 경우다. 암탉이 그의 날개 아래로 새끼들을 모은다. 불이 다 지나가면, 그곳에는 검게 그을려 죽은 암탉과 함께 그 날개 아래 살아 있는 새끼들이 발견될 것이다. 예수님은 여기서 이 나라와 도시에 달려 있는 심판을 본인이 담당하려는 소망을 암시하고 있는 것 같다."[15] 따라서 예수님은 그분의 죽음으로 활활 타오르는 불과 같은 하나님의 진노를 담당하시고, 그분의 날개 아래로 자신의 피난처를 삼은 자들에게 회복과 구원, 생명을 경험하게 하신다.

　　여기서 우리는 이스라엘 이야기의 절정으로서 십자가를 본다. 예수님이 이스라엘의 형벌을 담당하실 때, 이스라엘은 다시 그들의 소명을 수행하도록 회복된다. 이스라엘은 죄와 죄의 세력 모두로부터 해방된다. 예수님의 죽음은 열방에 구원의 통로가 되는 소명을 다시 되찾은 회복된 공동체를 만드신다. 십자가는 구속되고 변형된 백성을 만드는 사건이다. 그래서 십자가는 공동체적 중요성을 갖는다.

속죄의 이미지들

십자가는 가장 강력한 하나님의 행위다. 여기서 하나님은 우주 역사의 끝에서 완전히 드러날 세상의 구원을 성취하신다. 어떤 단일한 이미지도 예수님의 십자가형에서 하나님이 성취하신 모든 것을 온전히 전달할 수 없다. 성경은 다양한 이미지들을 사용하고 있고 교회사 동안에 좀 더 많은 이미지들이 이를 표현하기 위해 사용되었다. 그러나 그 어떤 것도 하나님이 예수님의 죽음을 통해 성취하신 것을 온전히 표현하기에 적절하지 않다.[16] 뉴비긴은 이렇게 표현한다.

> 우리는 한 사건에 대해서 이야기한다. 그 사건은 우리의 지적인 능력으로 온전히 이해할 수 없으며 한 이론이나 교리로 옮길 수 없다. 우리는 우리의 이해에 도전하고 넘어서는 신비로 가득한 실재 앞에 서 있다.…… 첫 증인에서부터 오늘날에 이르는 수백 년 동안 교회는 모든 우주 역사의 중심이자 위기이고 모든 사건이 달려 있는 경첩과도 같은, 형언할 수 없는 신비로운 사건을 설명하기 위해 수많은 상징들을 찾았고 사용했다. 우리의 죄를 위해 바쳐진 희생제물이신 그리스도, 우리의 자리에 서 계

시는 대속물이신 그리스도, 우리의 구속을 위해 지불한 몸값이신 그리스도, 세상의 임금을 쫓아낸 정복자이신 그리스도—이런저런 상징들은 신비의 핵심을 가리키기 위해 사용되었다. 그러나 그 어느 것도 그 사건을 온전히 표현할 수는 없다. 그것은 바로 하나님의 통치가 나타난 사건이기 때문이다.[17]

"전투-승리-해방"[18] 혹은 승리자 그리스도의 이미지에서 우리가 볼 수 있는 사실은 십자가는 전투와 고난을 통해 악을 이기신 하나님의 승리이며, 그 결과로 해방된 창조세계와 백성이라는 점이다. 이 이미지는 십자가의 의미가 갖는 우주적 범위에 주의를 기울인다. 하나님이 십자가에서 거두신 승리는 모든 창조세계를 오염시킨 죄와 악에 대한 승리다. 또한 희생제물의 이미지는 예수님이 세상의 죄와 하나님의 정당한 진노를 스스로 담당하시고 걸어가신 대속의 길을 이야기하는 풍부한 구약의 상징이다. "보라, 세상 죄를 지고 가는 하나님의 어린양이로다"(요 1:29). 이러한 두 모델은 최근에 속죄에 대한 논의를 주도해 왔고 안타깝게도 서로 대립해 왔다. 그러나 두 이미지는 모두 선교적 교회를 위해 십자가를 온전히 이해하는 데 있어서 중요하다.

그러나 교회론의 목적을 위해서 아마도 다른 유익한 성경적 이미지를 조사할 필요가 있다. 존 드라이버가 "원형적archetypal" 이미지라고 부른 것은 예수님의 죽음이 갖는 우주적이고 공동체적인 의미를 생생하게 제시한다.[19] 바울이 사용한 원형적 이미지는 그 이면에 이스라엘의 집단적 개인corporate personality, 곧 한 사람이 모든 사람의 대표자가 되고 모든 민족의 운명을 짊어진다는 히브리적 개념이 깔려 있다. 바울은 예수님을 이러한 대표자(롬 5:12-21, 고후 5:14-15)로 이야기한다. 그러나 예수님은 단지 이스라엘의 운명만이 아니라 온 인류와 모든 창조세계의 운명을 짊어지신다. 예수님은 세상과 모든 사람의 대표자로서 행동하시고, 몸소 그들의 운명을 짊어지신다. 예수님은 자신의 죽음에서 죄, 악, 사탄적 세력과 죽음의 지배를 받는 옛 시대를 끝내신다. 예수님은 자신의 부활에서 다가올 시대를 시작하신다. 이러한 사건들은 (예수님의 죽음에서 성취된) 죄의 패배에 참여하고 (예수님의 부활로 성취된) 새 창조의 시작에 참여하는 새로운 인류를 창조한다. 따라서 바울은 우리가 세례를 받고 예수님과 연합할 때, 우리는 예수님과의 연대 속에서 그분의 죽음과 부활에서 불가역적으로 성취된 우주적 역사의 운명에 참여하기 시작한다고 쓰고 있다(롬 6:1-14).

이런 이미지 속에서 우리는 종종 무시되어 온 속죄의 세 가지 차원을 볼 수 있다. 속죄는 **종말론적**이다. 옛 시대를 끝내기 때문이다. 속죄는 **공동체적이고 우주적**이다. 예수님은 옛 시대를 끝낸 자신의 죽음 속에서 그분의 백성과 모든 창조세계의 운명을 짊어지시기 때문이다. 속죄는 **변혁적**이다. 다가올 시대의 권세들이 예수님의 죽음을 통해 현재로 흘러들어 오기 때문이다.

십자가와 선교적 교회

교회론을 위한 십자가의 중요성은 세 개의 진술로 요약될 수 있다. 첫째, 십자가는 우주적이고 종말론적이다. 모든 창조세계의 회복이 역사의 목

적으로 정해진다. 하나님은 예수님의 죽음에서 역사의 목적, 모든 창조
세계의 회복을 성취하신다. 뉴비긴은 자신의 글에서 성경 이야기와 교
회를 위한 십자가의 우주적 의미의 중요성을 강조했다. 그는 십자가를
"우리가 믿기에, 역사의 불가역적 움직임에 의미와 방향성을 주는 반복
될 수 없는 사건"[20]으로 간주한다. 십자가는 "사물의 모든 우주적 흐름
에 방향을 정해 준 순종의 행동,"[21] "우주적 역사의 중심이자 위기인 사
건,"[22] "모든 사건이 달려 있는 경첩,"[23] "역사의 전환점"[24]이다. 다시 말
해, 뉴비긴이 다른 곳에서 표현한 것처럼, 십자가는 "모든 것을 바꾼 결
정적 사건"[25]이다.

둘째, 십자가는 죄와 죄의 세력에 대한 창조세계 전체의 승리를 공
유하는 **공동체**를 창조한다. 하나님의 백성은 그리스도의 죽음에 참여한
다. 그래서 우리의 (죄의 지배를 받는) 옛 인간성은 죽음에 처한다. 하나
님의 백성을 회복하시겠다는 예언자들의 말(겔 36, 37장)은 그리스도의
죽음을 통해 성취되었다. 구약의 이스라엘이 자신의 소명에 실패했을지
라도—토라는 이스라엘을 신실한 선교적 공동체로 만들 수 없었다—예
수님의 죽음은 죄의 세력에 종말을 고했다. 바울은 다음과 같이 기록했
다. "율법이 육신으로 말미암아 연약하여 할 수 없는 그것을 하나님은
하시나니 곧 죄로 말미암아 자기 아들을 죄 있는 육신의 모양으로 보내
어 육신에 죄를 정하사 육신을 따르지 않고 그 영을 따라 행하는 우리에
게 율법의 요구가 이루어지게 하려 하심이니라"(롬 8:3-4). 이제 하나님
의 새롭게 회집된 백성은 그들의 소명을 성취할 수 있게 되었다. 십자가
는 그들이 세상에 빛과 같이 살아가는 백성이 되도록 스스로를 변혁하

는 데 필요한 능력을 베풀어 준다.

　마지막으로, 하나님의 백성에 속한 개개의 구성원들은 오직 회개와 믿음만으로 새 창조와 예수님이 성취하신 일을 공유하는 공동체에 참여할 수 있다. 개인적으로 십자가의 은택을 누리는 것이 종종 속죄 신학의 맨 앞에 놓였을지라도, 이러한 은택들은 보다 넓은 맥락 속에서 이해되어야 한다. "예수님이 우리를 위해 죽으셨다"—십자가에서 예수님의 우주적 승리를 공유하는 공동체의 일부로서—라고 말하는 것은 명백한 사실이다. 십자가의 공동체적이고 우주적인 차원은 개인을 위한 십자가의 중요성과 긴장관계에 서 있을 필요가 없다. 실제로 오직 하나님의 백성이 누리는 창조세계 전체의 구원 때문에, 모든 개인은 그 백성에 합류하고 그 구원을 공유하게 된다. 예수님은 먼저 하나님 나라의 도래—모든 창조세계에 대한 하나님의 통치—를 선포하셨고 또한 개개인의 청중에게 말씀하셨다. "회개하고 복음을 믿으라"(막 1:15).

열방의 회집을 위한 준비로서 십자가

복음서에 따르면, 구원이 열방에 미치기 전에 두 개의 선행 조건이 성취되어야 한다.[26] 첫째, 구원의 약속은 이스라엘 백성에게 제시되어야 한다. 그들은 먼저 하나님의 이야기 속에서 자신의 역할로 회복되어야 하고 그 다음에 이방인들이 그들에게 합류할 수 있다. 이 회복은 정확히 예수님이 자신의 지상 사역에서 성취하신 일이다. 두 번째 필수적인 조건은 십자가다. 새 언약의 피가 먼저 "많은 사람을 위해" 흘려져야 하고 (막 14:24) 몸값은 "많은 사람을 위해" 지불되어야 한다(막 10:45). "많

열방에 빛을

은 사람을 위해"라는 표현은 여기서 "세상 사람들을 위해"[27]로 이해되어야 한다. 오직 예수님이 그분의 백성뿐만 아니라 온 세상의 죄를 제거하신 후에야 구원의 복음은 모든 열방으로 전해질 수 있다. 잔칫상이 준비되고 회집이 시작되기 전에(눅 14:16-24) 예수님이 죽으셔야 한다. 칼 바르트Karl Barth는 이 비유에서 예수님이 죽으시기 전까지, 하나님의 백성은 모든 열방을 포함시킬 수 없었다고 말한다. "예수님의 삶은 아직 많은 사람들을 위한 몸값으로 지불되지 않았다. 아직은 아무것도 준비되지 않았다. 식탁은 차려지지 않았고, 손님들도 아직 초대될 수 없었다. 이스라엘은 그들의 종말론적 선교를 성취하기 위해 아직 완전히 준비되지 않았다."[28] 예수님의 삶이 몸값으로 드려진 이후에, 손님들은 초대될 것이고 종말론적 공동체는 다민족의 형태를 갖추게 될 것이다.

예수님의 부활과 하나님의 백성

바울은 고린도 교회에 우리를 구원하는 복음의 핵심을 전한다―"이는 성경대로 그리스도께서 우리 죄를 위하여 죽으시고 장사 지낸 바 되셨다가 성경대로 사흘 만에 다시 살아나사 게바에게 보이시고 후에 열두 제자에게와 그 후에 오백여 형제에게 일시에 보이셨나니"(고전 15:3-6). 그리스도의 죽음과 부활은 "가장 중요한" 것이다. 고린도 교회는 이 두 사건 위에 서 있었고 따라서 그 사건들에 의해 구원받았다. 이러한 두 가지의 역사적 사건들은 가장 밀접한 관련을 맺으며 우주적 역사의 중심에 함께 서 있다. 그들은 역사의 목적인 구원을 성취한다. 그러나 복음주의자들은 때때로 부활의 역사성을 단순히 옹호하고 그것의 변증론적 가치를 주장하며, 구원의 엄청난 구속사적 의미는 방치하는 일에 만족해 왔다.[29] 확실히 부활은 역사적 사건이며 이 사건은 반드시 변증되어야 한다(고전 15:14). 그러나 부활의 의미는 세계의 역사가 걸린 가장 중요한 문제다. 성경 이야기에서 예수님의 부활이 갖는 가장 핵심적인 의미는 무엇인가? 교회론을 위해 부활이 갖는 중요성은 무엇인가?

부활: 다가올 시대의 시작

부활은 예수님 당시의 제2성전 유대교Second Temple Judaism의 맥락 속에 위치시켜야만 한다. N. T. 라이트가 언급한 것처럼, 이 시기 동안에 부활은 "한편으로 **이스라엘의 회복**과 다른 한편으로 **모든 여호와의 백성이 새로운 육체를 입은 삶**에 대한 것이었고, 이 둘은 서로 밀접하게 연관되어 있었다. 부활은 여호와께서 '현재 시대'의 맨 끝에서 성취하실 위대한 사건이자 '다가올 시대'를 형성할 사건으로 간주되었다."[30] 따라서 1세기 유대인들에게 부활은 하나님 나라의 완전한 도래를 나타내는 하나의 명백한 표시였다. 그것은 새로운 몸을 가지고 일어나는 것 이상을 (비록 그것을 의미할지라도) 의미한다. 부활은 다름 아닌 새로운 세상에서 인간의 (육화된) 삶 전체의 완전한 회복을 의미한다.

예수님이 제자들에게 죽은 자 가운데서 살아날 인자the Son of Man에 대해 이야기할 때(막 9:9), 아무도 예수님의 말씀을 깨닫지 못한 것은 당연한 일이다. 영광 중에 변형된 예수님을 보았던 산에서 내려오면서, 그들은 예수님이 말씀하신 "죽은 자 가운데서 살아나는 것"이 과연 무엇을 의미하는지에 대해 서로 논의한다. 제자들은 부활을 죽음에서 살아난 한 사람이 아닌, 집단적이고 우주적 사건으로 생각하는 데 익숙해져 있다. 부활은 역사의 중간이 아닌, 세상의 끝날에 이루어지는 일이다. 유대인의 세계관 속에서 십자가에 못 박힌 메시아는 말도 안 되는 이야기다. 부활한 메시아 역시 마찬가지다. 그래서 예수님이 십자가에 못 박히시고 다시 죽은 자 가운데서 육체적으로 살아났을 때, 예수님이 실제로 메시아라고 믿었던 모든 사람은 이러한 사건을 분명히 이해하게 된다.

부활을 이해하기 위한 출발점은 성경 이야기의 맥락 속에서 부활이 의미하는 바를 아는 것이다. 부활은 하나님의 백성이 새 창조의 일부로서 새로운 삶으로의 회복을 나타낸다. 초대교회에서 예수님의 부활은 이러한 새 창조의 시작이었다. 신약은 세 가지 이미지를 사용하여 이러한 이해를 분명하게 한다. 그리스도는 첫 태생, 첫 열매, 선구자 혹은 시작이다. 예수님은 죽은 자 가운데서 살아난 "첫 태생"(롬 8:29, 골 1:18), 다가올 새 세상에서 태어난 첫 번째 사람이다. 그러나 "첫 태생"이라는 표현은 단순히 시간적으로 먼저 나셨다는 의미만을 전달하지 않는다. 예수님은 "첫 태생"으로서 특별한 위치, 곧 그를 따르는 자들을 위해 "길을 열어 주시고,""그들의 미래를 자신의 미래에 참여하게 하신" 분으로서의 위치를 차지한다. 예수님은 또한 종말론적 추수의 "첫 열매"(고전 15:20), 시작, 추수의 첫 부분으로서, 남아 있는 추수를 **대표한다**. 첫 열매에서 전체 추수가 가시화된다. 마지막으로 예수님은 부활의 "시작"이다(골 1:18). 헤르만 리더보스는 영어 단어 "시작

beginning"은 바울이 염두하는 것의 중요성을 포착하지 못한다고 말한다. "여기서 의도하고 있는 바는 단지 그리스도가 연대기적 순서의 관점에서 첫 번째이거나 시작을 형성한다는 것이 아니다. 오히려 그는 새로운 길을 연 선구자이자 개시자였다. 위대한 부활은 예수님과 함께 현실이 되었다."[31]

　이러한 세 가지 이미지는 두 가지 중요한 사실을 강조한다. 첫째, 모든 이미지는 어떻게 예수님의 부활에서 다가올 시대—하나님 나라와 부활의 삶—가 시작했는지를 가리킨다. 이 사건은 십자가형과 같이 먼저 우주적 중요성의 측면에서 이해되어야 한다. 그것은 단지 기독교 신앙의 진리를 입증하는 하나의 기적으로서 홀로 서 있는 고립된 사건이 아니다. 오히려 부활은 세계 역사의 중심에 십자가와 함께 서서 역사의 의미와 방향을 제시한다. 예수님이 무덤에서 부활하심으로 새로운 어떤 일이 시작되었고, 그 일은 언젠가 이 세상을 가득 채울 것이다. 뉴비긴은 다음과 같이 강조한다. "우리의 신앙은 이 역사적 사건이 모든 역사에 결정적인 사건이라는 믿음이다.……인간의 역사와 자연의 역사 모두를 포함하는 역사의 중심에 예수님의 죽음과 부활이라는 중추적·결정적·단회적인once-for-all 사건이 서 있다. 인간의 상황은 이 사건으로 인해 불가역적으로 바뀌었다."[32]

　이 사실은 교회론에 중요한 영향을 미친다. 예수님은 단지 연대기적인 시작이 아니다. 예수님은 자신의 부활로 하나님 나라를 실체화하시고 부활의 성취에 참여하는 백성을 그분께로 데려오신다. 바울은 예수님과 연합하여 그의 사역에 참여하는 "많은 형제와 자매들"에 대해

　　　　　　　　　　　　　　　　　　　열방에 빛을

이야기한다(롬 8:29). 그들이 이 부활에 참여한다는 것은 바울의 말 속에서 분명해진다. "누구든지 그리스도 안에 있으면 새로운 피조물이라. 이전 것은 지나갔으니 보라, 새 것이 되었도다"(고후 5:17). 리더보스는 이것을 이같이 번역한다. "누구든지 그리스도 안에 있으면, 새로운 창조에 속한다."[33] 하나님의 백성이 비록 죄와 죽음이 있는 세상에서 여전히 살아가지만, 그들은 예수님의 부활의 삶에 참여하고 "하나님의 새 창조의 일부가 된다"(고후 5:17, 갈 6:15).[34] 마르쿠스 바르트Markus Barth도 이를 분명히 말한다. "**교회는 부활의 능력과 신앙의 살아 있는 증거다. 그렇지 않으면 하나님의 교회가 아니다.**"[35] 사람들이 하나님 백성의 공동체로 편입되는 의식인 세례에 대해 바울이 한 말은 예수님의 죽음과 부활이 갖는 교회론적 중요성을 분명히 보여준다(롬 6:1-14). 예수님의 죽음은 **옛 시대의 마지막**을 의미한다. 예수님은 십자가에서 죄를 끝내셨다. 옛 시대의 죄, 악, 사탄, 죽음의 세력은 어제의 뉴스이자 패배한 적들이다. 그들은 다가올 시대에 속한 자들에 대한 지배력을 상실했다. 예수님의 부활은 **새 시대의 시작**을 의미한다. 예수님은 부활을 통해 다가올 시대를 시작하신다. 새로운 시대의 권능은 믿음의 공동체 안에서 지금 나타나고 있다. 한 사람이 세례를 받고 하나님의 종말론적 공동체에 참여하게 되면, 그 사람은 그리스도의 죽음과 부활 안에서 그분과 연합하게 된다. "만일 우리가 그의 죽으심과 같은 모양으로 연합한 자가 되었으면 또한 그의 부활과 같은 모양으로 연합한 자도 되리라. 우리가 알거니와 우리의 옛 사람이 예수와 함께 십자가에 못 박힌 것은 죄의 몸이 죽어 다시는 우리가 죄에게 종 노릇 하지 아니하려 함이니 이는 죽은 자가 죄에서 벗어나 의롭다 하심을 얻었음이라"(롬 6:5-7). 따라서 믿음의 공동체는 다가올 시대 속에서 살아가며, 죄에 대해서는 죽고 하나님에 대해서는 살아야 한다.

십자가형에서 드러난 우주적·공동체적·개인적인 중요성 사이의 관계가 부활에서도 동일하게 나타난다. 부활은 하나님 나라를 시작한 종말론적, 우주적 사건이다. 부활은 예수님의 부활을 공유하고 다가올 시대의 권능에 참여하는 공동체를 창조한다. 개개인은 믿음과 회개로 이러한 종말론적 공동체에 참여한다.

부활한 주님에 의한 파송: 교회적 정체성을 정의

십자가형과 부활이 성취되었고, 열방에 빛이 되는 소명을 수행하기 위한 사람들을 모으고 정결케 하는 메시아의 사역은 곧 완성된다. 이제 남은 모든 일은 예수님의 선교를 종결짓고 위임하면서 그분의 백성에게 새로운 정체성을 주고 약속된 성령의 능력으로 그들을 구비시키시는 것이다. 그 후에 종말론적 회집은 시작될 수 있다. 모든 복음서는 부활하신 예수님이 열방에 복음을 전하도록 제자 공동체를 파송하는 이야기로 끝을 맺는다(마 28:16-20, 막 16:9-20, 눅 24:44-49, 요 20:19-23, 행 1:8 참조). 불행하게도, 이러한 명령들은 자주 포괄적인 성경 이야기와 그런 명령들이 기록되어 있는 성경의 문학적 구조로부터 분리되었다. 예수님이 실제로 한 **공동체**를 세상에 보내셨다고 할지라도, 대위임령 Great Commission에서 하신 예수님의 말씀은 종종 교회들이 개개인을 타문화적 환경으로 내보내는 근거로서 사용되고 있다. 타문화 선교가 교회에게 주어진 명령의 일부일지라도, 그것은 예수님이 최종적으로 그분의 백성을 파송하신 사건의 핵심이 아니다—그러한 본문들이 의미하는 바도 아니다.[36] 복음서를 끝맺은 이러한 파송들은 사실상 새로운 언약 공동체의 정체성과 역할을 확립한다. 귄터 보른캄Günther Bornkamm이 말한 것처럼, "마태복음 28:18 이하는 선교의 실천이 아니라 우선적으로 교회 자체의 삶과 관련되어 있다."[37]

복음서는 각기 특유한 어휘와 신학적 주제를 가지고 파송 이야기를 다르게 표현한다. 앞으로 내가 다룰 부분에서 각각의 명령과 차이점들을 자세하게 다루지는 않을 것이다.[38] 대신에 공통의 주제들과 구속 역사에서 그런 주제들이 교회론을 위해 갖는 중요성을 살펴볼 것이다.

첫째, 이 공동체는 제자를 만들고 **열방에 죄사함을 선포하도록 보냄을 받는다.** 레그랑은 주목하기를, 성경 이야기의 이 시점까지 어떤 부분도, 구약에서도 예수님의 실천과 말씀에서도 이 새롭게 회집된 공동체가 세상 사람들에게 **보내져야** 한다는 사실을 분명히 밝히지 않는다.[39] 구약의 예언자들은 하나님이 열방을 회집하실 때, 그들이 예루살렘으로 나온다고 설명했다. 사도행전의 앞부분에 나오는 예루살렘 교회도 아마 이것을 여전히 믿고 있었을 것이다. 찰스 스코비Charles Scobie는 예언자들의 메시지를 이렇게 요약한다.

첫째, 열방의 추수ingathering는 **종말론적 사건이다.**…… 둘째, 열방의 추수는 이스라엘의 일이 아니다. 빈번하게 열방 스스로가 앞장서서 나올 것이다. 많은 중요한 구절에서 열방을 모으시는 분은 바로 하나님이

시다.…… 셋째, 이러한 예언적 구절은 모두 열방으로 나아가는 이스라엘이 아니라 이스라엘에게로 나아오는 열방을 상상한다. 반복되는 동사는 "오다come"이다. "그들이 네게로 돌아올 것이다"(미 7:12), "나라들은 나아올 것이다"(사 60:3). 주변에서 중심으로 나아오는 이러한 움직임은 "구심적"이라고 적절하게 이름 붙여졌다.[40]

그러나 이제 열방의 추수는 열방이 중심으로 나아오는 순례가 아니라 "이스라엘"이 주변으로 보냄을 받는 것이 되어야 한다(요 20:21). 이것은 구속사에서 위대한 전환점이다. "그러므로 이러한 '모든 민족에게 나아감' 속에는 뚜렷한 전환점, 곧 예수님의 초기 선포에서 암시하고 준비된 복음의 위대한 방향 전환이 놓여 있다."[41] 구심적인 운동에서 원심적인 운동으로의 변화, 실제로 하나님 백성의 바로 그 형태의 변형은 오직 예수님의 그러한 말씀들에 기초해서 설명된다. 예수님은 작은 무리를 모으시고 열방으로 보내시면서 그들에게 예수님이 시작하신 회집하는 일을 계속해 나가도록 책임을 맡기신다.

하나님의 백성은 이제 모든 민족에게로 보냄을 받는다(마 28:19, 눅 24:47). 열방이 하나님의 백성에게로 편입하게 되는 것은 성경 이야기 전체에서 나타난 종말론적인 약속이었다. 예수님은 이러한 목적을 가지고 그분의 선교를 이스라엘에게로 한정하셨으며 그들을 모으시고 회복하셨다. 이제 하나님의 구원이 열방으로 나아가는 시간이 도래했다.

둘째, 예수님은 열방을 향한 선교에 한 **공동체**를 보내신다. 예수님의 사역 전체는 세상을 위해 하나님의 목적을 구현할 한 백성을 모으시고 형성하는 것이었다. 예수님은 여기서 열한 명의 개별적인 개인들을 (그들의 숫자는 유다의 죽음으로 인해 일시적으로 줄었다), 곧 복음을 증거하는 책임을 가진 개인들을 보내신 것이 아니다. 서구 선교 사역을 비추어 보았을 때 이러한 방식으로 선교 명령을 읽는 것은 우리를 잘못된 길로 이끌었다. 이것은 고립된 개인에게 주어진 **임무**가 아니라 공동체에게 주어진 **정체성**이다. 윌버트 쉥크는 말한다. "**대위임령은 근본적인 교회론적 진술이다. 그 명령은 자율적인 개인들이 아니라 제자 공동체에게 선포되었기 때문이다.**"[42] 예수님은 하나님의 지속적인 선교 안에 주어진 정체성과 역할을 주시기 위해, 신약 교회의 핵이자 배아인 회집된 공동체에게 말씀하신다. 뉴비긴은 예수님이 이 공동체를 파송하시는 것이 "**교회의 시작**"이라고 말한다. 그것은 세상의 공적 생활로 보내시는 움직임이다. 이 보내심 속에서 제외되는 삶은 존재하지 않는다.……교회는……모든 사람을 그리스도께로 이끌기 위해 세상으로 보냄을 받은 한 몸이다."[43]

셋째, 이 공동체는 **종말론적 이스라엘**이다. 예수님이 열한 명의 제자들과 만나실 때, 그분은 **다시 회집된 이스라엘에게 말씀하신다**. 갈릴리의 열한 명의 제자들은 "마지막 시대의 이스라엘을 구현하고 대표한다"라고 칼 바르트는 말한다. 성경적 산술에 따르면, 이 열한 명은 '열두 명'과 동일하다. "열한 명은 그들의 불완전함 속에서조차 이스라엘의 전체를 설명하기 때문이다."[44] 여기에 열방을 포함하도록 예정된 한 민족, 마지막 시대의 "이스라엘"의 핵이 있다. 모든 사람이 지금 이 마지막 시대에 회집되고 정결케 된 이스라엘의 삶과 역사로 연합되고 있다. 바르트는 다음과 같이 말한다.

예수님의 공동체는 이런 선교를 통해 보편적 공동체로서 그분의 부활에 속해 있음을 명백히 드러낸다. 그들은 종말론적 이스라엘로서 열방으로부터 선택된 자들을 그들의 삶과 역사 속으로 받아들인다. 실로 그 밖에 다른 모습인 적은 없었다. 심지어 예수님이 죽으시기 전에도, 그분은 지금 명백해진 기초 외에 다른 어떤 것을 주시지 않았다. 그들은 이스라엘 안의 특별한 공동체도, 예전 이스라엘의 새로운 형태도 아니라 마지막 시대의 이스라엘로서, "백성에 대한 언약, 열방에 빛"이 되어야 하는 **역사적 이스라엘의 운명을 성취한다**(사 42:6, 49:8).[45]

따라서 이러한 무리는 회집된 종말론적 이스라엘의 시작으로서 이스라엘의 선교를 재개하고 하나님께서 그분의 백성을 선택하실 때부터 의도하셨던 일을 성취한다. 그들은 열방에 빛이 되는 이스라엘의 운명을 성취해야 한다.

넷째, 종말론적 이스라엘이 열방 가운데서 살아가도록 보냄을 받고 세상 사람들이 이스라엘의 삶과 역사 속에서 그들의 자리를 차지하기 시작할 때, 하나님의 백성은 **새로운 형태**를 취하게 될 것이다. 이 디아스포라 백성은 세상 나라와 문화 속에서 그들의 새로운 집을 갖게 되고 더 이상 지리, 민족적 유산 또는 사회–정치적 일치로 규정되지 않을 것이다. 부활과 이 새로운 정체성을 주는 파송에 근거하여, 하나님의 백성은 "이제 그리스도와 성령을 통해 다민족적인 백성, 지리에 기반하지 않는 백성, 온 세상을 향한 선교의 책임을 가진 백성으로 변형된 새로워진 이스라엘 백성이다."[46]

다섯째, 하나님의 우주적인 목적은 **예수님의 부활과 성령의 선물을** 기반으로 이루어진다. "모든 이야기로부터 예수님 사역의 정점인 부활은 열방에 복음을 선포하기 위한 첫 번째로 중요한 전제와 조건이 분명하다. 두 번째는 성령의 선물이다."[47] 사복음서 모두에서 부활은 선교의 원인이 된다. 예수님은 우주적 힘과 권세를 소유한 부활하신 주님이시다. 다니엘 7:14을 배경으로 마태는 예수님을 하늘과 땅에 있는 모든 권세를 가진 부활하신 주님으로 묘사한다. 예수님은 이 지구적 통치에 근거하여 제자들에게 모든 인류가 그분의 주권 아래 복종하도록 초청하는 임무를 맡긴다. "**선교는 그리스도의 주되심으로 소환하는 것이다.**"[48] 요한복음과 누가복음에서 부활하신 주님은 성령을 제자들에게 나누어 주신다. 성령은 모든 인류의 구원을 위해 예언자들에 의해 약속된 마지막 시대의 선물이다(욜 2장). 모든 민족을 포함하도록 "하나님의 백성"의 구성원을 넓히는 일은 부활하신 그리스도의 우주적 권세와 성령의 보편적인 사역에 기반한다. 하나님 백성의 선교는 "부활하신 그리스도에게 주어진 우주적 권세를 실현하는 것이고(마태복음), 부활로부터 나온 성령의 에너지를 실행하는 것이다(누가복음과 요한복음)."[49]

마지막으로, 이러한 파송은 제자 공동체가 **예수님의 선교를 지속하도록** 지시한다. 그들의 "**선교는 예수님이 하신 사역의 모든 차원과 범위를 갖는다.**"[50] 각각의 복음서는 각자만의 특별한 신학적 방향성에 맞게 이 점을 주장한다. "제자를 만들라"는 마태의 명령은 마태의 이야기를 통해 예수님이 어떻게 제자를 만드셨는지를 되돌아보게 한다. 제자는 하나님 나라의 메시지에 믿음과 회개로 반응한다. 제자는 그의 삶을 예수님께 맞추고, 그분과 사랑의 교제 속에서 살아가는 법을 배우며 예수님의 삶을 모범으로 삼는다. 제자는 예수님의 모든 말씀에 대한 값진 순종을 배우고 하나님 나라를 말과 행동으로 드러내며 예수님의 선교에 참여한다. 제자는 고난받는 사랑을 배운다. 칼 바르트는 "제자를 만들라"는 예수님의 명령에 대해 이같이 언급한다. "그들을 너와 같은 사람으로 만들라! 그들이 네가 배웠던 자리에서 나와 함께 배우도록 하라! 그들이 종말론적 이스라엘의 열두 지파에 들어오게 하라! 그들이 세상 가운데 자신의 일과 장소에서 나누게 하라!"[51] 또는 크리스토퍼 라이트가 말한 것처럼, 예수님은 "그분의 제자들이 나가서, 열방 속에 순종의 공동체를 만듦으로써 자신을 복제하도록 파송하신다."[52]

요한복음에서 예수님은 매우 분명하게 말씀하신다. "아버지께서 나를 보내신 것 같이 나도 너희를 보내노라"(요 20:21). 이 구절에서 "같이"는 이스라엘을 향한 예수님의 선교가 열방을 향한 제자들의 선교의 모범paradigm으로 사용될 것임을 말해 준다. 뉴비긴은 "이것이 선교에 대해 생각하고 선교를 수행하는 방식을 결정해야 한다. 선교는 예수님의 선교 위에 세워져야 하고 그분의 선교를 모델로 삼아야 한다. 우리가 어떤 다른 방식으로 선교를 하는 것은 허용되지 않는다."[53]

레그랑은 예수님 자신의 목적을 재개하는 것이 교회의 역할이라고 이해하는 것은 "복음서의 **이야기들이 우리에게 선교에 대해 가르쳐 주는 기능을 하고 있음**"을 의미한다고 유익한 언급을 한다."[54] 때때로 복음주의자들은 개인적인 거룩함의 예를 찾는 것 외에 복음서에 기록된 예수님의 삶과 사역의 이야기를 어떻게 다루어야 할지 전혀 알지 못한다. 그러나 복음서는 교회의 삶을 특징짓고 규정하는 패턴을 제공한다. 예수님의 선교를 요약한 지난 장을 되돌아볼 때, 우리는 우리의 삶에 대한 큰 헌신을 요구하는 부르심을 본다. 예수님은 그분의 하나님 나라 선교에 참여하고 구현할 공동체를 만드셨다. 그는 복음을 선포하셨고 사람들이 회개와 믿음으로 그 공동체에 들어와, 그 나라의 복과 요구들을 받아들이도록 초청하셨다. 예수님은 하나님 나라의 권능과 본질을 권세와 긍휼의 행동으로 증명하셨다. 그분의 삶은 생생하게 하나님 나라에 속한 삶을 보이셨다. 아버지 하나님과의 "아바 관계", 성령의 능력에 힘입은 삶, 그 중심에 하나님 나라를 위해 울부짖는 깊고 풍성한 기도의 삶, 아버지에 대한 포괄적인 순종, 정의, 공의, 기쁨, 사랑과 용서에 대한 어려운 요구, 가난하고 소외된 자들과 동일시, 고난받는 사랑 속에서 문화의 우상과 세력들에 도전하는 열의 등이다. 이것은 교회가 부름 받은 선교적인 삶에 대한 넓고 깊은 그림을 제공한다.

그럼에도 이것은 교회가 예수님의 선교를 값싸게 모방하는 일에 만족해야 하는 것을 의미하지 않는다. 우고 에체가라이Hugo Echegaray는 이를 언급한다. "예수님은 제자들에게 구체적인 행동 프로그램 혹은 이후에 모든 상황에서 제자들을 인도할 문서, 또는 그들의 미래 조직을 위한 정확한 규율을 남겨 주시지 않았다. 예수님은 그들이 부활을 경험한 이후에 새로운 상황과 필요, 문제를 만나게 될 때, 책임 있는 선교를 자유롭게 만들어 나가도록 하셨다."[55] 예수님은 자신의 말과 행동으로 현존하는 불의한 사회적, 정치적 질서에 대한 대안을 제시하셨다. 그분은 추상적인 윤리적 명령이나 충분히 발전된 공동체의 조직 체계를 세우시지 않고 문화적 우상에 비판적인 공동체적 삶을 형성하는 대안적 실천의 징표와 예들을 주셨다. "예수님은 행동을 위한 고정된 모델을 만들지 않으셨다. 오히려 공동체가 새롭게 다른 역사적 상황 속에서 말과 행동으로 하나님 나라의 복음을 선포해야 할 때, 창의적인 방법으로 예수님 자신의 행동이 보여준 논리를 이어 가도록 제자들을 고무시키셨다."[56]

결론

성경 이야기는 창조와 인간의 삶을 회복하셔서 다시 하나님의 은혜로운 통치 아래 살아가게 하시는 하나님의 여정에 대한 이야기다. 하나님은 한 백성을 선택하셔서, 그분과 함께 이 여정에 동행하고, 그들의 공동체적 삶 속에 하나님이 주신 회복의 약속을 구체화시키며 살아가게 하신다. 예수님의 죽음과 부활의 사건은 이 이야기의 핵심적인 절정의 순간이다. 죄, 사탄의 세력, 악이 지배하는 옛 시대는 십자가에서 결정적으로 패배를 당한다. 부활을 통해 다가올 시대는—샬롬, 정의와 구원을 특징으로 하고 온 세상을 채우도록 예정되어 있는—시작되었다. 하나님의 백성은 **열방을 위해** 이러한 사건들에 참여하기 시작한다. 다가올 시대의 권능으로 변화된 그들의 삶은 이러한 결정적인 사건들이 세계 역사의 전환점이라고 가리킨다. 이제 예수님이 회집하신 종말론적 백성은 이러한 중추적인 사역이 완성되었기 때문에 열방으로 보냄을 받을 것이다. 신약은 이러한 열방으로 보냄을 받은 백성이 다양한 문화

열방에 빛을

적 상황 속에서, 창조적인 방식으로 예수님의 선교 논리를 이어 가는 역사이자 신학적 성찰이다. 우리는 다음 장에서 그러한 것들을 살펴볼 것이다.

6장
신약 이야기 속의 선교적 교회

누가는 부활 후 하나님의 선교 이야기를 이어 간 신약의 유일한 저자이며, 그가 말한 이야기는 선교적 교회론에 매우 중요하다. 한편으로, 우리는 구약의 하나님 백성의 선교와 누가가 서술한 새로운 공동체의 선교 사이에 밀접한 유사성을 보게 된다. 이러한 유사성은 새롭게 회집된 메시아적 공동체가 열방에 빛이 되는 이스라엘의 선교를 재개한다는 점이다. 다른 한편으로, 근원적으로 새로운 어떤 것을 보게 되는데, 그것은 이 공동체가 메시아 되신 예수님을 중심으로 모이고 성령의 충만을 받으며 예수님의 종말론적 선교를 위해 땅끝까지 보냄을 받는다는 점이다. 교회의 이러한 두 가지 특징, 옛 것과 새 것은 모두 하나님의 백성을 위한 깊은 선교적 정체성에 기여한다. 이 장에서 우리는 1세기의 선교적 교회 이야기를 다룰 것이다.

사도행전의 선교

워드 가스크Ward Gasque는 "사도행전의 신학은 선교 중심적인 신학이며, 교회는 자신을 위해 존재하는 것이 아니라 세상을 위해 존재하고, 하나님이 행하신 일과 예수님 안에서 하시는 일을 담대히 증거한다"[1]라고 말한다. 정확히 맞는 말이다. 그런데 여기서 "선교"가 의미하는 바는 무엇일까? 윌버트 쉥크는 "현대의 주석가들은 자료를 나누고 근대적 관행과 가정에 의존하여 편집한 표제와 주석을 삽입함으로써, 사도행전 기사를 '크리스텐덤' 방식으로 읽는 일을 지속하게 만든다"라고 언급한다. 쉥크는 여기서 근대(19, 20세기) 선교 운동의 관행과 가정을 언급하면서, 그동안 선교가 주로 타문화권 활동으로 이해되어 왔음을 지적한다. 쉥크는 계속해서 대부분의 학자들은 이러한 방식으로 사도행전 이야기를 읽어 가면서 이방인 선교의 시작(행 13장)과 함께 "선교"라는 용어를 소개해 왔다고 말한다.[2] 루시엥 르그랑도 비슷한 언급을 한다. "누가의 기사에서 선교가 발견되는 것은 사도행전의 첫 부분이다. 우리는 '바울에게 가려는' 조급함 때문에, 때로 이 첫 부분을 단지 선교를 더듬거리며 찾아가는 시도로 보고, 반면 사도 바울의 사도직은 진정하고 완전한 선교로 보는 경향이 있다."[3]

　우리가 "선교"를 복음이 새로운 곳에 전파되는 지리적 확장으로 이해한다면, 교회의 선교는 실제로 바울의 파송(행 13장)과 더불어 시작하거나 또는 조금 더 일찍, 베드로가 고넬료에게 가려고 문화적 경계를 넘어설 때(행 10장) 시작된다. 그러나 예수님이 하신 것처럼 선교를 구약의 빛 아래서 이해한다면, 우리는 사도행전에서 아주 다른 관점을 얻게 된다. 선교는, 올바로 이해된다면, 대조적 백성으로 살아감으로써 주변 민족들을 하나님과의 언약으로 이끌어 오는, 하나님께 선택받은 사람들의 역할이다. 따라서 선교는 사도행전에서 시작하는 것이 아니라 성경 이야기의 시작으로 거슬러 올라간다. 복음서들은 예수님의 사역 안에서 하나님 선교의 종말론적 성취가 시작되었다고 이야기하고, 사도행전은 그 이야기를 계속 이어 간다. 사도행전에서 하나님의 선교 이야기는 그분의 백성을 통해 이스라엘이 회복되고 이방인들이 하나님의 백성에 편입되는 이야기로 이어진다.

예수님의 선교 이어 가기

예수님의 선교와 하나님 백성의 선교 사이에 있는 연속성은 사도행전의 첫 줄에서 분명하게 드러난다. 누가는 그의 이전 복음서에서 "예수께서 **행하시며 가르치시기를 시작하심**"(행 1:1, 저자 강조)에 대해 썼다고 말한다. 누가가 사도행전에서 (지금은 승천하신 주님으로서) 예수님이 택한 공동체를 통해 성령으로 **계속해서 행하고 가르치실** 모든 일에 대해 기록할 것이라는 것은 분명한 추론이다. 선교는 하나님의 사역이다. 예수님은 성령으로 일하고 계시며, 그분의 백성은 그 선교로 부름 받고 예수님이 시작하신 선교를 지속한다. 예수님의 선교를 지속하는 것은 단지 그분의 제자 공동체에 주어진 또 하나의 임무가 아니라, 오히려 하나님의 계속되는 이야기 안에서 그들의 정체성과 역할을 규정해 주는 것이다.

누가는 예수님의 선교와 하나님 백성의 선교 사이에 있는 연관성을 네 가지 측면에서 강조한다. 첫째는 구속사적 측면이다. 한스 콘첼만 Hans Conzelmann은 누가복음에 관한 그의 중요한 연구에서, 누가가 구속사를 세 시기로 나누고 있음을 보여준다.[4] 첫째, 세례자 요한까지의 이스라엘 시대, 둘째, 역사의 중앙으로서 예수님의 공생애 기간,[5] 그리고 셋째, 오순절에서 시작한 교회 시대다. 이런 역사에 대한 신학적 해석은 예수님 사역의 중심적 의미와 또한 구속사에서 예수님이 시작하신 일을 이어 가는 교회의 역할을 모두 강조한다.

이런 구속사적 구조는 누가복음과 사도행전 사이의 세심하게 구성된 **문학적 유사성**에 내포되어 있다. 사도행전의 앞부분에 나타난 초대 교회의 선교는 누가복음의 초반부에 기록된 예수님의 선교와 유사하다.[6] (누가복음에서) 예수님의 선교와 (사도행전에서) 하나님 백성의 선교는 기도로 시작하고(눅 3:21, 행 1:14), 기도의 응답으로 성령이 오신다(눅 3:22, 행 2:1-13). 성령의 오심을 뒤따르는 개시 연설inaugural speech은 성령을 선교에 연결시키고 성경을 인용함으로 그 사실을 확증한다(눅 4:16-21, 행 2:14-39). 두 연설이 다 "해방"을 선포하고(눅 4:18, 행 2:38), 곧 치유로 이어지며(눅 5:17-20, 행 3:1-10), 유대 종교 지도자들의 반대가 뒤따른다(눅 5:21, 행 4:1-22). 사도행전의 이 문학적 형식에 담긴 신학적 요점은 예수님의 선교가 어떻게 그분의 제자들을 통해 계속되는지를 강조하는 것이다.

성령의 역사는 누가가 예수님을 그분의 공동체와 연결시키는 세 번째 측면이다. 누가복음에서 예수님의 선교는 성령의 오심과 함께 시작된다(눅 3:21-22). 사도행전에서 교회의 선교는 성령의 부어 주심으로 시작한다(행 2:11-13). 나사렛에서 예수님의 개시 연설은 성령의 오심과 선교를 연결시킨다(눅 4:18-19). 베드로의 첫 설교는 성령의 부어 주심과 교회의 선교를 연결한다(행 2:14-39). 성령은 예수님께 그분의 선교를 위해 권능을 부어 주시는 것처럼, 교회의 선교에도 권능을 부어 주신다(눅 4:18, 행 10:38 참조). 성령은 선교의 영이시므로 두 책을 연결시키신다. 성령과 선교의 관계가 교회사 내내 적절한 관심을 받지 못했지만, 최근의 누가복음 연구를 통해 우리는 "성령의 근본적인 선교적 성격"[7]을 새롭게 볼 수 있게 되었다.

마지막으로, 누가는 **지리적** 구조를 사용하여 예수님의 사역과 교회의 역할, 정체성 사이의 연관성을 보여준다. 누가복음에서 예수님의 사역은 **예루살렘을 향해 가는** 세 단계의 여정에서 점진적으로 드러난다. 먼저는 갈릴리에서의 사역이고(눅 4:14-9:50), 그 다음은 갈릴리부터 예루살렘으로의 여정이며(눅 9:51-19:40), 마지막은 예루살렘에서의 마지막 사건들이다(눅 19:41-24:53). 이 지리적 패턴의 중요성은 누가복음을 마태, 마가복음과 함께 비교할 때 잘 드러난다. 두 복음서는 갈릴리와 예루살렘 사이를 두 곳으로 나누어 복음 기사를 전하는 데 비해, 누가는 예수님이 예루살렘을 향해 가시는 긴 여정을 중간에 삽입한다. 예언자들에게 배운 1세기 유대인들은 예루살렘을 매우 집약된 신학적 상징이자 세상의 구속을 위한 중심이며, 메시아가 출현하고 이스라엘과 열방이 모일 장소로 보았다(사 2:2, 미 4:1).[8] 누가는 예루살렘에 대한 이러한 견해를 공유하고, 구속사의 모든 핵심적인 사건—수난, 죽음,

부활, 출현, 승천—이 여기서 일어난다고 보았다.

또한 사도행전에서 교회의 선교는 **예루살렘으로부터**(행 1:8) 점차적으로 진행되는 세 가지 국면을 보여준다. 예루살렘에서 일어나는 사건들을 시작으로(행 1-7장), 사마리아와 해안 평지들로 이어지며(행 8-9장), 마침내 로마제국의 다른 지역으로 뻗어 나가고, 사도 바울이 로마에 도착함으로써 끝이 난다(행 10-28장). 이것은 주의 말씀이 **예루살렘에서** 시작하여(사 2:3, 미 4:2) 열방 가운데 전해질 것에 대해 예언자들이 가진 비전과 일치한다.

선교적 교회론의 목적을 위해서, 우리는 누가복음에 나타난 예수님의 선교와 교회의 연관성으로부터 세 가지 관점을 이끌어 낼 수 있다. 첫째, 우리는 사도행전을 예수님이 받아들이신 구약의 선교적 비전의 측면에서 해석해야 한다. 열방을 품는 비전을 가진 종말론적 공동체로 이스라엘을 회집하시는 예수님의 선교는 사도행전에서도 계속된다. 또한 이런 회집을 위해 마지막 심판이 연기된 "이미-그러나-아직"의 시대도 사도행전 이야기에서 계속된다. 둘째, 구속 역사에서 교회의 정체성과 역할은 예수님 선교의 연장에 의해 규정된다. 이것은 단지 예수님이 행하신 많은 일들을 계속하는 문제가 아니다. 오히려 교회의 본질과 정수는 예수님의 선교를 계속하라는 부르심에 의해 규정된다.

셋째, 선교는 그리스도의 사역이기 때문에 그리스도의 방식으로 이루어져야 한다. 승천하신 그리스도는 성령으로 교회 안에서 교회를 통해 그분의 선교를 지속하신다. 교회는 그리스도가 일하시는 **장소**이며, 또한 그리스도가 사용하시는 **도구**가 된다. 따라서 예수님의 선교는 교회의 선교를 위한 패턴이 된다. 그리스도의 방식으로 이루어지는 선교란, 새로운 문화적 상황에서 창조적인 방법으로 수행될지라도, 이러한 동일한 요소들이 교회 선교의 방식으로 나타나는 것을 의미한다. 뉴비긴은 말한다. "예수님은 제자들을 선교로 보내시면서 이렇게 말씀하셨다. '아버지께서 나를 보내신 것 같이 나도 너희를 보내노라'(요 20:21). 이것은 우리가 생각하고 수행하는 선교의 방식을 결정해야만 한다. 선교는 예수님의 방식 속에서 발견되어야 하고, 그 방식을 모델로 삼아야한다. 우리는 다른 방식으로 선교할 수 있는 자격이 없다."[9]

증인 공동체

우리가 선교적 교회란 어떤 것인지 진정으로 이해하려고 한다면, 부활하신 주님의 다음과 같은 말씀에 주의를 기울이는 것이 필요하다. "때와 시기는 아버지께서 자기의 권한에 두셨으니 너희가 알 바 아니요 오직 성령이 너희에게 임하시면 너희가 권능을 받고 예루살렘과 온 유대와 사마리아와 땅끝까지 이르러 내 증인이 되리라"(행 1:7-8). 이스라엘이 "마지막 날"에 있을 일련의 사건에 대해 기대했던 것을 고려해 볼때, 제자들이 예수님께 드린 질문—"주께서 이스라엘 나라를 회복하심이 이때니이까?"(행 1:6)—은 이해할 만하다. 적어도 사도행전의 첫 다섯 구절에서 언급된 세 가지 상황들 때문에 제자들이 그런 질문을 했다고 볼 수 있다.

첫 번째는 예수님의 **부활**이다. 유대인에게 부활은 "다가올 시대"

의 도래를 의미하는 마지막 때의 사건이었다. 다음은, 40일 동안 예수님께서 제자들을 만나시고 그들에게 **하나님 나라**—당시 이스라엘에서 가장 기본적인 종말론적 소망의 이미지—에 관해 가르치신 것이다. 마지막으로, 예수님께서 다가올 시대의 구원을 가져오는 마지막 때의 선물로서 예언자들이 약속했던 성령의 **도래**에 대해 말씀하신다. 이 세 가지—부활, 하나님 나라, 성령—는 함께 1세기 유대인들이 하나님 나라가 가까웠고, 따라서 이스라엘이 곧 회복될 것을 믿도록 이끌었을 것이다. 그런 이유로 제자들은 이러한 명백한 질문을 던진다. "주께서 이스라엘 나라를 회복하심이 이때니이까?"

어떤 사람은 예수님의 대답이 제자들의 호기심에 대한 온화한 꾸중이라고 생각한다. 제자들은 자신의 일에 관심을 가져야 하고, 미래에 대해서는 염려할 필요가 없다는 것이다. 또 다른 사람은 하나님 나라에 대해 제자들이 갖고 있는 편협한 민족주의적 관점에 도전하는 것이라고 간주한다.[10] 그러나 이런 해석들은 예수님과 사도들을 포함해서 모든 유대인이 공통적으로 갖고 있던 정당한 종말론적 기대를 보지 못하고 있는 것이다. 모든 표적이 가리키고 있는 바와 같이, 마지막 날이 실제로 도래한다면 이스라엘은 **반드시** 회복되어야 한다. 이것이 예언자들이 생각하던 하나님 나라가 이루어질 때 나타나는 첫 번째 사건이다! 예수님의 말씀은 정확히 이 질문에 답하신다. 이것이 하나님 나라가 이스라엘에 회복되는 **방식**이고 (예언자들의 약속과 일치하게) 이방인들이 곧 그 나라로 들어오게 된다. 예수님은 제자들의 기대를 "언제"에서 "어떻게"로 바꾸신다. 이 작은 무리로 구성된 회복된 이스라엘은 하나님 나라가

열방에 빛을

정확히 언제 완전히 이루어질지 알 필요가 없다. 제자들은 다가오는 하나님 나라 안에서 **자신의 역할**에 관심을 기울여야 한다. 이 목적을 위해 하나님께서 예언자들을 통해 약속하신 성령이 부어질 것이다. 성령을 부어 주심은 하나님 나라의 복이 곧 내리기 시작할 것이고 회복이 시작되었다는 표시다. 이 회복에서 제자들의 역할은 예루살렘과 유대와 사마리아와 땅끝까지 예수님의 증인이 되는 것이다. **이것이** 정확히 하나님 나라가 열방을 위해 이스라엘에게 회복되는 방식이다.

예수님의 대답에 내포된 세 가지 요소는 우리의 주제를 위해 중요하다. 먼저, 예수님은 하나님 나라의 최종적인 도래는 **아직 오지 않았음**을 분명히 하신다. 유대인들은 하나님 나라가 즉시 오기를 기대했고 이런 기대는 예수님의 제자들 사이에 많은 혼란과 혼돈을 가져왔다(눅 7:18-19, 24:21). 예수님의 많은 비유들은 하나님 나라가 곧 오지 않을 것임을 분명히 보여주었다(마 13:1-43). 하나님 나라는 역사 속에 이미 도래했지만 아직 완성되지는 않았다. 이것은 하나님 나라의 복음을 전파하고 종말론적 추수로 회집하는 시간을 열어 주었다. 예수님은 이 사역을 시작하셨고 지금은 제자들에게 이 중간기가 계속될 것이라고 말씀하신다. 따라서 이 시기는 땅끝까지 증인이 되어야 하는 시간이다.

그러므로 예수님의 초림과 재림 사이에 있는 이 현재 시간의 의미와 목적은 교회가 세상을 향한 증인으로서 사도적 선교를 수행하는 것이다.…… 시기와 때에 관한, 세계 역사의 마침에 관한 제자들의 질문에 대한 대답은 위임commission이다. 온 세상을 위해 이루어진 일은 반드시 온 세상에 알려져야 하며, 이를 통해 온 세상이 복음에 순종하게 되고, 하나님이 이루신 구원으로 치유를 받게 될 것이다. 마지막이 연기된 것은 바로 이것 때문이다. 그 마지막은 완전히 드러났기 때문에 이제 이 사실은 모두에게 알려져서 모두가 믿을 수 있도록 해야 한다.…… 그것이 여전히 우리에게 시간이 주어진 의미다.[11]

뉴비긴은 대담하게 이 시기의 가장 결정적인 특징인 선교적 순종을 잃어버리는 것은 거짓된 종말론을 갖는 것이라고까지 말한다.[12]

둘째, 예수님은 **성령**이 그들 위에 임하실 것이라고 말씀하신다. 성령은 다가올 시대를 위한 예언자들의 약속이다. 요엘은 하나님께서 그분의 영을 부어 주실 것이며 이스라엘이 회복될 것을 약속한다(욜 2:28-3:1). 또한 이사야서와 에스겔서는 마지막 때에 하나님께서 그분의 영을 이스라엘 위에 부어 주심으로 이스라엘을 회복하실 것이라고 약속한다(사 32:15-17; 44:3; 59:21, 겔 36:26-27; 37:1-14; 39:29). 성령은 마지막 때를 위한 선물이다. 성령의 오심은 하나님 나라가 역사 속으로 들어온 증거다.[13] 예수님이 말씀하신 것은 이러한 마지막 때가 곧 밝아 올 것이며, 그분의 제자들은 마지막 날의 구원과 "다가올 시대의 능력"을 이제 경험하게 될 것이라는 점이다(히 6:5).

셋째, 성령의 오심은 이러한 신자들의 공동체가 죽음과 부활로 이 구원의 시기를 가져오신 예수님의 **증인이 되도록** 권능을 부어 줄 것이다. 이 말씀의 배경은 이사야 43:1-12에서 발견된다. 이스라엘의 회복과 이방인의 회심을 포함해서 마지막 때에 성취된 약속들을 배경으로,

열방에 빛을

이사야는 이스라엘이 열방의 우상에 대적하면서 하나님의 위대한 구원의 증인이 될 것이라고 약속한다(사 43:11-12). 이 예언은 지금 성취되었다. 예수 그리스도 안에서 드러나고 성취된 하나님의 전능하신 구원사역은 지금 성령 안에서 나타나고 있다. 예수님의 제자들은 하나님의 이 위대한 일에 대한 증인들이다.

세 가지 잠재적인 오해는 우리로 하여금 쉽게 이러한 말씀의 범위를 제한하거나 그 말씀이 가진 교회론적 영향력을 약화시킬 수 있다. 첫째, 우리가 이 증언을 사도들에게만 국한시키는 것은 잘못이다.[14] 의심의 여지 없이 사도들은 첫 번째 증인이다. 예수 그리스도의 부활에 대한 사도적 증거는 독특하고, 반복될 수 없으며, 교회의 기초가 된다. 그러나 사도들 또한 "메시아를 중심으로 모인 하나님의 종말론적인 백성의 시작이자 중심"[15]을 형성한다. 그들은 유년기적*in partu*인 선교적 교회다—곧 선교적 교회로 태어난 것이다.[16] 또는 사도들의 무리는 전체를 대표하는 부분*pars pro toto*으로서의 선교적 교회다. 따라서 그들이 전체 하나님의 백성을 대표하기 때문에, 이 약속이 그들에게 주어진다. 증거는 이 작은 사도적 무리와 함께 시작되지만 전체 교회의 부르심으로 확장된다.

더욱이 우리가 예수님의 증인이 되라는 부르심을 하나님의 백성을 위한 많은 과제들 가운데 한 가지 더 추가된 것으로 생각한다면 잘못 판단하는 것이다. 증인이 되는 것은 다른 여러 가지 임무 가운데 한 가지가 아니다. **증인됨은 이 시대의 하나님 이야기 속에서 이 공동체의 역할을 규정하고, 따라서 그들의 정체성을 규정한다.** 역사의 이 시점에서 그들의 종말론적 역할은 구원을 먼저 이스라엘에게, 그 다음에는 이방인에게 전파하는 것이다. 대럴 구더는 이 점을 분명히 밝힌다. "성령이 그들에게 오셔서 권능의 선물을 주실 때, **그들의 정체성**은 증인의 정체성으로 변형되었다."[17] 이와 같이 수잔 드 디트리히Suzanne De Diétrich도 말한다. "교회의 이러한 증인됨은 부차적인 임무가 아니라 교회의 **존재 이유**이자 본질적 소명이다. 선교적 임무는 교회의 본질에 속한다."[18]

따라서 이 증인됨은 그들의 삶 전체를 포괄한다. "교회와 그리스도인들은 **증인**이 되어야 하고 **증거**해야 하며 **증언**해야 한다."[19] 디트리히는 증인됨이 자주 말로 축소되었다고 지적하며, 교회는 "증거하는 몸"이 되어야 한다고 주장한다. 증언은 중요하지만, "교회의 증거하는 능력은 교회의 교회됨—하나님이 일하시고 새로운 삶의 질이 표출되고, 말하자면 성령의 열매가 말과 행동에서 나타나는 공동체—에 달려 있다.[20] 마찬가지로 구더는 "증인으로서의 정체성은 포괄적이다—그것은 모든 개인과 전체 공동체를 규정한다"[21]라고 말한다. 증인됨은 그들의 삶 전체에서 하나님의 백성이 되도록 규정한다—모든 삶이 증인이다![22]

마지막으로 우리가 이러한 말들을 개개의 그리스도인의 증거로 한정하면 오류를 범하는 것이다. 우리는 분명히 개인적으로 증거해야 하지만, 이러한 말들은 원래 **공동체에게** 주어졌던 것이고 그 자체로 **그들의 공동체적 정체성**을 규정한다. 뉴비긴은 예수님의 의도가 처음부터 "예수님이 아버지로부터 오셔서 되시고 하신 일—곧 하나님의 임재하시는 통치를 구현하고 알리는 일—을 이어 나가는 공동체로 만드시는 것이었다"[23]라고 언급한다. 개개인의 신자들이 나타내는 증거의 중요성을 부인하지 않으면서, 게르하르트 로핑크는 다음과 같이 강조한다. "가장 주된 사안은 개개인의 그리스도인들이 가져야 할 개인적인 거룩함이 아니다. 핵심은 **모든 사람이** 세상을 향한 하나님의 계획을 **증거하는 것이다.**…… 전체 신약성경은 교회를 세상과 대조를 이루며 서 있는 대조적 사회로 바라본다."[24]

사도행전의 지리적 구조와 선교적 교회

사도행전 첫머리에서 예수님의 말씀은 사도적 증거가 예루살렘에서부터 유대와 사마리아로, 그리고 땅끝으로 나아가는 지리학적 과정에 대한 개관을 보여준다. 교회의 첫 선교는 예루살렘에서 시작된다(행 1-7장). 스데반 집사가 돌에 맞은 이후(행 7장), 큰 박해가 일어나고, 이로 인해 교회는 유대와 사마리아 전역으로 흩어진다(행 8장). 사울(행 9장)과 고넬료(행 10-11장)의 회심뿐만 아니라 안디옥 교회의 설립(행 11장)은 이스라엘을 넘어 이방인을 위한 선교의 길을 마련한다. 이러한 선교는 성령이 안디옥 교회로 하여금 바나바와 바울을 보내 로마제국 전역에 복음을 전하도록 인도하실 때 시작된다. 구브로와 소아시아로의 1차 전도여행(행 13-14장) 후에, 열방을 향한 선교의 신학적 기초가 예루살렘 공의회에서 세워진다(행 15장). 실라와 함께 한 2차 전도여행에서 바울은 예루살렘에 돌아오기 전에 소아시아 지방을 지나서까지 여행한다(행 16-21장). 바울은 예루살렘에서 붙잡히고 죄수의 신분으로 그레데와 멜리데("바다의 섬들", 사 11:11, 41:1, 49:1 참조), 마침내 제국의 수도 로마에 도착한다(행 22-28장). 이와 같이 누가는 처음 몇 십 년 동안 메시아적 공동체가 보여준 선교적 삶에 대해 진실로 웅장한 스케치를 보여준다.

이러한 문학적 구조는 누가의 신학을 반영한다. **주님의 말씀**은 사도행전의 지배적 주제다. 사도행전 1:8에 서술된 지리적 운동은 말씀이 예루살렘에서부터 로마로 전해지는 과정이다. 때때로 누가의 요약은 이러한 운동이 말씀의 전파임을 분명히 보여준다. "이와 같이 주의 말씀이 힘이 있어 흥왕하여 세력을 얻으니라"(행 19:20, 행 6:7, 12:24 참조). 다른 곳에는 성장하고 번영하는 것이 바로 **교회**라고 강조한다. "이에 여러 교회가 믿음이 더 굳건해지고 수가 날마다 늘어 가니라"(행 16:5, 행 6:1, 9:31 참조). 사도행전 이야기의 흐름은 말씀의 지리적 전파에 관한 것이다. 이것은 추상적인 신학적 메시지가 아니라 교회의 삶과 말과 행위에 온전히 뿌리내린 능력의 메시지다.[25]

여기서 다시 우리는 이 본문을 19세기 선교의 관점으로 바라보지 않도록 주의해야 한다. 어떤 사람은 사도행전의 이야기가 여러 장에 걸쳐 예루살렘에 지체하고 있고, 13장이 지나서야 비로소 이방인을 향한 선교가 시작된다고 생각한다. 우리가 "선교"를 지리적 경계를 넘어 증거하는 것으로만 생각하면, 아이러니하게도 우리는 누가의 선교적 구조를 놓치게 된다. 우리가 "모든 행동은 예루살렘에서 일어나고 그 움직임은 철저히 유대의 종교 제도에 배타적으로 남아 있기" 때문에 사도행전의 앞부분에서 선교적 진보는 "늦은 출발을 시작하고 있다"는 견해를 받아들이면,[26] 우리는 누가의 선교신학을 형성하는 구약의 관점뿐만 아니라 사도행전의 앞부분에서 교회의 선교적 정체성이 뚜렷이 드러나는 방식을 놓치게 된다.

예수님은 복음의 메시지가 "그분의 이름으로 예루살렘에서 시작하여 모든 족속에게 전파될 것"이라고 말씀하신다(눅 24:47). 예루살렘은 교회가 더 중요한 지역으로 뻗어 나갈 때 뒤에 쉽게 남겨지는 선교의 본부나 출발지 정도가 아니다. 예언자들의 이스라엘을 향한 메시지에서 예루살렘은 종말론적이고 구속적인 중요성으로 고동치고 있다. 이런 견해 속에서 예루살렘은 마지막 날에 구속의 중심부였다. 누가는 이러한 구약의 "구심적" 전통에 뿌리를 내리고 있다. 루시엥 르그랑은 예루살렘에서의 선교는 교회론에서 중요하다고 주장한다. "이것은 단지 예루살렘에서 튼튼한 선교의 기초를 다지고 시작하기 위한 전략적 질문이 아니라 **교회의 정체성**에 대한 문제였다."[27] 마지막 때의 선교는 우선 이스라엘의 잃어버린 양을 모으는 것이고, 그 다음에는 열방이 **새로워진 공동체 안으로** 들어오는 것과 관련이 있다. 이 공동체는 반드시 구약의 예언에 따라서 예루살렘에 먼저 잘 세워져야 한다.

"열둘"의 상징적 중요성은 이 부분에서 부각된다. 복음서에서 예수님은 종말론적으로 회복된 이스라엘이 세워지고 있음을 의미하는 열두 명을 지명하셨다. 누가가 기록한 예수님의 승천 이후 첫 사건은 이러한 임명의 상징적 중요성을 강화시킨다(행 1:12-26). 유다의 비극적인 이탈은 종말론적 이스라엘의 토대가 온전히 유지되기 위해서 열두 번째 사도가 반드시 새로 뽑혀야 한다는 것을 의미했다. 유다를 대신해서 맛디아를 선택하는 모습은 열두 사도가 자신들의 정체성을 종말론적 이스라엘의 측면에서 이해했음을 보여준다. "열둘의 재구성은 이스라엘을 향한 증인을 준비하는 중요한 단계다. 이러한 핵심적인 증인 그룹의 열두 번째 구성원을 선택하는 일은 예수님의 죽음과 부활에 뒤따르는 새로운 상황에서 그분의 증인이 되라는 예수님의 명령을 받아들였음을 의미한다. 이것은 예수님에 대한 믿음의 행위이고, 그분의 새로운 소명에 대한 순종의 첫걸음이다."[28]

누가의 선교적 교회론의 중요한 차원은 여기서 드러난다. 곧 교회는 자기 백성에 대한 사명을 가진 회복된 이스라엘이자 변화된 공동체로서 시작된다. 열방이 하나님의 언약 안으로 들어오기 전에, 이스라엘이 먼저 정결케 되고 자신의 선교적 소명을 위해 회복되어야 한다. 예언자들의 마지막 때를 위한 선교 방법은 "구심적 세계주의"로서, 재건된 이스라엘은 열방을 위한 "우주적 인력universal attraction의 중심축"이 될 것이다.[29] 누가는 예루살렘 교회의 선교를 서술하면서 이런 기초를 놓는다. 이스라엘이 온전히 회복되었을 때 열방이 하나님의 언약 공동체 안으로 회집되고, 그제서야 말씀이 예루살렘에서 땅끝까지 전파될 수 있다. 따라서 누가의 선교 방법은 하나의 동심원과 같이 그리스도가 중심에 있고 그 주위로 열두 제자들이 모이며 그 제자들을 중심으로 회복된 이스라엘이 모여서, 결국에는 열방이 이스라엘 주위로 모인 것으로, 이스라엘의 언약적 특권을 공유하게 된다.[30] 그러므로 누가에게 예루살렘에서의 선교는 **가는 것**이 아니라 **되는 것**이다. 이스라엘은 반드시 매력적인 대조적 공동체가 되는 역할을 위해 회복되어야만 한다. 이스라엘의 이러한 선교적 소명은 그 시작부터 교회를 규정하고 있다.

열방에 빛을

그럼에도 사도행전 1:8에 표현된 것처럼 예수님의 선교 방식에 새로운 특징이 나타난다. 사도행전의 구절들과 구약의 선교적 관점 사이에는 연속성뿐 아니라 불연속성도 있다. 두 가지 모두 증인됨은 거룩한 도시 예루살렘에서 시작하지만 사도행전에서는 "땅끝"으로 나아간다. 이 표현은 이사야 49:6을 인용한 것이다.[31] 거기서 주님은 야곱의 족속을 회복시킬 것이고 이스라엘 족속을 다시 데려오실 것이라고 그분의 종에게 말씀하신다. "내가 또 너를 이방의 빛으로 삼아 나의 구원을 베풀어서 땅끝까지 이르게 하리라." 이것은 언제나 이스라엘 안에서, 이스라엘을 통한 하나님 선교의 지평이 되어 왔다. 이사야 말씀의 성취는 이제 사도적 공동체와 함께 예상치 못한 방식으로 시작된다. 구약성경은 주변(열방)에서 중심(예루살렘)을 향해 움직이는 구심적 운동을 나타내고 있다. 하지만 사도행전 1:8에서 예수님의 말씀은 중심에서 주변으로, 예루살렘에서 땅끝으로 복음이 흘러가는 (원심적) 경로를 보여준다. 열방으로의 움직임 속에서 구속 역사의 방향 전환이 드러난다. 크리스토퍼 라이트는 "초대교회 선교 운동의 원심적 역동성이 마침내 드러났을 때, 그것이 **개념적인 것은 아닐지라도 실제로** 놀랍도록 새로운 것이었다"[32]라고 말한다.

여기서 19세기와 20세기의 근대 선교활동의 신조—서구가 중심이 되고 아시아와 아프리카, 남미가 주변이 되는—를 따라 사도행전에 나타난 선교의 지리적 움직임을 해석함으로써, 누가를 오해하지 않도록 큰 주의를 기울여야 한다. 누가에게 지리는 구속사적, 종말론적 범주에 의해 규정된다. 곧 하나님은 모든 열방에 복이 되도록 이스라엘을 선택하셨고, 사도행전의 원심적 운동은 그러한 복이 실현되는 과정이 시작되었음을 나타낸다.

또한 우리는 이 바깥으로의 움직임을 개인주의적이 아니라 교회론적으로 해석하도록 신중을 기해야 한다. 선교의 원심적 운동이 단지 개개의 그리스도인들이 전도자나 선교사로서 (가깝든지 멀든지) 열방 가운데 (선교단체나 제도 교회로부터) 보냄을 받는 문제로 잘못 이해될 수도 있다. 이런 일이 타당한—실제로 필수적인—활동일지라도, 사도행전에서 들려지는 이야기는 매우 다르다. 그것은 (예루살렘 교회와 같이) 복음을 공동체적으로 구현하는 교회 공동체가 어떻게 전 세계로 뻗어 나가는지에 관한 이야기다. 사도행전의 원심적 운동은 주님에 의해 "주변"에서 살아가도록 보냄을 받은 공동체와 관련이 있다. 그곳에서 그들은 또한 새로운 삶의 형태를 취해야 한다. 그들은 더 이상 지리적으로 한 지역에만 묶이지 않고, 민족적으로 한 백성으로만 구성되는 것이 아니다. 그들은 더 이상 하나의 정치-문화적 정체성에 의해 규정되지 않고, 더 이상 이방 나라들이 그들에게로 와서 그들의 문화와 정치 공동체에 합류하는 것도 아니다. 하나님의 백성은 모든 열방 가운데서 복음을 살아 내는 **한 백성**으로 보냄을 받는다.

따라서 하나님 백성의 선교는 구심적일 뿐 아니라 원심적이다. 선교는 우선 구심적이다. 하나님의 백성은 "그들 가운데 거하시는 하나님의 임재를 공동체적인 삶과 타인과의 관계를 통해 나타내야 한다."[33] 구심적 선교는 교회가 기독교 신앙의 "빛나는 표지이자 매력적인 삶의 방식을 보여줌"[34]으로써 이방인들을 그들의 공동체 안으로 이끌어 올 때만 가능하다. 열방의 우상에 대항하는 하나님 나라의 징표로서, 그분의 창조 의도대로 살아가는 대조적 사회로의 부르심은 사도행전에서 이 새로운 시대의 하나님 백성이 수행할 선교로 이어진다. 그러나 그런 공동체는 세상의 모든 문화 가운데서 이러한 삶을 구현하도록 보냄을 받는다. 이것이 바로 교회의 종말론적 선교의 새로운 원심적 차원이다.

오순절_ 성령 충만한 메시아적 공동체

이스라엘 백성은 마음에 자리 잡은 우상숭배와 죄의 세력 때문에 그들의 선교적 소명을 달성하지 못했다. 이것이 바로 하나님께서 이스라엘에게 새로운 마음(렘 31:31-33)과 새 영(겔 36:26)을 주실 때가 오고 있다는 약속을 예언자들이 한 이유다. 이 일은 다가올 하나님 나라의 최고의 선물인 성령 안에서 성취될 것이다.

이스라엘과 열방의 최종적인 회집이 시작되기 전에, 성령이 오셔서 하나님 나라의 삶을 우리에게 가져다주셔야만 했다. 따라서 부활하고 승천하신 그리스도가 성령을 부어 주신다(행 2:1-13). 그 극적인 사건은 놀라움과 충격을 주고 "이것이 무슨 일인가?"(행 2:12)라는 물음을 불러일으킨다. 그 질문에 베드로는 설교를 통해 대답한다.

먼저 베드로는 마지막 날이 도래했다고 말한다. 요엘은 "그 후에 내가 내 영을 만민에게 부어 주리니"(욜 2:28)라고 약속했다. 베드로는 요엘의 도입부를 바꾸어 "하나님이 말씀하시기를 **말세에** 내가 내 영을 모든 육체에 부어 주리니"(행 2:7, 저자 강조)라고 말함으로, 성령의 오심이 갖는 종말론적 중요성을 강화한다. 둘째, 그는 이 다가올 시대의 도래를 주와 메시아가 되시는 나사렛 예수에 연결시킨다. 그는 예수님의 삶과 죽음, 부활과 승천을 이야기한다(행 2:22-36). 마지막으로, 그렇다면 무리가 무엇을 해야 하는지를 물었을 때, 베드로는 대답한다. "너희가 회개하여 각각 예수 그리스도의 이름으로 세례를 받고 죄사함을 받으라. 그리하면 성령의 선물을 받으리니"(행 2:38).

세례는 종말론적 공동체에 합류하는 의식이다. 세례에 대한 이해는 종말론적 공동체의 본질을 보게 하는 창을 열어 준다. 안타깝게도 오랜 세월 지속되어 온 논쟁과 다양한 교회 전통들로 우리는 세례의 원래 의미—그 핵심에 있어서 종말론적이고 선교적인 중요성—로 돌아가기가 더욱 어려워졌다.

그 본래 의미를 되찾기 위한 출발점으로서, 우리는 세례자 요한의 세례로 돌아갈 필요가 있다. 세례자 요한은 하나님 나라가 가까이 왔다(마 3:2)—그 나라는 심판과 함께 오고 있다(눅 3:9, 17)—고 선포한다. 세례자 요한은 태생적으로 이스라엘 민족이 되는 특권이 더 이상 다가오는 재앙을 면하게 해주지 못할 것이라고 말하면서 무리에게 그날을 대비하여 하나님의 **진정한** 백성이 되라고 촉구한다. 그는 회개와 세례로 응답할 것을 요청한다(눅 3:3). 이 당시에 세례는 유대교의 정결의식인 동시에 개종자가 이스라엘로 들어가기 위한 입문의식이다. 그러나 이런 범주로는 세례자 요한의 세례는 충분히 이해할 수 없다. 세례자 요한의 세례는 종말론적인 하나님의 백성 안으로 들어오는 입문의식이다.[35] 세례자 요한은 메시아와 그분 왕국의 도래를 준비하기 위한[36] "종

열방에 빛을

말론적 공동체"이자 "참 이스라엘", "남은 자"[37]를 모으고 있다. 그는 광야에서 사람들을 모아 요단 강으로 돌아간다. 요단 강은 이스라엘이 최초로 그 땅으로 건너온 장소다. 따라서 요한의 세례는 새로운 시작을 재현하는 것이다. 광야(이스라엘이 헤맸던 곳)와 요단 강(이스라엘 백성이 약속의 땅으로 들어가기 위해 건넌 곳)은 이스라엘에게 깊은 상징적 의미를 지닌다. 그 시대의 다른 예언적 운동들은 사람들을 모아서 광야를 지나 요단 강으로 데려갔다.[38] 세례자 요한은 바로 이런 실천과 상징성을 사용하고 세례를 주며 다음과 같이 말한다. "이들은 곧 하나님의 마지막 구원을 경험하게 될 진정한 종말론적 이스라엘이다."[39] 따라서 광야에 모이고 요단 강에서 세례 받은 사람들은 새로운 출애굽과 새로운 정복의 일부이자 마지막 날에 하나님의 전능하신 행위로 형성되고 새 날을 시작하실 메시아를 기다리는 사람들이다. 요한의 세례는 메시아가 성령으로 베푸실 더 위대한 세례를 가리키며(눅 3:16), 그 세례는 종말론적 공동체가 마지막 날 경험하게 될 것이다.

이러한 배경을 통해 볼 때, 오순절의 세례는 매우 중요한 의미를 갖는다. 세례는 죄를 용서받고 회복된 종말론적 이스라엘이 되기 위한 입문의식이다. 그러나 이 공동체는 더 이상 마지막 날을 고대하지 않는다. 오히려 다가올 하나님 나라를 지금 경험하고 참여하는 공동체가 되었다. 베드로의 세례에 대한 설명은 세례자 요한의 설명과는 두 가지 중요한 방식에서 다르다. 그 차이는 이 새로워진 이스라엘의 본질과 정체성에 대한 통찰을 제공한다. 첫째, 베드로는 신자들이 "예수 그리스도의 이름으로" 세례를 받아야 한다고 말한다(행 2:38). 이것은 메시아이신 나사렛 예수에 대한 절대적 충성 위에 세워진 공동체에 들어가는 과정이다. 이스라엘 안에서 이 무리는 메시아가 정말로 오셨고, 구약의 예언자가 약속한 것처럼 지금 그분이 그들을 모으신다고 분명히 주장한다. 그들은 메시아께 절대적인 충성을 드린다. 그분의 죽음으로 옛 시대는 끝났고, 그분의 부활로 다가올 시대가 열렸다. 그분은 우주의 진정한 통치자의 자리에 앉으셨다. 따라서 예수님의 이름으로 세례를 받는 것은 그분의 사역에 참여하는 것이다(롬 6:1-14). 이 새로운 공동체는 예수님에 대한 믿음에 의해 규정된다. 종말론적 이스라엘은 분명히 **메시아적 공동체다.**

둘째, 베드로는 세례 받은 사람들은 "성령의 선물을 받으리니"(행 2:38)라고 말한다. 말세의 성령은 하나님 나라의 부활의 삶으로 이 공동체를 새롭게 하시기 위해 오신다. 성령은 마지막 날을 위한 약속이었다. 성령은 가장 먼저 메시아가 자신의 임무를 감당하도록 권능을 주시고(사 11:1-3, 42:1-4, 61:1-3), 그 다음에 회집된 이스라엘이 그들의 선교적 임무를 다시 감당하도록 회복시키고 새롭게 하신다(사 32:15-17; 44:3; 59:21, 겔 36:26-27; 37:1-14; 39:29). 마지막으로, 성령은 이스라엘을 통해 모든 민족에게 구원을 베풀어 주실 것이다(욜 2:28-3:1). 이 모든 일은 예언자의 예언에 따라 하나님의 위대한 종말론적 미래에 일어날 것이다. 베드로는 그러한 마지막 날이 성령의 강림으로 도래했다는 것을 분명히 밝힌다(행 2:17).

바울의 두 가지 이미지는 오순절에 성령의 오심이 갖는 종말론적 의미를 잘 설명한다. 첫 번째 이미지는 성령을 계약금이나 보증금 *arrabon*

으로 묘사한다. 바울은 하나님께서 "올 것에 대한 보증으로 그분의 성령을 우리 마음에 주셨다"라고 말한다(고후 1:22; 5:5, 엡 1:14 참조). 바울은 근동 지역의 상업 세계로부터 이 용어를 빌려온다. 구매자는 물건 값을 전부 치를 수 없을 때 판매자에게 나머지 금액을 다 지불하겠다고 약속하면서 첫 번째 불입금, 곧 물건 값의 일부만을 지불한다. 이런 보증금은 구매 금액에 대한 실제적인 선불인 동시에 나머지 잔금을 치르겠다는 약속이다. 이 둘은 모두 판매자가 즉각적으로 쓸 수 있는 돈을 지불할 뿐만 아니라 미래에 거래를 완결하겠다는 약속을 포함한다. 이와 같이 성령은 하나님 나라의 미래적 도래에 대한 약속 이상이다. 곧 성령 안에서 다가올 시대의 권능이 현재로 흘러들어 왔고, 예언자들에 의해 약속된 미래의 구원이 반드시 올 것을 보증한다.

바울의 성령에 대한 두 번째 이미지는 "첫 열매*aparche*"이다. 우리는 "성령의 처음 익은 열매"를 받았다(롬 8:23). 같은 단어가 예수님과 성령, 교회에도 사용된다. 예수님의 부활은 부활 생명의 첫 열매다(고전 15:20, 23). 교회에 주어진 성령은 다가올 생명의 첫 열매다(롬 8:23). 예수님의 부활과 성령의 역사에 참여하는 교회는 새 창조의 첫 열매다(약 1:18). 이 이미지는 당시의 농경 생활과 구약의 율법에 근거한다(레 23:9-14 참조). 첫 열매는 수확된 곡식의 첫 부분이다. 첫 열매의 이미지는 이스라엘에게 현재 맛보고 먹고 즐기는 수확물의 실제 일부이며, 나머지 곡식도 역시 수확될 것이라는 약속을 주는 풍성한 이미지다. 이 이미지에서 예수님과 성령, 교회의 연결은 교회론적 중요성으로 가득하다. 예수님은 부활의 생명에 들어가심으로 다가올 시대의 첫 번째 불입금이 되신다. 성령은 미래의 생명을 현재로 가져오는 선물이시다. 교회는 이미, 현재 도래한 그 삶에 참여한다. 그러나 그 이미지는 성령의 부활 생명이 온 세상을 채울 미래를 소망하게 한다.

히브리서 기자는 바울의 이미지와 같은 방향을 가리키는 환기적 언어evocative language를 사용한다. 히브리서 기자는 한때 종말론적 공동체에 속해 있다가 떨어져 나간 사람들에 대해 말하면서, 그들은 "하늘의 은사를 맛보고," "성령에 참여한 바 되고", "하나님의 선한 말씀과 내세의 능력을 맛보았다"라고 말한다(히 6:4-5). 이 본문은 많은 논란을 일으켰다. 어떻게 이런 은혜를 경험한 사람들이 다시 회개할 수 없을 정도로 타락할 수 있는가?[40] 그러나 우리가 이 본문을 공동체적 맥락 안에서 해석하면, 이 본문은 **그런 사람들이 공동체 안에서 참여하고 있을 때,** 그러한 능력과 은사들을 맛보고 공유한 것으로 볼 수 있다. 그들은 심지어 개인적으로 복음을 전유하지 않았을지라도, 단순히 종말론적 공동체의 일부가 됨으로써, 다가올 시대의 권능을 현재로 가져오는 선물로서 성령을 경험하고 참여하고 맛보았다.

성령의 오심은 하나님의 백성을 변화시킨다. 그들의 공동체적 선교는 후방으로 하나님께서 창조 때에 의도하신 삶을 가리키고, 전방으로 역사의 정점에서 하나님이 그 삶을 다시 회복하실 때를 바라보며, 측방으로 그 생명을 파괴하려는 열방의 우상과 대적하는 것이다. 구약의 이스라엘은 이 소명을 성취하지 못했다. 그들은 피조물의 부패함에 참여했기 때문이다. 성령은 오셔서 새로워진 이스라엘, 곧 교회에 다가올 생명을 현재 경험하고 미리 맛보게 하신다. 그들은 이제 그들의 소명을 성취할 수 있도록 권능을 받는다. 그러므로 종말론적 이스라엘은 **성령 충만한 공동체**다.

베드로가 동료 유대인들에게 요청한 세례는 이 새 공동체를 규정한다. 그들은 성령의 역사에 참여하기 위해 메시아께로 회집된다. 세례는 종말론적이다. 세례는 그리스도의 죽음과 부활로 가능해지고, 성령의 역사 안에서 경험되는, 다가올 시대로 들어가는 입문의식이기 때문이다. 세례는 또한 선교적이다. 이런 공동체에 속하는 것은 메시아에 의해 회집되고 회복된 백성의 일부가 되는 것이며, 성령을 통해 이스라엘의 선교적 소명, 곧 최후 심판이 오기 전 중간기에 메시아의 종말론적 회집을 지속하는 대조적 사회가 되는 것이기 때문이다. 뉴비긴은 세례와 교회의 종말론적이고 선교적인 의미를 파악하면서 다음과 같이 기록한다. "세례를 받는 것은 예수님의 죽음에 편입함으로 그분의 부활 생명에 참여하는 자가 되는 것이며, 그분의 세상을 향한 지속적인 선교에 동참하는 것이다. 그러므로 세례는 그분의 선교에 참여하게 되는 것이다."[41]

회집과 거절

열두 사도의 선교는 (하나님의 심판으로 열방 가운데 흩어진) 이스라엘의 잃어버린 양들을 모아 종말론적 하나님의 백성을 만드는 것이다. 오순절은 이스라엘에게 메시아이신 예수를 믿도록 촉구하는 놀라운 기회를 제공한다. 리처드 보캄Richard Bauckham은 이렇게 제안한다. "오순절은 교회의 탄생이라기보다는 디아스포라의 회복이 시작된 것이다. 베드로의 설교에서 열두 사도는 다시 회집된 열두 지파로서 새로워진 이스라엘을 재건하는 그들의 임무를 시작한다."[42]

누가는 어떻게 오순절에 경건한 유대인들이 천하각국에서 왔으며, 유대 개종자들이 절기를 지키려고 많은 나라로부터 와서 예루살렘이 가득 차게 되었는지를 설명한다(행 2:5, 11). 누가의 목록(행 2:9-11)은 예루살렘을 종말론적 회집의 중심으로 간주하는 유대인 디아스포라를 묘사하기 위해 주의 깊게 작성되었다(사 11:12, 43:5-6 참조).[43] 흩어진 이스라엘 백성은 자국의 언어로 하나님의 놀라운 일들을 듣는다(행 2:5-11). 삼천 명이 베드로의 설교로 회심하고 세례를 받아 회복된 이스라엘의 숫자에 포함된다. 누가의 내러티브는 이스라엘을 완전하게 회집하는 "성공 이야기"의 측면에서 열두 사도의 초기 선교 이야기를 보여준다.[44] 오순절에 삼천 명이 그 메시지를 받아들인 후, 그 숫자는 빠르게 오천 명으로 늘어난다(행 4:4). 곧이어 더 많은 사람들이 예수님을 믿고, 오천 명의 무리에 더해진다(행 5:14). 예루살렘에서의 선교 막바지에 다다르면, 하나님의 말씀이 전파되고 믿는 유대인들의 수가 급속히 늘며 심지어 많은 제사장들도 그 믿음에 순종하게 된다(행 6:1, 7). 예루살렘을 넘어서, 유대와 또 로마제국 전역에 걸쳐 점점 더 많은 유대인들이 주께로 나아온다(행 9:42, 12:24, 14:1, 17:10-12, 21:20).

누가가 사도행전에서 전하는 이야기에는 또 다른 측면이 있다. 많은 유대인들이 믿고 새로워진 이스라엘의 일부가 되었다 할지라도, 여전히 많은 다른 유대인들은 그 메시지를 거부한다. 어떤 사람은 아주 격렬히 반대하고 교회를 향해 폭력을 사용하기도 한다. 성전에서 베드로가 설교한 이후 말씀을 들은 사람 가운데 믿는 자가 많았다고 해도(행 4:4), 유대 지도자들은 베드로를 박해하기 시작한다(행 4:1-22). 다시 한 번 교회의 성장에 대한 소식이 있은 후에(행 5:14), 유대교 지도자들은 질투에 가득 차 사도들을 체포하고 가둔다(행 5:17-18). 몇몇 제사장들이 신자들의 새로운 무리에 속했다는 언급(행 6:7)이 있은 후 즉시 스데반이 돌에 맞아 죽는 이야기가 등장한다(행 6:8-7:60). 따라서 많은 유대인들이 복음에 수용적이었을지라도, 그 민족은 여전히 집합적으로 할례 받지 못한 마음과 귀를 지닌 목이 곧은 백성으로 묘사된다(행 7:51). 그런 상태는 사도행전 내내 지속된다. 회심과 반대, 수용과 거절이 동시에 나타나고 있다(행 13:42-45 참조).

누가는 회복된 이스라엘의 형성에 대한 이야기를 분류sifting와 구분 dividing에 관한 문제로 이야기한다. 이것은 누가복음의 서두에 시므온에 의해 예언된 것이었다(눅 2:34). 예수께서 복된 소식을 선포하고 이스라엘의 잃어버린 양을 모으실 때, 거기에 실제로 "패하거나 흥하는" 구분이 일어난다. 일부는 좋은 소식을 믿고 종말적 이스라엘에 합류하지만 많은 사람들은 예수님을 거부한다. 이제 예수께서 그분의 제자들을 보내 회집의 사역을 계속하도록 할 때, 수천 명이 복음을 받아들이지만 더 많은 사람들이 그들을 반대하는 패턴은 지속될 것이다.

오순절 설교에서 베드로는 유대인들에게, "누구든지 주의 이름을 부르는 자는 구원을 받으리라"(행 2:21)고 말한다. 거기서 그들의 반응은 나뉘어진다. 종말론적 하나님의 백성은 그들의 인종적 유산이 아니라 복음에 대한 믿음으로 형성된다(눅 3:8, 9, 17 참조). 베드로는 성전에서 행한 다음 설교에서 "이스라엘 백성"에게 경고한다(행 3:12). 그의 설교는 어떻게 이스라엘의 메시아이신 예수님이 유대인들에 의해 거절 당하시고 십자가에 못 박히셨는지에 초점을 맞춘다. 이제 모든 이스라 엘 백성은 예언자들에 의해 예언된 온전한 회복을 경험하기 위해서는 반드시 회개하고 메시아를 받아들여야 한다. 그들은 예수님께 귀 기울 여야만 한다. 베드로는 "누구든지 그 선지자의 말을 듣지 아니하는 자 는 백성 중에서 멸망받으리라"고 경고한다(행 3:23). 메시아이신 예수 를 거부한 모든 유대인은 하나님의 백성 가운데 그들의 자리를 저버리 는 것이다.[45]

이것은 구원이 정결케 된 이스라엘로부터 모든 나라로 전파되기 위해 필요한 하나님 선교의 첫걸음이다. 리처드 보캄은 예수님에 대한 이스라엘의 반응에서 베드로가 구약의 두 구절을 인용(행 3:22-23, 25) 하면서 언급한 두 가지 중요한 점에 주목한다. 첫째, 베드로는 신명기 18:15-20을 인용하면서, "누구든지 예수님으로 판명된 이 예언자에게 귀 기울이지 않는다면 회복을 기다리는 이스라엘 중에 그의 자리를 잃 게 될 것이라는 점"을 지적한다. 또 베드로는 창세기 12:3과 22:18을 인용하면서 "땅 위의 모든 족속이 너의 씨로 말미암아 복을 받으리라" (행 3:25)고 말한다. 베드로가 지적한 두 번째 중요한 것은 "회개한 이스 라엘이 하나님께 복을 받아 아브라함의 자손들이 온 세상의 사람들에 게 복이 된다는 약속을 성취할 것이라는 점이다. 하나님은 '먼저' 예수 를 이스라엘에게 보내셔서(행 3:26), 그들이 회개를 통해 하나님의 복을 받도록 하셨고, 따라서 회복된 이스라엘은 열방의 복이 될 것이다."[46]

열방에 빛을

유대인의 선교에 이어 이방인의 선교가 뒤따른다는 사실은 예루살렘 공의회에서 행해진 야고보의 설교에서 더욱 분명해진다. 그는 이방인 선교를 정당화하기 위해 아모스 9:11-12을 인용한다.

> 이후에 내가 돌아와서 다윗의 무너진 장막을 다시 지으며
>
> 또 그 허물어진 것을 다시 지어 일으키리니
>
> 이는 그 남은 사람들과 내 이름으로 일컬음을 받는
>
> 모든 이방인들로 주를 찾게 하려 함이라 하셨으니(행 15:16-17).

"다윗의 무너진 장막"과 관련된 아모스의 예언은 이스라엘의 회복을 수반하는 성전의 회복을 언급한다. 하지만 야고보는 그 예언의 성취를 종말론적 성전으로서 이스라엘의 회복과 관련하여 해석한다.[47] 하나님의 회집된 백성은 열방이 모이게 될 하나님의 성전이다.[48] 다윗의 무너진 장막은 나머지 인류가 주님을 찾을 수 있도록 반드시 회복되어야 한다.[49] 로핑크는 말한다. "이스라엘이 세상의 모든 사회 가운데 올바로 **건축된**(이것은 사도행전 15:17의 정확한 용어다) 사회로서 나타나게 되면, 이교 사회는 하나님을—이스라엘, 신적인 통치가 이루어지는 사회의 모델 안에서—찾고 발견할 수 있을 것이다." 야고보와 예루살렘 교회는 "하나님의 백성이 변화된 사회로서 선교의 배경에 서 있지 않는다면, 선교의 노력은 열방 가운데서 아무것도 바꿀 수 없으리라는 것을 알았다. 선교는 그 일을 수행하는 하나님 백성의 실제적인 사회 구조를 통해서 신뢰성을 얻었다."[50]

이것이 바로 사도행전의 이야기가 예루살렘에서 지체하는 이유다. 열두 제자는 불신, 편협한 배타주의, 하나님의 보편적 선교에 대한 몰이해 때문에 그곳에 머물고 싶은 만큼 오래 있지는 못했다. 그들의 선교는 유대인을 향했다. 이는 그들을 신실한 백성으로 만들기 위함이었다. 이방인을 향한 선교는 복음을 신뢰할 수 있도록 이미 복음을 구현한 공동체 위에 세워질 수 있었다. 이방인들은 하나님의 때에 그러한 공동체에 더해지게 될 것이다.

사도행전은 바울이 신학적으로 설명한 것(롬 11:17-24)을 역사적 내러티브 속에서 이야기해 준다. **가지가 꺾여진다.** 많은 유대인들은 복음을 믿지 **않아서** 스스로를 회복된 이스라엘의 자격에서 배제시킨다. **돌감람나무 가지가 접붙임되고** 참감람나무의 진액을 함께 받는 자가 된다. 많은 이방인들이 복음을 믿게 **되고**, 하나님의 백성으로 편입되며, 이제 이스라엘의 약속된 구원에 참여한다. "사도행전과 로마서 11장을 나란히 읽을 때, 우리는 많은 함축적인 유사성에 놀라게 된다. 흥미로운 점은 사도행전은 좀 더 앞선 기록으로, 바울이 유대인과 이방인의 운명에 대한 놀라운 신학을 만들 수 있었던 원천을 제공한 것으로 보인다."[51]

따라서 우리는 종말론적 하나님의 백성을 형성하는 과정 속에서 세 가지 중요한 발전을 보게 된다. 첫째, 새로워진 이스라엘은 예수님의 종말론적 선교를 수행하는 공동체로 회집된다. 둘째, 예수님을 메시아로 인정하지 않는 이스라엘은 하나님의 백성에서 배제된다. 셋째, 많은 이방인들이 이 공동체로 들어온다. 이러한 새로운 공동체는 이스라엘의 선교적 소명과 예수님의 종말론적 선교 모두를 이어받는다.

예루살렘의 선교적 공동체

오순절 이후에 우리는 예루살렘에서 하나님의 변화된 사회를 어렴풋이 볼 수 있다. 여기서 종말론적이고 메시아적인 이스라엘은 성령의 능력으로 그들의 선교적 역할을 이어 간다. 사도행전 2:42-47에 나타난 사건들의 개요는 하나님이 그분의 선교적 백성에게 의도하신 바가 무엇인지를 분명하게 볼 수 있도록 돕는다.

우리는 이 본문에서 세 가지 움직임을 포착할 수 있다. 첫째, 이 사도적 공동체는 사도들의 가르침, 교제, 떡을 떼는 것, 기도에 헌신한다. 이러한 활동들은 공동체를 성령의 종말론적인 삶으로 양육시키는 통로가 된다. 둘째, 하나님 백성에 대한 묘사는 하나님 나라의 삶이 드러났다는 것을 분명히 밝힌다. 그들은 하나님께서 그분의 백성을 선택한 순간부터 의도하셨던 일을 성취하고 있다. 셋째, 어떻게 하나님의 종말론적 백성이 함께 모이게 될 것인가라는 구약의 질문으로부터 기대할 수 있는 것처럼, 하나님은 외부로부터 이방인들을 데려오셔서 그들의 숫자를 채우신다.

누가는 이런 초기 기독교 공동체가 네 가지 실천에 헌신했다고 말한다. 우리는 여기서 그 네 가지가 무엇인지를 서둘러 알기 위해, "헌신"이라는 단어를 쉽게 지나칠 수 있다. 그러나 이러한 성령 충만한 공동체가 그들의 새 삶을 그리스도 안에서 양육시키는 네 가지 실천에 "열심히 열중했으며" 이를 "굳게 붙들었다"는 사실을 잠시 생각할 필요가 있다.[52] 교회는 훈련중인 운동선수처럼 불굴의 의지를 갖고 하나님의 말씀, 교제, 성찬, 기도를 꾸준히 지속한다. 이러한 실천들은 승천하신 그리스도가 성령을 통해 그분의 백성에게 새 삶을 주시는 통로이기 때문이다.

예수님의 제자들이 헌신한 첫 번째 실천은 사도들의 가르침이다. 그들의 가르침은 "하나님과 이스라엘 이야기의 절정이며, 따라서 세상에 관한 참된 이야기이자 교회의 선교를 위한 근거요 활력으로서, 예수님의 이야기(특히 그분의 죽음과 부활)"[53]다. 우리의 사고방식은 매우 철저하게 계몽주의에 의해 형성되어 왔기 때문에, 우리는 자주 "교리"와 "가르침"이 오직 조직적인 것이라고 생각하는 경향이 있다. 물론 교리적인 가르침도 존재한다. 그러나 사도들의 가르침은 하나의 이야기, 성경 내러티브의 절정에 놓인 예수님의 이야기를 그 중심에 두고 전한다.[54] 복음의 이야기를 전하는 것은 그 속에서 자신의 자리를 발견하도록 사람들을 초청하는 것이다. "이 이야기의 권위를 받아들이는 것은 그 이야기 속으로 들어가서 사는 것이다. 그것은 이 이야기 속에서 묘사되는 세상의 모습처럼 이 세상을 살아가는 것이다."[55]

게다가 사도들이 전한 이야기는 강력하고 활기를 북돋워 주는 힘과 같다. 서구 문화에서 우리는 가르침의 지적인 측면에만 초점을 맞추는 경향이 있다—분명히 이것은 중요하다.[56] 특히 우리가 반지성적인 시대를 살아가고 있기 때문에, 신앙에 대한 지적인 이해를 더욱 깊게 만드는 것은 중요하다. 다시 말해, "이해를 추구하는 신앙"은 선교적 교회를 위해 필수적인 것이다. 하지만 그리스도가 말씀 속에, 그분의 구원하시는 모든 능력 속에 현존하시기 때문에 복음의 말씀이 하나님의 구원하시는 권능을 수반한다는 사실을 우리는 자주 무시한다. 사도행전 4:33에서 우리는 "사도들이 큰 권능으로 주 예수의 부활을 증언"했다고 듣는다. 후에 바울은 복음을 "모든 믿는 자에게 구원을 주시는 하나님의 능력"이자 "성령의 나타나심과 능력"이라고 설명한다(롬 1:16, 고전 2:4; 1:18을 보라). 하나님 말씀의 권능은 초기 기독교 공동체를 변화시킨다. 그래서 교회 안에 실질적인 문제가 발생했을 때, 일곱 명의 집사가 그 문제를 돌보기 위해서 임명된다—**이는 사도들이 말씀 사역에 전념하기 위함이다**(행 6:4).[57]

두 번째, 신자들은 교제에 헌신한다. 코이노니아*koinonia*(교제)라는 단어는 '공유'를 의미한다. 이 단어는 신약성경 전체에서 그리스도의 구원(고전 1:9), 성령의 역사(고후 13:14), 복음의 선물과 의무(빌 1:5)를 서로 공유하고 있음을 나타내기 위해 사용된다. 이러한 나눔의 신앙은 삶을 함께 공유하는 것을 의미한다(요일 1:3). 여기 사도행전 2:42에서는 특히 소유물을 나누는 모습이 분명히 나타난다. 이러한 예외적인 관대함과 사회적 연대는 의심할 여지 없이, 그들이 그리스도와 성령 안에서 공유하는 새로운 삶의 구체적인 표현이다.[58] 교제는 그리스도 안에서 성령에 의해 함께 살아가는 삶을 보여준다.

나머지 신약성경은 이렇게 함께 살아가는 삶을 다양한 방식으로 드러낸다. 그중에 두 가지가 우리의 주제와 특별히 관련이 있다. 먼저, 교회의 공동체적 삶은 우리를 세우고 그리스도 안의 새로운 삶을 견고하게 하는 수단이 된다. 여기서 우리는 공동의 선을 위해 주신 성령의 은사를 다루는 구절들을 생각할 수 있다(고전 12:1-11). 특히 바울은 리더십의 은사에 주의를 환기시킨다. 이러한 은사는 하나님의 말씀이 공동체 삶의 중심이 되게 하고, 이를 통해 공동체를 세우며 우리 모두를 그리스도의 장성한 분량에 이르게 한다(엡 4:1-16). 이러한 교회의 함께하는 삶, 은사, 리더십에 대한 바울의 논의를 선교적 교회의 상황 속에 위치시키는 것은 중요하다. 이러한 은사는 정확히 말해 교회가 세상 가운데 하나님 나라의 삶을 드러낼 수 있도록 하기 위해 주어지기 때문이다. 누가처럼 바울도 성령이 공동체를 선교적 몸으로 만드실 수 있도록 교회의 구조와 질서 있는 삶에 관심을 기울인다.

다음으로, 교회의 교제는 신자들이 변화된 사회 속에서 형제에 대한 사랑으로 함께 살아갈 때 드러난다. 아마도 이것을 가장 잘 조사하는 방법은 상호대명사 "서로*allelon*"에 주목하는 것이다. 이 표현은 신약성경 전체에 깊이 스며들어 있고, "초기 기독교 교회론의 가장 중요한 부분"[59]이다. 다음은 그 단어가 신약성경에서 사용된 대표적인 목록이다. 분명하게, 교회 공동체가 이런 방식으로 살아갔다면, 주변 문화의 삶의 방식과는 다른 매력적인 대안을 제시했을 것이다.

서로 지체가 되었느니라(롬 12:5)

형제를 사랑하여 서로 우애하고 존경하기를 서로 먼저하며(롬 12:10)

서로 마음을 같이하며(롬 12:16)

너희도 서로 받으라(롬 15:7)

서로 권하는 자(롬 15:14)

서로 문안하라(롬 16:16)

오직 사랑으로 서로 종 노릇 하여(갈 5:13)

너희가 짐을 서로 지라(갈 6:2)

피차 권면하고 서로 덕을 세우기를(살전 5:11)

너희끼리 화목하라(살전 5:13)

서로 대하든지……항상 선을 따르라(살전 5:15)

오래 참음으로 사랑 가운데서 서로 용납하고(엡 4:2)

서로 친절하게 하며 불쌍히 여기며(엡 4:32)

피차 복종하라(엡 5:21)

서로 용납하여 피차 용서하되(골 3:13)

서로 돌아보아 사랑과 선행을 격려하며(히 10:24)

너희 죄를 서로 고백하며(약 5:16)

서로 기도하라(약 5:16)

마음으로 뜨겁게 사랑하라(벧전 1:22)

서로 대접하기를(벧전 4:9)

서로 겸손으로 허리를 동이라(벧전 4:5)

하나님의 말씀, 교제와 함께 예루살렘에 있는 기독교 공동체가 헌신한 세 번째 실천은 떡을 떼는 일이다. 성찬은 그리스도가 성령의 역사를 통해 그분의 백성에게 하나님 나라의 삶을 주시는 통로다. 예수님은 붙잡히시는 날 밤에 이 식사를 가르치시고, 그들의 공동체적 삶의 중심에서 이 일을 지속하라고 명령하신다. 원래의 식사는 유월절 식사(눅 22:7)로서, 이집트에서 건져 내신 하나님의 전능하신 행위(출 12장)를 기념하도록 이스라엘에게 주어진 것이었다. 예수님 당시에 대부분의 유대인들은 이 식사의 의미를 하나님이 이집트에서 성취하신 일을 돌아보고, 또한 하나님 나라의 도래와 함께 하나님이 (로마에!) 행하실 일을 기대하는 것으로 이해했다. 이러한 상황 속에서 예수님은 (상징의 힘을 사용하셔서) 말씀하신다. "하나님 나라가 지금 이 순간 역사 속으로 침투하고 있다!" 그러나 그 상징은 또한 "하나님 나라는 너희가 기대하는 방식으로 오지 않는다"라고 말씀하신다. 예수님은 최초의 식사로부터 빵과 포도주를 취하시고, 거기에 새로운 의미를 부여하신다. 하나님 나라는 로마에 대항하는 군사적 폭력으로 도래하지 않고, 예수님 자신의 몸과 흘리는 피를 통해 도래할 것이다. 이 식사는 이스라엘의 회복된 공동체의 삶에 중심이 되어야만 한다. 그 사건에 의해 그들의 삶이 형성되기 때문이다.

우리가 이 식사를 이스라엘의 이야기가 펼쳐지는 상황 속에 놓는다면, 성찬식도 세례처럼 종말론적이고 선교적인 중요성을 갖고 있음을 알게 된다. 성찬은 회복된 이스라엘을 하나님 나라의 삶으로 양육시키는 것이다. 또한 성찬은 하나님의 백성이 십자가에서 성취된 일에 참여할 때 그들에게 권능을 부여하고 세상을 위해 그리스도의 삶을 구현하게 하는 수단이 된다.

마지막 세 번째로, 초기 유대 교회는 기도에 헌신한다. 앞 장에서 우리는 예수님이 보여주신 기도의 삶이 특히 누가복음에서 두드러지게 나타나는 것을 살펴보았다.[60] 기도는 성령이 하나님 나라를 가져오시는 수단이다.[61] 따라서 누가는 예수님이 지속적으로 **기도하시고**(눅 5:16; 6:12), 제자들에게 **기도하도록** 가르치시고(눅 11:1-13), 그들에게 **기도에**

대하여 가르치시는(눅 18:1-8) 것을 보여준다. 이러한 기도의 삶은 초대 교회에서도 지속된다. 회집된 공동체에 대한 가장 초기의 묘사는 그들이 "더불어 마음을 같이하여 오로지 기도에 힘쓰더라"(행 1:14)이다. 그들은 유대 지도자들의 반대에 부딪혔을 때, 즉시 "하나님께 소리를 높여"(행 4:24) 기도한다. 분쟁이 교회를 위협할 때, 사도들이 지속적으로 기도에 헌신하도록(행 6:4) 일곱 집사가 임명된다.[62]

예수님께 배운 대로 종말론적 공동체가 보여준 기도의 삶은 그 당시에 정해진 기도 시간과 엄격한 기도문을 갖고 있던 유대교와는 완전한 대조를 이룬다. 이러한 기도의 새로운 방식은 하나님과의 새로운 관계, 아바 아버지와 그분의 자녀와의 관계에 근거한다. 이런 기도는 새로운 친밀함의 표현이자 즐거움일 뿐만 아니라 하나님 나라의 권능이 역사 속에서 실현되는 방식이다. 그래서 우리는 "헌신한"이라는 단어가 기도와 관련하여 가장 많이 사용되었다는 사실이 전혀 놀랍지 않다. 누가는 초대교회가 "기도에 헌신"했다고 세 번 말한다(행 1:14, 2:42, 6:4). 바울은 그가 선교적 공동체로 세운 교회들에게 기도에 헌신하라고 두 번에 걸쳐 명령한다(롬 12:12, 골 4:2).

따라서 사도행전 2:42에 누가는 이 회집된 교회를 "승천하신 주님이 그분의 임재를 드러내시고 성령이 새롭게 하시는 장소"[63]로 표현한다. 교회가 이러한 실천들에 헌신하고 열심히 지속할 때, 승천하신 그리스도는 구원하시는 능력으로 현존하신다. 예수님은 이러한 통로를 통한 성령의 역사하심으로 하나님 나라의 새로운 삶을 그분의 교회 가운데 창조하신다. 이러한 본문을 깊이 생각하는 것은 제도나 공동체로서의 교회를 거부하는 위험으로부터 우리를 지켜 줄 것이다. 내향적이고 경직된 제도 교회의 치료법은 그 교회를 단념하는 것이 아니라 원래 의도했던 일을 다시 할 수 있도록 교회를 개조하는 것이다. 하나님의 백성은 제도 교회의 사역을 통해, 곧 그 교회의 은사, 구조, 리더십을 통해 세워지고 그들 가운데 거하시는 바로 그분의 임재로 인해 하나님 나라를 찬란하게 드러낸다.

가르침, 교제, 성찬, 기도에 대한 공동체적 헌신은 하나님 나라를 밝히 보여주는 새로운 삶을 만들어 낸다(행 2:43-47). 신자의 삶은 (많은 이적과 기적을 행하는) 권능, (공통적으로 갖고 있으며, 때때로 가난한 자를 돌보기 위해 자신의 소유를 파는) 급진적 관대함, (지속적으로 함께 만나는) 공동체적 연대, (즐겁고 진실한 마음으로 살아가는) 기쁨, 그리고 하나님을 향한 찬양과 감사의 삶이다. 이것이 진정한 대조적 공동체이며, 하나님이 처음부터 그분의 백성에게 의도하셨던 바를 성취하는 일이다. 누가는 그 결과를 다음과 같이 기록한다. "온 백성에게 칭송을 받으니 주께서 구원받는 사람을 날마다 더하게 하시니라"(행 2:47). 누가는 초대교회의 선교를 하나님의 역사로 보여준다. 그들의 숫자를 날마다 더하는 것은 바로 **주님**이시다. 데이비드 세컴David Seccombe은 "예루살렘의 초기 기독교 공동체의 삶에 대한 두 가지 서술(행 2:42-47, 4:32-5:16)은 공통의 목적을 갖고 있다. 그것은 하나님이 진실로 이 백성 가운데 거하신다는 것을 보여주도록 의도되어 있다"[64]라고 말한다. 이와 같이, 하나님은 예루살렘 가운데 그분의 백성 안에서 그들을 통해 일하신다.

또한 이런 매력적인 공동체는 보다 의도적인 선교활동을 추구했는

열방에 빛을

가? 에른스트 핸첸Ernst Haenchen은 예루살렘에서 어떤 의도적인 복음 전도도 없었고, 그러한 전도는 바울에 이르러서야 비로소 시작되었다고 믿는다.[65] 헹엘은 이 짧은 시간에 많은 사람들이 믿음을 갖게 된 것은 (그가 판단하기를) 실제적인 "선교활동"[66]이 없이는 불가능했을 것이라며 핸첸의 견해를 반박한다. 예수님과 성령을 새로운 삶의 근원으로 가리키는 말과 **행동**은 바로 공동체의 삶으로부터 나왔을 것이다.

뉴비긴은 예루살렘의 초대교회가 갖고 있던 선교적 역동성을 잘 포착한다. 그는 강조한다. "선교의 시작은 우리 자신의 행동이 아니라 새로운 실재의 현존, 곧 권능 가운데 나타나시는 하나님 성령의 현존이다." 공동체를 형성하는 새로운 실재와 새로운 권능은 외부인들에게 질문을 일으키는 하나님 나라의 표지다. "사도행전의 위대한 선교적 선포들은 사도들에 의해서 일방적으로 주도된 것이 아니라 설명을 요하는 어떤 존재의 임재로 인해 촉발된 다른 사람들의 질문에 대한 응답으로 주어진 것이다.…… 진실로 알려야 할 사실은 교회가 주께 신실하게 반응할 때 그곳에 하나님 나라의 권능이 임하고, 그러면 사람들이 질문하는 일을 시작하게 되는데, 이에 대한 답은 복음이라는 것이다."[67] 사도행전 4:32-35은 이를 입증한다. 신자들은 하나가 되어 그들이 가진 모든 것을 서로 통용한다(32절). 하나님의 은혜가 그들 가운데 강력하게 역사해서 그들이 희생적인 관대함을 베풀고, 그래서 그들 안에 어느 누구도 필요로 인해 고통받지 않게 된다(34절). 이 두 사실 사이에 다음의 말씀이 기록되어 있다. "사도들이 큰 권능으로 주 예수의 부활을 증언하니"(33절). 롤런드 앨런Roland Allen은 사도행전에서 교회의 "자연적인 팽창spontaneous expansion"은 세 가지 사실에 근거한다고 본다. 그것은 공동체적 삶의 거부할 수 없는 매력, 지역 회중의 자발적인 복음전도, 새로운 지역에 이러한 회중을 더 많이 세우는 활동이다.[68]

뉴비긴은 교회가 그들의 선교적 소명에 신실하게 살아가면 "이중적인 특징"을 갖게 될 것이라고 말한다. 한편으로, 예수님 선교의 특징이하나님 나라 권능의 징표들이듯이 교회도 마찬가지가 될 것이다. 다른한편으로, 그곳에는 또한 고난도 있을 것이다. 예수님이 우상숭배적인사회 속에서 활동하는 권세들에 도전하시고 적개심을 불러일으키셨던것처럼, "선교적 교회의 삶과 증언은 세상의 가장 근본적인 믿음을 전복시킬 것이다."[69] 교회가 복음에 신실하게 살아감으로 하나님 나라의임재를 나타내는 곳에는 "말과 행동으로 이 세상의 지배 세력들에 대한도전이 일어날 것이다. 그 결과 교회에는 투쟁과 고난이 뒤따르게 될 것이다."[70]

예수님은 그분의 제자들이 고난 가운데 그분을 따르게 될 것이라고경고하셨다(눅 6:22, 9:23, 12:4-12, 21:12-19). 실제로 우리가 사도행전에서 읽은 대로, 박해 가운데 당하는 고난은 지배적인 주제가 된다. 사도들이 소경을 치료하고 예수님 외에 다른 이들로부터 구원받을 수가없다고 설교한 후에 고난은 시작된다. 그들이 유대 지도자들의 극심한반대에 부딪혔을 때, 신자들은 그 즉시 기도하기 시작한다.[71] 시편 2편을 인용하면서, 사도들은 이러한 반대를 그리스도에 대적하기 위해 모인 "세상 군왕들"과 "관리들"의 증거(행 4:26)라고 해석한다. 그래서 그들은 담대함을 위해 기도하고(사도행전에서 역경의 상황에 자주 등장하는

열방에 빛을

주제다),[72] 하나님은 응답하신다(행 4:29-31). 유대 지도자들은 다시 사도들을 반대한다. 그들은 투옥과 매질을 견뎌 낸다. 그러나 그들이 크게 기뻐하는 것은 "그 이름을 위하여 능욕받는 일에 합당한 자로 여기심"을 받았기 때문이다(행 5:41). 다음 장에서 스데반은 붙잡히고 돌에 맞아 죽는다(행 6-7장). "예루살렘에 있는 교회에 큰 박해"가 일어난다(행 8:1). 바울은 교회를 무너뜨리려는 폭력에 가담하고 그 과정에서 회심하게 된다. 예수님이 아나니아에게 바울에 대해, "그가 내 이름을 위하여 얼마나 고난을 받아야 할 것을 내가 그에게 보이리라"(행 9:16)고 말씀하신다. 실제로 바울은 계속해서 그리스도를 위해 반목, 투옥, 매질, 그 이상의 것으로 고통을 받는다. 첫 번째 전도여행을 마치고 안디옥으로 돌아온 바울은 "우리가 하나님의 나라에 들어가려면 많은 환난을 겪어야 할 것이라"고 말하며 교회가 그 마음을 굳게 하도록 격려한다.

폴 하우스Paul House는 사도행전의 고난이라는 주제를 신중하게 분석하고, 선교와 고난은 밀접하게 연결되어 있다고 결론내린다. 고난은 언제나 복음의 확산을 가져온다. "분명하게 고난은 복음을 확장시키는 강력한 힘이다. 그 길이 고난 없이 확산되는 경우는 거의 없다.…… 확실하게 복음은 움직인다. 그러나 결코 고통 없이 가지 않는다."[73] 이와 같이 누가는 핍박이 하나님의 계획을 성취하고, 하나님께서 그분의 증인 공동체를 파송하시며 담대하게 하시고 그들의 사역에 신실하도록 능력을 주시기 때문에 복음은 전진할 수 있다는 사실을 보여준다.[74]

예루살렘을 넘어서

교회의 선교는 아직 구약 비전의 경계 안에 머물러 있다. 그러한 비전은 예루살렘이 그 중심에 있고 사도적 공동체가 유대인들을 회집하여 메시아적 이스라엘로 만드는 것이다. 그러나 하나님의 계획은 열방을 이러한 교제 가운데로 불러 모으는 것이다. 사도행전 10장에 기록된 사건들에서 우리는 이러한 선교의 다음 단계가 시작되는 것을 볼 수 있다. 베드로는 자신의 확신과는 달리, 하나님께 이끌려 이방인 고넬료의 집을 찾아가고 거기서 예수님에 대한 복음을 전한다. 모든 기대와는 대조적으로, 오순절 날 제자들에게 임하셨던 동일한 성령의 경험이 이 이방인 가족에게도 주어진다. 분명하게, 하나님께서는 이 일에 관여하고 계신다. 고넬료와 그의 집은 즉시 세례를 받는다. 그러나 베드로가 예루살렘으로 돌아왔을 때 문제가 발생한다. 베드로가 이방인의 집에 간 것이 신성한 종교적 경계를 넘어선 일이라는 심한 비난을 받게 된다. 하지만 그가 하나님의 인도하심과 고넬료의 집에 성령이 임재하신 일을 이야기하자, 문제는 사라진다. 할례 받은 유대인들은 "그러면 하나님께서 이방인에게도 생명 얻는 회개를 주셨도다"(행 11:18)라고 대답한다. 그러나 이제 문제는 어떤 조건으로 이방인이 예수님의 무리에 들어올 수 있는가에 관한 것이 된다. 율법의 문제는 어떻게 해야 하는가? 예루살렘의 신자들은 이에 대해 확고했다. 이방인 신자들은 반드시 유대인이 되어야 하고 율법을 지켜야만 했다.

그 사이 안디옥에서 북쪽으로 약 500킬로미터 떨어진 곳에서는 새

열방에 빛을

로운 일이 일어나고 있다. 스데반이 돌로 처형을 당하는 시기에, 박해로 인해 예루살렘을 떠난 유대인들이 안디옥까지 올라가면서, 유대인과 이방인 모두에게 예수님을 증거한다(행 8:1, 11:19-21). 그들의 메시지는 상황화된다. 그들은 예수님을 ("그리스도" 또는 "메시아"가 아닌) "주"로 선포한다. 이는 좀 더 분명하게 이방인들에게 복음의 중요성을 전달하는 메시지다.[75] 많은 이방인들이 믿음을 갖게 되고, 이것은 믿음의 공동체에 많은 변화를 가져온다. 더 이상 소수의 이방인들이 커다란 유대 공동체에 점차적으로 편입되는 모습이 아니다. 이제 유대인과 이방인이 동등한 입장에 서 있는 것으로 여겨지게 된다. 여기서 완전히 새로운 일이 일어난다.[76] 예루살렘에 있는 교회가 이 소식을 들었을 때, 교회는 이 일들이 정당한 메시아적 움직임인지 확인하기 위해 조치를 취한다. 그들은 바나바를 보내 조사하게 한다. 그는 예루살렘에 있는 사람들에게 하나님의 은혜가 실제로 북쪽 지역에서—유대인뿐만 아니라 이방인에게도—내리고 있다고 확인시켜 준다.

이에 따라 안디옥에서 새로운 조치가 취해진다. 바울과 바나바가 보다 먼 지역에 있는 사람들에게 복음을 전하기 위해 따로 세워진다(행 13:1-3). 그들은 구브로와 소아시아를 여행하고 각각의 도시에 유대인과 이방인으로 구성된 공동체, 예수 그리스도를 중심으로 함께 모이고 성령이 거하시는 공동체를 남겨 놓는다(행 13-14장). 안디옥에서 세워진 패턴은 기준이 된다. 우리는 이러한 발전으로 인해, 거리와 "성전 구내에 떠도는 소문"에 대한 유대인들의 강한 반감을 짐작할 수 있다. "그러한 끔찍한 스캔들이 사방으로 퍼져 가고 있다! 유대인과 이방인, 할례자와 무할례자, 깨끗한 자와 불결한 자, 이 모두가 마치 아무런 차이가 없는 것처럼, 마치 율법이 아무런 쓸모가 없는 것처럼, 함께 살고 함께 먹으며 함께 기도하고 있다."[77] 오랜 시간 동안 하나님의 백성에게 매우 소중한 것이었고 그들의 삶을 형성해 왔던 율법은 어떻게 된 것일까? 그렇게 쉽게 무효가 될 수 있는가? 우리는 예루살렘에 있던 유대인 신자들이 가졌을 고뇌와 혼란을 짐작할 수 있다. 이 바울이란 사람은 도대체 누구인가? 그가 "사도"라고 불리지만 **열두 사도들**은 지금 예루살렘에 있다. 신앙을 가진 이방인들을, 유대인과 이방인이 함께 예배하고 기도하는 이 새로운 공동체를 어떻게 해야 하는가?

그 문제는 마침내 예루살렘 공의회에서 다루어진다(행 15장). 공의회 토론에서 야고보의 이야기는 전환점을 가져온다. 그는 베드로의 이야기를 언급한 후에, 아모스 9:11-12을 인용하며 이야기한다. 예언자들이 이날을, 유대인이 먼저 회복되고 그 다음에 이방인이 **이방인으로서** 더해질 그날을 고대해 왔다고 말한다. 따라서 야고보는 그 자리에 있는 사람들에게 이방인이 몇 가지 구체적인 규칙을 제외하면 유대인이 될 필요가 없다고 충고한다. 그곳에서 의견의 일치가 이루어지고, 그들은 일부 신자를 임명하여 그 결정을 안디옥, 시리아, 시칠리아에 있는 많은 교회들에게 전달하도록 한다. 교회들은 기쁨으로 반응한다. 그들의 믿음은 더욱 굳건해지며, 그 수가 날로 더해져 간다(행 15:30-31, 16:4-5). 사도행전의 나머지 부분은 로마에서 이야기가 끝나기까지 바울과 다른 사람들이 하나님 나라의 복음을 멀리 떨어진 곳까지 전하는 노력을 강조하고 있다.

열방에 빛을

이 이야기에서 우리는 선교적 교회론의 중요한 두 가지 전환점을 발견한다. 첫 번째는 안디옥 교회의 모습에서 찾을 수 있고, 두 번째는 교회가 예루살렘 공의회에서 유대적 형태를 벗어나는 방식에서 발견할 수 있다.

안디옥 교회: 새로운 종류의 선교적 공동체

안디옥에 세워진 교회는 하나님의 선교에 있어 새로운 것이다. 이 교회는 예루살렘에서 일어난 박해를 피해 달아난 신자들이 로마제국의 대도시 안에 세웠고, 이방인과 유대인 신자들로 이루어져 있었다. 누가는 사도행전 11:19-30에서 예루살렘 교회에 대한 묘사를 기초로 삼아, 안디옥 교회의 역사적이고 신학적인 설명을 제공한다.[78] 누가는 여기서 예루살렘 교회와 같은 수준으로 자세한 설명을 제공하지는 않는다. 그의 독자들이 안디옥과 예루살렘을 연관 짓고, 스스로 자세한 내용을 채울 것이라고 가정한다. 말하자면, 안디옥 교회 역시 은혜의 수단들에 헌신하고, 하나님 나라의 매력적인 삶을 구현하며, 예루살렘 교회처럼 주께서 믿는 자들을 더하고 계신다(행 2:42-47). 우리는 하나님의 은혜가 안디옥 교회에도 나타나고 있다는 소식을 접한다(행 11:23, 행 2:43-47 참조). 수많은 사람들이 주님을 믿고 돌아온다(행 11:21, 행 2:47 참조). 이 교회는 수많은 사람들이 바나바와 바울의 가르침을 듣기 위해 모이는 것처럼, 하나님의 말씀에 헌신한다(행 11:26, 행 2:42 참조). 이 교회는 구성원들이 서로의 필요를 돌보는 일에 헌신하고 심지어 자기 공동체 밖의 사람들에게도 그들의 소유를 기쁘게 나누는 관대한 교회다. 예를 들어,

그들은 극심한 가뭄으로 인해 고통받는 유대 지역의 신자들을 위해 선물을 보낸다(행 11:27-30, 행 2:44-45, 4:32-34 참조). 따라서 "내레이터는 앞서 사용한 예루살렘 신자들의 이상적인 공동체의 이미지로 안디옥 교회를 묘사한다."[79]

그러나 안디옥 교회가 예루살렘 교회와 완전히 같은 것은 아니다. "안디옥 교회의 묘사는 예루살렘 교회의 이미지와 **비교되고 대조되면서** 사도행전의 내러티브에서 중요하게 나타난다."[80] 예루살렘에 있는 공동체와는 달리, 안디옥 교회는 유대인과 이방인들로 이루어져 있고, 그들은 교회와 리더십에서 분열을 뛰어넘을 수 있었다. 그곳은 "첫 번째 문화 교회"[81]다. 그들의 공동체적 삶은 오직 하나님의 은혜와 예수 그리스도에 대한 헌신으로 함께 묶여 있다. 적절하게도, 이러한 신자들에게 처음으로 그리스도인이라는 호칭이 붙여진다(행 11:26). 그 호칭은 민족성이나 종교적인 규칙 준수가 아닌 오직 그들이 따르는 예수님에 의해 특징지어진다.[82]

다른 중요한 차이는 사도행전 13:1-3에 나타난다. 안디옥 교회는 처음으로 그들의 지역을 넘어서는 곳을 향해 눈을 돌리고, 아직 복음을 듣지 못한 사람들에게 복음을 전하려는 소망을 품는다. 성령이 이러한 신자들을 강권하여 이 새로운 일을 위해 바나바와 바울을 따로 떼어 놓게 하실 때, 교회는 성령의 역사에 매우 민감하게 반응하고 순종적으로 대응한다. 그들은 금식하고 기도하며 바울과 바나바에게 안수하고, 그들이 새로운 장소로 복음을 들고 나가도록 파송한다. 이방인 선교는 선교적 의도를 갖고 시작한다. 안디옥은 이제 복음이 움직이는 찬란한 중심지가 된다. 후스토 곤잘레스Justo González는 다음과 같이 말한다. 사도행전 13장부터 시작하여, "누가는 거의 독점적으로 안디옥 교회와 그들의 선교적 사역을 다룬다. 안디옥 교회가 가장 오래되거나 가장 풍성하거나 또는 가장 강력한 곳이기 때문이 아니라, 그 시대의 새로운 도전에 반응한 곳이기 때문이었다."[83] 곤잘레스에 따르면, 안디옥 교회가 새로운 시대의 도전에 새로운 방식으로 대응할 수 있었던 이유는 바울과 바나바가 일 년 내내 교회를 가르치고, 그들을 성경 이야기에 푹 빠지게 했기 때문이다(행 11:26). "그 일 년 동안에 일어난 일은 안디옥 교회가 스스로를 이해하고, 복음을 새로운 조건 아래 하나님이 그들에게 맡기신 선교에 가장 적합하게 전할 수 있는 방식으로 받아들였던 것이다."[84]

그래서 안디옥 교회는 선교적 교회에 대한 우리의 이해에 매우 중요한 다른 요소를 추가한다. 안디옥 교회는 그들의 지리적인 경계를 넘어서 어떻게 복음을 땅끝까지 전하는 일에 참여할 수 있는지를 묻는다. 이것은 "전례 없는 사건이다.…… 우리는 처음으로 바울로부터 전 세계를 향한 선교활동에 참여하려는 구체적인 목표를 발견한다."[85] 윌버트 쉥크는 안디옥 교회에 근거해서 "유기적 방식"의 선교(행 11:19-26)와 "보내는 방식"의 선교를 나누는 유익한 구분을 제안했다. "유기적 방식"에서 지역 회중은 "하나님이 통치하신다는 주장을 근거로 주변 문화의 지배적인 타당성 구조regnant plausibility structure에 도전했다.…… 현재 일어나고 앞으로 다가올 하나님의 통치에 대한 증거는 제자 공동체의 삶의 중심에 자리잡고 있었다. 교회는 유기적으로 성장했다." 쉥크는 "이러한 방식은 역사적으로 교회가 확장하는 데 중요한 통로가 되었고, 대위임령을 진정으로 완성하는 것이었다"라고 믿는다. 보내는 방식의 선교는 교회의 소명에 대한 상호보완적인 이해를 제공한다. 이러한 방식에서 "어떤 신자들은 로마 지역 도처의 주요 도시와 지역에 믿음을 전파하는 순회 사역을 위해 따로 세워졌다." 이것이 타문화권 선교의 시작이며, 또한 믿음을 위협하는 지역주의로부터 지역 회중을 보호하기 위해 필요한 것이다. "대위임령은 교회가 (선교의) 이러한 차원을 지속적으로 유지하도록 만든다."[86]

지난 2세기 동안 선교는 거의 전적으로 "보내는 방식"으로 한정되어 있었고, 그 결과 선교에 대한 불안정하고 불완전한 이해를 초래했다. 그러나 우리는 선교에 대한 이해에서 "보내는 방식"을 배제시키는 반발적인 실수reactionary mistake를 저질러서도 안 된다. 곤잘레스는 사도행전의 후반부를 바울의 세 가지 선교 여행으로 읽는 경향—고대나 중세의 주석서에는 발견되지 않는다—은 사도행전을 주의 깊게 읽어서 나온 것이 아니라 19, 20세기의 지배적인 선교 방식을 그 본문에 부과했기 때문에 나온 것이라고 바르게 지적한다.[87] 그럼에도 사도행전 13:2-3이 "핵심적인 신약의 선교 패러다임"[88]을 제공하는 것도 동일한 사실이다. 다시 말해, 안디옥과 같은 교회는 자신이 있는 곳에서 복음을 구현하고 선포할 때 자연적인 확장에 의해 성장하는 하나의 선교다. 또한 안디옥 교회와 같은 선교적 교회는 땅끝을 그들의 지평으로 삼고, 미전도 지역을 향해 복음을 들고 나가는 사명에 참여하기를 간절히 원한다. 뉴비긴은 대략적으로 쉥크의 "유기적 방식"이 "선교mission"와, 그의 "보내는 방식"이 "선교 사역missions"과 같다고 본다.[89] 선교적 교회는 이 두 가지 모두를 고려한다. 또는 롤런드 앨런이 사도행전에서 인지한 모델로 돌아가서, 복음은 각각의 장소에서 회중의 활기차고 빛나는 삶과 더불어 자연적인 복음 증거로 인해 전파된다. 그러나 이러한 회중은 증거가 나타나지 않는 곳에 더 많이 세워져야 한다. 보내는 방식 또는 "선교 사역"은 모든 선교적 회중의 핵심적인 것이다. 헹엘은 단호히 주장한다. "초기 기독교의 역사와 신학은 '선교의 역사'이자 '선교의 신학'이다. 재앙으로 위협받는 세상 속에 구원의 전달자로서, 신자들을 보내는 일을 잊어버리거나 부정하는 교회나 신학은 그들의 기초를 포기하는 것이고 그렇게 함으로써 스스로를 포기하는 것이다."[90]

우리가 단순히 바울을 근대 선교사로 동일시할 수는 없지만, 선교를 수행하는 방식은 바울의 실천을 주의 깊게 연구함으로써 더욱 풍성해질 수 있다.[91] 우리가 바울로부터 최초로 "선교 전략"[92]을 발견한다는 헹엘의 말은 지나친 감이 있지만, 우리는 바울에게서 선교적 의도라 부를 수 있는 어떤 것을 볼 수 있다. 바울은 그의 소명을 "내가 그리스도의 이름을 부르는 곳에는 복음을 전하지 않기를 힘썼노니 이는 남의 터 위에 건축하지 아니하려 함이라"(롬 15:20)고 표현한다. 그는 예루살렘에서 일루리곤(로마의 서쪽에 바로 인접한 로마의 지방)까지 복음을 전파하는 자신의 사역을 마쳤고, 이러한 지역에서 자신이 일할 곳이 더 이상 남아 있지 않다고 믿는다(롬 15:19, 23). 그래서 그는 일루리곤을 넘어서 로마로, 로마를 넘어 스페인의 가장 동쪽 지방으로 가기를 원한다. 이것은 바울이 생각한 자신의 우선적인 책임이 무엇인지를 알게 해준다. 그는 새로운 선교적 공동체, 하나님의 종말론적 백성의 새로운 출현을 로마제국의 모든 중요 도시에 세우기 원한다. 그들은 그곳에서 선교적 회중으로서의 역할을 감당하게 될 것이다. 우리는 아마도 바울이 떠나면서 각각의 회중에게 한 말을 상상할 수 있을 것이다. "너희는 이제 이 자리에 서 있는 선교 그 자체다."

또한 바울은 이러한 새롭게 세워진 회중이 복음을 구현하고 그들의 문화적 상황에서 하나님의 선교를 수행해야 한다고 생각한다. 그는 이러한 회중을 다시 방문하여 그들을 세우고 동일한 목적으로 동역자를 보낸다. 바울은 편지를 써서 그들의 신앙을 양육한다. 이러한 편지들에서, "바울은 **선교사로서** 그의 신학적 개념을 발전시킨다. 곧 바울 신학의 삶의 정황 *Sitz im Leben*은 사도의 선교다."[93] 따라서 바울의 서신들을 올바로 이해하기 위해, 우리는 선교의 사회적 위치 또는 해석학적 상황을 이해해야만 한다.[94]

예루살렘 공의회: 세상 문화 가운데 있는 교회

이스라엘 바깥 지역에서 이러한 젊은 교회 공동체가 성장하는 것은 하나님 백성의 본질에 관한 중요한 질문을 일으킨다. 수세기 동안, 심지어 수천 년 동안 하나님의 백성은 율법에 의해 규정되고 형성되어 왔다. 율법은 단순히 법률legislation이 아니라 "하나님께서 그분의 백성에게 주신, 사랑 많으신 아버지의 지속적인 가르침과 인도"[95]였다. 이스라엘이 이런 하나님의 뜻을 나타내는 사랑의 표현을 받은 것은 엄청난 특권이었다(신 4:8). 율법은 하나님의 선교적 목적의 측면에서 이해되어야 한다. 하나님의 백성이 하나님의 본래적 창조 의도를 구현할 때, 율법은 그들의 삶을 규정했다. "이스라엘은 우상숭배의 사막과 혼돈스러운 악으로 가득한 세상 가운데서 여호와의 정원이자 깨끗하고 아름다운 작은 오아시스였다. 이 정원을 보호하는 울타리는 바로 율법이었다."[96] 시편 119편은 구약 이스라엘의 마음과 생각을 보여준다. 이스라엘 백성은 그들을 구별해 주고 거룩하게 지켜 주는 울타리로서 하나님의 율법을 사랑했다. 예루살렘 최초의 사도적 공동체가 그랬던 것처럼, 예수님 자신도 그 울타리 안에 머물러 계셨다. 그러나 안디옥에서의 발전—이제 바울 자신도—은 이런 아주 오래된 합의에 도전했다.

율법은 이스라엘에게 매우 귀중한 것이었다. 이는 하나님의 창조 의도를 표현했기 때문만이 아니라 특별히 그 율법이 **이스라엘에게 주어졌기** 때문이었다. 다시 말해, 율법은 **구속 역사의 특정한 지점에서 특정한 문화적 상황과 시간에 특정한 사람들을 위해** 하나님의 창조 계획을 드러내는, 신적으로 허가된 문화적 표현이었다. 사도행전 15장에서 분명해진 것은 "심지어 하나님께서 택한 민족이 갖고 있는 최초의, 신적으로 허가된 문화일지라도, 그들의 특정한 기독교적 표현을 일반화시킬 수 없다는 점이다."[97] 성경 이야기의 이 지점에서, 하나님의 백성은 그들의 단일한 민족적, 문화적인 정체성을 벗어 버리고, 세계 도처의 다양한 장소에서 세워지며, 모든 민족과 문화에 대한 사명을 가진 다민족적 공동체가 되어야 했다. 그러나 어떤 유대인에게든 하나님에 의해 계시되고 지속적으로 그분 백성의 정체성에 새겨진 것을 바꾸는 일은 매우 고통스러운 일이었다. 그럼에도 교회는 다민족이 되어 가고, 수많은 문화적 상황 속에서 복음을 구현해야만 하는 공동체로 변화되며, 십자가 아래서 주변 문화를 심판하는 동시에 긍정해야 하는 상황이 되자, 예루살렘 공의회는 하나님 백성의 정체성을 재정의하는 결정을 내린다. 이 시점 이후로, "기독교의 대단한 강점 가운데 하나는…… 모든 시대에서 어느 문화에나 그들이 보여준 적응성이었다. 그것의 근거는 예루살렘 공의회에서 결정되었다"[98]라는 데이비드 세컴의 말에 우리는 동의할 수 있다.

예루살렘의 쟁점은 이방인을 하나님의 백성에 포함할 수 있는지에 관한 질문이 아니다. 이 질문은 이미 해결되었다. 오히려 질문은 이방인이 할례를 받고 모세의 율법을 지키도록 요구해야 하는지에 관한 것이다(행 15:1, 5). 곧 "하나님의 종말론적 백성에 속하기 위해서 이방인은 유대인이 되어야만 하는가?"[99]다. 공의회에서 처음 두 번의 주장들은 경험에 근거하여 이방인에게 율법에 대한 책임을 지우는 것은 반대한다. 먼저 베드로와 그 다음 바울과 바나바는 하나님이 이방인을 **이방인으로** 받아들이셨음을 입증하는 이야기를 전한다(행 15:7-12). 그러나 교회의 미래를 결정짓는 방향을 제시한 발언은 야고보로부터 이루어진다. 그는 경험이 아니라 성경을 근거로 주장한다. 그는 아모스 9:11-12을 인용하면서 축어적인 인용이 아닌 예언자의 예언에 대한 해석을 제공한다. 리처드 보캄은 여기서 중요한 어구로 "내 **이름으로 일컬음을 받는 모든 이방인들**"(행 15:17, 저자 강조)이라고 주장한다.[100] 구약성경에서 그 어구는 빈번하게 이스라엘에 대한 하나님의 특별한 소유권을 표현하는 것이다(신 28:10, 열하 7:14 참조). 곧 이스라엘 백성만이 "하나님의 이름으로 일컬음을" 받을 수 있다. 그러나 이방인과 관련해서는 "주의 이름으로 일컬음을 받지 못하는 자"(사 63:19)라고 명백히 불려진다. 하나님의 이름으로 일컬음을 받는 열방이라고 말하는 것은 매우 놀라운 일이며, 정확히 말해서, 바로 이런 이유로 야고보가 이 본문을 선택한 것이다. 많은 구약의 본문들은 이방인들이 하나님 백성의 일부가 되는 날을 이야기한다(사 2:2-3; 25:6; 56:6-7; 66:23, 렘 3:17 등). 그러나 거의 대부분은 이러한 이방인들이 개종자가 되어 유대 민족의 일부가 될 것을 의미하는 것으로 받아들여진다. 아모스로부터 인용된 구절은 이방인들이 실로 그들의 문화적 정체성을 포기하지 않고, 하나님의 종말론적 백성의 일부가 될 수 있다고 주장한다.[101] 야고보는 이방인들을 있는 그대로 받아들일 것을 요청하면서 그의 주장을 결론짓는다. 이것과 함께 논쟁은 종결된다.

하나님의 종말론적 백성의 본질을 이해하기 위해서 이런 결정이 갖는 중요성은 매우 크다. 구약에서 하나님의 백성은 우선적으로 한 지역에서 살아가는 한 민족으로 구성된다. 율법은 그들을 특정한 상황 속에서 하나의 정치적·문화적·종교적인 실재로서 함께 묶는다. 이스라엘은 그 당시의 다른 나라들과 문화적으로 많은 것을 공유한다. 그들은 주변 문화에 참여하고, 다른 나라에 주신 하나님의 문화적 선물들을 적절하게 차용한다—"문화적 차용cultural borrowing"의 증거는 구약 전체에 퍼져 있다. 그러나 보다 중요한 것은 그들이 우상숭배에 대항함으로써 그것을 받아들였다는 점이다. 이교의 우상숭배와 다신론은 하나님의 백성을 타락하게 만드는 지속적인 위험이었기 때문에 이교 문화는 이스라엘에 대한 종교적 위협이었다. 그러나 구약에서 이것은 이스라엘 문화의 **외부**로부터 오는 위협이었다.

예루살렘 공의회 이후, 하나님의 백성이 세상 문화와 관계를 맺는 방식에는 유사한 점이 있지만 변화도 생긴다. 하나님의 종말론적 백성은 하나님의 구속 목적을 보여주는 표상으로서 인간을 향한 하나님의 창조 의도를 구현하는 백성으로 남는다. 따라서 이스라엘과 같이 우리도 다른 문화와 선교적 대면 속에서 살아가고 그러한 문화의 창조적 통찰들을 수용하지만, 그들의 우상숭배는 거부하면서 살아가도록 부름을 받는다. 그러나 이스라엘과는 달리, 이러한 교회의 새로운 메시아적 공동체는 세상의 문화 **가운데서** 살아가도록 보냄을 받는다. 이스라엘을 하나의 민족적 백성으로 묶어 주었던 율법은 이제 더 이상 효력을 발휘하지 못한다. 하나님의 백성은 이제 하나님 나라의 시민일 뿐만 아니라 세상 많은 문화의 시민으로서 살아간다. 교회는 많은 문화적 표현들을 가진 하나의 종말론적 백성이 된다. 하나님의 백성이 이제 열방에 빛이 되도록 보냄을 받은 다양한 문화에 참여하고 대적하면서, 복음, 교회, 문화(들) 사이의 관계는 훨씬 더 복잡해진다.

결론

사도행전의 이야기는 구약으로부터 시작된 하나님 백성의 선교를 수행하는 공동체로, 그러나 이제는 다가올 시대의 선물에 참여하는 메시아적인 백성, 성령의 권능을 받은 백성으로서 보여준다. 그들은 예수님의 선교를 이어 가고, 이스라엘로부터 땅끝으로 나아간다. 우리가 사도행전의 이야기로부터 서신서의 이미지들로 넘어갈 때, 이 젊은 교회들 속에서 동일한 선교적 정체성을 보게 될 것이다.

성경은 교회의 선교적 본질과 정체성을 성경 이야기 속에서 교회가 하
는 역할과 또한 그 이야기로부터 나오는 많은 이미지와 상징들을 통해
서 드러낸다.[1] 이 주제에 관한 완벽한 연구서인 「신약에 나타난 교회의
이미지들Images of the Church in the New Testament」을 저술한 폴 미니어Paul
Minear는 "신약은 그러한 그림들의 광범위한 갤러리를 갖고 있다"라고
말한다.[2] 그의 집계에 따르면 신약은 96개의 이미지를 갖고 있다. 우리
는 성경 이야기를 지나는 여정 속에서 이미 많은 것들을 논의했다. 이 장
에서 우리는 그러한 이미지들이 교회의 선교적 정체성을 어떻게 전달하
는지를 증명하기 위해서 그중 일부를 좀 더 자세하게 살펴볼 것이다.

성경은 상상력과 마음, 생각을 자극하기 위해서 생생한 이미지, 상
징, 그림과 비유들을 사용한다. 이러한 이미지들은 "환기적 힘evocative
power"을 통해 우리에게 이야기하고 "추상-개념적 사고의 힘을 훨씬
뛰어넘는" 방식으로 우리를 형성할 수 있다.[3] 이미지들은 "비전을 전

달하고, 반성하게 하며, 상상력을 일깨우고, 행동하도록 고무시키는 힘을 갖고 있다. 그들은 놀라운 힘을 갖고 이야기한다. 이와 달리 대부분 이성적인 설명과 논리에 의존하는 산문은 종종 고무시키고 변화시키는 활력을 결여하고 있다."[4] 이러한 상징들이 우리의 집단적 상상력 collective imagination 안에 뿌리내리도록 허락한다면, 그것들은 우리의 자기이해를 변화시킬 수 있다. 따라서 우리가 교회로서 필요한 것은 교회의 성경적 그림들에 의해 형성된 견고한 교회적 상상력ecclesial imagination이다.

그것이 말처럼 쉬운 것은 아니다. 미니어는 성경적 이미지와 상징들이 특정한 시간과 장소에 있는 특정한 사람들 가운데서 발생했고 그들의 상상력은 그들만의 사회적, 문화적 상황 속에서 형성되었다는 사실을 상기시킨다. 그들을 자극하는 이미지들은 그들의 상황에 친숙하고, 그들의 경험 속에 뿌리내려 있으며, 이야기와 상징의 공동의 보고 communal treasury 속에 근거하기 때문에 매우 강력한 영향력을 행사했다. 그러나 그러한 이미지들은 "매우 다른 상상의 과정을 지닌 공동체로 옮겨질 때, 그것은 초기의 명확함과 힘을 갖고 이야기하지 못한다."[5] 우리는 신약성경이 기록된 뒤 약 2천 년이 지난 오늘 완전히 다른 문화적 상황 속에서 살아간다. 우리의 집단적 상상력은 초대교회와 매우 다르다. 이러한 성경적 이미지들이 21세기를 살아가는 우리에게 본래적 명확함과 힘을 갖고 기능하게 하려면, 먼저 우리의 상상력이 새롭게 되고 되살아나야 한다. "성경적 이미지들을 회복하기가 어려운 이유는 다른 세기의 그림 언어를 이해하기 전에 교회가 그러한 이미지들을 창조하고 사용하는 힘을 먼저 회복해야 하기 때문이다."[6] 그러한 성경적 이미지들이 가진 힘과 매력을 회복하기 위해서, 우리가 적어도 세 가지 일을 성취하는 것이 필요하다. 첫째, 그러한 이미지들이 발생한 원래 문화의 세계상world picture을 생각하는 것, 둘째, 처음 몇 세기 동안 하나님 백성의 공동체적 상상력을 길러 낸 성경의 긴 내러티브 속에 우리 자신을 깊이 빠지게 하는 것, 셋째, 보다 추상적이고 과학적인 언어를 선호하는 시대의 문화적 흐름에 반하여 비유적이고 은유적인 언어의 힘을 전반적으로 회복하는 것이다.

또한 우리는 이러한 이미지들의 **선교적 공명**missional resonance을 회복하는 것이 필요하다. 신약의 교회 이미지들은 선교적 중요성으로 가득 차 있기 때문에, 이를 무시하는 것은 무엇이 그들에게 진정한 삶과 능력을 주는지를 간과하는 것이다. 다음과 같은 뉴비긴의 말은 정확하다. "교회가 선교이기를 멈추면, 신약에서 교회를 치장하는 호칭들에 대한 어떤 권리도 갖지 못한다고 우리는 직설적으로 말해야 한다."[7] 이 장에서는 교회에 관한 신약의 이미지들 가운데 대표적인 이미지들을 조사할 것이다. 이 조사는 다섯 가지 표제로 구성되어 있으며, 이들은 뉴비긴의 진술이 사실임을 보여줄 수 있을 것이다. 첫째, 성경 이야기 속에서 **하나님 백성**의 긴 역사와 교회를 연결시키는 이미지들, 둘째, 하나님의 백성이 새로운 **종말론적** 질서에 속해 있음을 나타내는 이미지들, 셋째, 하나님의 백성과 메시아의 관계를 보여주는 **기독론적** 이미지들, 넷째, 공동체 안에 **성령**의 삶을 드러내는 이미지들, 마지막으로 다섯째, **세상 안에서 교회의 자리**와 관련된 이미지들이다. 이 모든 이미지는 교회의 선교적 본질에 대한 우리의 이해를 깊게 만들어 줄 것이다.

"하나님의 백성"으로서의 교회

바울의 교회론은 어느 신약 저자의 교회론보다 가장 잘 발달했으며, 그
것은 두 가지 중요한 원리에 기초해 있다. 첫째, "하나님은 많은 사람들
가운데 아브라함 안에서 그분의 백성을 선택하시고 언약과 약속을 세
우심으로 그들과 관계를 맺으셨다. 교회는 그러한 역사적인 **하나님 백
성**의 연속이자 성취다."[8] 둘째, 교회는 **그리스도의 몸**이다. 바울의 첫 번
째 원리는 교회의 구속사적 측면과 성경 드라마의 초기 장면들, 교회의
연속성을 보여주는 반면, 두 번째 원리는 교회의 기독론적, 종말론적인
본질과 구약 이스라엘과 교회의 **불연속성**을 보여준다. 루돌프 슈나켄부
르크Rudolf Schnackenburg는 이를 잘 표현한다.

> 한편으로 (교회는) 합법적인 상속자, 거룩한 역사의 연장, 구약의 하나님
> 백성의 진정한 성취이고, 이스라엘의 선택과 함께 시작한 하나님의 연
> 속적인 행위로서 핵심적인 부분을 형성한다. 다른 한편으로 교회는 예
> 수 그리스도의 구속 사역 위에 세워지고, 율법의 항목들에 성령을 대비
> 시키는 새로운 종말론적 창조물이자 새로운 토대다. 오래된 이스라엘의
> 대부분이 그들의 불신앙 때문에 이 새로운 하나님의 백성에 더 이상 속
> 하지 않는다는 점에서 불연속성은 존재한다.[9]

"하나님의 백성"에 대한 신약의 이미지는 연속성과 불연속성 사이의 긴장을 유지한다. 닐스 달Nils Dahl이 말한 것처럼, 교회는 "이 새로운 종말론적 시대에 하나의 이스라엘이다."[10] "하나님의 백성"의 이미지는 신약성경 전체에 퍼져 있다. 이러한 이미지의 기본적인 기능은 "오늘날의 기독교 세대를 하나님의 언약적 약속들로부터 그 역사적 공동체와 연결시키는 것이다."[11] 실제로, "그리스도 안에 있는 신자들을 위한 가장 특징적인 이름들은 이스라엘의 고대 호칭들이다. 하나님의 백성이라는 개념은 교회의 자기 해석의 토대를 이루는 가장 오래되고 가장 근본적인 개념이다."[12]

그러나 "백성"이라는 단어 자체는 현대 독자들을 위해 약간의 설명이 필요하다. 일반적으로 우리가 "백성"이라는 단어를 사용할 때, "미식축구 경기에 약 6만 명의 사람들이 모였다"라고 말하는 경우와 같이 개인들의 군집을 떠올린다. 우리의 문화는 개인주의 문화이기 때문에, 대부분 "하나님의 백성"과 같은 신약의 표현을 읽을 때 "백성"에 대한 근대적이고 서구적인 이해를 이입하기 쉽다. 그래서 우리는 교회를 개개의 그리스도인들의 총합으로 볼지도 모른다. 코이네 그리스어 koine Greek에서도 그러한 용어가 있다. 라오스 laos라는 단어는 그러한 개개인들이 회집된 그룹을 가리키기 위해 기원후 처음 몇 세기 동안 비성서 문학에서 사용되었다. 그러나 같은 단어 laos는 그리스어 구약성경인 70인역에서 사용될 때, 공동의 이야기, 종교, 문화, 언어, 삶의 방식을 갖고 있는 통합된 민족적 공동체를 나타낸다. 좀 더 구체적으로, 약간의 예외를 제외하면, 이 단어는 하나님의 전능하신 행위에 대한 이스라엘의 특별한 이야기에 뿌리내린, 민족적이고 영적인 단일체로서 이스라엘을 묘사하고 있다. 따라서 이 단어는 "하나님 백성으로서의 이스라엘 백성이 가진 특별하고 특권적인 종교적 위치를 강조한다."[13] 그러므로 이 단어를 통해 우리는 이스라엘 백성이 하나의 특별한 이야기, 곧 공유된 삶의 방식과 소명을 갖고 특별한 사람들로 살아가도록 함께 묶어 주는 이야기를 공유하고 있다는 사실을 알게 된다.

앞에서 우리는 구약의 하나님 백성의 자기이해를 형성해 온 이야기를 따라가며 그 이야기의 결정적 순간들을 추적했다. 이 성경의 드라마는 유일한 하나님, 만물의 창조자이시고, 역사의 통치자이시며, 모든 열방 위의 하나님이심을 드러낸다. 이스라엘 백성을 규정하는 것은 바로 역사 속에 나타난 하나님의 구속적인 행위다. 하나님은 그분 사랑의 신비로부터, 아브라함과 이스라엘만을 특별한 백성으로 **선택**하신다. 그분은 이집트의 우상숭배로부터 그들을 **구속**하시고 하나님만을 섬기게 하신다. 하나님은 시내 산에서 그들과 **언약**을 맺으시고 그들에게 구속역사에서 행할 역할을 맡기신다. 그분은 거룩한 삶의 모습을 형성하도록 **율법**을 주시고 그들 **가운데 거**하시기 위해 오신다. 이것이 바로 하나님의 선택하시는 사랑, 구속, 언약, 율법, 임재에 의해 형성되고 함께 묶인 한 백성이다. 그러나 이러한 모든 요소는 단지 더 큰 목적을 위한 수단일 뿐이다. 이스라엘은 모든 창조세계와 사람들이 하나님 영광의 찬양이 되도록 회복하시려는 하나님 선교의 동반자와 도구가 되어야 한다. 그들은 "열방에 빛"이 되어야 하며 하나님의 "구원이 땅끝까지 미치게"(사 42:6, 49:6) 하는 수단이 되어야 한다. 그들은 특별한 이야기, 특별한 정체성, 특별한 소명을 갖고 있었다.

이스라엘과 여호와 사이의 언약 관계의 핵심에는 "나는 너희의 하나님이 되고 너희는 내 백성이 될 것이니라"(레 26:12, 신 29:12-13)는 약속이 놓여 있다. 이스라엘이 그 소명을 따라 살지 못하고, 이에 하나님은 이스라엘을 심판하시며 "너희는 내 백성이 아니요 나는 너희 하나님이 되지 아니할 것임이니라"(호 1:9)고 말씀하신다. 하지만 하나님은 예언자들을 통해 한 날을 약속하신다. 그날에 그들이 다시 함께 모이고 용서를 받을 것이며, 율법이 그들의 마음에 새겨져서, 하나님이 다시 그들의 하나님이 되고 그들은 하나님의 백성이 될 것이다(렘 31:33, 호 1:10; 2:1, 23). 하나님께서는 그들 가운데 거하기 위해 다시 돌아오실 것이다. "그날에 많은 나라가 여호와께 속하여 내 백성이 될 것이요"(슥 2:11)라고 예언자 스가랴는 기록한다. 그래서 바벨론 포로시대에 "예언자 메시지의 강조점은 점차 현재에서 하나님의 새로운 종말론적 행동이 예견되는 미래로 바뀌었다.…… 이전에는 현재적 소유로서 소중하게 여겨지던 것이 언약 백성의 수많은 실패 이후 미래에 약속되고 소망하는 어떤 것이 되었다. 이스라엘, 하나님의 백성은 종말론적 개념이 되었다. 여호와는 다시 한 번 이스라엘의 하나님이 될 것이고 이스라엘은 다시 한 번 여호와 백성이 될 것이다."[14] 이처럼 "하나님의 백성"의 개념은 예언자들의 글에서 새로운 의미를 갖게 된다. 따라서 신약 시대의 초기에 이르면, "오직 종말론적 미래의 이스라엘만이 완전한 의미에서 '하나님의 백성'이었다."[15] 이 백성은 이스라엘의 회복된 **남은 자들**과 열방으로부터 온 이방인들—한 백성이 되기 위해 이스라엘과의 언약에 참여하는—로 이루어질 것이라고 생각되었다.

신약 교회는 스스로를 정확히 이런 종말론적 공동체, 곧 "하나님의 백성"이라고 믿었다. 신약성경에서 그리스도인들은 일관되게 이스라엘의 모든 고대 호칭을 스스로에게 적용한다. 그들은 "하나님의 이스라엘"(갈 6:16), "할례"[16](빌 3:3), "열두 지파들"(야 1:1), "남은 자"(롬 9:27), "아브라함의 후손"(롬 4:16, 갈 3:29), "하나님의 선택받은 자"(벧전 1:1), "하나님의 양무리"(벧전 5:2), "포도나무의 가지"[17](요 15:1-8), "하나님의 아들들"(갈 3:26), 그리고 "하나님의 아내"(엡 5:22-33)다. 그들은 "성도"[18](롬 1:7), "사랑하심을 받은 자"(롬 1:7), "택하신 자"(롬 8:33), "부르심을 받은 자"(롬 1:6)다.[19] 초대교회의 성도들은 스스로를 예레미야가 약속한 이 새 언약의 참여자로서 "나는 너희의 하나님이 되고 너희는 내 백성이 될 것이라"(고후 6:16 참조)는 언약 공식covenant formula에 호소할 수 있는 권리를 갖고 있다고 여긴다. 그들은 스스로를 하나님의 종말론적 백성에 관한 구약 언약의 성취로 여긴다(예를 들어, 렘 31:31-34, 히 8:10-12, 사 10:22-23, 호 1:10; 2:23, 롬 9:22-29). 이 모든 것은 "초대교회에 하나님의 종말론적 백성이라는 확신이 얼마나 깊게 뿌리내려져 있었는지"[20]를 명백히 보여준다.

이것과 관련하여 베드로전서에 기록된 베드로의 말은 흥미롭다. "그러나 너희는 택하신 족속이요 왕 같은 제사장들이요 거룩한 나라요 그의 소유가 된 백성이니 이는 너희를 어두운 데서 불러 내어 그의 기이한 빛에 들어가게 하신 이의 아름다운 덕을 선포하게 하려 하심이라. 너희가 전에는 백성이 아니더니 이제는 하나님의 백성이요 전에는 긍휼을 얻지 못하였더니 이제는 긍휼을 얻은 자니라"(벧전 2:9-10). 여기서 베드로는 교회의 독특한 신분과 선교적 소명을 설명하기 위해 세 개의 구약성경 구절들을 인용한다.[21] 베드로는 호세아서를 언급한다. 거기서 하나님은 이스라엘에게 "너희는 내 백성이 아니요"(호 1:9-10)라고 말씀하셨다. 그러나 "그날에 내 백성 아니었던 자에게 향하여" 말씀하시기를 "너는 내 백성이라" 하실 것이라고 약속하신다(호 2:23, 호 1:6, 9; 2:1 참조). 이처럼 하나님 백성으로서의 교회는 이스라엘의 고대 호칭들에 대한 소유를 정당하게 주장할 수 있다. 베드로는 교회를 정의하기 위해서 성경을 두 군데 더 인용한다. "왕 같은 제사장"과 "거룩한 백성"이라는 호칭은 이스라엘 역사의 초기에 시내 산에서 하나님이 이스라엘에게 하신 말씀(출 19:3-6)으로부터 나왔다. 이 호칭들은 이스라엘이 이집트로부터 탈출하고 해방된 직후에 주신 것이며, 구속 역사 안에서 그들의 역할을 명시하고 있다. 이들은 이스라엘의 정체성과 하나님의 백성이라는 존재를 형성하는 근본적인 것들이다. 베드로는 이제 그 동일한 선교적 역할이 교회에 속했다고 말한다. 그들은 "왕 같은 제사장"이며 "거룩한 백성"이다.

"택하신 백성"과 "하나님의 특별한 소유"라는 호칭은 이스라엘의 후기 역사에서 나왔다. 이스라엘이 자신의 역할에 실패한 일은 결국 바벨론 포로가 되게 만들었다. 하지만 이사야는 바벨론 포로 상태로부터 두 번째 출애굽을 약속한다. 하나님께서 새 일을 행하시겠다는 맹세를 하신다. 곧 "내 백성," "내가 택한 자," "나를 위해 지은 이 백성"을 속박으로부터 다시 이끌어 내어서 "나의 찬송을 부르게 할 것이다"라고 말씀하신다. 이처럼 베드로는 교회를 향해 "너는 하나님이 택하신 백성, 하나님의 특별한 소유이며 너는 하나님을 찬송하기 위해 구원받아 어둠에서 빛으로 들어가게 되었다"라고 말한다.

베드로의 말에서 특별히 주목할 점은 그 말의 선교적 요지다. 출애굽기 19:3-6은 이스라엘의 선교적 정체성을 규정하는 데 절대적으로 중요했다. 교회는 이제 열방 가운데서, 열방을 위해 거룩한 백성과 제사장 나라가 되는 소명을 이어 간다. 바로 다음 구절에서 베드로는 교회의 열방을 향한 방향성에 대해 설명한다. 교회 안에 있는 사람들은 믿지 않는 이웃들이 하나님의 구원을 나눌 수 있도록 거룩한 삶을 살아야 한다. "사랑하는 자들아, 거류민과 나그네 같은 너희를 권하노니 영혼을 거슬러 싸우는 육체의 정욕을 제어하라. 너희가 이방인 중에서 행실을 선하게 가져 너희를 악행한다고 비방하는 자들로 하여금 너희 선한 일을 보고 오시는 날에 하나님께 영광을 돌리게 하려 함이라"(벧전 2:11-12). 그래서 "하나님의 백성"이라는 호칭이 교회에 적용될 때, 우리는 그것을 구약 이야기의 관점에서 이해해야 한다. 교회는 **열방을 위해** 선택받고 구속받았으며, 하나님과 언약 안에서 묶이고 거룩케 되어 그들 가운데 하나님이 거하시는 백성이다.

보통 "교회"로 번역되는 에클레시아라는 용어는 아마 신약의 교회에 대한 가장 흔한 명칭이고, 구약의 소명을 유사하게 이어 가고 있음을 보여준다. 그리스 문화에서 에클레시아는 도시의 문제를 해결하기 위해 도시 서기관이나 전령의 나팔에 의해 소집된 시민들의 공적 회합이었다.[22] 그러나 신약에서 그 단어를 사용할 때쯤 되면, 이 명칭은 70인

열방에 빛을

역이 그 단어를 사용함으로 생긴 풍성한 신학적 의미를 갖게 되었다. 거기서 에클레시아는 이스라엘이 언약 백성으로서 하나님 앞에 모였을 때, 그들을 성회sacred assembly로 서술하기 위해 사용된다. 그 단어의 사용은 명백하게 시내 산에서의 기초적인 회합, 곧 이스라엘이 하나님의 언약 백성이 되기 위해 처음으로 하나님 앞에 회집되었던 때를 상기시킨다. 신명기는 이 중요한 날을 "총회의 날"로, 이스라엘을 "총회"로 나타낸다. 이 두 곳에서 70인역은 "회합"를 지시하기 위해서 에클레시아를 사용한다(신 4:10, 5:22, 9:10, 10:4, 18:16). 이 에클레시아의 일부가 되는 것은 하나님의 언약 백성, 곧 열방을 위해 거룩한 백성과 제사장 나라로 부름 받은 백성의 일부가 되는 것이다. 시내 산에서 이스라엘의 회합은 "하나님의 영광을 반영하고 그분의 은혜와 진리를 구현함으로, 이에 대한 증인으로서 그것을 보존할 뿐만 아니라 열방 가운데서 그것을 영속시켜야 했다."[23] 따라서 신약 시대가 시작되었을 때, 에클레시아는 시내 산 언약 자체에 뿌리를 내리고 그 핵심에 선교적 소명을 가진 신학적 개념이 되어 있었다.

나머지 구약 이야기에서 하나님은 중요한 때마다 그분의 백성을 모으고 언약을 갱신하시며(레 23:2, 수 24:1, 스 10:8; 12, 욜 2:16), 그들이 시내 산에서 받았던 소명을 회복시키신다. "이러한 회합들은 시내 산에서 있었던 이스라엘의 위대한 회합을 재공명re-echoes하는 것으로 묘사된다. 이러한 구절에서 에클레시아는 대개 예배의 중심지에서 하나님 앞에 모인 실제적 회합을 지칭할지라도, 이 배경에 놓인 생각은 하나님의 백성으로서 이 회합 속에 있다는 것이다."[24] 구약의 에클레시아는 하나님에 의해 세워지고 회집되었으며, 그분의 구원 사역에 참여하도록 부름 받은 한 백성이다. 그러나 이스라엘이 이 소명에 실패할 때, "에클레시아는 하나님의 종말론적 공동체를 의미하게 되었다."[25] 신구약 중간기의 유대, 쿰란, 묵시문학은 이 용어를 "메시아 시대에 하나님 백성의 위대한 회집이 예루살렘에서 있을 것이며 그곳에서 하나님의 회중이 재건될 것이고 하나님의 율법이 선포될 것이라는 사실을 보여주기 위해서"[26] 사용한다. 하나님의 백성이 다시 한 번 모이게(에클레시아) 될 때, 그곳에서는 또 다른 위대하고 최종적인 언약의 갱신이 있을 것이다. 마지막 날에 회집될 이 종말론적 "하나님의 백성"은 시내 산의 위대한 회합에서 주어진 소명을 성취할 것이다.

그러므로 초대교회는 스스로를 에클레시아로 나타내고, 하나님의 종말론적 백성으로 간주한다. "예루살렘의 새로운 공동체가 에클레시아의 개념을 택했을 때, 그것은 곧 스스로를 시내 산의 회집에 대한 종말론적 성취로서 이해하고 있음을 보여주는 것이었다."[27] 그들은 이제 거룩한 민족으로서, 하나님이 그분의 사역에 참여하도록 자신의 백성으로 회집하신 성회였다.

에클레시아라는 용어는 분명하게 구약의 회합과 교회 사이의 연속성을 표현한다. 그럼에도 바울은 또한 이 용어를 종말론적 **불연속성**을 보여주는 방식으로 사용한다. 예를 들어, 바울이 데살로니가인들에게 편지한 양식에서 이를 볼 수 있다―"하나님 아버지와 주 예수 그리스도 안에 있는 데살로니가인의 교회에 편지하노니." 이 인사 형식에는 두 가지 새로운 요소가 나타난다. 에클레시아는 이제 예수 그리스도의 결정적인 구원 행위에 의해서 형성된 것으로 이해된다. 그래서 그것은 단지 하나님의 회합일 뿐만 아니라 주 **예수 그리스도 안에** 있는 것이다. 게다가 이 회합은 더 이상 배타적으로 유대적이거나 민족적이지 않고, 데살로니가 지역에 위치하며 데살로니가 유대인과 **이방인들**로 이루어져 있는 에클레시아다.[28] 종말론적 공동체로서 에클레시아는 기독론적일 뿐만 아니라 다민족적이다.

신약에서 하나님 백성의 이미지는 매우 풍부하다. 그것은 특히 라오스(백성)와 에클레시아(회합)의 언어에서 잘 발견된다. 그러나 구약의 호칭, 상징, 예언들은 초대교회의 전체적인 상징 세계에 스며들어 있다. 교회는 시내 산에서 형성되고 선교적 역할로 부름 받은 구약 공동체와 의식적인 연속성을 갖고 살아간다. 그러나 이러한 그리스도인들은 또한 스스로를 예수 그리스도와 성령의 결정적 사역에 의해 새롭게 형성된 시내 산 백성의 종말론적인 성취라고 믿는다. 이러한 자기 이해는 스스로를 선교적 백성으로 정의하고 열방에 빛이 되는 이스라엘의 소명뿐만 아니라 하나님 나라의 "이미-그러나-아직" 시대의 예수님의 선교를 상속한다. 따라서 선교는 "하나님의 백성"에 대한 신약의 이미지에 필수적인 요소다.

선교적인 새 창조 이미지

복음에 대한 바울의 이해는 다른 신약의 저자들과 같이 본질적으로 종말론적이다. 바울은 마지막 날의 구원이 이미 역사 속으로 흘러들어 오기 시작했다고 이해한다. 바울에게 교회는 다가올 시대에 속한 백성이자 하나님 나라의 능력을 경험하는 백성이다. 우리는 바울의 교회에 대한 종말론적인 이해를 바울 신학이라는 보다 넓은 구조 속에서 살펴보아야만 한다.

복음서에 기록된 예수님의 메시지와, 바울이 자신이 세운 많은 교회들을 위해 그 메시지를 설명한 방식 사이에는 깊고 근본적인 연속성이 존재한다. 복음서는 예수님이 선포하신 하나님 나라의 복음에 대한 역사적 증거*maturia*와 선포*kerygma*의 형태로 우리에게 다가온다. 바울의 가르침*didache*은 그가 세운 교회의 선교적 삶을 위해 이 메시지의 중요성을 설명한다.[29] 예수님과 바울 모두의 메시지는 동일한 종말론적 구조가 특징이다. 복음이 예수님 안에서 하나님 나라, 곧 다가올 세상이 시작되었다는 것이다.

일반적으로 바울 신학과 특히 그의 교회론을 이해하는 열쇠는 다메섹 도상에서 예수님을 만난 이후에 무슨 일이 일어났는지를 이해하는 것이다.[30] 바울은 잘 교육받은 유대인으로서, 동시대의 랍비 신학을 통해 구속 역사를 이해하고 있었다. 살아나신 예수님을 만났을 때, 그는 구속 역사와 다가올 하나님 나라에 대한 자신의 비전을 재조정해야 했다. 이러한 예수님의 계시는 "**십자가에 못 박히신 메시아를 통해 이루어진 구원을 더 잘 이해할 수 있도록, 구원에 대한 보다 완전한 배경을 제공**할 수 있도록 근본적이고 광범위한 재구성을 요청했다."[31] 게다가 역사의 중간에서 한 사람의 부활이 이해되지 않는 유대적 배경에서 바울의 "재구성"은 역시 예수님의 부활을 설명해야 했다. 바울의 복음에 대한 생각의 구조는 이러한 도전에 대한 반응이다.

구약의 예언자들에 뿌리내린 랍비적 종말 사상은 역사를 (죄와 사망과 악의 세력에 지배를 받는) "현 시대"와 (하나님, 평화, 정의, 기쁨, 사랑의 지식으로 변화되고 특징지어지는) "다가올 시대"로 나누는 구분에 중심을 둔다. 유대인들은 하나님께서 역사 속으로 들어오시고 다가올 세상으로 인도하실 그날을 기대했다(표 2.1). 크리스티안 베커Christiaan Beker는 이 기본적인 구조 안에서 바울의 저작 속의 매우 중요한 유대인의 종말론적(혹은 묵시적) 소망의 네 가지 요소를 발견한다. 첫째, **신원**vindication이다. 하나님은 그분이 하신 약속을 신실하게 지키실 것이고 다가올 세상을 가져오실 것이다. 그분은 자신을 반대하는 적대적인 세력을 패배시키실 것이고, 따라서 그분의 이름을 회복하실 것이다. 둘째, **보편주의**universalism다. 하나님의 회복은 그 범위가 우주적일 것이다. 곧 하나님

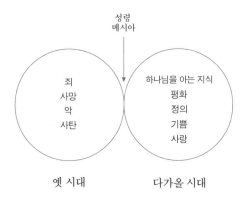

표 2.1. **랍비적 종말론**

은 다가올 세상에서 모든 창조세계와 모든 인간의 삶을 원래의 선한 상태로 회복하실 것이다. 셋째, **이원론**dualism이다. 현재 악한 시대에는 하나님의 영과 악의 세력이 창조세계 전체를 놓고 싸우는 중이다. 넷째, **임박성**imminence이다. 다가올 시대는 가까이에 와 있고 곧 완전히 임할 것이다.[32]

바울의 문제는 어떻게 구속사에 관한 이런 견해에 예수님의 죽음과 부활을 결부시킬 것인가에 관한 것이다. 그의 기독론적 재구성에서, 복음은 "그리스도의 도래, 죽음, 부활로 시작된 종말론적 구원의 시간에 대한 선포와 해설"이다.[33] 예수님의 죽음에서 하나님은 옛 시대 악의 세력을 이기셨다. 예수님의 부활에서 다가올 세대가 시작되었다. 예수님은 자신의 죽음에서 모든 창조세계를 위해 행동하셨고, 옛 시대를 지배하던 악의 세력을 결정적으로 물리치셨다. 그분은 자신의 부활에서 모든 창조세계를 위해 행동하셨고, 새 창조를 시작하셨다. 그리스도의 죽음은 옛 시대의 끝이고, 그분의 부활은 새 시대의 시작이다. 예수님은 새 창조의 첫 열매이며, 성령은 이제 이 종말론적 구원을 주시는 하나님의 권능이다. 그러나 이것은 옛 시대의 세력이 더 이상 존재하지 않는 것을 의미하지 않는다. 오히려 "두 시대의 혼합"(슈바이처), "미래 시대가 현재에 드러남"(슐리어), "두 시대가 동시에 현존하는 것"(벤트란트, 표 2.2를 보라)을 의미한다.[34]

바울 서신들은 이러한 기본적인 이해를 나타내는 언어로 가득 차 있다. 그래서 바울은 첫째 사람—아담—이 그의 불순종으로 옛 시대를 시작했지만, "둘째 아담"—예수님—이 그분의 순종으로 다가올 시대를 가져오셨다고 기록한다. 바울에게 "육신flesh"은 죄의 지배를 받는 세상을 의미하고, "영Spirit"은 하나님의 성령에 의해 이제 회복된 세상을 의미한다. 그의 저작들 속에서 "옛 사람old man"은 옛 시대의 권세 아래 있는 인간의 삶이고, "새 사람new man"은 성령의 능력 안에서 변화된 인간의 삶을 나타낸다.

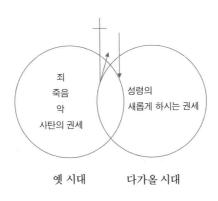

표2.2. 바울의 종말론

교회는 다가올 시대의 능력 안에 참여하기 시작한 사람들, 곧 베커가 말하듯이, "새 시대의 여명으로서 교회"다. 교회는 그 자체로 "종말론적 지평이고 역사 속에서 하나님 나라의 선취적 발현proleptic manifestation이다. 그것은 새 창조의 교두보이며 옛 시대 안에 드러난 새 시대의 표지다."[35] 이러한 이미지들은 교회를 "마지막 아담"(고전 15:45, 롬 5:12-21 참조)의 사역에 참여하는 공동체로 이해하도록 돕는다. 교회는 "새 인류"(엡 2:15, 골 3:9-11 참조)로서 그 구성원들은 이제 하나님의 나라 시민으로서 살아가고(골 1:13), 현재에서 "다가올 시대"(히 6:5)의 능력을 경험하며, 이미 "안식"(히 4:9)을 누리기 시작했다.

우리는 이러한 이미지를 개인주의적인 방식으로 생각해서는 안 된다. "우리는 먼저 개인적이고 사적인 관점이 아니라 구속사적이고 공동체적인 관점을 지향해야 한다"[36]라고 헤르만 리더보스는 말한다. 바울이 새 창조에 대한 우리의 참여를 이야기할 때, 그는 "고립된 개인에게 일어난 일을 이야기하는 것이 아니다. 그리스도 사건으로의 연합은 개개의 신자를 신자들의 공동체로 이동시킨다."[37] 바울은 우주적이고 공동체적인 관점에서 생각한다. 구원은 우주적 넓이를 갖는다. 새 창조는 예수님의 부활에서 시작되었기 때문이다. 구원은 모든 인간의 삶을 포용할 만큼 넓어서, 한 백성, 곧 새 창조에 함께 참여할 새로운 인류에게 미친다.

우리의 개인주의적인 견해는 때로 이러한 우주적이고 공동체적인 구원의 비전을 흐리게 만든다. 이에 대한 좋은 예는 우리가 고린도후서 5:17을 해석하는 방식이다. "그런즉 누구든지 그리스도 안에 있으면 새로운 피조물이라. 이전 것은 지나갔으니 보라, 새 것이 되었도다." 다른 번역들은 개인주의적 느낌을 좀 더 강화한다. "그는 새로운 생명체다." 그리스어 원문은 이렇게 말하지 않고 다음과 같이 아주 간단하게 말한다. "누구든지 그리스도 안에 있으면—새로운 피조물이다If anyone is in Christ-new creation!" 리더보스가 말한 것처럼, 바울의 "새 창조"에 대한 언급은 "단지 개인적인 의미(새로운 생명체)를 뜻하는 것이 아니라 재창조의 새로운 세상, 곧 하나님이 그리스도 안에서 시작하시고, 그리스도

열방에 빛을

안에 있는 모든 사람이 포함되어 있는 세상이라고 생각해야 한다."[38] 그
것은 새로운 세상 질서의 여명이다. 우리는 분리된 개개인으로서가 아
니라 새로운 질서에 거주하는 새로운 인류의 구성원으로서 새 창조에
속한다.

이것은 특히 로마서 5장과 6장에서 바울이 펼친 논증 속에 잘 나타
난다. 바울은 여기서 아담과 그리스도에 대해 이야기한다. 아담은 옛 세
상의 시작으로 서 있지만, 예수님은 새 세상의 시작으로 서 계신다. 아담
의 죄는 옛 시대를 열었지만, 예수님의 사역은 다가올 시대를 여셨다. 우
리가 아담 안에 있으면, 우리는 옛 시대의 일부이며 그 시대의 영향력 아
래 있다. 하지만 우리가 "그리스도 안에" 있으면, 우리는 다가올 시대의
일부가 된다(롬 5:12-21). 이러한 대조 이후에 곧바로 바울은 세례를 통
해 새로운 공동체로 편입함으로써(롬 6:1-14) 예수님이 그분의 죽음과 부
활로 성취하신 것에 우리가 참여한다고 말한다. 물론 이것은 그 공동체
개개의 구성원이 갖는 개인적인 책임을 축소시키지 않는다. 오히려 그
것은 인간 삶의 집단적인 본질과 바울의 종말론이 갖는 우주적이고 공
동체적인 구조를 강조한다. 바울에게는 두 세상, 곧 옛 세상과 새 세상
이 존재하고 그러한 세상에 거주하는 두 종류의 사람들이 존재한다.

이러한 이미지는 풍부한 선교적 함의를 갖는다. 교회는 새 창조의
삶을 구현할 때 열방에 매력적인 빛이 된다. 데이비드 보쉬는 다음과 같
이 말한다.

바울의 이해 속에서 교회는 "하나님께 순종하는 세상"이며, "구속된 창

조"다.…… 세상 가운데 교회의 우선적인 선교는 이러한 새 창조가 **되는** 것이다. 교회는 하나님의 영광을 위해 존재해야 한다. 하지만 정확히 말하면 교회의 존재는 "외부인들"에게 영향을 미친다. 신자들은 그들의 행동을 통해 외부인들을 끌어당기거나 밀어낸다.…… 그들의 행동은 매력적이거나 혹은 불쾌감을 줄 수 있다. 그것이 매력적일 때, 심지어 교회가 복음을 전하기 위해 적극적으로 "나가지" 않더라도, 사람들은 교회로 나오게 된다.[39]

따라서 바울은 어린 교회들에게 세상을 향한 방향성을 상기시킨다. 그들의 새로운 삶은 "모든 사람 앞에서 선한 일을"(롬 12:17) 해야 하고 "모두에게 알게"(빌 4:5[40], 골 4:5-6 참조) 해야 하고, "외인에 대해서 단정히"(살전 4:12) 행해야 한다. 그는 빌립보 교회들에게 그들의 구원을 이루라고 도전한다. **그러면** 그들은 로마제국의 어그러지고 거스르는 문화 가운데 빛과 같이 빛나게 될 것이다(빌 2:12-15). 바울은 데살로니가 교회에게 편지하면서 교회의 삶이 이방인들에게 미치는 영향력에 대해 이야기한다. "주의 말씀이 너희에게로부터 마게도냐와 아가야에만 들릴 뿐 아니라 하나님을 향하는 너희 믿음의 소문이 각처에 퍼졌으므로 우리는 아무 말도 할 것이 없노라"(살전 1:8). 그는 고린도 교회가 "뭇사람이 알고 읽는"(고후 3:2) 바울을 위한 추천서라고 말한다. 바울은 로마 교회에 대해서는 그들의 믿음이 "온 세상에 전파"되고 있으며(롬 1:8), 그들의 순종함이 "모든 사람에게 들린다"라고 기록한다(롬 16:19). 보쉬는 이 사실로부터 다음과 같은 결론을 내린다. "이러한 평가들은 데살로니가 교회, 고린도 교회, 로마 교회가 활발하게 직접적인 선교활동을 했다고 말하는 것이 아니다. 오히려 그들은 그들의 연합, 상호 간의 사랑, 예표적인 행동과 빛나는 기쁨을 통해서 '본질적으로 선교적'이었음을 보여준다."[41]

다가올 시대의 구원의 범위가 우주적이기 때문에, 이와 같이 하나님 백성의 선교도 창조 영역만큼 넓어질 것이고, 문화의 번영을 위해 노력하면서 문화의 공적 생활로 확산될 것이다. "하나님의 다가올 통치의 보편적이고 미래적인 범위는 세상을 **향한** 급진적인 교회 개념을 제시한다. 그리스도인들은 하나님의 우주적, 구속적 계획의 동반자가 되어야 할 의무가 있다."[42] 하나님이 그분의 나라를 회복하고 계시기 때문에 "하나님 나라의 청사진이자 교두보로서의 교회는 하나님 나라 안에서 다가오는 운명을 위해 세상을 준비시키는 모든 활동에 힘쓸 것이다. 이에 대한 해석학적 결론은…… 창조된 질서와 기관들에 대한 활발한 소명과 선교를 제시한다."[43] 그러므로 바울은 "폴리테이아*Politeia*(도시의 공적 생활)의 세상에서 복음에 합당한 방식으로 '시민의 삶을 살아가는' 그리스도인들의 의무"[44]를 강조한다.

두 시대가 혼합되어 있어 다가올 시대의 권세들과 옛 시대의 악한 세력 사이에 충돌이 일어나고 있기 때문에, 공적 생활로의 선교적인 개입은 참여와 거부를, 동시에 세상을 **위하면서** 세상에 **반대하는** 것을 의미할 것이다. 교회는 하나님이 새롭게 하시는 문화적 상황을 긍정하고 세상의 선을 위해 모든 삶에서 그리스도의 주되심을 구현하려고 노력한다는 의미로서, 세상을 **위해** 살아간다. 교회는 옛 시대의 우상숭배적인 세력들과 인간 사회에 대한 그들의 지속적인 지배를 거절한다는 의미에서 세상에 **반대하며** 살아간다. "그래서 교회는 **세상에 반대하는 것**과 **세상을 위하는 것** 사이의 지속적인 긴장 가운데 살아간다. 교회가 이원론적인 경향 속에서 세상으로부터의 후퇴를 지나치게 강조하면, 세상을 위한 하나님의 구속 계획으로서 예수님의 죽음과 부활을 저버리는 순전히 분리주의적 종말운동sectarian apocalyptic movement이 될 수 있다. 그러나 세상에 대한 참여만을 배타적으로 강조하면, 세상이 믿는 것에 스스로를 순응시켜서 그 세상의 일부가 되는 또 다른 '세속적인' 현상이 될 수 있다."[45]

"이러한 전쟁 가운데서" 복음에 신실하게 살아가는 것은 "**불가피한 고난**"을 의미할 것이다. 교회는 우주적 전쟁에 참여하고 있다. 하나님 나라의 편에 서는 것은 옛 시대 권세들과의 선교적 대면 가운데 고난받는 것을 의미할 것이다. 이것은 "이 세상 권세들의 맹공으로 인해 수동적으로 견뎌 내야 하는 고통일 뿐만 아니라 교회가 세상 가운데서 세상을 위해 하나님의 구속 계획에 따른 구속적 선교를 갖고 있기 때문에 세상에 적극적으로 참여한 결과로서 받는 고난이다."[46]

선교적인 "그리스도의 몸" 이미지

신약의 방대한 교회 이미지들 가운데 "그리스도의 몸"은 가장 중요한 것 가운데 하나로 간주되어야 한다. 우리는 이 이미지 속에서 교회가 하나님의 백성이 되는 것이 무엇인지를 보여주고, 교회의 종말론적인 본질에 대해 풍성하고 정확한 정의를 제공하는 "교회에 대한 신약적 사고의 가장 성숙한 결과"[47]를 갖고 있다. 종종 이 이미지는 인간의 몸에 대한 비유를 통해 공동체적 삶을 살아가는 교회 구성원들의 통일성과 다양성을 강조하기 위해 사용된다—바울은 이런 방식으로 비유를 사용한다. 그러나 "그리스도의 몸"의 중요성은 "신체적인 삶"에 대한 묘사보다 훨씬 더 깊은 것이다.[48] 이 표현은 우선적으로 "그리스도와 교회 사이의 특별하고 친밀한 관계와 친교"[49]를 표현하기 위해 사용된다. 실제로 이 비유는 그리스도의 몸을 구성하는 구성원들의 하나됨과 친교를 반영하지만 가장 중요한 위치에 있는 것은 **교회와 그리스도의 관계**다.[50] 이러한 비유는 "신약의 하나님 백성과 그리스도의 내적인 유대, 그리스도를 통한 하나님과의 관계, 그리스도를 통한 구성원들 간의 연합, 그들의 목표인 그리스도를 향한 분투와 여정을 표현하고 있다. 신약의 교회는 여전히 하나님의 백성이지만, 그리스도 안에서 그리스도와의 관계에서 새롭게 형성된 하나님의 백성이다."[51]

이 전문 용어가 바울의 독특한 특징이기 때문에, 이 이미지의 기원에 대한 많은 논의가 있어 왔다.[52] 바울 시대의 문화 속에서 "몸"이라는 용어는 일반적으로 인간의 몸과 유사한 사회적 실재로서 도시*polis*를 나타내기 위해 사용되었다.[53] 폴리스*polis*는 다양한 구성원들이 하나의 사회-정치적 연합체로 모인 것이었다. 따라서 이 용어는 바울이 또 다른 공동체, 곧 신자들의 한 몸인 교회를 언급하기 위해서 쉽게 사용할 수 있었다. 그러나 어떻게 이 몸이 그리스도와 관련되어 있는지를 이해하기 위해서는 그리스 세계를 떠나서 유대적 뿌리로 돌아가야 한다.

"그리스도의 몸" 이미지에는 교회와 그리스도의 관계를 보여주는 두 가지 중요한 방식이 있다. 첫 번째, 우리는 **그리스도 안에** 있다는 점이다. "우리 많은 사람이 그리스도 안에서 한 몸이 되어 서로 지체가 되었느니라"(롬 12:5). "그리스도 안에"(또는 때때로 동일한 의미로 사용된 "그리스도와 함께")라는 표현은 바울 서신 전체에 스며들어 있다. 바울 시대에 유대의 종말론적 사고 속에서 우리는 많은 사람들을 대신해서 행동하는 한 사람, 새로운 종말론적 백성의 창립자로서의 한 사람, 그 창립자 안에서 그들의 정체성과 이름을 발견하는 한 백성에 대한 다양한 개념들을 발견한다.[54] 바울은 이러한 개념들을 특히 예수님의 죽음과 부활에 관련해서 사용한다. 그러한 사건들 가운데 옛 세상에서 새로운 세상으로의 결정적인 전환이 있었고, 그분의 백성은 이 새로운 세상에 참여한다. 바울은 예수님을 마지막 아담으로 이야기하고, 많은 사람들을 위한 그분의 사역으로 새로운 공동체를 만드셨다고 말한다(롬 5:12-21, 고전 15:21-23). 예수님은 그분의 백성이 참여하는(골 1:18) 부활 세상의 시작 또는 창시자이시다. 그분은 그 부활의 삶을 공유하는 공동체의 첫 태생이자 첫 열매다(고전 15:20, 골 1:18). 이 모든 역할 속에서 예수님이 단지 연대기적으로 "첫 번째"이거나 그분의 백성들과 관련해서 단지 지위가 "첫 번째"라는 것이 아니다. 대신에 "그분은 그들을 위해 길을 여셨고, 그들의 미래를 자신의 미래로 합치셨다"[55]는 것을 의미한다. 예수님이 그분의 백성을 대신해서 그 일을 성취하셨다는 뜻이다. 한 사람이 많은 사람들을 대표하고, 많은 사람들은 그 사람이 행한 일을 공유한다. "그리스도 안에" 거하는 것은 그분이 성취하신 일에 참여하는 것이다. "그런즉 누구든지 그리스도 안에 있으면 새로운 피조물이라. 이전 것은 지나갔으니 보라, 새 것이 되었도다"(고후 5:17).

바울은 또한 그리스도 안에서 **우리는 한 몸을 이룬다**고 말한다(롬 12:5). 이것은 교회론적인 진술이다. 한 공동체는 그리스도의 고난, 죽음, 부활의 사건으로 세워진다. "그리스도 안에"라는 표현은 (배타적이지 않을지라도) 개인적인 구원의 측면에서 자주 해석되었다. 그러나 "'그리스도 안에' 있는 개인의 새로운 삶은 동시에 '그리스도 안에' 세워진 새로운 사회 속에서의 삶이다. 개인적 측면과 사회적 측면을 분리시키는 것은 불가능하다. 그리스도와의 개인적인 연합은 또한 공동체적인 기독교 사회에 편입되는 것을 포함한다."[56] "그리스도 안에" 있는 것은 우선적으로 구별된 개인이 그리스도 사역의 은택을 누리는 것을 의미하지 않는다. 그것은 지금 그분의 사역에 참여하는 새로운 인류의 일부가 되는 것을 의미한다.

오늘날 바울 서신의 독자들은 빈번하게 나오는 "그리스도 안에"라는 표현을 개인적인 의미로 읽는 경향이 있다. 이것은 자주 "그리스도와의 개인적인 관계"로서 간주된다.…… (하지만) 그러한 언급은 교회론적이다. "그리스도 안에" 있는 자들은 부활 이후에 부어진 그리스도 성령의 영역 안에서 살아간다. 그 속에서 죄와 죽음은 더 이상 통치하는 세력이 아니다. 그러므로 "그리스도 안에" 있는 것은 순전히 그리스도와 신자 사이의 개인적인 관계를 의미하지 않는다. 그것은 그리스도가 다스리시는 영역에 속하는 것을 의미하고 그 영역은 그분의 몸, 공동체다. 이

것이 바로 모든 개인들이 그리스도와 동료 그리스도인들에게 전적으로 묶이게 되는 근거다.[57]

세례는 우리가 이러한 종말론적인 몸의 일부가 되고 예수님이 행하신 일에 참여하는 의례다(롬 6:1-11, 고전 12:13, 갈 3:26-28). 바울은 "우리가 유대인이나 헬라인이나 종이나 자유인이나 다 한 성령으로 세례를 받아 한 몸이 되었고 또 다 한 성령을 마시게 하셨느니라"고 말한다(고전 12:13). 우리의 세례는 그리스도 사역의 열매들을 누리게 하시는 성령의 은사를 공유하는 한 몸이 되게 한다.

"그리스도의 몸"이 우선적으로 **공동체가 되는 것보다 그리스도에 대한** 우리의 공동체적 관계를 가리킨다고 할지라도, 그리스도인의 교제에 대한 많은 함의들이 이 이미지 속에 내포되어 있다. 이는 특히 고린도전서와 로마서 속에서 잘 나타나 있다. 예를 들어, 교회가 그리스도 안에서 한 몸이기 때문에 교회는 이 연합을 실천할 필요가 있다. 이 연합은 다양성 속에서 나온다. 많은 구성원들은 서로에 대해 상호의존적이고 겸손히 서로를 사랑 안에서 세워 가도록 은사를 받는다. 우리는 모든 구성원을, 특히 연약한 자들을 존중해야 한다. 우리는 그리스도의 몸을 알아볼 수 있도록 가난한 자들을 잘 돌보아 주어야 한다. 우리는 유대관계 속에 함께 묶여 있기 때문에, 누군가 고통스러워하면 모두 고통스러워하고 누군가 즐거워하면 모두 즐거워한다. 우리의 삶은 신약의 "서로"에 대한 말씀을 통해 형성되어야 한다. 그럼에도 우선적인 의미는 예수 그리스도와 이 몸의 관계에서 나온다. 교회는 그리스도의 죽음과 부활에 연합함으로 마지막 때의 삶에 참여하게 된 공동체다.

우리를 "몸"으로서 그리스도와 연결시키는 두 번째 방식은 그리스도가 교회의 **머리**가 되신다는 점이다. 교회를 이런 방식으로 이야기하는 것은 에베소서와 골로새서에서 두드러지게 나타난다. 이러한 서신서들(엡 2:11-16)에서 교회가 구속사적 방식으로 예수 그리스도의 죽음과 부활에 연결될지라도, 교회는 나아가 높임을 받으신 살아 계신 그리스도, "몸된 교회의 머리"(골 1:18)와 연결되어 있다.

교회의 머리로서 예수님의 이미지는 그분이 교회에 대한 최고의 권위를 갖고 있음을 나타낸다. 따라서 교회는 그리스도의 포괄적인 통치에 복종하고 섬기고 순종해야 한다. 중요한 것은 에베소서와 골로새서 모두는 모든 것을 포괄하는 범위를 가진 그리스도의 권위가 그분의 머리됨을 위한 배경이 된다는 점이다. "만물"은 그리스도로 말미암고 그분을 위해 창조되었고, 그리스도 안에서 함께 서고, 그리스도로 말미암아 하나님과 화목하게 될 것이다(골 1:15-20). 우리는 그분의 절대적이고 우주적인 통치의 맥락에서, 예수님이 몸된 교회의 머리가 되신다는 사실을 이해해야 한다(골 1:18).

또한 예수님의 포괄적인 권위와 머리됨 사이의 동일한 관계가 에베소서에서도 나타난다(엡 1:20-23). 바울은 그리스도의 우주적 권위를 강조하면서, 에베소와 골로새인들의 경제적·문화적·사회적·정치적인 삶을 지배하는 다양한 영적인 "권세들"의 위협에 대응하고 있다. 유혹은 교회 구성원들이 다른 동료 시민들처럼 그러한 권세들에 종속되어 살아가는 것이었다. 그 당시의 세계관 속에서 사회는 이러한 정사와 권세들에 의해 지배를 당하고 있었다. 이에 대해 바울은 이러한 권세들이 그리스도 안에서 그리스도를 위해 창조되었다고 말한다(골 1:16). 그들은 창조 안에서 선한 권세들이었지만, "그들이 절대화되고 하나님께 속한 자리를 취했을 때, 부패하고 마귀적인 것이 되었다."[58] 그러므로 선한 창조적 "권세들", 예를 들어, 성, 돈, 친족, 전통과 정치적 권세들은 우상이 될 수 있고 그렇게 사회의 구조들을 형성할 수도 있다. 복음의 메시지는 이러한 권세들이 십자가에서 패배를 당했고(골 2:15) 그리스도와 화해되었다(골 1:20)라고 말한다. 궁극성에 대한 그들의 거짓된 주장들은 발가벗겨졌고 창조 안에서의 적합한 위치로 회복되었다. 바울은 그리스도의 우주적 권세에 대해서 말한다. 다시 말해, 그분은 권세들을 창조하셨고, 그들의 우상숭배적인 절대화를 좌절시키셨으며 그들을 그리스도께로 화해시키신다. 그러므로 골로새와 에베소 교회들은 더 이상 그들의 문화적 권세들에 굴복해서는 안 된다. 그들은 그리스도만을 섬길 수 있도록 자유로워졌고 해방되었기 때문이다.

그리스도는 교회를 위한 만물의 머리이시다. 그리스도의 몸으로서 우리는 만물을 "채우시는"(곧 모든 것을 포괄하는 우주적 권세를 갖고 통치하시는, 렘 23:24 참조) 그분의 충만함*pleroma*이다. 다시 말해, 그분의 몸은 권세들의 머리이신 그리스도의 승리에 참여한다. 따라서 교회는 이방 문화를 형성하는 우상숭배적인 권세들로부터 해방되며, 교회 안에 있는 하나님의 광대한 권세를 인정하고 표현한다. 그리스도인은 그 권세들에 속박되어 있는 동시대인들에게 대조적 사회로 서 있다. 그러므로 교회의 그리스도에 대한 복종과 순종은 그리스도의 권세만큼이나 확장되어야 한다.

만물과 교회의 머리로서 그리스도의 주권적인 권세는 놀랍게도 자기희생적인 종의 사랑 안에서 드러난다(엡 5:22-23). 아내의 머리인 남편에 관한 예를 들면서, 바울은 그리스도가 교회를 희생적으로 사랑하시고 교회를 위해 자신을 포기하려고 그분의 머리됨과 권세를 사용하셨다고 말한다. 그리스도는 교회를 씻기고 빛나는 거룩함으로 드러내신다. 그리스도는 그 몸의 구성원들을 먹이시고 돌보신다. 이러한 양육과 돌봄은 높임 받으신 그리스도가 교회에 은사를 주셔서, 그분의 몸이 세워지고 그분의 장성한 분량에 이르도록(엡 4:7-16) 하시는 모습에서 잘 드러난다. 이것이 높임 받으신 그리스도가 교회 안에 현존하시고, 그분의 백성을 성장시켜서 점차적으로 그분과 같이 되도록 하기 위해, 그분의 주권적 권세를 사용하시는 모습이다. 그분은 교회가 하나님 말씀의 능력을 삶의 중심에 두는 지도자들에 의해 섬김을 받도록 하신다. 그분은 교회의 일을 하게 하는 모든 다른 은사와 함께 지도자들 안에서, 지도자들을 통해 일하심으로 교회가 모든 일에서 머리이신 그리스도에게까지 자라게 하신다. 교회는 세워져 가면서 문화적 상황의 우상숭배적인 권세들로부터 자유롭게 되고, 점차 성숙해지면서 그리스도의 장성한 분량으로 자라가게 되며, 이를 통해 "권세들"(엡 3:10)에 대한 하나님의 구속 사역을 입증한다. 따라서 바울은 에베소인들에게 (다른 이방인들이 하는 것처럼) 사회의 우상숭배적인 권세 아래서 살아가지 말고 그리스도의 권세 아래서만 살아가기를 간청한다. 게르하르트 로핑크는 다음과 같이 말한다.

따라서 교회의 결정적 임무는 세상과 다른 대조적인 사회, 곧 형제애가 삶의 규범인 그리스도의 통치가 이루어지는 영역으로 스스로를 세우는 것이다. 교회가 정확히 이 일을 행함으로써, 이교 사회는 세상을 향한 하나님의 계획을 알게 될 것이다.…… 에베소서는 완전히 다른 용어와 사고의 지평에서 이루어졌을지라도, 우리에게 열방의 순례 모델과 매우 유사한 어떤 것을 제시한다.…… 그래서 교회는 단순히 세상 안에서 하나님 구원의 임재를 나타내는 **효과적인 표지**다.[59]

"그리스도의 몸"의 이미지는 교회가 그리스도와 두 가지 방식으로 연결되어 있음을 보여준다. 교회는 구속사적인 방식으로 십자가와 부활 사건에 참여한다. 교회는 종말론적인 방식으로 교회의 머리이신, 살아 계시고 높임 받으신 주님과 필수적이며 지속적인 관계 속에서 살아간다. 교회는 그리스도 안에서의 새로운 삶을 끊임없이 수용함으로써 살아간다. 그러한 삶은 그분의 죽음과 부활에 편입되었다는 지속적인 인식으로부터 나온다. 또한 이러한 새로운 삶은 부활하고 승천하신 주님의 지속적인 사역, 곧 성령 안에서 교회의 친교를 통해 일하심으로 주어진다. 이러한 예수님과의 역사적으로, 종말론적으로 필수적인 관계는 교회를 그리스도의 몸으로 만든다.

나는 앞에서 "그리스도의 몸"의 이미지를 교회의 내적이고 공동체적인 삶의 역동성에 적용하지 못하도록 제한하는 경향에 대해 언급했다. 그러한 적용은 그 자체로 의심의 여지 없이 타당할지라도 결코 충분하지는 않다. 그리스도 몸의 이미지는 예수 그리스도와 교회의 필수적 관계의 측면에서 이해되어야 한다. 그러나 심지어 **이것**도 선교적으로 이해되지 않는다면, 잘못 이해되는 것이다. 이 이미지를 충분히 이해하기 위해 우리는 성경 이야기의 맥락 속에서 그것을 보아야 한다. 오직 그럴 때에만 우리는 교회를 위한 그 이미지의 선교적 함의를 볼 수가 있다.

바울은 "새로운 인류를 자신 안에서 창조하신 그리스도의 목적"은 "한 몸"이 되게 하는 것이라고 말한다(엡 2:15-16). 우리는 이 목적을 이해하기 위해 복음서에 나타난 예수님의 하나님 나라 선교로 돌아가야 한다. 거기서 우리는 새로운 백성을 창조하려는 목적이 실제로 예수님 사역의 핵심이었음을 보게 된다. 이러한 형성은 성경 이야기의 배경 속에서 이해되어야만 한다. 다시 말해, 예언자들은 메시아의 사역을 열방에 빛이 되는 일에 실패한 백성을 모으고 회복하는 것이며, 이 참된 종말론적 이스라엘에게로 이방인들이 모이게 될 것이라고 보았다. 예수님은 정확하게 이 일을 성취하셨다. 그분의 사역을 통해, 특히 그분의 죽음과 부활을 통해 새로운 인류를 창조하시고 유대인과 이방인들을 화해시켜 한 몸이 되게 하시려는 예수님의 목적은 성취되었다. 그분은 이제 살아 계셔서 그들이 세상 가운데 예수님의 사역을 지속하도록 성령을 통해 자신의 삶을 나누어 주신다. 이 성경 이야기는 우리가 "그리스도의 몸"의 진정한 중요성을 이해할 수 있는 배경을 제공한다. 그리스도의 목적은 세상을 위해 그분의 삶을 구현하는 선교적 백성을 창조하시는 것이다. "그래서 이것은 '교회가 그리스도의 몸'이라는 동일시에 대한 기본적인 의미다. **교회는 지상에서 부활하신 예수님의 현현** manifestation**이다.**"[60]

"성령의 전"으로서의 교회

하나님의 종말론적 백성의 정체성과 본질은 그리스도와의 관계뿐만 아니라 성령과의 관계 속에서 나타난다. 헨드리쿠스 벌코프Hendrikus Berkhof는 우리가 선교의 맥락 속에서 성령의 사역을 이해하지 못하면 성령에 대한 다양하고 다면적인 성경의 가르침을 이해할 수 없을 것이라는 담대한 주장을 한다.[61] 부활의 이야기에서(마 28:19-20, 눅 24:49, 요 20:21-22, 행 1:8) 성령은 선교의 맥락 속에서 약속되고 있다. 하나님 구원의 전능하신 행위가 그리스도 안에서 성취되었기 때문에 이에 대한 소식은 한 사람(예수님)으로부터 많은 사람들(모든 인류)에게로, 중심지(예루살렘)에서 땅끝으로, 역사의 중심(십자가와 부활의 사건 속에서)에서 역사의 완성(예수님이 다시 오실 때에)으로 퍼져 나가야만 한다. 그러나 선교는 단순히 하나님의 행위를 알리는 과정이 아니다. 오히려 선교 자체는 **하나님의 전능하신 행위 가운데 하나**이며, 이전의 모든 전능한 행위를 드러나게 하고 사람들이 그것으로 편입하게 하는 절정의 신적 행위다. 정확히 이 일을 하는 것이 성령의 사역이다. 신약에 기록된 성령의 모든 다른 역사는 이 사역 안에서 이해된다.

성령과 교회의 관계에 대한 두 가지 중요한 측면이 있다. 교회는 성령의 선교의 **도구**일 뿐만 아니라, 그 선교의 **임시적인 결과**다. 교회는 성령이 예수님에 의해 성취된 구원을 이루어 가시는 장소이며, 또한 그 구원이 다른 사람에게로 나아가는 수단 혹은 통로다. 이 관계의 두 가지 측면은 모두 중요하다. 우리가 교회를 단지 성령이 일하시는 장소로만 생

열방에 빛을

각한다면, 우리는 교회적 자기애ecclesiastical narcissism와 내향성의 위험에 빠진다.[62] 우리가 성령이 일하시는 도구로서의 교회에만 배타적인 관심을 둔다면, 우리는 복음 자체로부터 분리된 행동주의를 받아들일 위험이 있다.[63]

교회사에 나타난 주된 문제는 교회가 단지 그리스도의 선물인 구원을 주시기 위해 성령이 일하시는 장소로서 간주되어 왔다는 점이다. 이것은 다양한 교회 전통 속에서 두 가지 방식으로 강조되어왔다. 첫 번째는 **제도** 안에서 성령의 사역을 강조하는 것이다. 로마 가톨릭, 성공회, 동방 정교회와 같은 교회들은 구조, 직제, 교회 사역을 통해 구원을 양육하시는 성령을 강조해 왔다. 개혁주의, 복음주의와 오순절 교회 안에서는 **공동체**—사랑의 삶, 상호 간에 은사를 사용함으로써 양육되는 몸의 "서로를 세워 주는" 삶—를 기르고 창조하는 성령의 사역에 특별한 관심을 가져왔다. 이러한 다른 강조점들은 서로 긴장관계에 놓인 교회론을 만들어 냈다.

성경에서 성령의 사역은 종종 제도와 관련되어 있다. 성령은 말씀의 선포(고전 2장), 성만찬(고전 12:13), 세례(행 2:38), 리더십과 사역(엡 4:11-12), 안수(행 8:17), 교회의 훈련(요 20:22-23)을 통해 일하신다. 이러한 모든 수단을 통해 성령은 우리가 살아 계신 하나님을 만나게 하고, 그분의 구원을 경험하게 한다. 많은 북미 복음주의(어떤 "선교적" 교회 문헌을 포함하여)의 반제도주의적 정신anti-institutional spirit과 개인주의는 성령을 "형태나 제도들과는 관련이 없으며, 하나님의 마음으로부터 나와 개개인의 마음으로 움직이는 보이지 않는 비물질적 능력"으로 간주함으로써, 성경 가르침의 중요한 맥락을 놓치고 있다. 성경이 우리에게 보여주는 사실은 "성령은 가시적 형태와 행동 모두를 필요로 한다"는 점이다.[64] 게다가 성령의 역사는 교회의 **공동체적** 삶과 연결되어 있다. 성령은 사랑, 교제, 평화, 기쁨, 의를 만들어 내신다(롬 8장; 14:17, 갈 5:22). 그분은 다양한 부분들이 서로의 진정한 **지체**가 되도록 만드는 일을 하신다(롬 12:3-8). 그분은 각 사람에게 은사를 나누어 주시고 그 은사를 서로를 양육하는 일에 사용하게 하신다. 따라서 성령은 회집된 백성으로서의 교회 안에서 일하신다.

그러나 (벌코프가 상기시켜 주듯이) 이러한 제도적이고 공동체적인 교회의 차원을 올바로 이해하기 위해서 우리는 전방과 후방 모두를 바라보아야 한다. 우리는 먼저 기독론적–종말론적 출발점을 향해 **뒤돌아** 보아야 한다. 다시 말해, 성령은 십자가에 못 박히시고 부활하심으로 사람들이 하나님 나라의 삶에 참여할 수 있게 하신 그리스도로부터 종말론적 선물로 주어진다. 또한 우리는 이 구원에 참여하지 못한 사람들을 향해 **앞을** 바라보아야 한다. 말하자면, 교회의 삶은 예수님이 성취하신 구원을 아직 모르는 믿지 않는 세상을 지향해야 한다. 성령은 그리스도로부터 모든 사람에게로 움직이시는 분이지만 그 여정은 제도와 공동체로서 교회를 포함한다. 벌코프는 네 개의 고리로 된 사슬의 이미지를 제시한다.[65] 첫 번째 고리는 예수 그리스도와 그분의 죽음과 부활로 성취하신 하나님 나라의 구원이다. 두 번째는 교회의 제도인데, 그것에 의해 예수 그리스도가 교회의 다양한 사역 속에서 드러나고 그것을 통해 하나님의 백성은 이 사역에 참여하게 되며, 종말론적 구원을 경험하게 된다. 세 번째 고리는 성령의 사역에 의해 이러한 구원의 증거를 제공하는 공동체의 생기 넘치는 삶이다. 네 번째는 교회 안에서 복음을 보고 듣게 되는 믿지 않는 세상이다. 그러므로 사슬은 기독론적-종말론적 구원을, 제도로서 교회와, 공동체로서 교회와, 믿지 않는 세상으로 연결시킨다. "그리스도는 말씀, 성례, 사역 안에서 그분의 교회 공동체 안에 현존한다. 이 공동체는 또한 그리스도가 세상에 현존하게 하는 수단이 되도록 부름을 받는다."[66] 이러한 방식으로 교회는 그리스도의 복음과 믿지 않는 세상을 연결한다. 그러나 복음을 세상에 가져오는 것은 (장소와 도구로서) 교회의 제도와 교회 공동체 안에서 그것들을 통해 일하시는 성령이다.

이렇게 성령, 교회, 선교에 관한 성경의 가르침을 조직적으로 생각하게 만드는 이미지가 있을까? 또는 우리는 "교회 안에 일어나는 성령의 사역을 단일한 표제 (혹은 이미지) 아래로 예속"시켜서는 안 된다는 벌코프의 경고에 주의해야 하는가?[67] 거기에는 분명한 위험이 있다. 그러나 성령의 사역을 강조하는 신약의 다양한 교회적 이미지들 가운데 "성령의 전"은 선교적 교회론의 그러한 차원들을 연결시켜 주는 하나의 이미지를 제공한다.

신약의 저자들이 교회를 묘사하기 위해 성전의 이미지를 사용할 때, 그들은 풍성한 역사를 가진 하나의 이미지를 붙잡는다. 초대 교회는 스스로를 참된 이스라엘이자 예언자들이 약속한 참된 종말론적인 성전으로 간주한 유일한 공동체는 아니었다. **성전**은 구약 이야기에 의해 형성되어 온 상징이기 때문에, 교회가 성령의 전이 된다는 것이 무엇을 의미하는지 이해하기 위해서는 그 이야기의 핵심을 간략하게 살펴보아야 한다. 성전과 교회의 선교에 대한 그레고리 빌의 고무적이고 철저한 연구는 여기서 도움이 된다.[68]

구약에서 이스라엘의 성전은 뒤로는 성경 이야기의 첫 부분에 나타난 에덴동산(창 1-2장)을 가리키고 앞으로는 마지막 부분의 새 창조(계 21-22장)를 가리킨다. 이스라엘의 성전은 에덴동산의 중요성과 의미를 반영하도록 세워졌다. 에덴은 아담과 하와가 하나님과의 친밀한 교제를 누리던 하나님 임재의 유일한 장소다. 아담은 하나님의 성소를 돌보고 지키는 임무를 가진 첫 번째 제사장-왕priest-king으로 묘사된다. 그는 하나님이 임재하시는 성소의 경계를 그 바깥 지역으로 확장시키는 임무를 받았다. 따라서 성전-동산은 시작부터 많은 창조물이 점차적으로 하나님의 임재와 지식으로 채워지도록 확장해 나가는 목적을 갖고 있었다. 이 임무를 수행하는 데 실패한 아담은 동산에서 추방당한다. 그럼에도 하나님은 창조세계를 회복하시기 위한 긴 구속의 여정을 시작하신다. 성경의 부분에서 우리는 문자적으로 온 세상을 에워싸는 새로운 성전을 본다. 이 마지막 시대 성전의 그림은 창세기 첫 부분에서 나온 색깔들로 칠해져 있다. 여기서 하나님의 의도는 분명히 세상을 그분의 임재로 채우려는 최초의 의도를 성취하시는 것이다. "보라, 하나님의 장막이 사람들과 함께 있으매 하나님이 그들과 함께 계시리니 그들은 하나님의 백성이 되고 하나님은 친히 그들과 함께 계셔서" 그들의 하나님이 되실 것이다(계 21:3).

창세기 1-2장(창조된 "성전")과 요한계시록 21-22장(회복된 성전)

열방에 빛을

사이에는 하나의 선교 이야기가 있다. 하나님은 특정한 백성 가운데 그분의 성전을 세우시고 이스라엘이 다시 한 번 그분 구원의 임재를 누리도록 초청하신다. 실제로 이것은 정확히 그들을 한 백성으로 구별시켜주는 것이다(출 33:16). 그러나 하나님의 강력한 사랑의 임재를 회복하는 것과 함께 본래적인 창조의 복을 누리는 것을 이스라엘 혼자 소유해서는 안 된다. 그들은 세상 모든 곳에 이 복을 전해 주어야 한다. 이스라엘은 회복된 인류이자 새로운 집단적 아담으로서 "하나님의 도구가 되어야 한다. 하나님께서는 이스라엘이 **성전의 거룩한 공간과 하나님 나라의 증가하는 확장**의 일부가 되게 하시기 위해, 그들을 통해 임재의 빛을 사람들의 어둔 마음속에 비추어 주신다. 이것은 다름 아닌 바로 세상 모든 곳에서 하나님의 '증인'의 역할을 수행하는 것이다."[69] 성전의 상징은 백성 한가운데 하나님의 임재를 이야기할 뿐만 아니라 "전 세계의 둘레에 경계선을 세울 때까지 성전의 경계를 확장하라는 신적인 명령"[70]을 이야기한다. 예수님 당시의 성전이 열방을 차단하는 자민족주의적 특권의 상징이 되었을 때—의도했던 성전의 모습과는 정반대의 모습(막 11:17)—예수님이 분노하신 것은 놀라운 일이 아니다. 이스라엘의 선교는 여전히 구심적이다. 이스라엘이 새로운 인류의 삶을 구현할 때, 열방은 하나님이 그들 가운데 계신 것을 보게 될 것이다(신 4:5-8). 이 그림은 하나님을 아는 지식의 경계가 점차적으로 확장되면서, 성전 주변의 동심원이 예루살렘으로, 그 다음은 이스라엘로, 그 다음 열방으로 퍼져 나가는 것과 같다.

그러나 아담과 같이, 이스라엘은 경계를 확장하고 "나머지 어두워진 인류 가운데 하나님의 영광스러운 임재를 퍼뜨리는 일"[71]에 실패한다. 그래서 예언자들은 물이 바다를 덮음 같이 하나님의 지식이 온 세상을 덮게 되는 날을 가리킨다(사 11:9, 호 2:14). 하나님께서 회복을 시작하실 때, 그분은 마지막 날에 이스라엘 가운데 성전을 세우실 것이다. 하나님은 에스겔에게 그들 가운데 성소와 거할 처소를 세울 것이며, 그분은 그들의 하나님이 되고 그들은 하나님의 백성이 될 것이라고 말씀하신다. 다윗의 한 아들이 그들을 다스릴 것이며, 그들의 삶은 하나님의 율법으로 형성될 것이다(겔 37:24-27). 그래서 하나님은 "내 성소가 영원토록 그들 가운데에 있으리니 내가 이스라엘을 거룩하게 하는 여호와인 줄을 열국이 알리라"고 말씀하신다(겔 37:28). 이와 같이 스가랴는 마지막 날에 여호와께서 예루살렘으로 돌아오실 때, 그분의 성전을 건축하실 것이라고 말한다(슥 1:16). 그래서 이스라엘 백성은 노래하고 기뻐하라는 요청을 받는다. 하나님이 그들 가운데 거하시기 위해 오고 계시기 때문이다. 다시 한 번 하나님의 임재와 열방의 도래 사이에 관계가 맺어진다. "그날에 많은 나라가 여호와께 속하여 내 백성이 될 것이요 나는 네 가운데에 머물리라. 네가 만군의 여호와께서 나를 네게 보내신 줄 알리라"(슥 2:11). 후에 스가랴는 말하기를 여호와께서 시온으로 돌아오셔서 예루살렘에 거하실 것이다. 그러면 많은 백성과 강대한 나라들이 여호와를 찾기 위해 예루살렘으로 나아올 것이다(슥 8:3, 20-22). "그날에는 말이 다른 이방 백성 열 명이 유다 사람 하나의 옷자락을 잡을 것이라. 곧 잡고 말하기를 하나님이 너희와 함께하심을 들었나니 우리가 너희와 함께 가려 하노라 하리라"(슥 8:23). 특히

열방에 빛을

중요한 점은 에스겔이 상세하게 설명한 마지막 날 세워질 종말론적인 성전에 대한 정교한 묘사다(겔 40-48장). 따라서 이스라엘은 하나님의 임재가 그분의 백성 가운데 임하여 열방이 그분께로 나아오게 되는 마지막 날을 고대한다.

심지어 그리스도가 오시기 전에, 이 마지막 때의 성전은 건축물이 아닐 것이라는 암시들이 있었다.[72] 예수님 시대에 살았고 이스라엘의 타락한 성전을 거부했던 에세네파 공동체는 스스로를 종말론적 성전이라고 생각했다.[73] 복음서에 기록된 예수님의 상징적인 행동들은 당시 성전에 대한 하나님의 심판을 선언한다. 그런 일을 행하시는 예수님의 권세에 대한 질문을 받으셨을 때, 예수님은 "너희가 이 성전을 헐라. 내가 사흘 동안에 일으키리라"고 대답하신다(요 2:19, 막 14:58 참조). 제자들은 후에 예수님이 말씀하신 성전은 건물이 아니라 그분의 몸이라는 것을 이해하게 된다. 예수님은 종말론적 성전이자, 예언자들이 가진 비전의 성취다. 예수님은 마지막 날에 그분의 백성 가운데 충만하신 하나님의 임재를 드러내신다. 요한은 예수님이 그분의 백성 가운데(요 1:14) 거하셨다(문자적으로, "장막을 치셨다")고 말한다. 예수님의 부활은 마지막 날이 도래했음을 나타내고, 따라서 하나님의 임재와 지식이 세상을 채워 가며, 열방이 하나님 구원의 임재를 경험하는 한 백성에게로 나아오는 시간이 도래했음을 보여준다.

종말론적 성전의 건축은 부활에서 시작한다. 하나님의 강력한 임재는 그분의 백성 가운데 드러났다. 그들은—처음은 이스라엘, 그 다음은 열방—성령에 의해 예수님 부활의 삶에 참여하면서 하나님의 마지막 시대 백성으로 회집된다. 따라서 야고보는 아모스에 의해 약속된 성전의 재건축을 이스라엘과 (그 다음은) 이방인의 회복으로 이야기한다(행 15:16-17, 암 9:11-12 참조).[74] 열방 가운데 세워진 하나님 임재의 새 성전은 건물이 아니다. 그것은 성령의 충만함을 받고, 그리스도 부활의 새로운 삶을 받은 한 백성이다. 우리는 부활 이후에 일어난 지리적 변화의 선교적 중요성을 간과해서는 안 된다. 여기서 다시 우리는 구약의 성취되고 변형된 구심적인 비전을 보게 된다. 이제는 더 이상 세상의 한 장소에서 한 민족 가운데 하나님의 임재를 나타내는 하나의 성전은 존재하지 않는다. 이제 이러한 성전은 세상의 모든 곳에 있는 많은 다문화적 공동체들 속에서 세워지고 그들은 하나님께서 거룩한 삶을 통해 자신의 임재를 드러내시려는 본래적인 의도를 성취한다.[75] 성전의 본래적 의미를 확대하는 목적과 함께, 이 새로운 종말론적 성전은 이제 모든 민족 가운데 세워지고 결국 하나님을 아는 지식의 향기가 온 세상을 채워가게 될 것이다.

이것은 분명히 선교적 소명이다. 우리는 이 이미지 속에서 예수 그리스도의 사역과 "열방" 사이의 관계를 본다. 벌코프의 네 개의 사슬 이미지로 돌아가서, 한 백성으로서의 교회는 예수님이 성취하신 일과 열방을 연결시키고, 또한 그들을 그리스도의 구원에 참여시킨다. 따라서 우리가 성령의 전으로서 교회의 이미지를 볼 때, 이러한 성경적 배경이 우리의 이해를 형성해야 한다. 곧 성전은 선교적 이미지다.

성령의 전은 먼저 하나의 집합적인 혹은 공동체적인 이미지다. 이러한 이미지를 우리의 신체적 몸으로 제한시키는 유감스러운 경향(이는 개

열방에 빛을

인주의의 또 다른 모습이다)은 기독교 공동체의 중요성을 축소시키는 결과를 낳았다. 오직 한 번만 "성전"은 개인(안에 거주하는 것)을 가리킨다(고전 6:19). 그 밖의 다른 곳에서는 모두 공동체적 이미지를 가리킨다. 하나님 전으로서의 교회 이미지는 신약에 널리 퍼져 있다(고전 3:16-17, 고후 6:16, 엡 2:20-22, 벧전 2:5; 4:17, 계 3:12; 11:1-2). 게다가 신약에서 기독교 공동체를 "세우는" 건축적 상징이 빈번하게 나타나는 것은 교회가 하나의 조직이 되어야 한다는 것을 가정한다(예를 들어, 롬 14:19, 유 20).[76] 우리는 정확히 "성령의 전"을 세우는 상징 속에서 이 이미지의 진정한 중요성을 본다.

그분의 성전을 세우는 것은 성령 하나님의 사역이다. 성전을 세우시는 하나님의 종말론적 사역은 두 가지 요소를 갖는다. 첫째, 그분은 세워진 건물에 돌들을 더하지 않고 사람들을 모으신다(롬 15:20-21, 벧전 2:5). 그분은 기독교 공동체를 지속적으로 세우고 강화시키시기 때문에, 그 공동체는 점차적으로 성취된 구원을 살아 내고 구현하게 될 것이다(엡 4:11-16, 살전 5:11). 이 건물은 그리스도 위에 세워지며, 그 기초는 사도와 예언자들에 의해 놓여진 그리스도의 복음이다(고전 3:10-15, 엡 2:19-22). 이러한 세움은 오직 그리스도 예수의 복음 위에 분명히 놓이는 경우에만 일어날 수 있다. 다른 기초 위에 세워진 구조들은 결국 타서 없어질 것이다. 하나님은 이러한 세움을 교회의 다양한 구성원들을 통해 성취하신다. 그분은 서로를 섬기도록 다양한 은사와 능력들로 준비시켜 주신다(롬 12:3-8, 고전 12-14). 특별히 중요한 것은 하나님께서 어떤 사람에게는 하나님의 말씀을 알리는 은사를 주셔서,

모든 공동체가 봉사의 삶을 위해 세워지고 준비되도록 하신다는 점이다(엡 4:11-12). 그러므로 이러한 세움은 오직 하나님의 백성이 함께 모여 공동체 안에서 그들의 은사를 사용할 때에만 일어날 수 있다(고전 14:12, 히 10:24-25).

헤르만 리더보스는 이러한 세움이 "세상 안에서 교회의 올바른 집단적 발현corporate manifestation을 향해 있다"[77]라고 말하면서, 이러한 이미지의 고유한 선교적 방향성을 언급한다. 성전과 건물의 이미지가 오직 구원의 선물을 누리는 일에만 열중하는 교회의 내향성을 정당화하기 위해 사용되어서는 안 된다. 성령의 전으로 우리가 세워지는 것은 세상을 위한 것이다. 성전의 이미지는 세상 모든 곳으로 하나님의 임재를 아는 지식이 확장되고 늘어나는 것을 의미한다. 교회의 제도적이고 공동체적인 삶을 말하는 성령의 전에 대한 신약의 많은 본문들을 조사해 보면, 우리는 그것들이 그리스도로부터 세상을 향해 움직이는 사슬의 고리들임을 알게 된다. 오늘날의 교회는 아마도 성전을 깨끗케 하시고 그 비전을 다시 열방으로 향하게 하시는 그리스도가 필요해 보인다. "기록된 바 내 집은 만민이 기도하는 집이라 칭함을 받으리라고 하지 아니하였느냐?"(막 11:17) 그레고리 빌은 다음과 같은 권고로 글을 맺는다. "교회로서 우리의 임무는 하나님의 임재로 가득 찬 그분의 성전이 되어서, 마침내 하나님이 이 목적을 마지막 날에 완전히 완성하실 때까지, 그분의 영광스러운 임재를 확장시키고 세상을 채우는 것이다! 이것이 우리 공동의 통일된 선교다. 우리가 이 목적을 위해 하나되게 하소서."[78]

선교적인 디아스포라 이미지

바울이 고린도 교회를 "고린도에 있는 하나님의 교회(에클레시아)……" (고전 1:2)라고 불렀을 때, 그는 고린도 교회의 정체성에 관한 중요한 점을 드러내고 있다. 에클레시아라는 단어는 구약 공동체의 배경으로부터 이해되어야 할 뿐만 아니라, 로마제국 안에서 그 의미의 측면에서도 이해되어야 한다. 에클레시아는 도시의 문제를 해결하기 위해서 도시 서기관에 의해 모든 시민이 소집된 공적 회합이었다. 바울은 두 가지 방식으로, 곧 하나님과 교회가 세워진 장소를 언급함으로 에클레시아의 의미를 한정한다. 첫 번째 한정어qualifier의 중요성은 공적 모임으로 사람을 소집하시는 것은 (도시 서기관이 아니라) 하나님이라는 점이다. 이것은 하나님의 모임이다. 또한 에클레시아는 교회가 세워진 장소를 언급함으로 한정된다. 이 경우에는 고린도다. 하나님은 그분의 백성을 세계의 각 도시들—에베소, 로마, 고린도 등등—속에 구별된 공동체로 세워지도록 부르신다. 하나님의 종말론적 백성으로서 그들은 모든 지역 안에서 모든 지역을 위한 새로운 인류의 첫 열매다.

이 정체성에 대해서 두 가지 중요한 관찰이 이루어져야 한다. 첫째, 교회는 **공적인** 공동체다. 에클레시아는 초대 그리스도인들이 그들을 위해 선택한 이름이었다. 그러나 그들의 적대자들은 그들을 디아소스 *thiasos*와 헤라노스*heranos*로 간주했으며, 구성원들에게 미래적, 내세적 구원을 제공하는 사적인 종교 모임이라고 비난했다(이런 종류의 종교 공동체는 로마법의 보호를 받았다. 그들은 제국의 공적 교리를 위협하지 않았기 때문이다). 그러나 교회는 이런 사적인 종교 단체라는 명칭을 받아들이지 않았다. 대신에 교회는 스스로를 언젠가 온 세상을 채우게 될 새로운 인류의 선구자로 보았다. 그들의 복음은 공적 진리였다. 그래서 로마제국의 공적 교리에 대한 충성을 포함한 모든 경쟁적인 충성에 대해 도전했다. 그러므로 "초대교회는 스스로를 구성원들에게 개인적 구원을 제공하기 위해 다른 단체들과 경쟁하는 사적인 종교 집단으로 보지 않았다. 그들은 스스로를 세상의 공적 생활로 진출하고 제국의 공적 예배*cultus publicus*에 도전하며 예외 없는 모든 충성을 요구하는 집단으로 보았다."[79] 공동체로서 이러한 그리스도인들은 문화의 우상숭배적인 요구를 거절했고 또 다른 주인의 권세 아래 그들의 모든 삶―공적 생활을 포함하는―을 살아 냈다. 오늘날 서구 교회가 종종 초대교회가 거절했던 디아소스와 헤라노스가 되어 간다는 뉴비긴의 슬픈 비평에 주목할 필요가 있다. 기독교 신앙은 "공적 영역으로부터 쫓겨"났고 "사적 영역으로 추방"되었다. 따라서 복음은 "사적인 견해가 되었다. 교회는 이제 더 이상 **하나님의 교회**가 아니고, 그들의 서비스를 이용하기 원하는 사람들을 위한 종교 단체가 되었다."[80]

두 번째 관찰은 교회는 이제 소외되고 때로는 적대적인 환경으로서, 사람들이 복음과 양립할 수 없는 다른 헌신들에 기반한 삶을 살아가고 있는 환경에 놓였다는 사실이다. 예를 들어, 고린도 에클레시아는 고린도라는 그리스 도시에 위치해 있다. 이것은 사회-정치적 집단이었던 구약의 하나님 백성과는 대조적이다. 구약 백성의 모든 삶―개인적·가족적·정치적·경제적·사법적·사회적인 삶 그 이상―은 하나님의 계시

열방에 빛을

에 의해 형성되었다. 구약의 하나님 백성이 겪은 우상숭배의 위험은 주로 외부로부터, 주변 나라들로부터 왔다. 그러나 이제 하나님의 신약 백성은 바로 이러한 나라들 한가운데 놓였고 그러한 문화적 상황 속에서 국적도 없이 다민족적 소수 공동체로서 살아가야만 한다. 이러한 선교적 장소는 교회가 새로운 문화적 상황 속에서 어떻게 이웃과 관계를 맺어야 하는지에 관해 질문을 제기한다. 교회가 문화와 선교적 대면을 하기 위해 필요한 것은 무엇인가?

신약의 저자들이 그리스도 바깥의 인간 문화와 사회를 설명하는 방식은 세상 속에서 살아가는 문제에 주목하게 만든다. 신약에서 영어 단어 세상world으로 번역되는 두 개의 그리스어 단어들(공간적 의미로 cosmos와 시간적 의미로 aeon)은 모두 인간의 문화, 곧 "그리스도 바깥에서 죄의 지배를 받는 구속받지 못한 삶 전체"[81]를 지칭하기 위해서 자주 사용된다. 현 시대는 "악한" 것으로(갈 1:4) 묘사되며 "이 세상의 풍조"는 어둠의 권세들이 지배하고(엡 2:2) 있는 것으로 설명한다. 바울은 이 "흑암의 권세"와 하나님 아들의 나라를 대조시킨다(골 1:13). 사탄과 그의 마귀적 세력들은 "이 시대의 신"(고후 4:4)과 "이 세상의 임금"(요 12:31)이라고 불릴 만큼 강력한 영향력을 인간의 삶에 행사한다. "온 세상은 악한 자 안에 처한 것이다"(요일 5:19)라고 말한다. 신약은 세상을 악의 세력들에 의해 어두워지고 점령당한 영역이며 인간에게 파괴적인 영향력을 행사하는 곳"[82]으로 바라본다. 따라서 신자들은 이 어둠의 권세(골 1:13)와 현재의 악한 시대(갈 1:4)로부터 구출받아야 한다.

그들은 구출된 후에 세상 혹은 이 세상의 어떤 것도 사랑해서는 안

되고(요일 2:15), 이 세대를 본받아서도 안 된다(롬 12:2). 바울이 교회에게 이 세대를 본받지 말라고 권고할 때, 그는 문화, 곧 "단지 예술, 문학, 음악 등을 지칭한 것이 아니라 우리 세상이 조직되는 모든 방식을 뜻하는 문화를 가리킨다. 그것은 우리의 언어, 사고방식, 관습, 전통, 정치적·경제적·사법적·행정적인 질서의 공적 체계—우리가 그저 당연하게 받아들이면서 한 번도 질문해 보지 않았던 모든 것…… 창조주가 중심이 아닌 다른 중심의 둘레로 조직된 세상을 의미한다."[83] 이 "세상"에서 어떻게 살아야 하는지에 대한 질문은 긴급한 것이다. 세상이 다른 중심—우상 혹은 우상들—의 둘레로 조직되어 있다면, 그래서 악한 자의 지배 아래 놓여 있다면, 하나님의 백성이 어떻게 그 속에서 살아갈 수 있을까? 우리는 스스로를 언어, 사고방식, 관습, 전통, 주류 문화의 경제적 체계로부터 격리시킬 수 없다. 그러나 우리는 세상의 한가운데서 대조적 백성으로, 우상숭배에 둘러싸인 거룩한 성전으로, 또한 어그러지고 거스르는 문화 속에서 빛이 되도록(고후 6:14-18, 빌 2:15) 부름을 받았다. 이것이 하나님의 신약 백성의 새로운 상황이다.

이러한 위험한 사회적 상황 속에서 우리의 선교적 정체성을 이해하게 해주는 교회의 이미지가 있는가? 베드로는 구약의 포로exile와 이산dispersion, 외국 땅에서 나그네와 거류민이 되는 구약의 이미지를 가져와서 교회가 새로운 상황 속에서 자신의 정체성을 이해하도록 돕는다. 베드로 서신의 주요 주제는 어떻게 기독교 교회가 비기독교적 환경 속에서 신실하게 살 수 있는가에 대한 것이다.[84] 하나님의 구약 백성의 경험, 곧 유배지에서 이방인으로 살아갔던 경험은 하나님의 신약 백성이

외국의, 때론 적대적인 사회적 환경 속에서 살아간다는 것이 무엇을 의미할 수 있는지에 관한 이미지를 제공한다. 아마도 이방인과 포로의 이미지는 이 서신서에서 "지배적인 상징"[85] 혹은 "핵심적인 상징"[86]이다. 어떤 경우라도 이것은 교회가 사회 속에서 자신의 선교적 책임을 이해하도록 돕는 중요한 그림이다.

유대인들은 민족적으로 통일된 백성이자 구별된 공동체가 되어야 한다고 믿었다. 그들은 선택과 언약, 하나님과의 관계로 함께 묶여졌기 때문이다. 그러나 유배지의 백성, "강대한 제국 속에 국적 없는 소수"[87]가 되어서 그들은 이방인과 나그네의 삶을 경험한다. 주류 문화가 그들의 새로운 고향이 되었지만, 그것은 그들만의 독특한 정체성을 포기하고 그들의 삶을 정복자들의 이질적인 방식에 순응시키게 하는 위험한 유혹이 되었다. 그들의 문제는 어떻게 그 문화 속에 있으면서 그것에 속하지 않을 수 있는지에 관한 것이었다―이것은 하나님의 종말론적 백성이 직면한 정확히 동일한 문제다. 초대교회 역시 공통의 종교적 기초를 가진 통일된 백성이었으며 그들 또한 그 당시 알려진 세상의 도처로 흩어져 있었다. 그래서 이산, 포로, 거류민, 나그네의 이미지는 초기 그리스도인들에게 로마제국 속에서의 삶을 위한 모델을 제공했다.

베드로는 교회를 "(로마제국의) 지방들에 흩어진 나그네"(벧전 1:1), 또는 레온하르트 고펠트Leonhard Goppelt가 번역한 것처럼, "선택받은 이산된 포로들"[88]이라고 부른다. 베드로는 이후에 교회를 나그네와 이방인으로 언급한다(벧전 1:17, 2:11). 이러한 이미지는 하나님의 백성이 동시대인들의 세계관과 생활방식으로부터 유지해야 하는 **거리**를 강조한다. 베드로는 "이교도들"의 생활방식을 있는 그대로 서술하면서, 교회는 "오직 하나님의 뜻을 좇아" 살아가도록 촉구한다(벧전 4:1-3). 거류민과 나그네의 삶의 방식은 구별되어야 하고, 여전히 "이 시대"를 살아가는 사람들과 대조되는 대안적 삶의 방식이어야 한다. 교회와 이웃 사이의 문화적 거리는 교회가 "그리스도 안에" 거하고(벧전 3:16; 5:10, 14) 그리스도의 부활을 통해 살아 있는 소망을 받았기 때문에(벧전 1:3) 발생한 불가피한 결과다. 그리스도인들은 십자가와 부활에 의해 시작된 새로운 종말론적 세상에서 새롭게 태어났기 때문에(벧전 1:3, 18-19), 주변 문화로부터 교회의 소외와 반목이 일어난다. 그들은 다른 것들을 믿고 그것들에 헌신하며 살아간다. "새롭게 태어나서 그리스도를 따르는 사람들의 공동체는 더 큰 사회의 정치적·민족적·종교적·문화적인 제도들 속에서 대안적인 삶의 방식으로 살아간다."[89]

이러한 간격은 교회적 간격이다. 새로운 탄생은 개인적인 과정이 아니라 오히려 공동체로의 편입을 의미한다. 이것은 베드로전서 안에 있는 하나님 백성에 대한 많은 집단적 명칭들 속에서 나타날 뿐만 아니라, 새로운 탄생이 세례와 연결된 방식 속에서도 나타난다. "세례는 그리스도의 몸으로의 편입이며 기독교 공동체로 들어가는 길이다. 세례는 우리로부터 거리 두기를 하지 않을 것이다. 그러나 그것은 진정한 그리스도인의 간격이 교회적인 형태라고 말해 줄 것이다. 세례는 보다 큰 사회적 환경 가운데 '거류민'으로 살아가는 공동체 안에 포함되는 것이다.……베드로전서에 나타난 사회적 환경으로부터의 간격은 단순히 종말론적인 것이 아니라 본질적으로 교회론적이다."[90]

열방에 빛을

교회가 문화적 상황과 **반목**하고 있을지라도 교회는 또한 그곳에서 편안함을 느끼며, 사회의 문화적 제도들 속에 참여하도록 부름을 받는다.[91] 문화적 참여에 대한 두 가지 관점은 언제나 존재한다. 한편으로 부정적인 시각을 갖고 교회가 문화에 반대하는 것이며, 다른 한편으로는 긍정적인 시각을 갖고 교회가 문화의 일부로서 연대하는 것이다. 거류민으로서의 그리스도인들은 사회에서 게토로 숨어들어서는 안 된다. 대신에 그들 삶의 옛 방식에서 멀어진 나그네로서, 그들은 "존재하는 모든 제도에 참여할 의무가" 있고(벧전 2:13, 고펠트 역), 결혼, 가정, 직업, 정치 제도 속에서 어떻게 살아야 하는지를 가르쳐야 할 책임이 있다.[92] 그들은 이런 긍정적인 태도를 취할 수 있다. 이러한 제도들은 선한 창조 질서의 일부이기 때문이다. 알버트 월터스는 말한다. "사도 베드로는 바울의 가르침을 보다 분명하게 되풀이한다. '인간의 모든 **제도를** 주를 위하여 순종하라'(벧전 2:13). 강조된 단어는 그리스어로 크티시스 *ktisis*로서 '창조creation' 혹은 '피조물creature'을 나타내는 일반적인 성경 단어다. 그러므로 국가권력이 창조 질서에 속하는 것은 분명해 보인다. 국가는 하나님의 규례에 근거한다."[93] 그러므로 교회는 인간의 문화에 참여해야 한다. 문화는 하나님의 창조 질서를 반영하기 때문이다. 그러나 교회는 또한 인간의 문화로부터 비판적 거리를 유지해야만 한다. 모든 인간의 제도는 죄에 의해 뒤틀어졌기 때문이다.

이렇게 그리스도인들이 문화의 공적 생활에 개입하고 참여하라는 견해는 초대교회가 적대적인 세상의 공적 생활로부터 눈에 띄지 않도록 저자세를 유지하고, 심지어는 무관심한 공동체였으며, 그들과 공적 생활의 관계는 사회적 주변부와 분리가 특징이었다는 일반적인 견해와 상반된다.[94] 그러나 브루스 윈터Bruce Winter가 상기시켜 주듯이, 문화의 공적 생활 안에서 그리스도인의 역할에 대한 패러다임은 예레미야 29:7에서 발견되어야 한다. 예레미야는 유배된 공동체에게 "그 성읍의 평안을 구하라"고 촉구한다.[95] "베드로전서에서 사회적 윤리는 삶의 모든 영역에서 '선한 행실을 하는 것'이며 이는 모든 그리스도인의 소명이자 중심 주제였다(벧전 2:11)."[96]

그래서 우리는 문화적 과제에 참여하면서, 지역의 다양한 문화적, 사회적 제도들에 관여함으로 우리의 문화적 상황의 평안을 구해야 할 의무가 있다. 이것은 교회의 증거가 공동체적 회집으로서의 교회를 넘어선다는 것을 의미한다. 뉴비긴이 주장하는 것처럼, 교회는 구성원들이 흩어져 있든지 모여 있든지 그리스도의 주되심을 증거해야 한다. "물론 진리는 교회가 월요일부터 토요일까지의 주요한 현실 속에, 곧 농장, 집, 사무실, 공장의 도처에 퍼져서 세상 곳곳에 그리스도의 왕 같은 제사장 되심을 증거하는 모든 구성원 안에 존재한다는 사실이다. 주님의 날에는 교회가 주님 안에서 자기의 존재를 새롭게 하기 위해 세상으로부터 물러나서 함께 모인다."[97]

그럼에도 신약 교회의 문화에 대한 관여와 참여는 제국의 우상숭배적인 사회 제도들에 타협하거나 순응할 수 없었다. 그리스도인들은 비판적 **참여자**로서 살아야 했다. "그리스도인의 삶은 문화 속에서 이루어져야 할 필요가 있다"는 것은 사실이다. 하지만 그리스도 안에서 하나님의 새로운 세상이 역사 속으로 들어왔기 때문에, 그리스도인의 삶은 "문화의 구조를 개혁하고 변혁시키는 것을 목표로 삼고, 결코 그것들을 무비판적으로 수용해서는 안 된다."[98] 사회 제도는 근본적으로 창조적이기 때문에, 베드로는 교회가 참여하라고 촉구할 수 있다. 하지만 사회 제도는 또한 악한 자의 권세 아래 있기 때문에, 기독교 공동체는 "또한 그 속에서 책임 있고, 비판적인 행동을 해야 할 의무가 있다.…… 베드로전서에서 '선한 행동'은 스스로 존재하는 제도들에 참여하는 것뿐만 아니라 그 속에서 책임 있고 비판적으로 행동하는 것을 의미한다."[99]

베드로와 바울이 그 당시 로마 세계에서 흔했던 가정 규례를 이용한 방법은 교회가 제도 속에서 비판적이고 변혁적인 방식으로 살아가기 위한 유익한 모델을 제공한다.[100] 로마제국의 가정 규례와 신약에서의 규례를 비교해 보면 그리스도인들은 사회적 행동의 기준이 되는 방식을 상당 부분 공유하고 있다는 사실이 드러난다. 그러나 바울과 베드로의 손에서 이러한 규례들은 복음에 의해 변형되고 전복된다.[101] 딘 플레밍Dean Flemming은 "변화하는 참여transforming engagement"에 대해 이야기한다. 곧 "그리스도인들은 가시적인 내적 차이를 보여주면서 그리스-로마 사회의 존재하는 구조들 속에서 그들의 소명을 살아 내야 했다."[102]

도시의 평안을 위해 사회 제도들 속에서 이러한 삶을 살아가는 것은 베드로전서 안에 있는 분명한 선교적 방향성이다. 이것은 특히 이 서신서의 전반부 전체가 베드로전서 2:9-10의 선언에 도달하는 방식과 후반부가 그것으로부터 전개되는 방식 속에 잘 나타난다.[103] 이 장의 앞부분에서 우리는 베드로가 한 말의 결정적인 본질을 보았다. 베드로는 출애굽기 19:3-6에서 이스라엘의 근본적인 선교적 정체성 선언을 회상하고 그러한 호칭들을 교회로 전가시킨다. 또한 그들은 선택된 백성, 왕 같은 제사장이며 거룩한 나라다. 즉시 베드로는 이러한 선교적 백성이 그들의 소명을 수행하기 위한 전략을 설명하기 시작한다. 그들은 이방인과 나그네로 살아야 한다. 그들은 이교적 환경 속에서 선한 삶을 살아서 믿지 않는 사람들이 그들의 선한 행동을 보고 하나님께 영광을 돌리도록 해야 한다. 베드로는 이러한 설명에 뒤이어 다양한 삶의 길에서 어떻게 그들의 소명을 살아가야 하는지에 대한 일련의 권고들을 이야기한다. 선교적 방향성은 우리 모두에게 중심을 차지하는 것이다. 베드로는 언제나 공적 생활에서 그리스도인의 행동이 믿지 않는 세상에 끼칠 잠재적인 영향력에 대해 관심을 가진다. 레온하르트 고펠트는 이것을 잘 표현한다. "그리스도인들은 사회 제도 속에서 그들의 행동을 통해 모든 사람에게 구원의 복음을 증거하도록 되어 있었다.……그리스도인들은 주님이 하셨던 것처럼, 사람들 안에 살아가며, 정치와 경제, 결혼생활 속에서 그들의 행동을 통해 하나님께서 모두를 온전한 인간으로 인도하기 원하신다는 것을 드러내야 했다. 하나님의 사랑에 의해 동기부여된 사회-윤리적 책임은 선교적 위임령의 괄호 안에 들어가 있었다."[104] 따라서 베드로가 다양한 삶의 길에서 신실하게 살아갈 것을 교회에 촉구할 때, 그는 선교에 대한 분명한 초점을—"도덕적 전략과 잠재적 영향력" 모두를—잃지 않았다.[105]

교회가 베드로의 요청에 신실하게 주의를 기울인다면, 교회는 고난을 받을 것이다(벧전 2:19-25, 3:14-18). 이 주제는 이 서신서 전체에 퍼져 있다. "제도 안에서 살아가는 그리스도인들은 언제나 다른 동기와

열방에 빛을

다른 기준에 맞춰서 행동하고, 비그리스도인 동료들이 기대하는 것과는 언제나 다르게 행동했기 때문에 충돌이 일어났다."[106] 헬레니즘 문화에서 가장 최고의 가치는 조화와 평화를 이루며 함께 살아가는 것이었다. 유대인들은 그들의 차이가 민족적 정체성으로부터 생기는 것이었기 때문에 타협할 수 있었다. 그러나 그리스도인들은 외국 민족의 구성원들이 아니었고 동료 시민과 이웃, 친척들이었다.[107] 그러므로 베드로는 "너희가 그들과 함께 그런 극한 방탕에 달음질하지 아니하는 것을 그들이 이상히" 여긴다고 말한다(벧전 4:4). 그러므로 교회가 문화의 지배적인 공적 신앙에 순응하며 살기를 거절할 때, 고난은 찾아온다.[108] 뉴비긴이 베드로전서에 관한 연구에서 언급한 것처럼, "우리가 인간 사회의 제도 속에서 하나님의 종으로서 우리의 의무를 진지하게 받아들인다면, 우리는 의인을 위해 고난을 받는 것이 무엇을 의미하는지를 많은 기회를 통해 배우게 될 것이고 그것이 실제로는 축복이라는 것을 배우게 될 것이다."[109]

고펠트는 구약에서 고난의 두 가지 모델, 곧 욥과 다니엘에 주의를 기울인다. 그는 이렇게 말한다. "베드로전서에 나타난 고난의 신학은 구약에서 욥이 아닌 다니엘의 고난 모델을 분명히 염두에 두었다."[110] 그 시대의 유대 문학에서 하나님의 백성이 이방인의 손에 당하는 고난은 일반적인 주제였다. 그것은 매우 잘 알려진 다니엘 7장의 넷째 왕국으로, (로마와 연관된) 짐승이 "장차 지극히 높으신 이를 말로 대적하며 또 지극히 높으신 이의 성도를 괴롭게 할 것"(단 7:25)이라는 이야기에 근거한다. 욥의 이야기가 타락한 세상을 살아가면서 겪는 고난을 호소력 있게 이야기하는 데 반해, 다니엘의 이야기는 다른 종류의 것이다. 이 이야기는 적대적이고 이교적인 문화 속에서 살아가는, 그곳의 제도에 참여하면서도 그들의 신을 섬기지 않고 거절하는 사람의 고난에 대한 것이다. 이것은 디아스포라에 있는 하나님의 백성이 의를 위해 받는 고난이다.

　　다수의 신약학자들은 어떻게 요한계시록이 문화의 공적 생활에서 교회의 책임에 대해 베드로와 다르게 이야기하는지 관심을 가져왔다. 이는 문화적 상황이 매우 달랐기 때문이다.[111] 요한계시록에서 추정되는 문화적, 정치적 상황은 기독교 신앙에 훨씬 더 적대적이다. 그래서 지배 문화를 향한 태도는 훨씬 반문화적이다. 사회 구조의 관여나 참여에 대해서는 거의 아무 말도 하지 않는다. 이 사실은 다른 사회적 상황이 다른 반응을 요구한다는 점을 인식하도록 만든다. 딘 플레밍은 "베드로전서와 요한계시록의 교회들이 모두 공적 세상에 선교적 목적을 갖고 관계를 맺지만 그들은 대안적인 관점에서 그렇게 한다"라고 말한다.[112] 어떤 사람은 문화 참여에 대한 보다 긍정적인 측면을 강조한다. 또 다른 사람은 반문화적인 비판의 가치를 강조한다. 그럼에도 교회는 모두의 경우에서 사적인 영역으로 후퇴하거나, 디아소스와 헤라노스가 되지 않았음은 분명하다. 그리스도가 모든 창조와 문화적 삶의 주인이시기 때문에, 우리의 선교는 문화의 공적 생활에 참여하는 포괄적인 범위를 갖고 있다. 하지만 교회가 그 문화에 관계 맺는 방식은 상황에 따라 달라질 것이다.[113]

　　우리는 이 장의 마지막에서 적어도 서구 문화 속에서 교회의 이미지들에 대해 새롭게 발견한 사실을 언급해야 할 것이다.[114] 이방인 거류민의 개념은 처음 3세기 동안에 교회를 위한 가장 평범한 이미지였다. 그러나 기독교가 제국의 종교가 되었을 때, 그것은 당연히 사라졌다. 오늘날 많은 사람들은 문화의 주변부에 있었던 초대교회와 오늘날 교회가 무너지면서 일어나는 일들이 유사하다고 인식한다. 리처드 보캄은 "어쩌면 이 (디아스포라 백성의) 이미지는 포스트모던 서구 교회가 후기 기독교 사회와의 선교적 관계를 재개념화함에 따라서 다시 타당한 평가를 받게 될지 모른다"[115]라고 말한다. 이것은 의심의 여지 없이 교회사의 어느 시점에도 중요한 이미지이며 교회가 그것을 잃어버린다면 매우 불행한 일이 될 것이다. 그러나 우리는 오늘날 이 이미지를 지나치게 단순화해서 사용하는 것에 대해 주의를 기울여야 한다. 한 세기 전 베드로전서에 관한 매우 통찰력 있는 연구에서, 뉴비긴은 베드로의 시대와 그의 말을 적용해야 하는 복잡한 우리 시대의 상황 사이에 세 가지 "커다란 차이점들"이 있음을 경고한다. 첫째, 베드로 시대의 교회는 정치적 질서에 대한 책임을 거의 갖지 않는 아주 작은 무리였지만, 오늘날의 교회는 공적 생활에서 권력과 영향력을 갖고 있다. 둘째, 그들의 시대와 우리의 시대 사이에는 크리스텐덤의 흥망에 관한 모든 이야기가 극적으로 우리의 상황을 바꾸었다. 셋째, 오늘날의 문화는 이러한 제도들 속에서 선택의 요소를 인정한다. 예를 들어, 우리가 누구와 결혼할 것인지, 누구를 위해 일할 것인지, 누구를 정치 권력의 자리에 앉힐 것인지를 선택할 수 있다.[116] 뉴비긴의 말들은 오늘날 더욱 적절하게 다가온다. 여기에 리처드 마우Richard Mouw의 경고를 덧붙인다. "우리는 문화의 공적 생활에 대한 선교적 참여의 어려움을 피하기 위해 이 디아스포라 이미지를 편리한 신학적 정당화로 사용해서는 안 된다."[117]

분명히 우리는 이러한 이미지의 회복과 그것이 문화 가운데 있는 우리의 소명에 비추어 주는 빛을 환영해야 한다. 그러나 서구 교회가 초대교회처럼 문화의 주변부에서 살아가고 있다고 말하는 것은 너무 이른 일일지 모른다. 오늘날의 교회는 소수이고 최근 수십 년 동안 문화적 권력을 상실했다. 오늘날 서구 문화는 과거보다 기독교 신앙에 대해 좀 더 적대적이다. 그럼에도 교회는 여전히 어느 정도의 경제적·정치적·문화적인 권력을 유지하고 있기 때문에, 정확히 말해, 문화의 비판적 참여자로서 그러한 영향력을 사용하는 법을 배워야만 한다.

결론

교회의 선교적 정체성을 그려 보면서, 구약 이스라엘과 교회의 연속성, 불연속성 모두를 분명히 염두에 두는 것은 언제나 중요하다. 한편으로 교회는 이스라엘의 선교적 소명을 이어받는다. 그래서 신앙의 많은 이미지들은 구약의 하나님 백성의 이야기 속에 있는 호칭들을 교회에 부여한다. 다른 한편으로 교회는 새로운 종말론적 공동체다. 그래서 교회의 많은 이미지들은 새 창조 안에 교회의 참여, 그리스도를 중심으로 한 교회의 생활, 성령으로 충만한 교회, 세상의 한가운데 있는 교회의 새로운 위치에 관심을 갖도록 한다. 이러한 모든 이미지에 대해 중요한 사실은 어떤 것도 교회의 선교적 정체성으로부터 분리되었을 때, 올바르게 이해될 수 없다는 점이다.

8장

성경 이야기 속의 선교적 교회 – 요약

이 장은 성경 이야기를 여행하면서 선교적 교회론에 관해 도달한 결론들을 요약한다. 오늘날 교회를 선교적이라 말하는 것은 다음과 같은 의미를 갖는다. 첫째, 하나님의 선교에 참여하는 것, 둘째, 구약 이스라엘의 선교를 이어 가는 것, 셋째, 예수님의 하나님 나라 선교를 이어 가는 것, 넷째, 초대 교회의 증언을 이어 가는 것이다.

하나님의 선교에 참여하기

성경은 세상에 대한 참된 이야기를 전한다고 주장한다. 선한 창조가 죄로 인해 타락하게 된 사실을 배경으로, 하나님은 모든 피조물과 인간의 삶 전체를 죄의 파괴행위로부터 회복하기 위한 긴 여정을 시작하신다. 하나님의 선교는 다시 새롭게 되고 회복된 하늘과 땅을 가져오기 위해 세우신 그분의 장기적인 목적이다. 그러므로 성경은 세상의 모든 역사에서 모든 민족과 모든 사람을 포괄하는 거대한 이야기를 제공한다. 교회의 선교적 정체성은 이 이야기 가운데 하나님께서 그분의 백성에게 부여하신 역할 속에서 발견된다.

이 역할은 하나님과 세상을 향한 두 가지의 방향성에서 설명된다. "하나님의 백성"은 세상을 위해 선택받는다. 그들의 삶은 하나님의 부르심에 의해 의미와 방향이 주어진다. 곧 하나님은 그들이 하나님의 영광을 위해 살아가고 그분의 구속 사역에 참여하도록 명령하신다. 하나님은 언약의 동반자인 그분의 백성에게 열방에 그분의 복을 전하는 임무를 주신다. 따라서 하나님 백성의 삶은 시작부터 세상을 위해 바깥을 향하게 된다. 하나님은 그분의 선한 창조의 복이 모든 열방의 백성과 궁극적으로는 모든 창조세계가 회복되도록 그분의 백성 안에서 그들을 통해 일하신다. 교회는 하나님의 새롭게 하시는 역사의 중심지이고 그곳에서 사람들은 하나님의 구원을 첫 번째로 경험한다—그러나 이는 자신만을 위해서가 아니다. 교회는 세상 한가운데서, 세상을 위해 구속의 대리인 또는 도구가 되도록 부름을 받았고, 다른 사람들을 교회가 경험하는 언약의 복으로 초청하도록 선택되었다. 그리스도인들은 자신의 삶을 통해 역사의 완성을 가리키며, "와서 우리와 함께하자"라고 말하는 사람들이다.

이스라엘의 공동체적 선교 이어 가기

안타깝게도 선교적 교회에 관한 소수의 책만이 구약에 많은 시간을 할

애한다. 그러나 구약의 하나님 백성과 신약의 하나님 백성 사이에는 놀라운 연속성이 있다. 구약 이야기 속에서 하나님의 백성과 열방 사이에 세워진 근본적인 관계는 예수님이 오신 후에도 교회에 영향력을 미친다. 우리 또한 세상을 위해 선택받았다. 신약의 저자들은 교회가 오순절에 세워진 새로운 종류의 종교적 공동체가 아니라, 이방인들이 편입하고 있는 회복되고 정결케 된 이스라엘이라고 묘사한다. 사도행전의 이야기와 신약 서신서에 나타난 교회의 이미지들은 오랜 역사 속에서 하나님 백성의 역할과 정체성을 형성해 온 그분의 행위를 가정하고, 신약은 그 이야기를 지속하여 절정에 이르게 한다. 어떤 의미에서 우리는 구원의 역사에 중단이 없다고 말할 수 있다. 이 연속성이 의미하는 바는 구약의 하나님 백성이 가진 선교적 역할과 정체성이 교회의 본질에 대한 논의의 적합한 토대로서 이해되어야 한다는 점이다. 구약에서 이스라엘과 다른 민족들과의 관계는 언제나 열방을 위해 하나님 백성의 역할을 규정한다. 선교적 교회는 열방을 향한 이스라엘의 선교를 지속하는 것이다.

이스라엘과 다른 민족의 관계를 규정하는 데 있어서 특별히 창세기 12:1-3과 출애굽기 19:3-6을 주목할 필요가 있다. 하나님은 아브라함에게 두 가지 약속을 하신다. 첫째, 하나님은 아브라함을 위대한 민족으로 만드시고, 하나님의 선한 창조의 복을 그 민족에게 회복하실 것이다. 둘째, 그 복된 민족을 통해 하나님은 세상의 모든 민족에게 복을 주실 것이다. 하나님의 지평은 우주적이어서, 모든 민족과 모든 피조물에 관심을 갖고 계신다. 그러나 하나님의 방법은 특별하다. 하나님은 한 민족을 선택하여 온 창조세계에 그분의 자비의 통로가 되게 하시고, 이스라엘에게 부어 주신 구속적 복redemptive blessings이 그들로부터 **모든** 민족에게로 흘러가기를 원하신다.

이러한 소명을 성취하도록 하나님의 백성을 형성하는 일은 하나님께서 이스라엘을 이집트의 종살이와 우상숭배로부터 구속하시면서 시작된다. 하나님은 언약으로 그들을 자신에게 묶으시고, 시내 산에서 구속 역사 가운데 해야 할 역할을 그들에게 주신다. 여기서 우리는 하나님이 **어떻게** 모든 열방을 축복하실 것인지를 발견하게 된다. 이스라엘은 그들의 공동체적 삶이 열방 앞에 전시되고 하나님이 인류를 위해 계획하신 방식대로 살아가는 것이 무엇인지를 모두에게 보여주는 공동체가 되어야 한다. 그러나 이것은 **하나님**의 선교다. 하나님은 단지 바통을 넘겨주고 나서 그 임무의 마지막 처리를 기다리기 위해 떠나신 것이 아니다. 그 대신 이스라엘의 한가운데 거하기 위해 오신다. 그곳에서 하나님은 은혜와 심판으로 역사를 이루어 가신다.

하나님께서 이스라엘을 소집하신 후에 율법을 주신 것은 이스라엘의 삶 전체가 하나님의 권위 아래 살아가야 함을 보여준다. 이스라엘 백성의 삶은 **후방으로는** 창조를 바라보면서, 인간의 모든 삶을 향한 하나님의 본래적인 창조 계획을 구현한다. 또한 삶의 **전방으로는** 완성을 바라보면서, 하나님께서 구속 역사를 이끌어 가시는 목적, 곧 인간의 모든 삶을 회복된 창조세계 안에서 본래의 복된 상태로 회복하시는 목적의 징표가 된다. 삶의 **측방으로는** 열방을 향하여 대조적 공동체가 되고, 주변 민족들과는 구별된 삶을 살아간다. 이스라엘은 하나님께서 주변 열방에게 주신 문화적 선물들은 받아들이지만 그들의 문화적 우상숭배에는 도전해야 한다. 이스라엘 백성이 이러한 방식으로 살아간다면, 그들은 열방에 빛과 같이 빛날 것이고 그들의 선교적 역할을 완수할 것이다.

따라서 우리는 이제 하나님의 백성이 된다는 것이 무엇을 의미하는지를 알게 된다. 이스라엘은 **선택된** 백성이다. 하나님은 세상의 모든 민족으로부터 아브라함과 이스라엘을 특별한 소유가 되도록 선택하신다. 이스라엘 백성은 바로와 이집트의 신들을 섬기는 데서 해방되고 그들의 삶 전체를 통해 살아 계신 하나님을 섬기도록 **구속된** 백성이다. 그들은 언약 관계 속에서 하나님께 묶인 **언약** 백성이다. 그들이 하나님의 백성이 되기로 맹세할 때 하나님은 그들의 하나님이 되기로 약속하신다. 이스라엘은 **거룩한** 백성이 되어 정의와 공의의 하나님의 길을 걸어가고, 그분의 창조 목적에 따라 율법이 그들의 삶을 형성해야 한다. 대부분의 이스라엘 역사는 우상숭배와의 싸움 속에서 그들 가운데 일하시는 하나님과 관련되어 있다. 이스라엘은 하나님의 **임재**를 알고, 하나님과의 지속적인 관계를 누리는 백성이다. 이러한 관계는 그들의 언약적 주인에 대한 순종, 사랑, 믿음, 예배라는 신실한 응답을 요구한다.

따라서 각각의 주제들로 짜여진 선교적 구조를 분명히 이해하는 것은 중요하다. 실제로 그러한 주제들 가운데 어떤 것이라도 성경 이야기 속의 선교적 상황으로부터 제외시키는 것은 진정한 의미를 변질시킬 것이다. 이스라엘은 하나님 구원의 복을 열방에 전하기 위해 **선택받았**다. 그분의 백성은 하나님 한분만을 섬기도록 하기 위해 우상들로부터 **구속받았**다. 그래서 그들의 **거룩한** 삶은 하나님이 그분의 백성 가운데 거하시는 나라의 모습이 어떤 것인지 열방 앞에서 보여줄 것이다. 하나님의 **임재**와 율법의 지혜는 이스라엘을 구별되게 할 것이고 그들을 지켜보는 열방의 눈앞에서 이스라엘을 매력적인 모델로 만들 것이다. 하나님이 아브라함, 이스라엘과 세우신 **언약**은 열방의 구원을 그 목적으로 삼고 있다. 그러므로 이스라엘의 역할과 정체성은 그 시작부터 철저히 선교적이다.

분명히 이스라엘의 선교적 역할에는 열방 앞에서의 **가시성**이 포함되어 있다. 하나님은 이스라엘 외부의 민족들이 하나님 백성의 삶을 지켜보도록 의도하셨다. 오직 이러한 방식으로 그들은 매력적이고 호소력 있는 삶을 제시할 수 있고, 그래서 열방에 빛이 될 수 있다. 그러나 그러한 선교적 가시성은 이스라엘이 먼저 자유로운 부족연맹, 다음은 통일 왕국, 마지막으로 열방 가운데 흩어진 디아스포라 민족이라는 다른 상황 속에서 살아갈 때 드러나게 된다. 이러한 모든 상황 속에서 이스라엘은 열방을 위한 하나님의 회복의 약속을 수행하기 위해 새로운 길을 만들어 나가야 한다.

하나님의 백성이 보여준 각각의 역사적 형태들은 오늘날 하나님의 선교적 백성을 위해 풍성한 교훈과 경고를 전해 준다. 우리도 역시 대조적 백성이자 대안적 공동체가 되도록 부름을 받았기 때문이다. 부족시대는 매우 위험한 종교적 환경 속에서 자유롭게 살아가는 우리에게 교훈을 제공한다. 이스라엘은 전입자로서 가나안 땅에 정착할 때 그들의 가나안 이웃을 "모방"하기 시작한다. 그들은 공통의 소명에 헌신한 대조적 백성으로서, 공동체적 삶의 한가운데서 구속의 이야기를 살아 내

열방에 빛을

야 한다는 사실을 오히려 잊어버린다. 슬프게도 그들은 우상숭배의 유혹에 넘어간다. 군주제의 시대는 우리에게 교회가 문화 권력을 움직이는 수단에 접근할 수 있었던 역사적 사례들(오늘날 서구 사회에서도 여전히 어느 정도까지는 그런 힘을 갖고 있다)을 위한 교훈을 준다. 이스라엘의 왕국시대에 그들은 하나님의 율법으로 삶의 모든 면, 곧 경제적·사회적·정치적·법적·종교 예식적·국제적인 면을 형성할 수 있는 유일한 기회를 누린다. 그러나 불행히도 이스라엘은 주변의 왕국들을 모방하고 이방의 종교적 힘이 그들의 삶을 형성하도록 내버려 둔다. 이스라엘의 포로시대는 공적인 영역에서 거의 영향력을 갖지 못하고 적대적인 제국 속에서 자신의 정체성을 유지하기 위해 분투하고 있는 소수의 약한 사람들을 위한 통찰을 준다―이런 모습은 점차적으로 서구 교회의 실정이 되어 가고 있다. 그러한 사람들은 새로운 문화적 환경 속에서 그들의 신앙을 개인화하거나 그 상황으로부터 후퇴하고 분리하는 것이 아니라, 그곳에서 자신의 정체성을 구현하고 양육하는 새로운 형태를 찾아야만 한다.

예수님의 선교 이어 가기

이스라엘이 소명을 성취하는 일에 실패하자 예언자들은 종말론적 이스라엘의 형성, 곧 하나님의 선교적 임무를 신실하게 수행할 마지막 시대의 백성을 고대하게 한다. 예수님은 오셔서 **하나님 나라가 도래했다**고 선포하신다. 이 종말론적 백성의 회집을 위한 날이 도래했다는 것이다. 예수님이 모으신 무리는 교회의 핵 혹은 맹아기에 있는 교회다. 부활하신 뒤 처음 며칠 동안 예수님은 이 작은 공동체를 모으시고 그들에게 사명을 주신다. "내 아버지께서 나를 보내 주신 것처럼 나도 나의 선교를 지속하기 위해 너희를 보낸다." 선교적 교회는 이처럼 예수님의 선교를 이어 간다.

교회는 우선적으로 **하나님 나라 공동체**로서 예수님의 선교를 이어 간다. 그리스도인들은 그들 자체로 하나님 나라가 아니다. 하나님 나라는 장소와 공간 모두 훨씬 큰 것이기 때문이다. 그것은 모든 피조물에 대한 하나님의 통치이며 현재도 이루어지고 있고 또한 다가올 시대에까지 확장되는 나라다. 교회를 존속시키는 것은 바로 이 나라의 **메시지**다. 복음은 회개와 믿음으로 응답하는 모든 이에게 구원을 가져오는 하나님의 능력이다. 따라서 제자 공동체는 하나님 구원의 일부를 현재 경험하고 또한 종말에 드러날 궁극적 구원을 기다리는 사람들로 이루어진다. 그들은 또한 하나님과 그분의 통치에 반대하는 권세들 사이에 벌어지고 있는 우주적 전투에 가담한 사람들이다. 그들은 하나님 나라를 확장시키는 그분의 선교에 편입된다. 그들은 하나님 나라 안에서의 삶이 궁극적으로 어떻게 될 것인지에 대한 표상이 되는 공동체적 삶의 방식으로 가르침을 받는다. 그들은 하나님 나라의 도구로 사용되고, 그들의 말과 행동은 하나님께서 다가올 나라의 열매를 맺도록 사용하신다.

그들은 **대조적 공동체**로서 예수님의 선교를 이어 간다. 하나님 나라는 그분이 의도하셨던 모습으로 인류의 삶을 회복시키시는 하나님의 권능이다. 따라서 하나님 백성의 삶은 창조 안에서 인류를 향하신 그분의 본래적 의도를 구현한다. 또한 이것은 그들의 삶이 다가올 시대에 나타날 회복을 지금 가시적으로 드러내는 것을 의미한다. 그러나 이러한 삶은 주변 문화로부터 섬과 같이 고립된 삶이 아니다. 예수께서 모으신 이 작은 무리는 유대와 로마 사회의 한가운데 형성되었다. 그곳에서 그들은 다가올 하나님 나라에 반대하는 강력한 사회적 우상들과 대립한다. 그들의 삶은 언젠가 그리스도의 나라가 될 이 세상 나라와 연대하면서도 대조적이 되고, 도전하면서도 그 나라를 심판하는 입장에 서야 한다. 이것은 예수를 주로 인정하지 않는 다른 삶의 방식과 자기희생적인 사랑으로 대결하는 고난을 의미한다.

예수님의 공동체는 **회집하는 공동체**로서 그분의 사명을 이어 간다. 회집은 단지 주어진 임무 가운데 하나가 아니다. 회집은 "시간들 사이의 시간"에 의미를 부여한다. 하나님 나라의 도래와 마지막 완성 사이에 있는 이 중간기 동안에만 회집이 일어날 수 있다. 이 구속사적 시대에 회집의 중요성을 분명하게 보여주는 세 가지 이미지가 복음서에 자주 등장한다. 이들은 양무리를 모으는 것, 사람들을 잔치로 모으는 것, 추수한 곡식들을 곳간으로 모으는 이미지다. 예수님은 모으시는 분이지만 그분은 이 일에 참여할 한 무리의 일꾼들을 고용하신다. 이 동료 일꾼들은 예수님과 함께 그들 삶의 빛을 통해, 기도와 성령의 능력으로 충만한 말과 행동을 통해, 고난받는 사랑으로 세상과 대면함을 통해 사람들을 초청한다. 또한 그들이 하나님 백성의 구성원이 되게 하고 언젠가 하나님 나라를 상속받을 공동체에 참여하게 한다.

초대교회의 증언 이어 가기

하나님의 선교는 이스라엘을 통해, 예수님을 통해, 그리고 초대교회를 통해 이어져 간다. 신약성경은 예수님 이후 1세기에 형성되고, 우리는 거기서 이야기와 신학적 상징들을 통해 하나님의 선교를 이어 가는 종말론적 백성으로서 시작하는 한 공동체를 본다. 오늘날 선교적 교회는 이러한 초대교회의 증언을 이어 가는 사람들의 공동체다.

연속성과 불연속성

신약 교회와 구약 이스라엘 사이에는 연속성과 불연속성이 모두 존재한다. 이스라엘은 인류를 향한 하나님의 창조 목적을 구현하고, 구속 계획의 최종적인 목표를 보여주는 징표로서 살아가며, 다른 민족들의 우상숭배에 저항함으로써 세상에 빛이 되어야 한다. 이스라엘은 대조적 사회로서, 하나님의 애정 어린 목적을 드러내는 찬란하고 매력적인 표지가 되어, 그들의 모범을 통해 다른 사람들을 하나님께로 이끌어 오는 삶을 살아야 한다. 예수님과 성령의 오심으로 하나님의 종말론적 공동체는 변형된다. 그래서 그 공동체가 복음에 뿌리내리고 있다면, 그들은 하나님이 늘 의도해 오신 선교적 역할을 이제 수행하게 될 것이다. 선교는 변함없이 동일하지만, 그것을 수행하는 수단은 예수님의 죽음과 부활 그리고 오순절 성령의 오심으로 인해 영원히 바뀌었다. 또한 신약과 구약의 하나님 백성 사이에는 중요한 불연속성이 존재한다. 예수님과 성령 안에서 마지막 날의 하나님 나라—다가올 시대, 새 창조,

부활의 삶—가 이미 도래했다. 이것은 하나님의 구약 백성이 보여준 각각의 특징들이 교회 안에서 변형되었음을 의미한다. 이스라엘과 같이, 교회는 **선택된** 백성으로서 세상에 대한 구원의 통로가 되도록 택함을 받았다. 이제 이 공동체는 그리스도 안에서 택함을 받았고(엡 1:4) 그분의 구속 사역과 선교에 참여한다. 또한 이들은 **구속된** 백성이다. 그러나 지금은 출애굽의 전능한 행동으로 구속받은 것이 아니라 십자가의 보다 전능하신 행위로 구속을 받는다(벧전 1:18-19). 교회는 하나님의 구원을 증거하도록 우상숭배의 속박으로부터 해방된다. 구속과 해방은 모세 자신이 상상할 수 있었던 것보다 그리스도와 성령의 사역 안에서 훨씬 더 풍성해진다. 하나님의 백성은 열방 앞에 하나님이 거하시는 공동체의 모습이 무엇인지를 보여주기 위해서 **거룩한** 백성이 되도록 언제나 부름을 받아 왔다. 이제 성령은 그분의 백성 가운데, 각각의 구성원 안에 거하고 일하시면서, 개인적으로 또한 공동체적으로 하나님의 율법에 순종하며 살아가도록 도우신다(롬 8:3-4). 하나님의 선택받은 백성은 그분에게 묶인 **언약** 백성이다. 언약의 선교적 목적은 그 시작부터 하나님께서 아브라함의 후손을 통해 열방에 복을 주시는 것이었다. 이러한 언약적 소명을 성취할 수 없었던 고대 이스라엘의 무능력은 하나님께서 새로운 언약을 맺으시는 원인이 되었다(렘 31:31-34). 이제 모든 사람을 위한 하나님의 구속 목적은 그리스도의 피로 맺어진 새 언약 안에서 실현된다(눅 22:20, 히 8장). 하나님의 백성은 하나님의 **임재**를 아는 백성이다. 하나님의 임재는 그리스도가 그분의 백성 안에 거하시면서 점차적으로 깊어지고(요 1:14), 성령은 그분의 종말론적 성전에 거하기 위해 오신다(요 16:7, 고전 3:16). 성령 안에 있는 하나님 임재의 권능과 사랑은 열방을 이끌기 위해 교회 안에, 교회를 통해 일하신다. 하나님 백성의 각각의 특징들은 그리스도 안에서 성취되지만—이것은 중요한 점인데—각각의 특징이 갖는 선교적 함의는 오늘날 교회에 아직 남아 있다.

종말론적 백성

구속 역사에서 새로워진 것은 마지막 날의 도래이며, 하나님의 백성을 위한 이 새로운 종말론적 시대는 다섯 가지 특징을 갖는다. 첫째, 하나님의 백성은 **메시아적** 백성이다. 이 공동체를 다른 공동체와 결정적으로 구분 짓는 것은 예수님에 대한 믿음이다. 하나님의 백성은 예수님께 충성하며, 그 충성은 예수님을 따르고 사랑하고 복종하려는 의지 안에서 예시된다. 그들은 옛 시대를 끝내고 새 시대를 시작하신 예수님의 죽음과 부활에 연합함으로 마지막 시대의 구원에 참여한다. 그들은 예수님이 시작하신 선교를 지속한다. 둘째, 그들은 **성령 충만한** 백성이다. 성령은 하나님 나라의 능력을 미리 맛보게 해서 하나님의 백성으로 신실하게 살아가도록 하는 마지막 시대의 선물이다. 선교는 세상 한가운데 거주하는 하나님 백성의 존재이며 열방을 위해 그분의 백성 가운데 임한 성령의 강력한 임재다. 셋째, 그리스도의 사역과 성령의 오심은 교회가 **하나님 나라 마지막 시대의 구원을 경험하는** 백성임을 의미한다. 예수님의 죽음이 옛 시대를 끝냈고 예수님의 부활이 다가올 시대를 시작했으며 성령이 오셨기 때문에, 하나님의 백성에게는 역사의 종말에 이루어질 인간의 삶, 창조세계의 회복에 대한 미리 맛봄, 그리고 보증이 주어졌다. 하나님의 구속 시역을 그들의 공동체적 삶 속에서 보여주는 것은 언제나 하나님 백성의 소명이었다. 이제 그 목적은 그리스도 안에서 드러났고 성취되었으며 교회에 선물로 주어졌다. 그래서 교회는 다가올 하나님 나라의 예고와 징표로서 살아간다.

넷째, 종말론적 함의는 **이 이야기 속 우리의 자리**와 관계가 있다. 현재는 세상 마지막 날까지 회집을 위한 시간이다—처음은 이스라엘의 회집이고 다음은 열방의 회집이다. 하나님 나라의 구원을 공유하는 공동체의 회집은 종말론적인 사건이다. "이 천국 복음이 모든 민족에게 증언되기 위하여 온 세상에 전파되리니 그제야 끝이 오리라"(마 24:14). 하나님 나라의 "이미-그러나-아직" 시대는 선교, 특히 열방을 하나님의 공동체로 회집하는 일로 특징지어진다. 또한 교회는 자신의 빛나는 삶의 모습을 통해 열방을 하나님께로 이끄는 매력적인 공동체가 되어야 하기 때문에, 고대 이스라엘의 선교를 특징짓는 이 구심적인 운동은 여전히 남아 있다. 그러나 이 회집에는 새로운 원심적인 요소도 존재한다. 하나님의 백성은 이제 열방 안에서 살아가도록 보냄을 받는다.

다섯째, 하나님의 새 언약 백성의 **형태**는 새로운 것이다. 하나님의 백성은 더 이상 지리나 민족성에 의해 정의되지 않고, 열방 가운데서 빛으로 살아가도록 열방으로부터 부르심을 입는다. 그러나 이것은 교회의 구성원들이 주변 문화의 구성원이자 참여자로서 살아가야 함을 뜻한다. 하나님의 백성이 이웃의 우상숭배적인 삶에 반대하고, 대안적인 방식으로 살아가는 선교적 대면은 어렵고 복잡한 일이다. 교회는 지금 우상숭배가 지배하는 열방 가운데서 하나님 나라의 삶을 구현하기 때문에 지속적인 긴장 속에서 살아간다.

이러한 각각의 특징들은 하나님 백성의 선교적 본질을 확장하고 강화한다. 하나님의 계획 안에 있는 목적과 목표는 예수님에 의해 드러나고 성취되었다. 따라서 교회는 성령의 능력 안에서 그런 목적과 목표를 드러내기 위해 구약의 이스라엘이 할 수 없었던 방식으로 준비된다.

세상 속에 소명을 가진 구별된 공동체

사도행전은 이야기의 초반에 등장한 이 종말론적이고 선교적인 공동체의 사진첩을 제공하고 서신서의 교회적 이미지들은 그 기록을 진척시킨다. 이러한 초대교회의 연대기는 뒤를 잇는 우리에게 적어도 네 가지 매우 중요한 점을 가르쳐 준다.

첫째, 하나님 백성의 제도적인 삶은 선교적 교회에 필수적인 요소다. 교회가 하나님의 말씀, 교제, 성만찬, 기도에 꾸준히 참여할 때, 교회는 성령의 종말론적 삶 속에서 세워져 간다. 교회의 구성원들이 그리스도 몸으로서의 은사들을 행사하는 공동체로 함께 살아갈 때 이 새로운 삶이 양육된다. 교회의 리더십과 구조가 그리스도의 새로운 삶을 양육하는 방향으로 나아갈 때, 교회는 세상 가운데 선교적 몸이 될 수 있다. 교회는 "양극의 방향성bipolar orientation", 곧 내적인 면과 외적인 면을 모두 갖고 있어야 한다. 내적인 삶은 하나님 나라의 삶을 강화시키고 그 삶의 외적인 표현과 생명력 있게 연결된다. 교회의 제도적 본질의 중요성을 축소시키는 교회론은 교회의 삶을 양육하는 기초를 잘라 내는 위험에 처한다.

둘째, 교회의 공동체적인 삶은 하나님 나라의 도래를 나타낸다. 교회 자체는 변형된 몸으로, 하나님이 인간의 삶을 위해 의도하신 사회적 질서의 표상이 되어야만 한다. 선교는 무엇보다도 하나님 백성이 문화적 우상에 대항할 때 드러나는 대조적 백성의 삶이며, 인간의 삶을 향한 하나님의 창조 계획에 빛나는 예증이자, 하나님의 구속 목적의 목표다. 교회는 열방 가운데 거주하는 대안적 공동체인 동시에 대조적 사회다. 사도행전의 짧은 묘사는 교회가 이 새로운 삶을 구현하는 것에 대해 기록하고 있다. 바울 서신들은 교회가 주 안에서 "서로"에게 헌신하며 급진적인 삶을 살아가도록 격려하는 선교적 목회자를 보여준다.

셋째, 이 공동체는 세상 속에서 사명을 갖고 있다. 새로운 삶의 근원이신 그리스도를 가리키는 말과 행동은 그들의 공동체적 삶으로부터 흘러나온다. 선교적 교회는 그리스도를 가리키고 복된 소식을 말하며 전도하는 교회다. 또한 이 교회는 자비와 정의의 행동으로 복음을 실현한다. 이 모든 면에서 메시아적 공동체는 자신의 말과 행동으로 하나님 나라의 복음을 전한 예수님을 따른다. 그러나 이 교회는 또한 선교적 대면 속에서 예수님의 고난에 동참한다. 교회가 주변 문화의 가장 깊은 확신들에 도전할 때, 복음은 반대에 부딪힐 것이다. 이 일은 특히 하나님의 백성이 주변 문화의 기관에 깊이 개입할 때 일어날 것이다. 교회는 주변 문화의 공적 생활에 대한 사명을 갖고 있다. 교회의 성도들은 주변 이웃의 복지를 위해 세상의 지속적인 문화적 사명에 참여하고 **관여한다.**

마지막으로, 이 종말론적 공동체에는 "땅끝까지" 가는 사명이 있다. 하나님의 선교란 **모든** 사람에게 복음을 전하는 일이며, 지역 회중은 이 과제에 대한 자신들의 책임을 감당해야 한다. 교회의 지역 선교는 물론 중요하다. 그러나 건강한 교회는 지역 상황을 **넘어선** 선교를 위한 비전을 유지해야 한다. 이 폭넓은 비전은 교회의 지역 선교를 위한 궁극적 지평을 제공하고 그 선교를 활기차게 유지한다. 또한 지역주의로부터 벗어나, 땅과 하늘이 담아낼 수 없고 무한한 선교를 행하시는 하나님의 부르심에 신실하도록 만든다.

고대의 성경 본문으로부터 최초의 상황에 충실하며 오늘날 상황에 적절한 방식으로 적용하는 것은 복잡한 해석학적 활동이다. 여기서 목회자와 성경학자들은 때로 서로에 대해 참지 못하는 경우가 있다. 물론 문제는 성경 본문의 역사적 조건화historical conditioning 때문에 일어난다. 성경은 종종 오늘날과는 매우 다른 문제와 쟁점들을 이야기한다. 최초의 역사적 상황에 충실하려고 시도하는 성경학자들은 본문과 현 시대사이의 먼 거리를 강조하고 때로 현재와의 관련성을 끌어내는 일을 두려워한다. 반대로 목회자들은 목회적이고 선교적인 마음을 갖고 현대적인 관련성을 찾지만 때로는 본문과 상황 사이의 문화적인 거리를 인정하는 일에 실패한다. 나는 학자이자 목회자로서 양쪽을 모두 고려해야 한다고 느껴 왔다.

나는 성경 이야기 속의 선교적 교회를 연구하면서, 최초의 역사적, 문화적 상황 가운데 그들이 가진 문제와 질문들을 고려하며 성경이 말하는 이야기에 충실하려고 노력했다. 그러면 목회자들이나 교회 지도자들은 참지 못하고—이것은 즉각적인 만족의 세계에 흔한 질병이다—"오늘날 그것은 어떤 모습이냐?"라고 물을지도 모른다.

　이 일은 십 년 전에 "서구의 선교적 교회"라는 이름으로 신학생들에게 대학원 과목을 가르칠 때 일어났다. 우리는 성경 이야기를 통해 선교적 교회를 추적해 갔고, 교회의 내적인 삶, 세상 안에서 교회의 소명, 교회와 문화적 상황의 관계에 대해서 신학적으로 검토했다. 약 여섯 시간가량의 수업 시간을 남겨 놓고 어떤 학생들이 나에게 찾아와 선교적 교회가 구체적으로 어떤 것이냐고 물었다. 그들이 알기 원했던 것은 이 선교적 교회론이 실제로 어떤 것인가? 좀 더 구체적으로, 만약 다시 목회를 한다면, 나는 무엇을 다르게 할 것인가?였다. 나는 이 요구를 받아들였고 데이브 레터맨Dave Letterman의 방식으로 '만약 다시 목회를 한다면, 내가 다르게 할 열 가지 방법'을 가지고 남은 여섯 시간의 수업 시간을 보냈다. 이 목록은 점차적으로 13가지로 확장되었고, 온타리오 주의 해밀턴에서 시작한 우리의 사역을 위한 출발점이 되었다. 좀 더 최근에 브리티시 컬럼비아 주의 버나비로 이사를 오면서, 우리는 이 주제들에 대해 다시 심사숙고하기 시작했다. 이 과정은 교회의 구조를 재구성하기 위한 새로운 통찰을 고려하는 것이 아니라 우리가 회중 안에서 해왔고 지속해 나가야 하는 것들을 **특별히 선교적 관점에서** 살펴보는 것이다. 이것들은 성장하는 교회가 되기 위한 13가지의 쉽고 확실한 단계들이 아니고 복잡함, 어려움, 시간, 힘든 일을 없앨 수 있는 묘책이나 기적과 같은 해결책도 아니다. 오히려 그러한 것들을 부각시킬 것이다! 그러나 나는 목회자와 지도자들과 함께 이 목록을 수없이 많이 나누어 왔고 그들에게서 고무적인 반응을 얻었다. 이 마지막 장에서 나는 그 목록을 나누고자 한다.

이러한 목록이 간결하고 제안적이며 시사점을 준다고 미리 말하는 것은 중요하다고 생각한다. 그것들은 때로 신학적이며 때로 일화적이다. 또한 내 자신의 목회적 경험에서 나온 것으로, 다른 동료 목회자, 지도자들과 함께 전통적인 교회 안에서 이 책에 말한 것을 실행해 오며 얻은 것들이다. 분명한 것은 속사포처럼 빠르게 큰 쟁점들을 열거하면서 완전하고 조직적인 것으로 만들려고 시도할 수 없다는 점이다. 오히려 나의 주된 목적은 어떻게 교회가 오늘날 신실한 선교적 공동체로서 살아갈 것인가에 대해 심사숙고를 하도록 상상력을 자극하는 데 있다. 오늘날 서구의 지역 회중 안에서 이것은 어떤 모습일까?

우리의 선교적 정체성을 양육하는 예배를 드리는 교회

나는 뉴비긴이 "예배를 위해 매 주일마다 모이는 것은 단연코 우리가 하는 가장 중요한 일이다"[1]라는 말에 동의한다. 예배는 교회의 핵심적인 소명이다. 부분적인 이유는 예배가 하나님의 백성에게 삶 전체의 초점과 방향을 주기 때문이다. 예배로부터 교회의 삶 전체가 흘러나오고 예배 안에서 교회의 삶 전체는 자신의 진정한 목적을 발견한다. 그러므로 예배를 올바로 드리는 일은 최우선 순위가 되어야 한다.

폴 존스는 우리의 교회적 정체성을 양육하기 위한 첫걸음이 예배일 것이라고 바르게 주장한다. "우리는 **어떻게** 예배를 드리는지에 따라 형성된다."[2] 우리의 선교적 정체성이 공예배를 통해 어떻게 양육될 수 있는가? 이 질문에 대한 부분적인 대답은 앞서 했던 시편의 이야기를 좀 더 분석하는 간략한 두 가지 설명으로 충분할 것이다.

첫째, 오늘날의 예배는 세상에 대한 참된 이야기, 곧 그리스도 안에서 절정에 이르는 하나님의 전능하신 행위를 드러내는 이야기를 말하는 것이 필요하다. 존스의 말은 유익하다. "교회는 예수 그리스도의 십자가와 부활에 뿌리내린 '이야기로 형성된 공동체'다. 신앙의 공동체가 세월을 견뎌 내고 토착화inculturation의 위협으로부터 저항하기 위해서는, 하나님이 히브리 백성과 기독교 공동체를 위해 성취하신 일에 대한 이야기를 공동 예배 가운데 지속적으로 들어야만 한다."[3] 진실로 성경은 기독교 공동체를 위해 세상을 이야기해야 하고 공예배는 이러한 일들이 일어나는 중요한 장소가 된다. 예배를 조직하는 방식, 선택된 찬양, 다양한 요소들을 도입하고 서로 연관시키는 방식, 복음이 선포되는 방식, 이 모든 것은 우리의 관심을 하나님의 전능하신 행위의 이야기—과거, 현재와 미래를 포함하며, 그 속에서 우리의 자리를 찾는—에 맞출 수 있다.

요한계시록이 보여주는 예는 어떻게 예배가 모든 경쟁적인 이야기에 대항하면서, 하나님의 백성이 성경 이야기를 따라 살아가도록 요청하는 중요한 역할을 할 수 있는지를 보여준다.[4] 요한계시록을 구성하는 요한의 비전은 주의 날Lord's Day, 예배의 날(계 1:10)에 나타난다. 소아시아 지역의 교회는 로마의 엄청난 힘에 위협받고 있었고 로마의 세계관에 잠식될 위험에 처해 있었다. 그러나 요한계시록은 담대하게 로마

열방에 빛을

의 확립된 질서와 권력에 도전한다. 세상에 대한 참된 이야기는 로마제국에 의해 십자가에 못 박혔지만 이제 만물을 지배하고 우주의 역사를 궁극적인 완성으로 이끌어 가는 한 사람에 의해 드러났다고 선포한다. 요한은 이 비전을 "대안적 세계"[5]로서 제시하고, 따라서 "제국의 이야기에 대항하면서 다른 방식으로 세상을 바라보게 하는 반체제적 이야기를 구성한다."[6] 요한계시록에서 하나님 백성의 예전, 노래, 기도는 바로 이 이야기를 기념하는 것이다.

우리가 시편으로부터 배우는 두 번째 요소는 우리가 소명의 궁극적 지평인 불신앙의 세계를 향해 지속적으로 방향을 재설정하고 나아가야 한다는 점이다. 예전의 요소들은 동일하게 우리의 관심을 우리 자신 내부로 향하게 할 수도 있고 열방을 향하도록 돌릴 수도 있다. 예를 들어, 성만찬과 세례는 단지 신자 개인의 유익만을 생각하는 내향적 지향성으로부터 벗어나서, 오히려 교회가 세상 가운데 있는 자신의 소명을 향하도록 사용되어야 한다. 두 가지 성례는 모두 종말론적이고 선교적이 되어야 하며, 이들의 예전적 경축은 그러한 견해를 조성해야 한다. 아마도 예배의 가장 중요한 요소 가운데 하나인 죄 고백은 우리로 하여금 복음을 살아 내게 하며 그 속에서 삶의 자원을 발견하게 한다. 그러나 죄고백은 성례와 같이 용서와 회복을 단순히 개인적인 소유의 측면에 한정시킬 수도 있고 또는 세상을 위해 거룩한 삶을 살아가도록 복음을 다시 받아들이게 하는 행위가 될 수도 있다. 또한 회중을 향한 마지막 위탁charge과 축도benediction는 우리를 위로하시는 하나님의 축복이 될 수도 있고, 복음을 필요로 하는 세상에서 그것을 구현하도록 능력을 주는 파송이 될 수도 있다. 이처럼 매 주일마다 예배의 모든 요소를 통해 지속적인 반복과 방향을 재설정함으로, 우리가 가진 소명의 지평—하나님이 사랑하시는 세상—을 변함없이 바라보는 것은 우리를 점차 선교적 백성으로 양육시켜 줄 것이다.

복음 설교를 통해 능력을 얻는 교회

설교는 특별히 주목해야 하는 예배의 한 요소다. 사도행전에서 사도들은 자신들이 하나님의 말씀과 기도에 집중할 수 있도록 일곱 명의 집사를 선택하여 소외된 과부를 돌보게 한다(행 6:4, 행 2:42 참조). 바울은 하나님의 백성을 그리스도의 장성한 분량에 이르게 하는 말씀 사역의 은사를 강조한다(엡 4:1-16). 설교는 하나님의 백성이 선교적 소명을 위해 양육을 받고 능력을 얻는 강력한 수단이다. 그러나 대부분의 설교가 서구 문화의 다양한 우상숭배 풍조에 볼모로 잡혀 있다. 안타깝게도 이런 하나님의 강력한 은혜의 통로가 종종 막히는 일이 생긴다.

선교적 정체성을 양육하는 설교는 내러티브적이고 그리스도 중심적이고 선교적이다. 이 세 가지 요소는 모두 설교 속에 나타나야 한다. 설교를 **내러티브**라고 말하는 것은 성경이 세상에 대한 진정한 이야기로서 하나의 펼쳐진 이야기이며, 하나님의 백성은 점점 더 그 이야기를 따라 살아야 함을 인정하는 것이다. 뉴비긴이 이에 대해 정확히 말한다. "우리가 정경 전체로서 성경이 우리 삶의 의미—사적이고 공적인 생활 모두를 포함하는—를 이해하기 위해 참된 배경을 제공한다는 인식을

열방에 빛을

회복하기 전에는 우리 문화를 향해 선포된 말씀으로서의 복음을 효과적으로 말할 수 없다."[7] 따라서 그는 설교에 다음과 같이 말한다. "설교는 소식을 전하는 것이고 내러티브를 말하는 것이다. 자신에 대한 다른 이야기를 갖고 있는 사회 속에서 설교는 견고히, 반변증적으로 unapologetically 실제 이야기에 뿌리내리고 있어야 한다."[8] 설교가 지배 문화의 이야기 대신에 세상의 다른 이야기를 구현하도록 초청하지 않는다면, 하나님의 백성은 우상숭배적인 문화 이야기에 취약한 상태로 방치될 것이다.

또한 우리의 설교는 **그리스도 중심적이고 선교적**일 것이다. N. T. 라이트는 이 두 가지 모두를 강조하는 유익한 성경 권위의 모델을 제시한다.[9] 라이트는 성경의 권위는 교회 선교의 하위 분과sub-branch라는 도발적인 제안을 한다. 성경의 권위를 이해하기 위해 반드시 물어야 하는 질문은 "성경이 (창조를 새롭게 하시는) 이 목적을 향한 하나님의 성취 **안에서 어떤 역할을 하는가?**"[10]다. 이 질문에 대해 라이트는 네 가지 층으로 이루어진 답을 제시한다. 첫째, 구약성경은 구별된 백성이 되는 선교적 소명으로 하나님의 백성을 "준비시키기" 위해 기록되었다. 준비란 성경의 다양한 장르들이 선교적 백성을 만들기 위해 성취한 다양한 임무들에 대한 약칭이다.

둘째, 예수님은 구약성경의 목적을 성취하신다. 구약성경은 이스라엘이 죄의 세력에 의해 무기력해졌기 때문에(롬 8:3-4), 그들을 선교적 백성으로 형성하려는 목적을 성취할 수 없었다. 라이트는 말한다. "그러므로 예수님은 (구약)성경이 하려고 시도했던 일을 최고조에서, 결정적으로 하신다. 그것은 **하나님 나라의 새로운 질서를 하나님의 백성에게 가져오는 것이고 그로 인해 세상에 가져오는 것이다.**"[11]

셋째, 예수님께서 이스라엘의 이야기를 성취하셨다는 복음에 대한 사도적 선포apostolic proclamation는 이제 그것을 듣는 자들에게 그리스도와 그분의 구원하시는 권능을 드러낸다. 사도적 메시지는 "하나님과 이스라엘 이야기의 절정으로서 선포된 예수님의 이야기(특히, 그분의 죽음과 부활)이며, 따라서 세상에 대한 참된 이야기이자, 교회의 선교를 위한 기초와 활기를 북돋워 주는 힘으로서 스스로를 제시한다."[12] 사도적 복음이 선포되고 가르쳐질 때, 그것은 선교적 공동체를 창조하고, 그 공동체가 신실한 백성이 되도록 형성하며, 그들을 통하여 다른 사람들을 믿음으로 인도하는 하나님의 강력한 말씀이 된다.

넷째, 사도들의 이러한 구두적 선포와 가르침은 신약의 정경 안에서 문학 형식으로 기록된다. 그래서 하나님의 기록된 말씀은 사도들의 살아 있는 말씀이 가졌던 방식 그대로 기능한다. 신약의 저자들은 자신이 성령의 능력에 힘입어 권위를 인정받은 선생들이라고 생각했으며, 그들은 개별적인 교회들이 선교적 소명을 위해 스스로를 유지하고 격려하며, 또 형성하고 판단하며 새롭게 하도록 복음을 열어 주었다. 그래서 이러한 책들은 말씀의 구두적 설교와 동일하게 준비시키는 권세와 권위를 수반했다.

이 간략한 요약은 그리스도를 설교한다는 것이 무엇을 의미하는지에 대해 강조한다. 여기서 세 가지 사실을 주목할 필요가 있다. 첫째, 우리가 정경의 어느 부분을 읽더라도, 우리의 설교는 그리스도를 향하

열방에 빛을

게 될 것이고 그리스도로부터 나오게 될 것이다. 설교의 목적은 예수 그리스도를 나타내는 것이다. 둘째, 그리스도 자신은 복음을 입고 오신다. 메시지는 언어 이상의 의미를 갖는다. 그것은 구원을 가져오는 하나님의 **권능**이다. 이것은 단순히 확인되고 이해되어야 하는 새로운 종교적 교리가 아니라 하나님이 성령에 의해 예수님 안에서 행하신 일에 대한 선포다. 그러므로 메시지 자체는 삶을 변화시키는 하나님의 권능이 된다(롬 1:16, 고전 1:18, 24; 2:4).

그리스도를 설교하는 일의 세 번째 함의는 복음의 **포괄적인 범위**를 인식하는 것이다. "설교의 임무는 청중이 예수 그리스도를 **있는 그대로** 대면하도록 이끄는 것이다."[13] 어떤 설교는 예수님을 중심에 두지만 예수님을 "있는 그대로" 묘사하지 않는다. 예수님은 단순히 개인의 구주가 아니다. 그분은 창조자이시며 역사의 주인이시고, 모든 만물의 구원자이시며 마지막 심판자이시다. 예수님의 지상 사역에서 그분은 **하나님 나라**의 복음을 선포하셨다. 복음은 우리의 삶 속에 소규모의 사적인 영역, 곧 종교적, 윤리적, 또는 신학적 영역에만 들어맞는 메시지가 아니다. 그것은 미래의 내세적 구원에 대한 것도 아니다. 예수 그리스도의 인격 혹은 하나님 나라 복음의 모든 것을 포괄하는 주장을 축소시키는 방식으로 설교하는 것은, 복음의 포괄적인 주장과 주변 문화 이야기 사이의 선교적 대면을 길러 내는 근원을 잘라 버릴 것이다.

그래서 설교의 임무는 세상에서의 포괄적인 선교를 위해 우리를 준비시키시는 예수 그리스도와 그분의 모든 구원의 능력에 직면하도록 이끄는 것이다. 따라서 목회자는 이 메시지에 사로잡힌 사람들이 되어야 한다. 존 밀러John Miller는 이 사실을 매우 효과적으로 강조한다. 존 업다이크John Updike의 소설 「달려라, 토끼*Rabbit, Run*」에서 화가 난 루터교 목사는 목회적 소명을 잃어버린 참견 많은 성공회 사제를 비난한다. "주일 아침이 되어 우리가 그들의 얼굴을 대하러 갈 때, 우리는 불행으로 찌든 모습이 아니라 그리스도로 충만한, 그리스도로 뜨거운—그는 털투성이의 주먹을 불끈 쥔다—불에 타는 듯한 모습으로 걸어가야 해. 그래서 우리가 가진 믿음의 힘으로 그들을 태워야 해. 이것이 바로 그들이 오는 이유지. 그 밖에 또 무슨 이유로 그들이 우리에게 돈을 지불하겠어?" 밀러는 더욱더 강조한다. "그리스도 안에서 자신의 신앙을 세우는 일 외에는 어떤 것도 목사에게 들어가서는 안 되네. 그가 그리스도로 뜨겁게 된 사람이 될 때, 그는 믿음으로 설교할 준비가 된 걸세. 그 이하는 안 되네."[14]

N. T. 라이트의 모델은 또한 우리의 설교가 **선교적**이어야 한다는 것을 보여준다. 성경의 다양한 책들은 선교적 백성을 형성하기 위해서 기록되었다. 성경의 이런 원래 의도를 무시하는 것은 성경의 목적을 놓치는 것이다. 성경은 우선적으로 개개인에게 개인적 구원의 은택을 전달하는 것이 아니라(이것도 중요한 것이지만), 오히려 세상을 위해 하나님 나라의 복음을 구현하는 백성을 형성하는 일에 관심을 갖는다. 그러므로 설교는 우리로 하여금 언제나 세상을 향하도록 해야 한다. 신실한 설교는 언제나 그리스도로부터 선교로 움직일 것이다. "예수님의 선교에 참여하지 않고 예수님께 참여할 수 없기 때문이다."[15] 감사하게도, 선교가 성경 이야기의 핵심적 역할을 한다고 보는 선교적 해석학에 대

열방에 빛을

한 관심이 커지고 있다.[16]

공동체 기도에 헌신한 교회

간단히 말해, 열정적이고 공동체적으로 기도하는 법을 배우지 못한 교회는 결코 진정한 선교적 교회가 될 수 없다. "내향적인 교제가 신약의 정상적인 상태를 회복하고자 한다면", 나는 밀러와 함께 "공동체적 기도가 가장 중요한 것"이라고 확신한다.[17] 우리는 능란한 마케팅 기술과 매력적인 프로그램을 가지고 큰 무리의 활기찬 그리스도인들을 모을 수는 있을 것이다. 그러나 이것은 필연적으로 복음의 능력을 구현하는 공동체가 되지는 않을 것이다. 여기에 어떤 화려한 것이나 새로운 것은 없다. 기도는 교회 선교의 핵심이다. 그것은 **하나님의** 선교이기 때문이다. 우리는 이것을 알지만, 우리의 인간적인 경향은 기도하기보다는 좀 더 쉽게 우리 자신의 자원이나 계획에 의존하려고 한다. 어떻게든 우리는 이러한 우상숭배의 힘을 깨뜨려야 하고, 기도가 **하나님의** 선교인 것을 실제로 믿어야 한다.

다음의 세 가지 이미지들은 내가 교회의 선교를 위한 기도의 중요성을 파악하는 데 도움을 주었다. 첫째는 기도란 복음을 따라 숨겨진 것들을 파내고 보물을 묻을 수 있는 **삽**shovel이라는 존 칼빈John Calvin의 이미지다.[18] 그리스도의 구원이 가진 모든 측면과 은택은 우리가 기도로 퍼 올릴 때 성령의 역사로 인해 우리에게—개인적으로, 공동체적으로—주어진다. 하이델베르크 교리문답은 칼빈을 따라 "기도는 하나님이 우리에게 요구하시는 감사의 가장 중요한 부분"이라고 말한다. "하나님은 오직 지속적으로 기도하고 내적으로 신음하면서 그분에게 그러한 은사를 요청하며 감사하는 **사람들에게만** 그분의 은혜와 성령을 주신다"[19]라는 놀라운 진술을 한다.

두 번째는 앤드루 머레이Andrew Murray의 **전략적 거점**strategic position[20]이라는 군사적 이미지다. 전략적 거점은 전쟁에서 이기고 싶다면, 무슨 대가를 치르더라도 반드시 차지하고 방어해야 하는 전쟁터다. 예를 들어, 웰링턴은 그가 나폴레옹이라는 무서운 적을 만났음을 직감했고 전쟁터에서 전략적인 곳에 위치한 한 농가를 차지하고 방어하는 것이 승리의 열쇠라고 생각했다. 이에 따라 그는 군사들을 지휘하여 마침내 그것을 차지하고 방어했다. 그 결과로 인해 그는 전쟁에서 우세할 수 있었다. 우리가 문화의 영에 포로가 되지 않으려면, 우리는 이 영적인 전쟁에서 기도라는 전략적 거점을 반드시 차지하고 방어해야 한다(엡 6:18-20).

마지막으로, 밀러는 관리 기도maintenance prayer와는 반대로 **최전방 기도**frontline prayer에 대해 이야기한다. 관리 기도는 단순히 존재하는 교회의 삶을 유지하기 위한 것이다. 최전방 기도모임은 하나님이 삶을 변화시키는 방식으로 일하시기를 열망하고, 그분이 행하실 수 있음을 믿는 것이다. 따라서 확신을 갖고 변화를 기대하면서 하나님의 전능한 역사가 이루어지기를 열심히 기도하는 것이다.

이러한 종류의 기도 시간은 엄청난 인내와 겸손뿐 아니라 의도적인 노력이 요구된다. 가장 중요한 요소는 지도자가 스스로 기도하기를 배우고 사람들에게 본을 보임으로써 인도하는 것이다. 많은 기도가 우리의 내적인 필요를 향해 있고 또한 하나님께서 어떤 식으로든 일하실 것이라는 기대가 결여되어 있다. 그래서 기도는 습관적이고 타성적인 것이 된다. 종종 우리의 예배, 소그룹 모임이나 리더 모임에서 기도가 그 중심적인 위치를 잃어버리고 기도를 위한 시간이 빠져 있기도 한다. 모범을 보이고 싶은 지도자는 기도에 우선순위를 두고, 이를 위해 많은 시간을 확보해야 한다. 예배의 공동체적인 시간과 소그룹 환경에서 하나님을 향한 기대와 함께 세상을 향하는 기도를 모델로 삼아야 한다.

우리는 기도하지 않는 것을 단지 연약함으로 생각하기 쉽다. 머레이는 기도하지 않는 것을 "단지 연약함으로 간주하는" 위험에 대해 강조한다. "기도 시간의 부족, 모든 종류의 주위를 산만하게 하는 것에 대한 이야기는 많지만, 정작 기도하지 않는 상황에 대한 깊은 죄의식을 인식하지 못한다."[21] 교회 안에 건강한 기도의 삶은 고백, 곧 기도의 결핍을 죄라고 올바로 말하고 용서와 회복을 구하는 고백으로부터 시작된다.

대조적 공동체로서 살아가려고 노력하는 교회

특정한 문화 가운데서 하나님 나라의 새로운 삶을 구현하는 공동체는 공동체적 삶, 곧 예배, 설교, 기도를 통해 하나님 구원의 능력을 알게 되는 복음에 뿌리내린 삶으로부터 흘러나온다. 우리는 주변 문화의 일부로서 살아가지만 하나님 나라와 양립할 수 없는 종교적 정신에 대해 도전하는 대조적 공동체로서 살아간다. 그렇다면 21세기에 대조적 공동체의 모습은 어떤 것일까?

아래 항목은 내가 생각하기에 현대 문화의 가장 중요한 영적인 흐름으로부터 나온 것이다. 달리 말하면, 이 항목은 매우 상황적이라는 뜻이다. 이것은 특정한 문화적 상황 가운데서 복음에 충실한 교회가 서구 문화의 종교적 흐름과는 **대조를 이루고, 그것을 완성하는** 매력적인 대안적 공동체로 나타나기 위해 필요한 모습이다. 우리는 우리 문화의 어떤 영적인 흐름에 대항해서 살아야 하는 것일까? 그러한 영적인 흐름은 우리의 삶이 복된 소식으로 전해져야 하는 현대인의 종교적인 열망에 대해 무엇을 드러내고 있는가? 실례를 통해 일곱 가지의 특징을 간략하게 살펴볼 것이다.

대조적 공동체는 **경제적, 환경적으로 불의한 세상에서 정의의 공동체**가 될 것이다. 전 세계적으로 경제적, 환경적인 불의에 관한 통계자료가 보여주는 현실은 매우 비참하다. 정의와 **샬롬**으로 다스리시는 하나님의 새로운 세상에서 살아가는 그분의 백성은 이러한 문제를 모른 척해서는 안 된다. 복음에 일치하는 정의를 구현하고 찾기 위한 방법을 모색해야 한다.

대조적 공동체는 **소비주의가 만연한 세상에서 관용과** ('충분함'에서 나오는) **단순함의 공동체**가 될 것이다. 스티븐 마일즈Steven Miles는 주장한다. "소비주의는…… 틀림없이 20세기 후반의 대표적인 종교다."[22] 이러한 지구적 상황에서 기독교 공동체의 구성원들은 그들의 재원과 시간, 환대를 통해 과도한 관용의 정신을 발달시켜야만 한다. 단순함의 삶, 충분히 소유하고 있다고 믿는 삶은 서구 사회의 소비주도적인 삶의 방식에 맞서게 될 것이다. 그리스도인의 삶이 현대인과 전혀 다르게 보이지 않는다면, 과연 관대하신 하나님의 복음을 제시할 수 있을까?

대조적 공동체는 **자신만의 권리를 주장하는 이기적인 세상에서 이타적인 나눔의 공동체**가 될 것이다. 서구 문화는 자아를 중심으로 이루어진다. 정치는 개인의 권리를 중심으로 이루어지고 경제생활은 경제적인 이해에 의해 형성된다. 오늘날 우리는 이러한 문화의 중심에서 부패한 결실을 목격하고 있다. 이러한 결실은 인간의 필요에 무감각한 이기심, 자기도취적인 나르시시즘, 깊은 권리의식, 개인적인 책임을 거절하는 희생시킴, 그리고 권리, 자만심과 자기성취에 대한 집착이다. 소비 사회는 우리 자신의 필요를 우선적으로 생각하도록 가르친다. 내부로 향해 있는 문화 속에서 기독교 공동체는 자신의 모든 삶을 이타적인 섬김의 삶으로 드리신 예수님을 따라야 한다. 다른 사람의 필요에 사로잡힌 희생적인 나눔의 삶은 세상에 강력한 증거를 제공할 것이다.

대조적 공동체는 **불확실한 세상에서 진리에 대한 겸손하고 담대한 증인의 공동체**가 될 것이다. 계몽주의 시대의 대담하고 확실한 세상은 허물어졌다. 불확실성, 상대주의, 다원주의, 의심은 오늘날의 문화적 풍조가 보여주는 특징이다. 이러한 상황에서 기독교 공동체가 어떻게 빛이 될 수 있을까? 출발점은 예수 그리스도의 복음의 진리에 대한 담대한 증인이 되는 것이다. 복음이 모두를 위한 세상의 참된 이야기이며, 이것은 우리를 해방시키는 이야기라는 깊은 확신이 있어야만 한다. 모든 진리 주장은 본질적으로 압제적이며 이기적이라는 의심의 풍조가 만연한 세상 속에서 살아가고 있기 때문에, 교회가 진리에 대해 철저히 겸손한 모습을 보이는 것이 중요하다. 예수님 안에 있는 진리에 대해서는 의심의 여지가 없지만, 그 진리를 **우리가** 소유하고 있다는 점에서는 겸손할 이유가 충분히 많다. 우리의 세상에서 겸손과 담대함 두 가지를 모두 확고히 붙드는 것이 필요하다.

게다가 우리는 불변하는 이데아를 진리로 간주하는 그리스적 개념으로 돌아가서 복음이 역사를 초월한 신학적 명제들 가운데 하나라고 생각해서는 안 된다. 오히려 복음은 하나님께서 우주의 역사에 의미를 부여하는 한 사람과 역사의 사건들 가운데 행하신 일을 선포하시는 것이다. 그런 종류의 내러티브적 접근은 복음의 보편적 타당성과 타협하지 않으면서 다른 신앙에 헌신한 사람들과 효과적으로 대화를 나눌 수 있는 방법을 제공한다.

대조적 공동체는 **환멸감과 소비적 만족의 세상에서 희망의 공동체가** 될 것이다. 서구 문화는 점점 더 희망이 없는 문화가 되어 간다. 우리의 삶을 위협하는 군사적·환경적·경제적인 위험 때문에 미래를 두려워한다. 우리는 보편적 역사가 어디를 향해 가고 있는지를 안다고 주장하는 어떤 이야기들도 의심스러워한다. 부와 소비 문화는 우리의 환멸감을 잊게 만드는 많은 상품과 경험들을 제공해 왔다. 그래서 우리의 삶은 현재에만 집중하게 되었다. 우리는 오락거리로 숨거나 새로운 경험이나 새로운 형태의 기술을 통해 점점 공허해져 가는 삶에 대한 위안을 찾으려고 한다. 우리는 역사와 미래에 대한 감각을 잃어버렸고 이것은 소망에 대한 인식이 점점 사라지게 만든다. 소망은 죽고 살 만한 가치가 있는 목적을 인식하게 한다. 이것이 왜 신약에서 소망이 그렇게 중요한지

열방에 빛을

를 보여주는 이유다. 희망과 목적의 공동체는 "살 만한 가치가 있는 미래는 없다"라고 여러 방식으로 말하는 세상에서 빛이 될 것이다.

대조적 공동체는 **광적으로 즐거움만을 쫓는 쾌락의 세상에서 기쁨과 감사의 공동체**가 될 것이다. 우리 시대의 신앙고백인 "우리 세상은 하나님께 속해 있다Our World Belongs to God"는 현재 우리 문화 속에 있는 쾌락주의의 결실을 잘 포착한다. "쾌락을 쫓아가면서 우리는 기쁨의 선물을 잃어버린다."[23] 우리는 하나님이 매일 주시는 수많은 선물들을 감사하며 살아가지 못한다. 우리는 소비적 요구가 점차적으로 상품보다는 경험 자체가 되어 가는 문화 속에 살고 있다. 쾌락주의 문화는 여행, 새로운 형태의 기술, 휴가, 은퇴, 오락, 그 이상의 것들에서 광적으로 즐거움만을 추구한다. 그러나 이러한 광적인 요구 속에서 진정한 기쁨과 성취감을 찾는 것은 연기를 잡으려는 것만큼이나 힘든 일이다. 진정한 기쁨은 우리의 창조자가 우리를 만든 방식대로 살아갈 때 비로소 맛볼 수 있다.

마지막으로, 대조적 공동체는 **세속적인 세상 안에서 하나님의 임재를 경험하는 공동체**일 것이다. "세속적"이란 단어는 서구 문화의 중심에 놓여 있는 인본주의적 세계관을 서술하는 가장 적절한 수식어다. 그 단어가 그 밖에 다른 무엇을 가리키든지 간에, 그것은 하나님의 임재가 없는 문화를 뜻한다. 서구 문화는 자신만의 세계관을 발전시켜 왔다. 그 세계관은 과학적 이성이 밝혀 낼 수 있고 기술이 활용할 수 있는 닫혀진 인과관계의 세계에 기초하고 있다. 이 세계관은, 하나님이 존재하신다면 그분은 이 닫혀진 세계 바깥에 계실 것이라고 믿는다. 불행하게도 기독교 공동체는 종종 그들의 신학을 이런 이신론적 모델deistic model에 순응시켜 왔다.

우리가 성경 이야기를 따라 살아간다면, 우리가 하나님 안에 살고 움직이며 존재하는 것이라고 바울은 말한다(행 17:28). 시편기자는 자연과 역사의 모든 순간마다 하나님의 손길을 보았다. 뉴먼Newman 추기경이 이에 대해 적절하게 말했다. 하나님은 "창조세계에 임재하시고, 섭리하시며, 자취를 새기시고, 영향력을 미치심으로 하나님 스스로를 창조세계에 연관시키셨고 자신의 중심에 두셨다. 그래서 우리는 어떤 점에서 하나님을 생각하지 않고는 창조세계를 정확히 또는 완전히 관찰할 수 없다."[24]

교회가 창조세계 속에서 하나님의 일하심, 섭리적인 돌봄과 역사의 통치, 성령 안에서 새롭게 하시는 사역을 볼 수 있도록 훈련받는다면, 교회는 세속적 세상의 과학적 탈주술화disenchantment에 대한 환멸을 느끼고 있지만 그 갈망을 실현할 수 있는 어떤 방법도 찾지 못한 포스트모던 영성에게, 그들이 찾고 있는 일종의 "거룩한" 세상을 제시하게 될 것이다.

현대인들이 복음을 믿어야 한다면, 우리는 교회로서 하나님 나라의 구원을 좀 더 매력적인 방법으로 보여주어야 할 것이다. 프리드리히 니체Friedrich Nietzsche는 창조적인 삶 속에 있는 기쁨, 생명력과 환희를 결여한 교회의 모습에 대해 적절한 비판을 했다. "내가 그들의 구원자에 대한 믿음을 갖게 하려면 그들은 보다 좋은 노래를 불러야 할 것이다. 또한 그의 제자들은 좀 더 구원받은 것처럼 보여야 할 것이다."[25]

열방에 빛을

문화적 상황을 이해하는 교회

대조적 공동체로서 살아가는 것은 주변 문화와의 선교적 대면을 의미한다. 선교적 대면 속에서 복음은 문화의 이야기를 흡수하는 대신에 그 이야기에 도전한다. 그러므로 우리가 복음에 신실하게 살아가기 위해서는 우리가 처한 특수한 문화적 상황을 잘 이해하는 것이 필요하다.

　문화 분석에서 네 가지 측면이 중요하다. 첫째, 문화는 하나의 응집된 전체a cohesive whole, 공동체 속의 인간의 삶을 형성하는 기관, 제도, 상징, 관습들의 통합된 연결망이다. 둘째, 서구 문화의 기초가 되고 그 문화를 형성한 근본적인 신념들은 종교적인 것이다. 서구 문화를 형성한 통합된 관습과 기관들의 연결망 아래에는 근본적인 종교적 헌신과 신념들이 놓여 있다. 헤르만 바빙크는 "문화는 드러난 종교다"[26]라고 명료하게 말한다. 하비 콘Harvie Conn은 종교는 "삶의 한 영역, 많은 것들 가운데 하나가 아니라 본질적으로 삶의 **방향**이다"[27]라고 강조한다. 불행하게도 서구 교회는 두 가지 신화, 곧 기독교 문화에 대한 신화와 세속적 혹은 다원주의적 중립성에 대한 신화 때문에 언제나 이 사실을 파악하지 못했다. 서구 문화는 기독교적이지도 중립적이지도 않다. 기독교 교회가 이러한 환상 가운데 어느 하나라도 받아들이는 한, 교회는 주변 문화의 우상숭배적인 신념들에 대한 선교적 대면을 하지 못할 것이다.

　셋째, 이러한 우상숭배적인 종교적 신념들은 또한 포괄적이다. 종교는 삶의 많은 영역 가운데 한 영역이 아니라 모든 문화적 삶을 형성하는 지향력directing force이다. 마지막으로 이러한 종교적인 신념들은 사회적으로 구현된다. 곧 우상숭배적인 신념은 구조, 제도, 관습, 풍습, 조직, 상징 등에서 문화적으로 표출된다. 사람들은 우상숭배적인 이야기의 신념을 전달하는 구조 속에 참여함으로 그 이야기 속에서 살아가는 법을 배운다.

우리가 이 지점에서 멈춰야 한다면, 문화에 대한 우리의 견해는 오히려 비관적이 될 것이다. 그러나 더 나아가 두 가지 관찰이 이루어져야 한다. 첫째, 하나님의 창조 계시 혹은 일반은총은 지속적으로 문화 발전을 포함한 창조세계를 붙들고 있고 인간의 우상숭배가 삶 전체로 퍼지는 것을 막는다. 특별히 서구 문화에 대한 두 번째 관찰은 오랫동안 어느 정도 복음에 의해 정화되고 형성되었다는 점이다. 크리스텐덤의 천 년과 그 이후에도, 복음은 유럽 문화의 사회적·지적·정치적·도덕적·경제적인 삶의 영역에 스며들었고, 서구 사회는 어느 정도까지 그 시대의 기초 위에 살아가고 있다. 그렇다고 해서 서구 사회를 그때나 지금이나 기독교 문화라고 생각해서는 안 된다. 강력한 우상숭배적인 요소들이 있었고 그 요소들이 언제나 작용해 왔다.

우리 문화의 핵심은 복음과 양립할 수 없는 신념들로 형성되어 있다. 이 사실은 두 가지의 동등하고 포괄적인 종교적 이야기 사이의 견딜 수 없는 긴장으로 이끈다. 어떻게 신자들이 복음과는 다른 신념들에 의해 형성된 경제 제도나 정치 제도에 참여하고, 언어를 말하며, 전통 속에서 생각할 수 있을까? 헨드릭 크래머Hendrik Kraemer는 복음과 우상숭배적인 문화 이야기 사이의 긴장을 인식할수록 교회는 더욱 신실해진다고 말한다. "긴장에 대한 인식과 이 멍에를 지려는 충동을 깊이 느낄수록 교회는 더욱 건강해진다. 교회가 이 긴장을 잊어버릴수록, 점점 이 세상에서 집과 같은 편안함과 안정감을 느끼게 될 것이며, 맛을 잃은 소금과 같이 되는 치명적 위험에 놓이게 될 것이다."[28]

서구 교회는 크래머가 말한 긴장을 자주 느끼지 못하고 있다. 크래머에게 깊은 영향을 받은 뉴비긴이 말한다. 서구 교회는 "일반적으로 우리가 공유하는 모든 삶의 부분에서 기독교적 비전과 우리가 숨 쉬는 문화적 가정들 사이에 존재하는 모순이 얼마나 극단적인지를 인식하지 못했다."[29] 이 긴장을 더 깊이 느낄수록 교회는 더욱 신실하고 건강한 교회가 될 것이며, 선교적 대면을 위해 더욱 잘 준비될 것이다.

교회가 두 개의 동등하고 포괄적인 종교적 이야기 사이의 양립 불가능성을 더욱 깊이 느끼게 될 때, 어떻게 이런 견딜 수 없는 긴장을 해결해야 하는지에 대한 질문을 갖게 된다. 우선 교회는 문화에 **유대적인** 태도를 취해야 한다. 교회는 언제나 어떤 문화적 환경 속에서도 복음을 살아 낼 것이다. 따라서 교회는 문화적 환경 속에서 **편안함**을 느껴야 한다. 그러나 동일한 힘으로 **분리**를 말해야 한다. 우상숭배적인 종교적 신념들이 서구 문화의 모든 면을 형성하고 있기 때문에 교회는 단순히 "예"라고 말하며 단순히 문화적 발전을 긍정하지 않을 것이다. 또한 왜곡된 문화적 발전에 대해서는 "아니오"라고 말하며 거부해야만 한다. 이처럼 교회는 문화적 환경과 **반목**해야 한다. 교회가 주변 문화에 편안함을 느끼는 동시에 반목한다면, 교회는 한편으로 주변 문화 속에 흐르는 영적 죽음에 대항하여 반문화적 공동체가 될 것이고, 다른 한편으로는 생명의 창조적인 흐름을 포용하고 기념하는 연계된 공동체가 될 것이다. 하지만 문화적 상황과 반목하면서 편안함을 느끼기는 쉽지 않을 것이다.

이 간략한 분석은 우리의 회중에게 이러한 긴장감을 고취시켜야 한다면, 우리 앞에 놓인 임무가 매우 어려운 것임을 보여준다. 그러나 이것은 꼭 필요한 일이며, 이루어질 수 있는 일이다. 「세계관은 이야기다」[30]의 문화 분석 관련 웹사이트에 축적되어 있는 슬라이드들은 대부분 비학문적인 환경에서 이 주제를 가르치는 과정을 통해 얻어진 것들이다. 세계관 연구와 선교학에서 복음과 문화의 관계를 추구하는 나의 여정은 지역 목회자로서 시작되었다.[31] 내가 하나님 나라의 포괄적인 복음을 설교했을 때, 회중은 많은 질문들을 갖게 되었다. 어떻게 사업장과 학교 등에서 복음을 살아 낼 것인가? 우리 삶의 영역을 형성하는 문화적 흐름은 무엇인가? 이러한 질문들은 서구 문화 연구를 포함한 많은 영역에 대한 성인 교육으로 확대되었다.

이러한 임무는 교회 지도자들이 문화를 더욱 깊이 이해하고, 회중으로 하여금 우상숭배적인 문화 환경 속에서 신실하게 살아가는 것이 무엇인지를 깨닫도록 돕는 것을 의미할 것이다. 또한 회중이 문화 분석이라는 먼 길을 여행하는 데 복음에 대한 헌신이 매우 중요하다는 것을 의미할 것이다. 이 일이 쉽지는 않겠지만, 만약 이 일이 이루어지지 않는다면, 우리는 크래머가 경고한 것처럼 "맛을 잃은 소금과 같이 되는 치명적인 위험에 놓이게 될 것이다."[32]

열방에 빛을

세상의 소명 속에서 선교적 대면을 위해 훈련받는 교회

"구속받은 공동체의 삶을 통해 드러나고 경험되는 하나님의 권능은 세상에 대한 모든 증거와 섬김으로 나타나야 한다."[33] 이러한 목적은 적어도 네 가지 영역에서 성취되어야 한다. 주간의 소명에 대한 신실함, 예수님을 증거하는 복음전도의 말, 이웃을 위한 자비와 정의의 행동, 그리고 세상의 끝을 향한 비전이다. 뉴비긴은 "그리스도의 주권에 대한 우선적인 증거가 사업과 정치, 농부나 공장 노동자와 같은 전문적인 직업 속에서 평신도의 일상적이고 세속적인 일들 가운데 나타나야 하고, 오직 그 속에서만 주어질 수 있다는 사실을 인식하는 데 교회가 지속적으로 실패해 왔다"[34]라고 책망한다. 그는 "교회의 증거에서 큰 우위를 점하는 것은 농장, 집, 사무실, 제분소 또는 법원에서 일하는 수많은 교회 구성원들의 증거"[35]라고 확신한다. 여기서 뉴비긴이 말하는 바는 우선적으로 그들이 직장에서 복음을 전할 수 있는 기회에 대한 것이 아니다. 복음전도는 중요하지만—이 부분은 뒤에서 강조할 것이다—복음의 증거는 평신도들이 다른 이야기로 형성된 자신의 직장, 사업, 학교, 사회사업, 법률, 건축 속에서 그리스도의 주되심을 구현할 때 나타난다. 여기서 우리의 신실함에 견딜 수 없는 또는 고통스러운 긴장이 포함되어 있음을 보게 된다. 사업가가 어떻게 이윤 추구의 동기만으로 움직이는 세상에서 신실하게 살아갈 것인가? 어떻게 사회사업을 하는 사람이 인간에 대한 깊은 인본주의적 이해로 세워진 환경 속에서 일할 것인가? 학자가 어떻게 과학적 혹은 상대주의적 신념에 의해 형성된 대학 안에서 신실하게 일할 것인가?

　회중이 다양한 문화적 삶의 영역에서 신실하게 살아가려고 노력할 때, 신약성경에 나타난 세 가지 주제가 보다 명백해질 것이다. 첫째는 고난이다. 하나님의 백성이 다양한 일터에서 선교적 대면에 참여하는 소명을 진지하게 받아들인다면, 고난은 불가피할 것이다. 둘째로 기도다. 교회가 문화를 변혁할 때 승리주의적 교만에 빠지는 것을 원하지 않고 신실하며 효과적인 증인이 되기를 원한다면, 교회는 그들의 연약하고 종종 불완전한 노력을 하나님이 사용하시도록 기도하는 법을 배울 것이다. 세 번째는 공동체의 중요성이다. 여기서 지역 회중의 역할은 적어도 세 가지 면에서 중요하다.[36]

　첫째, 지역 회중은 복음, 성찬, 교제, 기도를 통해 하나님 백성의 폭넓은 부르심에 대한 비전으로 그리스도 안에 있는 새 생명을 양육하는 일에 충실해야 한다. 둘째, 지역 회중은 격려, 기도, 통찰, 토론의 기회와 때때로 재정적인 지원을 통해 각자의 소명을 가진 신자들을 양육하는 공동체가 되어야 한다. 셋째, 교회는 하나님의 백성이 각자의 소명을 수행하는 데 필요한 통찰을 준비시켜 주는 구조와 모임들을 필요로 한다. 이것은 단순히 서로의 어려움을 나누고 기도하는 소규모 회중 그룹 혹은 에큐메니컬 그룹일 수 있다. 또한 공적 영역의 한 부분에서 그리스도인이 된다는 것이 무엇인지를 밝히고자 하는 공통의 소명을 가진 그룹이 될 수도 있다. 공적 선교를 위해 교회를 준비시키는, 매우 조직적이고 재정적으로 잘 준비된 그룹이 될 수도 있다.[37]

　　　　　　　　　　　　　　　　　　　　열방에 빛을

유기적 방식으로 복음을 전하도록 훈련된 교회

선교적 대면은 또한 복음을 전하는 교회를 의미할 것이다. 복음전도는 예수 그리스도—그분의 삶, 죽음, 부활—에 대한 복음을 언어적으로 전달하는 것이며, 다른 사람들이 예수님을 따라 살아가도록 초청하는 것이다. 말과 행위 사이의 불미스러운 이원론은 20세기 교회의 증거를 심각하게 약화시켰다. 뉴비긴은 그러한 분리를 지지하는 사람들을 강하게 비판한다. 말로부터 분리된 자비와 정의의 행동은 **배신**이며, 행동을 결여한 복음의 말은 **거짓**이라고 말한다.[38]

이것은 모든 행동이 말을 필요로 한다거나 모든 말이 행동을 요구하는 것을 의미하지 않는다. 그러나 교회의 충만한 증거 속에서 말과 행동이 함께 협력하는 것은 복음을 신뢰할 수 있게 만든다. 어떤 추정에 따르면, 대부분의 사람들은 적어도 여덟 번 정도 그리스도인의 증거를 경험한 후에 신자가 된다. 교회의 삶이 뒷받침되는 말과 행위는 예수님의 메시지가 복된 소식이 되게 하는 누적 효과cumulative effect를 끼칠 수 있다. 이것은 신실한 증인의 작지만 적절한 말과 행동이 얼마나 중요한지를 보여주고, 또한 회심의 사역이 얼마나 본질적으로 성령의 사역인지를 가르쳐 준다. 성령은 심지어 우리의 가장 연약한 말과 행동을 사용하셔서 주권적으로 그리스도에 대한 증거를 조정하신다.

많은 그리스도인들은 "복음전도"라는 말을 두려워한다. 그 말은 복음을 세련되고 설득력 있게 제시하며, 뉘우치는 사람을 노련하게 성공적인 회심에 이르게 하는 무거운 책임을 가리키는 것으로 보인다. 우리가 종종 복음전도를 위해 훈련하는 방식은 이러한 생각을 부채질한다. 우리는 복음전도를 복음보다 일종의 선전활동이나 매끄러운 판매 광고인 것처럼 보이게 만드는 다양한 방법과 기술을 가르친다. 우리는 사람들을 그리스도께로 인도해야 한다는 부담을 느낀다. 걱정이 생기는 것은 당연한 일이다. 우리 모두가 설득력 있는 세일즈맨, 기민한 변증가나 달변가가 될 수 없다. 불신자들이 우리의 삶에 대해 무엇이 다른지를 거의 묻지 않는 상황에서 이런 종류의 기술적 복음전도가 그저 말로써 그리스도를 증거하는 기회를 우리에게 만들어 주는지 의심하지 않을 수 없다.

우리가 반드시 선택해야 하는 종류의 복음전도는 일상생활에 보다 유기적으로 관련된 것이다. 여기서 크래머는 우리에게 유익한 통찰을 제공한다. "세상 어느 곳에서든지 기독교 진리를 제시하는 근본적인 법칙들 가운데 하나는 이 진리가 삶의 모든 영역과 문제들, 가장 고귀한 것뿐만 아니라 가장 평범하고 사소한 것에 긴밀하게 연결되어 있다는 점이다."[39] 헨드릭 크래머가 말한 종류의 복음전도는 삶의 한가운데서 자발적으로 "떠들어 대는 복음"이다. 이것이 의미하는 바는 첫째, 우리는 모든 것을 포괄하는 총체적인 방식으로 복음을 이해하고 살아가야 한다는 것이다. 복음은 개인적인 윤리 이외의 대부분의 삶과 거의 관련이 없는 미래적이고 내세적인 장소에 대한 것이 아니다. 오히려 우리가 삶의 사소하고 사적인 관심사뿐만 아니라 중요한 공적인 쟁점에서도 복음이 우리 삶에 관련된 것을 안다면, 복음은 불편한 침입이 아니라 오히려 우리의 일상적인 삶의 구조 속에 스며들어 있는 것이 되며, 빠르게 우리의 말로 흘러나오게 될 것이다. 그래서 이웃과의 접촉점은 우리의

열방에 빛을

일상적인 삶, 그 삶의 기쁨과 슬픔이 될 것이다.

예를 들어, 전 세계 경제 위기를 공동체적 탐욕과 기업의 우상숭배—경제 성장만을 핵심적인 목표로 삼은—의 문제로 이해한다면, 오늘날 경제 위기에 대한 우리의 논의에서 복음이 벗어나 있을 수 없다. 교육의 붕괴가 그것의 의미를 부여하는 강력한 내러티브의 결핍에서 오는 것임을 알고 오직 성경만이 그런 종류의 내러티브를 제공해 줄 수 있다고 믿는다면, 우리가 교육에 참여해야 복음을 언급하지 않을 수 없다. 그리스도의 복음이 주는 소망과 위로가 우리가 겪는 죽음, 병, 손실과의 싸움을 뒷받침해 준다면, 믿지 않는 이웃과 친구들이 고통으로 몸부림칠 때 우리는 침묵하지 않을 것이다. 하나님의 은혜와, 우리의 죄와 방종에 대한 용서를 경험하며 살아간다면, 중독과 자기파괴적인 행동에 빠진 사람들에게 겸손히 다가가 그들의 마음에 공감하며 우리의 용서와 회복의 근원을 말할 것이다. 이 모든 것 안에서 우리는 경제, 교육, 고통, 죄를 복음과 연관시킬 수 있는 신학적 전문가가 될 필요는 없다. 이 모든 경우에서 우리는 "복음을 떠들 수 있고" 자연스럽게 그리스도와 복음을 복된 소식으로 가리킬 수 있다. 심지어 우리의 무능력한 말까지도 사용하시는 분이 하나님이시기 때문이다.

또한 일상적인 삶과 긴밀하게 연결된 유기적 복음전도는 마음의 가장 깊은 종교적인 갈망을 만지는 방식으로 복음을 전할 것이다. 이것이 바로 요한복음을 매우 뛰어난 한 편의 선교적 커뮤니케이션으로 만든 방식이다. 요한은 그리스 문화의 동시대인들이 갖고 있던 가장 깊은 갈망을 잘 이해했고 복음으로 이에 대답했다. 그러나 그렇게 하면서 그 문화 속에 담긴 우상숭배에는 도전했다. 요한의 메시지는 동시대인들의 갈망에 대답했을 뿐만 아니라 복음 이외의 헌신에 대한 회개를 요청했다.

우리의 이웃을 이해할 수 있으려면, 우리는 공감하면서 경청하는 일에 시간을 보내야 한다. 복음이 대답해야 하는, 소비적 세상을 살아가는 사람들의 가장 깊은 갈망은 무엇일까? 아마도 롤링 스톤스Rolling Stones는 그러한 갈망의 일부를 표현했다. "나는 만족할 수 없네. 나는 노력했고, 노력했고, 또 노력했지." 그리스도 안에서 사는 삶은 소비 사회가 갈망하는 풍성한 삶을 제공한다. 그러나 그것은 또한 사람들에게 그들이 추구해 온 삶의 방식에 대한 회개를 요청할 것이다. 좋은 복음전도는 이웃의 아픔이 무엇인지 알기 위해 그들을 사랑하는 마음으로 경청할 것이며, 겸손하고 단호하게 진정한 삶을 가져다주는 진리로서 복음을 제시할 것이다.

이웃과 세상의 필요에 깊이 관여하는 교회

복음전도 활동은 그 무엇보다도 삶을 변화시키는 복음의 능력(행 4:32-35)을 경험하는 공동체에 의해서 정당화되어야 한다. 우리의 말이 자비와 정의의 행동으로 입증될 때, 복음은 사람들에게 믿을 만한 소식으로 들려질 것이다. 따라서 선교적 대면은 "자신을 위해 살지 않고 이웃의 문제에 깊이 관여하는 공동체"[40]를 의미할 것이다. 지역 교회 주변의 믿지 않는 이웃에게 교회가 왜 존재하는지에 대한 생각을 물으면, 그들은 종종 "교회는 스스로를 위해 존재한다"라고 대답한다. 이것은 우리가 듣기 원하는 대답과는 정확히 반대다. 존 밀러는 이웃을 환영하지 않는 관계는 전혀 아니지만 이웃과 거리를 두는 화란 칼빈주의 교회의 이야기를 전해 준다. 폭풍이 불어서 이웃에 사는 과부의 지붕을 날려 버렸다. 그러자 교회는 모여서 그 지붕을 교체할 수 있도록 집사들을 후원했다. 지역 공동체의 태도는 극적으로 변했고 거리감과 의심은 존경과 칭찬으로 바뀌었다.[41] 이 이야기는 많은 중요한 쟁점들을 강조한다.

먼저, 이웃에게는 종종 많은 필요들이 존재한다. 그러나 교회는 언제나 그들의 필요에 민감하게 반응하지 않는다. 밀러는 이것을 "눈먼 기회"[42]라고 부른다. 내가 섬겼던 해밀턴의 한 교회는 한 가지 예를 제시한다. 우리는 선교활동 목사를 청빙했고, 그는 신중하게 우리 도시의 인구학적인 조사를 하는 일에 대부분의 시간을 사용했다. 우리의 현관문에서 걸어갈 수 있는 거리에 살고 충족되지 않는 중요한 필요를 가진 두 개의 큰 그룹이 있다는 사실을 그가 발표했을 때, 우리 모두는 그 사실에 깜짝 놀랐다. 그래서 우리는 그들의 필요를 살펴보려는 마음과 함께 그 필요를 채울 수 있도록 교회를 조직했다. 이는 우리의 교회생활에서 중요한 순간이었다.

둘째, 밀러의 이야기가 보여주듯이, 교회가 이웃의 필요에 깊이 관여할 때, 그것은 교회와 지역 공동체의 태도를 모두 바꿔 놓는다. 지역 공동체는 교회를 더 이상 자신의 이기적인 목적을 위해 모인 사람들의 이질적이고 탐탁치 않은 침입이라고 간주하지 않고, 오히려 이웃을 축복하기 위해 모인 반가운 존재로 보게 된다. 교회 자체는 한 장소에 뿌리내려 있다는 인식과 함께, 그 장소에서 복음이 되는 책임을 발달시키게 된다.

셋째, 속도 조절자pacesetters로서, 지역 공동체 안에서 자비와 정의의 길로 회중을 이끌어 가는 지도자가 필요하다. 이것은 일반적으로 집사의 사역이다.[43] 교회와 공동체의 필요에 대한 안목과, 그러한 필요를 해결하기 위해 발전적인 상상력을 가지고, 어려운 사람들을 위해 사랑과 자비를 전염시키는 복음의 능력에 사로잡힌 집사는, 지역 공동체 안에서 복음이 되기를 원하는 회중의 헤아릴 수 없이 소중한 부분이 될 수 있다.

마지막으로, 자비와 정의의 행동은 자기를 내어주는 사랑의 표현으로서, 복음의 진리에 대한 강력한 증거가 될 수 있다. 초대교회는 여기서 빛나는 모범이 된다. 어려운 사람들을 향한 사랑의 행동들은 초대교회가 처음 3세기 동안에 성장할 수 있었던 주요한 이유였다. 이것은 그리스도인과 적대자들에 동일하게 입증되었다. 초대교회의 많은 순교자가 집사들이었던 것도 이러한 강력한 증거 때문이다. 또한 이러한 강력한 증거 때문에, 황제 율리아누스가 기독교로 "개종"한 로마제국에서 이교 종교를 부흥시키려고 시도했을 때, 기독교 교회의 사랑과 자선을 교회의 대중성에 대한 중요한 이유로 인식했고, 그래서 교회를 닮기 위해 노력했다. 교황 베네딕토 16세가 첫 번째 회칙에서 이를 간략하게 설명한다. "(율리아누스는) 한 서간에서, 그리스도교에서 감명을 받은 유일한 측면은 교회의 사랑의 실천이라고 했다. 따라서 그는 자신의 새로운 이교에도 교회의 사랑의 실천을 위한 체계와 나란히 그에 비길 만한 그 나름의 활동을 일으키는 것이 중요하다고 여겼다. 그에 따르면, '갈릴리 사람들'이 인기가 있었던 것은 바로 이 때문이었다. 그는 그들을 본받고, 나아가 능가하고자 했다."[44] 교황은 계속해서 모든 기독교 전통이 확증해야 하는 것에 대해서 말한다. "교회에서 자선은 교회가 다른 사람들에게 맡겨도 되는 일종의 복지활동이 아니라 교회 본질의 한 부분이며, 교회의 존재 자체를 드러내는 데 필수적인 표현이다."[45]

선교 사역에 헌신한 교회

뉴비긴은 선교mission와 선교 사역missions 사이의 중요한 구분을 한다. 단지 한 글자로 만들어진 구분에 대해서 의아하게 생각할지도 모른다. 그러나 우리는 니케아 신조(A.D. 325년)에서 한 글자가 복음을 심각한 타협으로부터 보호했다는 사실을 기억할 것이다. **동일본질**Homoousion은 예수님이 하나님이심을 표현하지만 **유사본질**Homoiousion은 예수님이 하나님과 매우 유사하다는 것을 뜻한다. 「로마 제국 쇠망사 The History of the Decline and Fall of the Roman Empire」의 저자이자 영국 역사가 에드워드 기번Edward Gibbon(1737-1794)은 교회가 이중모음을 갖고 싸우는 모습을 조롱했다. 그러나 그 글자는 복음에 필수적인 요소를 보호했다. 이와 같이 뉴비긴은 한 글자가 교회의 선교에 있어서 필수불가결한 요소를 보존한다고 믿는다. 교회의 선교에서 이러한 측면이 오늘날 대부분의 선교적 교회 문헌에 부재하다고 비판하면서, 이 글자 S는 실제로 매우 필요하다고 강조한다. 종종 **선교**가 **선교 사역**을 퇴색시켜 왔기 때문이다.

교회는 복음을 증거하기 위해 세상으로 보냄을 받았기 때문에 선교는 교회 전체의 사명이다. 따라서 선교는 문자 그대로 삶 전체에 대한 조망이다. 하나님 백성의 모든 삶은 회집되고 흩어진 공동체로서, 인간이 하는 모든 일에서 예수 그리스도의 주되심을 증거한다. 선교 사역은 교회가 하나님의 이야기 안에서 행하는 보다 큰 역할의 일부분이다. 선교 사역의 임무는 아무도 보냄을 받지 않은 장소에 증인을 세우는 것이다. 그래서 선교 사역은 언제나 타문화적이다. 그러나 선교 사역은 교회 선교의 필수적인 **부분**일 뿐만 아니라 또한 궁극적인 **지평**이다. 복음을 전하는 하나님 백성의 선교는 궁극적인 지평으로서 땅끝을 가지고 있다.

교회의 선교 사역에 대한 헌신을 지속적으로 약화시키는 한 가지 문제는 선교단체와 회중 사이의 분리다. 이러한 분리는 교회가 되기를 원하지 않는 선교와 세상에 대한 선교가 없는 교회로 이끌었다. 그러나 신약성경에서 교회는 하나님이 세우신 유일한 선교적 몸이었다. 그러므로 개개의 회중이 선교 사역, 곧 아무도 없는 지역과 장소에 그리스도의 증인을 세우는 사역에 참여하는 일을 시작하는 것이 필요하다.

그러나 이러한 참여는 널리 퍼진 오해에 대응하는 방식으로 이루어져야 한다. 타문화적 자원을 이용하는 일은 여전히 과거의 식민주의적 사고방식에 의해 형성되어 있다. 그 시대에 교회의 선교는 선교 사역으로 축소되어 있었다. 다시 말해, 선교는 복음을 기독교적 서구 사회에서 비기독교적, 비서구 사회로 나가는 지리적인 팽창이었다. 선교는 해외로 나가는 것이었다. 오늘날의 대응도 별반 다르지 않다. 아무도 없는 곳에 복음에 대한 증인을 세우는 일이든 또는 타문화권에 대한 초교파

열방에 빛을

적인 지원이든, 선교 사역은 여전히 지리적으로 규정되고 그 결과 문화적 경계선을 넘는 어떤 것으로 여겨진다. 이러한 사태는 브라이언트 마이어스Bryant Myers로 하여금 선교 자원의 불균형한 배분을 "스캔들"이라고 부르게 했다.[46] 타문화권 사역을 위해 바쳐진 단지 1퍼센트 이상의 재정과 10퍼센트의 인적 자원만이 선교 사역의 목적, 곧 복음화되지 않은 지역에 증인을 세우는 일을 위해 실제 사용된다. 나머지는 세계의 다른 지역에 이미 잘 정착된 교회들, 곧 보내는 교회들보다 때로 더 튼튼한 교회들을 세우기 위해 사용된다. 이런 종류의 초교파적 원조가 중요하지 않은 것은 아니다. 실제로 그것은 교회의 에큐메니컬한 본질의 표현이다. 스캔들은 자원의 불균형한 배분에 있으며, 비복음화된 지역의 선교 사역에 대한 상대적인 무시에 있다.

교회가 선교 사역에 연관된 임무를 지속할 때, 거기에는 반사적 효과가 있을 것이다. 교회가 땅끝을 향하는 선교 사역에 대한 비전을 발전시키고 거기에 관여하기 시작할 때, 교회는 또한 자기 지역에 있는 선교적 교회가 될 가능성이 훨씬 많다. 선교 사역은 이웃을 포함한 온 세상을 향한 선교적 비전에 활력을 불어넣는 잠재력을 갖고 있다.

잘 훈련된 리더들이 있는 교회

세상에서 이렇게 힘든 선교적 대면을 살아 내기 위해, 지역 회중은 적어도 세 가지가 필요할 것이다. 선교적 비전을 전달하고 구현하며 다른 사람들이 따라오도록 준비시켜 주는 리더, 신실한 삶의 의미를 다음 세대에게 훈련시켜 주는 가족, 그리고 교회 사명의 다양한 차원들을 도와줄 수 있는 소그룹이다.

목회자가 혼자서 선교적 교회의 비전을 전달하고 실행하는 것은 불가능하다. 변화의 중개자로서 함께 길을 떠나고 행동할 수 있는 리더를 찾아내고 훈련시키는 것이 필요하다. 그러나 우리가 리더십에 대해 생각하는 방향이 리더들이 훈련받는 방식을 결정할 것이다. 뉴비긴은 교회의 리더십에 대해 우리가 갖고 있는 대부분의 이해는 비선교적 상황 nonmissional setting에 의해 형성되어 왔다고 말한다. 뉴비긴 자신의 선교사 경험은 지역 회중 안에서 리더십이 어떠해야 하는지를 새롭게 보게 했다. 크리스텐덤의 상황에서 사역은 거의 확립된 공동체를 위한 목회적 돌봄이었던 반면, 신약성경에서의 리더십은 우선적으로 선교에 있었다. "한편으로 사역자는 사람들을 향한다─그들은 모으고 가르치고 먹이고 위로한다. 다른 한편으로는 사람들을 이 어둔 세상의 권세에 도전하는 십자가의 길을 걸어가도록 이끌어 간다."⁴⁷

신약의 리더십은 바울의 말로 가장 잘 정의할 수 있다. "내가 그리스도를 본받는 자가 된 것 같이 너희는 나를 본받는 자가 되라"(고전 11:1). 리더는 예수님을 열심히 따라가는 사람이고 또한 다른 사람들도 그렇게 할 수 있게 도와주는 사람이다. 리더는 스스로가 선교적 참여의 본을 보임으로써 사람들을 인도하고 하나님의 선교에 참여하도록 준비시키는 사람이다. 두 가지의 이미지는 선교적 회중을 위해 필요한 이런 종류의 리더십을 잘 포착한다. 첫 번째는 **속도 조절자**의 이미지다. 리더는 속도 조절자로서, 사람들의 앞에 가면서, 회중 안의 다른 사람들을 위해 속도를 정해 주고, 그들이 따라오도록 초청하고 권면하는 사람이 되어야 한다.[48] 두 번째 이미지는 **개척자**다. 개척자는 알려지지 않은 미지의 지역을 먼저 탐험하고 다른 사람들이 따라올 수 있게 하는 사람이다. 예수님이 그분의 삶 속에서 길을 인도하고 다른 사람들이 그분의 선교에 참여하도록 초청하는 개척자였던 것처럼 교회 리더도 동일하게 행동해야 한다.[49]

회중이 선교적 정체성을 가져야 한다면, 리더는 그러한 비전을 보여주고 그 소명을 형성하는 구조를 만들도록 노력해야 한다. 또한 회중이 구원하시는 하나님의 능력으로서 복음을 갖고 살아야 한다면, 리더는 그들의 삶 속에서 그러한 책임을 구현해야만 한다. 회중이 "최전방" 기도를 배워야 한다면, 리더는 그 길을 인도해야 한다. 회중이 다음 세대가 그리스도를 따르도록 양육하는 일에 좀 더 급진적이 되게 하려면, 리더는 먼저 자신의 집에서 그것이 무엇을 의미하는지를 보여주어야 한다. 회중이 공적 영역의 권력에 관여해야 한다면, 리더는 자신이 이미 그곳에 깊게 관여하고 있어야 한다. 실제로 선교적 회중이 되는 열쇠는 자신의 사명 속에서 그리스도를 이미 따라가고 있고 나머지 회중이 그리스도를 좀 더 신실하게 따라가도록 준비시키는 길을 찾고 있는 리더일 것이다.

자녀를 신앙 안에서 양육하도록 훈련된 부모들을 가진 교회

앞 장에서 우리는 하나님의 백성이 열방에 빛이 되지 못하게 막는 두 가지 위협에 대한 신명기의 경고를 언급했다. 그것은 우상숭배와 다음 세대에 신앙을 전수하는 일에 실패하는 것이었다. 젊은 세대가 서구 교회로부터 급격히 이탈하는 것을 보여주는 놀랄 만한 통계자료들은 이러한 경고에 주목하게 한다. 세계관을 형성하는 테크놀로지의 놀라운 힘과 젊은 세대가 다양한 형태의 테크놀로지에 할애하는 엄청난 시간을, 그들이 기독교적 양육에 들이는 약간의 시간과 비교해 보는 것은 거의 무의미하게 여겨진다. 최고의 설교, 예배와 교회의 교육 프로그램들은 세상에 대한 우리의 관점을 형성하는 텔레비전, 영화, 인터넷, 핸드폰, 페이스북, 트위터, 그리고 끝없이 팽창하는 테크놀로지 목록과는 경쟁조차 할 수 없다. 가족이 아이들을 양육하는 일에 급진적이고 희생적이며 시간을 들이는 헌신을 하도록 배우지 못한다면, 서구 사회의 선교적 공동체로서 교회의 미래는 암울할 것이다.

나는 여기서 개인적인 간증을 하고자 한다. 나의 큰 두 딸의 세례식에서 그 언약에 담긴 약속과 명령, 경고들을 그들에게 알게 할 큰 책임감을 느끼면서 떨었던 것을 기억한다. 그때 아내와 나는 이 부르심에 충실하기 위해서는 어떤 극단적인 방법들이 필요하다고 해도 실행하자고 약속했다. 나는 여기서 실제적으로 구체화된 몇 가지 방법들을 간략하게 언급하고 싶다.

첫째는 **가정예배**다.[50] 우리는 이 예배를 일찍부터 시작했다. 우리 아이들은 저녁 시간의 중심인 가정예배를 드리지 않았던 적이 없었음을 기억할 것이다. 우리는 주 5일(월요일부터 목요일과 토요일)에 한 시간에서 한 시간 반을 가정예배를 위해 떼어 놓았다. 시간을 정하고, 어떤 대가를 치르더라도 다른 방해물로부터 그 시간을 지키기 위해 변함없이 헌신하는 것이 중요했다. 이것은 다른 모임을 그 후에 시작하거나 다른 저녁 행사들을 계획하지 않는 것을 의미했다. 그 시간에 우리는 아이들에게 나이에 맞는 책과 방법들을 사용해서, 성경이 말하는 세상에 대한 진짜 이야기를 가르쳤다. 우리는 함께 찬양하고 기도하며 중요한 시간을 보냈다. 우리는 「우리 세상은 하나님께 속해 있다*Our World Belongs to God*」를 암기하고 토론했다.[51] 「세계 기도 정보*Operation World*」를 사용하여 세계 교회에 대해 이야기했고 기도했다.[52] 나는 정기적으로 아이들 하나하나를 무릎 위에 놓고 그들을 위해 기도했다. 이 모든 것은 가정예배를 하루 중 가장 좋은 시간의 하나로 만들었다.

둘째는 **교육**이다. 우리는 가정생활 초창기부터 하나님 나라의 복음은 모든 삶을 형성하는 것을 의미한다는 사실을 알았다. 우리는 아이들을 위한 **기독교** 교육을 원했지만 그것이 무엇인지 알지 못했다. 우연히 「아이싱이 없는 케익*No Icing on the Cake*」이란 책을 발견했고, 다음 부분을 읽게 되었다. "복음과 교육을 연결시키는 것은 단순히 종교적 아이싱을 그렇지 않은 세속적 교육의 케익 위에 올려놓는 문제가 아니다. 그리스도의 이름을 고백하는 사람들은 하나님의 말씀에 기초한 배움과 가르침을 발전시키도록 부름 받았다. 그리스도의 창조만큼 넓은 구원을 인식하면서, 그리스도인들은 교육에서 참신하고 새로운 접근 방법들, 곧 신제품 케익을 만들 것이다."[53] 우리는 그것이 의미하는 바를 더 깊이 이해하게 되었고 이후 가정에서 아이들을 교육하는 일에 헌신했다. 물론 이것만이 아이들의 교육에 대한 책임을 지는 길은 아니다. 또한 복음을 증거하는 유일한 길도 아니다. 그러나 그 길은 우리가 선택했던 길이다. 아마도 교육은 테크놀로지 다음으로, 다음 세대를 어떤 이야기로 양육시키고 세상을 바라보며 살아가는 방식을 배우게 하는 중요한 길이 될 것이다. 따라서 우리는 우리의 선택이 광범위한 영향력을 갖고 있음을 알아야 한다. 오늘날 교육은—공교육, 기독교 교육과 가정 교육을 포함하여—너무 자주 경제적 유용성, 소비주의, 다문화주의와 테크놀로지라는 신들을 섬기는 일에 헌신하고 있다.[54] 우리의 아이들이 예수님을 모든 삶의 주인으로 바라보도록 교육하는 길을 찾기 위해 헌신하는 일은 선택 사항이 아니며 오히려 무거운 책임이다. 그것은 오직 우리가 이 일의 중요성을 인식할 때에만 유지될 수 있는 지향성과 희생을 요구할 것이다.

셋째는 **테크놀로지의 분별력 있는 사용**이다. 21세기 초에 등장한 강력한 형태의 테크놀로지는 그 무엇보다도 다음 세대들의 세상에 대한 견해를 형성하고 있는 것이 명백하다. 우리의 가정 안에 있는 이러한 강력한 힘을 무시하는 것은 어리석은 일이다. 우리는 닐 포스트먼Neal Postman의 「테크노폴리 *Technopoly*」를 읽었다. 그리고 새로운 기술들이 우리 집 안에 들어올 때 우리는 함께 토론했다. 이것이 무엇을 가져다주고 가져갈 것인가? 그것이 가진 유익과 위험들은 무엇인가? 우리는 어느 정도의 성공을 했고 슬프지만 실패도 했다. 그럼에도 아이들이 테크놀로지를 지혜롭게 사용하는 법을 배우게 하기 위해서 그러한 쟁점을 논의하는 의도적인 노력은 필요하다.

넷째는 **우리의 문화적 상황을 이해**하는 일의 중요성이다. 이미 언급했듯이, 우리 문화를 형성하는 영적인 흐름을 이해하는 것은 매우 중요하다. 이것은 어린아이들이 아마도 소비 종교의 가장 강력한 예언자인 광고에 대해 의구심을 품도록 가르칠 때 이루어질 수 있다. 우리에게 처음 텔레비전이 생겼을 때, 우리는 아이들이 각각의 광고를 본 후에 한 가지 간단한 규칙을 지키면, 어린이 프로그램을 볼 수 있도록 허락해 주었다. 아이들은 우리가 들을 수 있도록 크게 소리 내어 질문해야 했다. "누구를 놀리고 있다고 생각하니?" 우리는 문화를 반성하는 일이 테크놀로지, 영화, 음악, 현재 사건에 대한 토론을 통해서 가장 잘 이루어질 수 있다는 것을 발견했다. 기회는 널려 있다. 단지 부모들이 이러한 기회에 민감하고, 그들 자신이 성장하며 아이들과 관계 맺기를 원하면 된다.

다섯째는 우리의 아이들이 **그리스도 몸의 구성원**이 되게 하는 것이다. 우리의 아이들은 너무 많은 방식에서 지역 회중의 예배와 삶으로부터 배제된다. 교회 지도자들은 아이들을 포함시킬 수 있는 길을 찾아야만 한다. 그러나 부모들은 가장 우선적인 책임을 갖고 있다. 우리는 토요일 저녁에 모여서 아이들에게 예배하는 법을 가르치고 준비시킬 수 있는 예배의 다양한 요소들에 대해 논의했다. 내 아내는 "의자에서 양육하기", 곧 우리 아이들이 공적인 예배에 참여할 수 있게 의도적인 노력을 해야 한다고 말했다.[55] 많은 것들이 언급될 수 있지만, 설교 노트는 아이들이 설교를 듣도록 돕는 가장 좋은 방법이었다. 아이들이 쓸 수 있기 전에는 들은 것을 그림으로 그릴 수 있을 것이다.

이러한 것들은 가족이 아이들을 성경 이야기로 양육하기 위한 책임을 이어 가는 방법들 가운데 일부에 불과하다. 이는 기도, 시간, 헌신, 희생을 필요로 한다. 그러나 모든 세상을 얻고 아이들을 잃는다면 부모에게 무슨 유익이 있겠는가? 회중은 이 어려운 임무를 위해 부모를 준비시키기 위한 방법을 찾아야 한다.

세상 속의 선교를 위해 양육하는 소그룹을 가진 교회

우리가 약간의 시간을 들여 신약성경에 "서로"에 대한 구절들과 그 구절들이 요구하는 서로에 대한 헌신의 깊이에 대해 묵상한다면—예를 들어, 공동체 기도의 중요성에 대해서, 우리의 문화적 상황을 이해하는 어려운 임무에 대해서, 세상에서 우리의 선교적 소명을 위한 훈련이나 아이들에 대한 훈련의 필요성에 관해서, 또는 우리가 이웃의 필요에 깊게 관여할 수 있는 방법들에 대해서—그러한 것들은 오직 우리가 소그룹으로 함께 모일 수 있는 좀 더 많은 방법들을 개발할 때 이루어질 수 있다는 사실이 분명해질 것이다.

우리에게 필요한 도전은 이러한 소그룹이 세상을 향한 하나님의 선교의 도구가 되도록 하는 것이다.[56] 소그룹은 자주 내향적인 모임, 구원의 복을 이기적으로 누리거나 복음이 뿌리내리지 않은 사회활동에 초점을 맞추는 모임이 되고 있다. 다음 두 가지 실천은 소그룹이 그들의 선교적 소명을 향하도록 도울 것이다. 첫 번째는 네 가지 요소, 곧 기도, 성경공부, 교제, 봉사활동 또는 세상 지향적 활동을 지속적으로 존재하도록 하는 것이다. 앞의 세 가지 요소에만 초점을 맞추는 것은 우리를 자기중심적인 모임이 되는 위험에 노출시킬 것이다. 마지막 요소에 대한 배타적인 강조는 행동주의의 위험을 가져올 것이다. 두 번째는 다양한 회중을 넘어서는 보편성을 위해 노력하는 것이다. 이러한 소그룹을 단지 지역 회중에 속해 있는 사람들로 규정하기보다 특정한 지역에 속한 신자들이라고 규정한다면 편안하고 내향적인 그룹이 되는 위험은 줄어들 것이다.

다양한 종류의 그룹은 교회가 선교적 소명에 좀 더 신실하게 도울 수 있다. 첫 번째는 **이웃 지역 그룹**이다. 이 그룹은 같은 이웃에 사는 신자들이 모여서 성경을 공부하고 함께 기도하며 교제하고 함께 이웃을 향해 나가는 방법을 찾을 수 있다. 세상을 향한 지평 혹은 방향성이 그룹의 정신에 영향을 미치게 하는 것이 중요하다. 예를 들어, 그룹은 이웃에게 그들이 기도해 줄 제목들이나 도와줄 수 있는 필요들이 있는지를 물어보기 위해 다닐 수 있다. 좀 더 극단적으로 한 이웃지역 그룹은 이웃 불신자들을 그들이 그리스도 안에서 나누는 공통의 삶으로 초대하려는 의도를 갖고 훨씬 더 많은 삶—함께 먹고 쇼핑하고 오락을 즐기면서—을 나눌 수 있다.

두 번째 유형의 소그룹은 복음전도든지 자비와 정의의 활동이든지 특정한 선교활동을 위해 조직된 **행동 그룹**이다. 이 그룹들은 선교를 위해 의도적으로 조직될 것이다. 그러나 그들은 기도와 성경을 무시해서는 안 된다. 세 번째 유형은 이미 언급되었듯이 **전문가 그룹**이다. 이러한 그룹은 다양한 분야와 직업의 사람들을 모아서 함께 성경을 공부하고 기도하며, 그들의 삶의 영역에서 복음을 살아 내는 소명을 충실히 수행하는 것의 의미를 토론한다. 네 번째 유형은 **관심 그룹**이다. 이런 종류의 그룹은 특별한 필요에 의해 만들어지고 좋은 부모가 되는 법, 문화를 이해하는 법, 기도하는 법 등의 특별한 관심사를 갖고 함께 모여 일 년을 보낼 수 있다. 마지막 유형은 **일터 그룹**이다. 이 소그룹은 변호사 사무실, 특정한 공장 혹은 은행과 같은 특정한 장소에서 일하는 신자들로 구성된다. 이들은 그들의 일터에서 함께 모여서 동료들과 직장 환경을 위해 기도하고 그 상황에서 빛이 되는 방법을 토론한다. 일터를 분열시키는 분파주의적 모임이 아니라 일터에 복을 가져다주는 조직으로서 이러한 그룹을 돌보는 일이 필요하다.

그리스도 몸의 연합을 찾고 나타내는 교회

바울은 하나님께서 그분의 뜻을 우리에게 알리셨고, "그리스도 안에서 때가 찬 경륜을 위하여 예정하신 것이니 하늘에 있는 것이나 땅에 있는 것이 다 그리스도 안에서 통일되게 하려 하심이라"(엡 1:9, 10)고 말한다. 교회가 하나님께서 역사를 이끌어 가시는 곳의 예고가 되어야 한다면, 그러한 화해와 연합을 보여주어야 한다. 연합에 대한 이러한 강조는 예수님의 제자들이 하나가 되어 "세상으로 아버지께서 나를 보내신 것을 믿게 하옵소서"(요 17:21)라는 예수님의 기도와 조화를 이룬다. 그러므로 분열은 스캔들이다. 그것이 부적절한 것이기 때문이 아니라 우리가 선포하는 바로 그 복음과 모순이 되기 때문이다. 선교적 교회는 교회의 연합을 드러내는 일에 관심을 갖지 않을 수 없다. 그러나 3만 개에 가까운 교단들을 가진 이 역사의 시점에서 우리는 어디서 시작해야 할까?

「우리 세상은 하나님께 속해 있다」는 우리의 분열에 대한 신실한 응답을 아름답게 표현한다.

> 우리는 동일한 성령, 신앙, 그리고 소망을 공유하면서
>
> 모든 시간, 장소, 인종과 언어에 걸쳐서 하나인 교회가
>
> 망가진 세상에서 조각난 공동체가 된 것을 애통해 한다.
>
> 우리는 복음의 진리와
>
> 하나님께서 요구하시는 의를 위해 분투하면서
>
> 용기와 지혜를 주실 것을 기도한다.
>
> 우리의 자만과 무분별이
>
> 하나님의 가족의 일치를 해칠 때
>
> 우리는 용서를 구한다.
>
> 우리 주님께서 부서진 조각들을 모아서
>
> 자신의 구원 사역을 수행하시는 것을 보면서,
>
> 우리에게 기쁨과 새 성도들을 주심과
>
> 교회 일치의 놀라운 증거들로 우리에게 복 주심을 보면서
>
> 우리는 그 경이로움에 놀란다.
>
> 우리는 예수님을 따르는 모든 성도의 하나됨을
>
> 추구하고 드러내는 일에 헌신한다.[57]

이 고백은 교회의 깨어짐에 대한 애통과 함께, 분열은 때로 복음의 진리

를 수호하려는 용기로부터 나온다는 현명한 인식으로 시작한다. 그러나 교회 안에 자만과 무분별로 인해 생긴 많은 분리들에 대해서는 회개의 자세를 취한다. 이 고백은 하나님이 부서진 조각들을 그분의 선교를 위해 사용하시고 여전히 새로운 삶의 선물과 연합의 놀라운 증거들로 우리에게 복을 주신다는 사실에 경이로움과 놀라움을 표시한다. 이 고백은 교회의 연합을 추구하고 드러내는 일에 대한 헌신으로 끝맺는다.

지역 회중이 어디서부터 그런 엄청난 과업을 시작할 수 있을까? 나는 앞에서 해밀턴에 있는 선교활동 목사가 교회로부터 걸어갈 수 있는 거리에서 두 가지의 사역 분야, 곧 정신 건강과 난민을 찾아냈던 일에 대해서 설명했다. 이러한 이웃 지역에 대한 참여는 결국 도시의 필요에 대한 관심을 갖고 교회들을 함께 모으는 초교파적인 노력으로 바뀌었다. 다른 교단을 가진 6개의 교회가 초교파적인 활동을 개척해 나갔고 점차 많은 새로운 회중이 참여하게 되었다.

이 운동의 웹사이트에서는 이에 대해 다음과 같이 설명한다. "진정한 도시True City는 해밀턴 지역에서 우리가 그리스도 안에 소유하고 있는 평화, 정의, 자비와 화해의 복음을 살아 내는 일에 헌신한 교회들의 운동이다. 우리가 실천할 때, 우리의 이웃과 도시가 변화되는 모습을 보게 될 것이라고 믿는다." 그들은 세 가지 비전에 헌신하고 있는데, 그것은 그들의 선교적 정체성을 받아들인 회중, 하나님 선교의 일부로서 서로가 완전하게, 본질적으로 연결되어야 한다는 것을 이해하는 회중, 도시의 공공선에 헌신한 회중의 증가다. 그들은 함께 여섯 가지 영역의 사역에 관심을 가져왔다. 이웃 지역 참여, 난민과 새로운 정착민들, 정신 건강, 예술, 교회 개척과 환경적 쟁점들이다. 이러한 노력들은 이 지역 가운데 하나님의 백성이 그리스도 안에서 그들이 공유하는 하나됨을 찾고 표현하려 헌신했을 때, 선교적 비전과 에큐메니컬한 비전이 융합된 하나의 길을 보여준다.[58]

결론

이러한 목록은 오늘날 우리가 역사의 절정에서 하나님의 **샬롬**을 구현하고 이를 향해 나아가며, 다른 사람이 우리와 연합하도록 초청하는 "와서 우리와 함께하자"라고 하는 백성이 되는 것을 의미한다. 이것은 또한 "열방을 위한" 백성, 곧 우리가 세상에 복이 되기 위해 복을 받은 백성이 되는 것을 의미한다. 그렇지만 이런 방향으로 작은 걸음을 옮기는 것은 십자가와 부활에 우리의 삶을 좀 더 깊게 뿌리내리게 하고 성령의 권능을 주시는 사역을 위해 부르짖는 일을 의미할 것이다. 우리는 이를 실천하면서, 아마도 오래된 찬송가 작사자와 함께 겸손히 "전능자가 그의 사랑으로 우리를 친구 삼으실 때, 우리를 통해 하실 수 있는 일들을 새롭게 생각할 수 있을 것이다."[59]

추천도서

Jo Bailey Wells. *God's Holy People: A Theme in Biblical Theology*. Sheffield, UK: Sheffield Academic Press, 2000.

Craig G. Bartholomew and Michael W. Goheen. *The Drama of Scripture: Finding Our Place in the Story of the Bible*. Grand Rapids: Baker Academic, 2004. (「성경은 드라마다」 IVP)

Richard Bauckham. *Bible and Mission: Christian Witness in a Postmodern World*. Grand Rapids: Baker Academic, 2003. (「세계화에 맞서는 기독교적 증언」 새물결플러스)

Jim Belcher. *Deep Church: A Third Way beyond Emerging and Traditional*. Downers Grove, IL: InterVarsity, 2009. (「깊이 있는 교회」 포이에마)

Gerrit C. Berkouwer. *The Church*. Translated by James E. Davison. Studies in Dogmatics. Grand Rapids: Eerdmans, 1976. Especially pp. 391-420. (「개혁주의 교회론」 기독교문서선교회)

David Bosch. *Transforming Mission: Paradigm Shifts in Theology of Mission*. Maryknoll, NY: Orbis Books, 1991. Especially pp. 15-178, 368-393. (「변화하고 있는 선교」 기독교문서선교회)

Tim Chester and Steve Timmis. *Total Church: A Radical Reshaping around the Gospel*. Wheaton: Crossway, 2008.

Rodney Clapp. *A Peculiar People: The Church as Culture in a Post-Christian Society*. Downers Grove, IL: InterVarsity, 1996. (「구별된다는 기쁜 의미」 서로사랑)

Richard R. De Ridder. *Discipling the Nations*. Grand Rapids: Baker Academic, 1971.

John Driver. *Images of the Church in Mission*. Scottdale, PA: Herald Press, 1997.

Michael W. Goheen. *"As the Father Has Sent Me, I Am Sending You": J. E. Lesslie Newbigin's Missionary Ecclesiology*. Zoetermeer, Netherlands: Boekencentrum, 2000.

Darrell Guder ed. *Missional Church: A Vision for the Sending of the Church in North America*. Grand Rapids: Eerdmans, 1998.

Hans Küng. *The Church*. Garden City, NY: Image Books, 1976. (「교회」 한들)

Lucien Legrand. *Unity and Plurality: Mission in the Bible*. Translated by Robert R. Barr. Maryknoll, NY: Orbis Books, 1990.

Gerhard Lohfink. *Jesus and Community: The Social Dimension of the Christian Faith*. Translated by John P. Galvin. Philadelphia: Fortress Press, 1984. (「예수는 어떤 공동체를 원했나」 분도출판사)

Robert Martin-Achard. *A Light to the Nations: A Study of the Old Testament Conception of Israel's Mission to the World*. Translated by John Penney Smith. London: Oliver and Boyd, 1962.

C. John Miller. *Outgrowing the Ingrown Church*. Grand Rapids: Zondervan, 1986.

Paul Minear. *Images of the Church in the New Testament*. Philadelphia: Westminster, 1960.

Craig L. Nessan. *Beyond Maintenance to Mission: A Theology of the Congregation*. Minneapolis: Fortress Press, 1999.

Lesslie Newbigin. *Foolishness to the Greeks: The Gospel and Western Culture*. Grand Rapids: Eerdmans, 1986. (「헬라인에게는 미련한 것이요」 IVP)

_____. *The Good Shepherd: Meditations on Christian Ministry in Today's World*. Grand Rapids: Eerdmans, 1977.

_____. *The Gospel in a Pluralist Society*. Grand Rapids: Eerdmans, 1989. (「다원주의

사회에서의 복음」 IVP)

_____. *Household of God: Lectures on the Nature of the Church.* New York: Friendship Press, 1954. (「교회란 무엇인가?」 IVP)

Rudolf Schnackenburg. *The Church in the New Testament.* Translated by W. J. O'Hara. New York: Seabury Press, 1965.

Wilbert R. Shenk. *Write the Vision: The Church Renewed.* Valley Forge, PA: Trinity Press International, 1995.

Charles Van Engen. *God's Missionary People: Rethinking the Purpose of the Local Church.* Grand Rapids: Baker Academic, 1991.

Craig Van Gelder. *The Essence of the Church: A Community Created by the Spirit.* Grand Rapids: Baker Academic, 2000. (「선교하는 교회 만들기」 베다니출판사)

Christopher J. H. Wright, *The Mission of God: Unlocking the Bible's Grand Narrative.* Downers Grove, IL: InterVarsity, 2006. (「하나님의 선교」 IVP)

_____. *Salvation Belongs to Our God: Celebrating the Bible's Central Story.* Downers Grove, IL: InterVarsity, 2007.

서문

1. 이것은 *"As the Father Has Sent Me, I Am Sending You" : J. E. Lesslie Newbigin's Missionary Ecclesiology*(Zoetermeer, Netherlands : Boekencentrum, 2000)로 출판되었다. 이 책은 다음 웹사이트에서 또한 볼 수 있다. http://igitur-archive.library. uu.nl/dissertations/1947080/inhoud.htm.

2. Craig G. Bartholomew and Michael W. Goheen, *The Drama of Scripture: Finding Our Place in the Biblical Story*(Grand Rapids : Baker Academic, 2004)을 보라. (「성경은 드라마다」 IVP) 또한 Michael Goheen, "Continuing Steps toward a Missional Hermeneutic," Fideles 3(2008), 49–99을 보라.

1장 교회의 정체성과 역할: 누구의 이야기인가, 어떤 이미지인가

1. Theodore Roszak, *The Making of a Counterculture: Reflections on the Technocratic Society and Its Youthful Opposition*(Garden City, NY : Doubleday, 1969), 205.

2. Michael W. Goheen and Craig G. Bartholomew, *Living at the Crossroads: An Introduction to Christian Worldview*(Grand Rapids : Baker Academic, 2008), 103–106을 보라. (「세계관은 이야기다」 IVP)

3. John G. Stackhouse, Jr., *preface to Evangelical Ecclesiology: Reality or Illusion*, ed. John G. Stackhouse Jr.(Grand Rapids : Baker Academic, 2003), 9.

4. Lesslie Newbigin, "Can the West Be Converted?" Princeton Seminary Bulletin 6, no. 1(1985): 25–37; Newbigin, *A Word in Season: Perspectives on Christian*

World Missions(Grand Rapids: Eerdmans, 1994), 67. "혼합주의가 상당히 진행된 실례"라는 표현이 기록된 장의 제목은 "The Cultural Captivity of Western Christianity as a Challenge to the Missionary Church"이다.

5. Stackhouse, "Preface," 9.

6. 예를 들어, James Bannerman, *The Church of Christ*, 2 vols.(1869; repr., Edinburgh: Banner of Truth, 1960)을 보라.

7. George R. Hunsberger, "Evangelical Conversion toward a Missional Ecclesiology," in Stackhouse, *Evangelical Ecclesiology*, 107.

8. Wilbert R. Shenk, *foreword to Images of the Church in Mission*, by John Driver(Scottdale, PA: Herald Press, 1997), 9. 저자 강조.

9. Alan Kreider, *Worship and Evangelism in Pre-Christendom*(Cambridge, UK: Grove Books, 1995); Adolf Harnack, *The Mission and Expansion of Christianity in the First Three Centuries*, trans. and ed. James Moffatt(1908; repr., New York: Harper and Brothers, 1962)을 보라.

10. *Paroikoi*는 헬라어로, 신약(벧전 2:11)과 종종 초대 기독교 문서에서도 사용되었다. 이 단어는 어떤 장소를 집으로 삼아 머물면서도 이방인으로 살아간다는 의미를 갖고 있다. K. L. Schmidt and M. A. Schmidt, "παροικος" in *Theological Dictionary of the New Testament*, ed. Gerhard Kittel and Gerhard Friedrich, trans. Geoffrey W. Bromiley(Grand Rapids: Eerdmans, 1967), 5:842을 보라.

11. Everett Ferguson, "Irenaeus' Proof of the Apostolic Preaching and Early Catechetical Tradition," in *Studia Patristica* 18, no. 3 (1989): 119–140.

12. Kreider, *Worship and Evangelism*, 24.

13. 같은 책, 10.

14. Minucius Felix, *Octavius* 31.7; 38.5, quoted in Kreider, *Worship and Evangelism*, 19.

15. G. W. Bowersock, *Julian the Apostate*(London: Duckworth, 1978), 87–88; Henry Chadwick, *The Early Church*(New York: Penguin Books, 1967), 54–60, 157. (「초대교회사」 크리스챤다이제스트); Rodney Stark, *Cities of God: The Real Story of How Christianity Became an Urban Movement and Conquered Rome*(New York: HarperCollins, 2006), 31.

16. Harnack, *Mission and Expansion of Christianity*, 147–198; Michael Green, *Evangelism in the Early Church*(Grand Rapids: Eerdmans, 1970), 178–193. (「초대교회의 복음전도」 복 있는 사람); David Bosch, *Transforming Mission: Paradigm Shifts in the Theology of Mission*(Maryknoll, NY: Orbis Books, 1991), 48–49, 191–192을 보라. (「변화하고 있는 선교」 기독교문서선교회)

17. Johannes Hoekendijk, *Kirche und Volk in der deutschen Missionswissenschaft* (Munich: Chr. Kaiser Verlag, 1967), 245, quoted in Bosch, *Transforming Mission*, 48.

18. Harnack, *Mission and Expansion of Christianity*, 147.

19. Robin Lane Fox, *Pagans and Christians*(San Francisco: Harper and Row, 1988), 336-374을 보라. 폭스는 로마제국의 성적인 환경을 기술한 후에, 성에 대한 그리스도인들의 저술과 실천들을 살펴보면서, 그들은 "완전히 다른 세상"이었다고 언급한다(351).

20. A.D. 251년 로마에서는 재정적인 돌봄이 필요한 약 154명의 사역자들과 함께, 1500명의 과부들과 가난한 사람들의 명단이 있었다(Chadwick, *Early Church*, 57-58; Fox, Pagans and Christians, 268).

21. Fox, *Pagans and Christians*, 323.

22. Kreider, *Worship and Evangelism*, 19.

23. Bosch, *Transforming Mission*, 47-48.

24. Wilbert R. Shenk, *Write the Vision: The Church Renewed*(Valley Forge, PA: Trinity Press International, 1995), 34.

25. Lesslie Newbigin, *Foolishness to the Greeks: The Gospel and Western Culture*(Grand Rapids: Eerdmans, 1986), 100-101. (「헬라인에게는 미련한 것이요」 IVP)

26. Oliver O'Donovan, *The Desire of the Nations: Rediscovering the Roots of the Political Theology*(Cambridge: Cambridge University Press, 1996), 212-213.

27. Shenk, *Write the Vision*, 3.

28. Darrell Guder, ed., *Missional Church: A Vision for the Sending of the Church in North America*(Grand Rapids: Eerdmans, 1998), 46-60.

29. Richard Tarnas, *The Passion of the Western Mind: Understanding the Ideas That Have Shaped Our World View*(New York: Ballantine, 1991), 320.

30. Bruce Hindmarsh, "Is Evangelical Ecclesiology an Oxymoron? A Historical Perspective," in Stackhouse, *Evangelical Ecclesiology*, 20.

31. Tarnas, *Passion of the Western Mind*, 306-307.

32. Michael W. Goheen, "Probing the Historical and Religious Roots of Economic Globalization," in *The Gospel and Globalization: Exploring the Religious Roots of a Globalized World*, ed. Michael W. Goheen and Erin G. Glanville(Vancouver, BC: Regent Press and Geneva Society, 2009), 69-90.

33. Susan White, "A New Story to Live By?" Transmission(Spring 1998): 3-4.

34. Philip Sampson, "The Rise of Postmodernity," in *Faith and Modernity*, ed.

Philip Sampson, Vinay Samuel, and Chris Sugden(Oxford: Regnum Books, 1994), 31.

35. Don Slater, *Consumer Culture and Modernity*(Cambridge, UK: Polity, 1997), 27.

36. Sampson, "Rise of Postmodernity," 42.

37. Avery Dulles, *Models of the Church*, exp. ed.(Garden City, NY: Image Books, 1987), 19.

38. T. Howland Sanks, *Salt, Leaven, and Light: The Community Called Church* (New York:Crossroad, 1992), 30-34.

39. Driver, *Images of the Church*, 21.

40. Hans Küng, *The Church*(Garden City, NY: Image Books, 1976), 14. (「교회」 한들)

41. Lesslie Newbigin, *The Open Secret: An Introduction to the Theology of Mission*(Grand Rapids: Eerdmans, 1995), 88. (복 있는 사람[근간예정])

42. Christopher J. H. Wright, *The Mission of God: Unlocking the Bible's Grand Narrative*(Downers Grove, IL: InterVarsity, 2006), 17. (「하나님의 선교」 IVP)

43. 우리는 이 이야기를 다음 책에서 추적했다. Craig G. Bartholomew and Michael W. Goheen, *The Drama of Scripture: Finding Our Place in the Biblical Story*(Grand Rapids: Baker Academic, 2004).

44. C. J. H. Wright, Mission of God, 51.

45. Gerhard Lohfink, *Jesus and Community: The Social Dimension of the Christian Faith*, trans. John P. Galvin(Philadelphia: Fortress Press, 1984), 71. (「예수는 어떤 공동체를 원했나」 분도출판사)

2장 하나님이 이스라엘을 선교적 백성으로 만드시다

1. Hans Küng, *The Church*(Garden City, NY: Image Books, 1976), 162.

2. Johannes Blauw, "The Mission of the People of God," in *The Missionary Church in East and West,* ed. Charles C. West and David M. Paton(London: SCM Press, 1959), 91.

3. Richard R. De Ridder, *Discipling the Nations*(Grand Rapids: Baker Academic, 1971), 41-48을 보라.

4. David M. Eichhorn, *Conversion to Judaism: History and Analysis*(New York: Ktav, 1965), 3-8.

5. De Ridder, *Discipling the Nations*, 47.

6. Joachim Jeremias, *Jesus' Promise to the Nations*, trans. S. H. Hooke, Studies in Biblical Theology 24(London: SCM Press, 1958), 11-19. See Matt. 23:15.

7. Robert Martin-Achard, *A Light to the Nations: A Study of the Old Testament*

Conception of Israel's Mission to the World, trans. John Penney Smith(London: Oliver and Boyd, 1962), 5.

8. Christopher J. H. Wright, *The Mission of God: Unlocking the Bible's Grand Narrative*(Downers Grove, IL: InterVarsity, 2006), 22-23.

9. 같은 책, 470.

10. Howard Peskett and Vinoth Ramachandra, *The Message of Mission*(Downers Grove, IL: InterVarsity, 2003), 123. (「선교」 IVP)

11. Markus Barth, *The Broken Wall: A Study of the Epistle to the Ephesians*(1959: repr., Vancouver, BC: Regent Press, 2002), 171.

12. 같은 책, 182.

13. John Piper, *Let the Nations Be Glad: The Supremacy of God in Missions*, 3rd ed.(Grand Rapids: Baker Academic, 2010). (「열방을 향해 가라」 좋은씨앗)

14. M. Barth, *Broken Wall*, 182.

15. Hans Walter Wolff, "The Kerygma of the Yahwist," trans. Wilbur A. Benware, Interpretation 20, no. 2 (1966): 136.

16. *Gen. Rab.* 14:6. 이것은 창세기에 관한 랍비적 설교형 해석의 6세기 편집본이다. *Midrash Rabbah: Genesis*, trans. H. Freedman and Maurice Simon, 2 vols. (London: Soncino Press, 1939).

17. Gerhard von Rad, *From Genesis to Chronicles: Explorations in Old Testament Theology*, trans. Lloyd Gaston, ed. K. C. Hanson(Minneapolis: Fortress Press, 2005), 49.

18. Gerhard von Rad, *Old Testament Theology*, trans. D. M. G. Stalker(New York, 1962), 1:154.

19. Gerhard von Rad, *Genesis: A Commentary*, trans. John H. Marks, rev. ed.(Philadelphia: Westminster, 1972), 153.

20. Wolff, "Kerygma of the Yahwist," 140.

21. "그렇다면 창세기 10장의 칠십 나라는 대표적인 목록으로, 이 목록에 매우 구체적으로 열거된 실제 칠십 나라들은 땅의 모든 나라를 상징한다"(Richard Bauckham, *Bible and Mission: Christian Witness in a Postmodern World*[Grand Rapids: Baker Academic, 2003], 59). (「세계화에 맞서는 기독교적 증언」 새물결플러스)

22. 같은 책, 28.

23. Andre Retif and Paul Lamarche, *The Salvation of the Gentiles and the Prophets*(Baltimore: Helicon, 1966), 22.

24. 이 약속의 세 가지 요소—자손, 땅, 복—는 창세기 12:2-3을 해석하는 일반적인 방식이다. 그러나 두 단계의 약속이라고 말하는 것은 언약의 최종적인 목적을 강조하는 것

이다. 이는 (1) 백성, 땅, 복을 포함한 이스라엘의 형성, (2) 모든 열방의 축복이다. 고든 웬함이 언급한 것처럼, "폰 라드와 클라인이 이 언약을 삼중, 곧 이스라엘의 자손, 땅, 복으로 이해한 것은 '너를 통해 지상의 모든 민족이 복을 얻게 될 것이다'라는 약속의 절정에 대해 충분한 관심을 기울이지 못한 것이다"("The Face at the Bottom of the Well," in *He Swore an Oath: Biblical Themes from Genesis 12-50*, ed. Richard S. Hess, Gordon J. Wenham, and Philip E. Sattherthwaite, 2nd ed.[Grand Rapids: Baker Academic: Carlisle, UK: Paternoster, 1994], 203).

25. 히브리어 문법구조에 대한 보다 자세한 분석은 다음을 참조하라. William J. Dumbrell, *Covenant and Creation: A Theology of Old Testament Covenants* (Nashville: Nelson, 1984), 64-65. (「언약과 창조」크리스챤서적); Jo Bailey Wells, *God's Holy People: A Theme in Biblical Theology*(Sheffield, UK: Sheffield Academic Press, 2000), 193-204; P. D. Miller, "Syntax and Theology in Genesis xii 3a," *Vetus Testamentum* 34 (1984): 472-475.

26. Dumbrell, *Covenant and Creation*, 65.

27. Paul R. Williamson, "Covenant," in *Dictionary of the Old Testament Pentateuch*, ed. T. Desmond Alexander and David W. Baker(Downers Grove, IL: InterVarsity, 2003), 145.

28. Wolff, "Kerygma of the Yahwist," 145-146.

29. Dumbrell, *Covenant and Creation*, 71.

30. Bauckham, *Bible and Mission*, 34-35; K. H. Richards, "Bless/Blessing," in *The Anchor Bible Dictionary*, ed. D. N. Freedman(New York: Doubleday, 1992), 2:754.

31. Johannes Blauw, *The Missionary Nature of the Church: A Survey of the Biblical Theology of Mission*(New York: McGraw-Hill, 1962), 24.

32. Lesslie Newbigin, *The Open Secret: An Introduction to the Theology of Mission*(Grand Rapids: Eerdmans, 1995), 32-33; Peskett and Ramachandra, *Message of Mission*, 124-139.

33. N. T. Wright, *The New Testament and the People of God*(London: SPCK, 1992), 262. (「신약성서와 하나님의 백성」크리스챤다이제스트)

34. John I. Durham, *Exodus, Word Biblical Commentary*(Waco: Word, 1987), xxi.

35. O. Procksch, "λύτρον," in *Theological Dictionary of the New Testament*, ed. Gerhard Kittel, trans. Geoffrey W. Bromiley(Grand Rapids: Eerdmans, 1967), 4:330.

36. Jonathan Magonet, "The Rhetoric of God: Exodus 6.2-8," *Journal for the Study of the Old Testament* 27 (1983): 65.

37. Edward Mason Curtis, *Man as the Image of God in Genesis in the Light of Ancient Near Eastern Parallels*(Ann Arbor, MI: University Microfilms International, 1985), 86-96, 226-228; J. Richard Middleton, *The Liberating Image: The Imago Dei in Genesis 1*(Grand Rapids: Brazos Press, 2005), 108-111. (「해방의 형상」 SFC출판부)

38. Henri Frankfort, *Kingship and the Gods: A Study of Ancient Near Eastern Religion as the Integration of Society and Nature*(Chicago: University of Chicago Press, 1948), 51, 157-158, 278. 이집트인의 생각 속에서 마트(maat)는 "올바른 질서-정의는 필수적인 부분으로 창조의 고유한 구조"였다(51; cf. 157-58).

39. 아마도 재앙들, 적어도 그중 일부는 이집트 신들을 향한 것이다. 나일 강을 피로 변하게 한 첫 번째 재앙에서 하나님은 이집트 신 오시리스를 심판하신다. 이집트인들은 오시리스의 혈류가 나일 강이라고 믿었다. 두 번째 개구리 재앙에서 하나님은 이집트의 개구리 여신 헤케트를 심판하신다. 아마 가축에 대한 재앙은 암소의 신 하토르 혹은 황소의 신 아피스에 대한 것이다. 우박의 재앙은 하늘의 여신 누트에 대한 심판이고, 메뚜기의 재앙은 곡물의 보호자 세트에 대한 심판이다. 최고조의 아홉 번째 재앙은 하나님께서 어둠으로 이집트를 치심으로 가장 강력한 이집트의 신인 태양신 라를 심판하신다. 이러한 관계 속에서, 열 가지 재앙(TNIV에서는 모두 plague로 번역되었다)을 통한 하나님의 행동은 이집트 신에 일격을 가하는 모습으로 표현할 수 있다. 이집트의 신들에 대해서는 다음을 보라. Frankfort, *Kingship and the Gods: on the sun god Re*, 148-61; on the cattle gods, 162-80; on Osiris in the Nile, 190-195.

40. Gerhard Lohfink, *Does God Need the Church? Toward a Theology of the People of God, trans. Linda M. Maloney*(Collegeville, MN: Liturgical Press, 1999), 68-73을 참조하라.

41. Peter C. Craigie, *The Book of Deuteronomy, New International Commentary on the Old Testament*(Grand Rapids: Eerdmans, 1976), 83.

42. Von Rad, *Old Testament Theology*, 1:132. Craigie, *Book of Deuteronomy*, 36-45을 참조하라.

43. 고대 근동 지역의 정치조약과 성경의 언약 개념의 관계에 대해서는 다음을 보라. George E. Mendenhall, "Ancient Oriental and Biblical Law," *Biblical Archaeologist* 17, no. 2(1954): 26-46; Mendenhall, "Covenant Forms in Israelite Tradition," *Biblical Archaeologist* 17, no. 3(1954): 49-76; Dilbert R. Hilliers, *Covenant: The History of a Biblical Idea*(Baltimore: Johns Hopkins University Press, 1969); Dennis J. McCarthy, *Old Testament Covenant: A Survey of Current Opinions*(Oxford: Blackwell, 1972).

44. 팔머 로버트슨(O. Palmer Robertson)은 언약을 "하나님께서 주권적으로 행하신 피

로 맺은 계약이다"라고 정의한다(*The Christ of the Covenants*[Phillipsburg, NJ: P&R, 1980], 4).

45. 성경에서 얼마나 많은 지면이 고대 조약보다 언약의 종주(하나님)에게 할애되었는지를 주목하는 것은 흥미롭다.

46. K. A. Kitchen, "Egypt, Egyptians," in *Dictionary of the Old Testament: Pentateuch*, ed. T. Desmond Alexander and David W. Baker(Downers Grove, IL: InterVarsity, 2003), 213.

47. Craigie, *Book of Deuteronomy*, 28.

48. 같은 책, 23, 79-83.

49. Walter Brueggemann, "The Book of Exodus," *New Interpreters Bible* (Nashville: Abingdon, 1994), 834.

50. Bailey Wells, *God's Holy People*, 34.

51. Brevard Childs, *The Book of Exodus*(Louisville: Westminster, 1974), 366.

52. Terence E. Fretheim, "'Because the Whole Earth Is Mine': Theme and Narrative in Exodus," *Interpretation* 50, no. 3 (July 1996): 229.

53. Bailey Wells, *God's Holy People*, 37.

54. Durham, *Exodus*, xiii.

55. 덤브렐은 이 말씀이 "그 자체 내에 선택의 함의들을 갖고 있다"라고 말한다. 이스라엘은 "하나의 목적을 위한 수단으로서" 선택되고 구별된다(*Covenant and Creation*, 86).

56. 덤브렐이 바르게 말하기를, "'왜냐하면[*ki*] 모든 땅이 나의 것이기 때문이다'라는 표현은 '선택의 권리에 대한 주장이 아니라 선택의 이유 혹은 목적'으로 이해되어야 한다"("The Prospect of the Unconditionality of the Sinaitic Covenant," in *Israel's Apostasy and Restoration: Essays in Honor of Roland K. Harrison*, ed. A. Gileadi[Grand Rapids: Baker Academic, 1988], 146.) 이 표현을 "왜냐하면 모든 땅이 나의 것이기 때문이다"로 동일하게 번역한 프레다임은 이 구절을 창세기 12:1에서 아브라함에게 처음으로 명시된 하나님의 선교적 목적과 연관시킨다("Because the Whole Earth Is Mine," 237).

57. Williamson, "Covenant," 150.

58. Blauw, *Missionary Nature of the Church*, 24.

59. Bailey Wells's insightful chapter "'Holy to the Lord': Priesthood according to the Torah," in *God's Holy People*, 98-129을 보라.

60. 같은 책, 113-114.

61. Dumbrell, *Covenant and Creation*, 89.

62. Durham, *Exodus*, 263.

63. Dumbrell, *Covenant and Creation*, 87.

64. Lohfink, *Does God Need the Church?*, 74-75.

65. De Ridder, *Discipling the Nations*, 39.

66. Craigie, *Book of Deuteronomy*, 42.

67. Gerhard Lohfink, *Jesus and Community: The Social Dimension of the Christian Faith*, trans. John P. Galvin(Philadelphia: Fortress Press, 1984), 123.

68. Christopher J. H. Wright, *Old Testament Ethics for the People of God*(Downers Grove, IL: InterVarsity, 2004), 94. (「현대를 위한 구약 윤리」 IVP)

69. 이스라엘과 주변 나라들의 사회윤리를 비교한 것은 다음을 보라. Moshe Weinfeld, *Social Justice in Israel and in the Ancient Near East*(Jerusalem: Hebrew University Magnes Press, 1995). 바인필트는 이스라엘이 그들의 문화적 환경에 대한 편안함을 느끼는 동시에 반목하는 모습을 보여주면서, 유사점과 차이점에 대해 언급한다.

70. Robertson, *Christ of the Covenants*, 135.

71. E. W. Nicholson, "The Covenant Ritual in Exodus XXIV 3-8," *Vetus Testamentum* 32 (1982): 80-83.

72. Von Rad, *Old Testament Theology*, 1:254; Childs, *Book of Exodus*, 507; Dumbrell, *Covenant and Creation*, 94.

73. "더햄에게는 이것이 출애굽기 전체를 통합하는 중요한 신학적 주제다. 이러한 통일성의 핵심은 그분의 백성 이스라엘과 함께, 그들 가운데 임재하시는 여호와에 관한 신학이다"(*Exodus*, xxi).

74. R. E. Averbeck, "Tabernacle," in *Dictionary of the Old Testament: Pentateuch*, ed. T. Desmond Alexander and David W. Baker(Downers Grove, IL: InterVarsity, 2003), 809.

75. K. A. Kitchen, "Egyptians and Hebrews, from Ra'amses to Jericho," in *The Origin of Early Israel-Current Debate: Biblical, Historical, and Archaeological Perspectives*, ed. Shmuel Ahituv and Eliezer D. Oren(Jerusalem: Ben-Gurion University of the Negev Press, 1995), 95.

76. K. A. Kitchen, "The Tabernacle-A Bronze Age Artifact," *Eretz-Israel* 24 (1993): 123. 또한 K. A. Kitchen, "The Desert Tabernacle," *Bible Review* 16, no. 6 (December 2000): 14-21; and M. M. Homan, "The Divine Warrior in His Tent," *Bible Review* 16, no. 6 (December 2000): 22-33, 55을 보라.

77. Averbeck, "Tabernacle," 816.

78. 하나님이 말씀하시기를, "나의 임재가 너와 함께 갈 것이라." 여기서 '너'는 단수이며 모세를 가리킨다. 그리고 모세는 하나님이 '우리'(복수)와 함께 가시기를 요청한다

(Peter Enns, *Exodus, New International Version Application Commentary* [Grand Rapids: Zondervan, 2000], 581). 모든 주석가들이 모세를 가리키는 단수 '너'의 중요성을 아는 것은 아니다.

79. Dumbrell, *Covenant and Creation*, 106.

80. Craigie, *Book of Deuteronomy*, 41.

81. Fretheim, "Because the Whole Earth Is Mine," 230. Durham speaks of the tabernacle and its furniture as the "media for worship" (*Exodus*, 350).

82. Piper, *Let the Nations Be Glad*, 35-36.

83. 예를 들어, Durham, Exodus, 39-40: 여호와의 이름은 "활동적인 존재 혹은 임재의 측면에서 정의된다." J. 알렉 모티어(Alec Motyer)는 동사 '있다'의 사용이 '활동적인 임재'의 쪽으로 기울어져 있다고 믿는다.…… 그러므로, 이러한 하나님의 임재는 드러난 '있음'이 아니라 살아 있고, 생명력이 있으며, 인격적인 힘이다"(*The Message of Exodus: The Days of Our Pilgrimage*[Downers Grove, IL: InterVarsity, 2005], 69).

84. Childs, Book of Exodus, 76: "하나님이 모세에게 말씀하시기를, '나는 미래에 존재할 그것일 것이다.'…… 하나님은 그분의 의도가 미래적 행위를 통해서 드러날 것이라고 선포하신다. 지금은 설명하기를 거절하신다." Dumbrell, *Covenant and Creation, 84.* "여호와의 본성은 그분의 미래적 행위로부터, 특히 긴박한 해방으로부터 알려질 것이다."

85. Charles R. Gianotti, "The Meaning of the Divine Name YHWH," *Bibliotheca Sacra* 142, no. 565 (January-March 1985): 45. 이 논문에서, 기아노티는 야훼라는 이름의 다섯 가지 중요한 해석들을 살펴보고 "현상학적" 견해를 선택한다. 그 견해는 그 이름의 의미가 "하나님이 역사에 드러난 그분의 행위 속에서 스스로를 드러내실 것"이라고 이해한다.

86. Blauw, *Missionary Nature of the Church*, 42.

87. Martin-Achard, *Light to the Nations*, 79.

88. Durham, *Exodus*, xxiii.

89. Blauw, *Missionary Nature of the Church*, 28, 저자 강조.

3장 이스라엘이 열방 가운데 선교적 역할과 정체성을 구현하다

1. Hans Küng, *The Church*(Garden City, NY: Image Books, 1967), 160.

2. Duane L. Christensen, "Nations," in *Anchor Bible Dictionary*, ed. David Noel Freedman et al.(New York: Doubleday, 1992), 4:1037.

3. Christopher J. H. Wright, *The Mission of God: Unlocking the Bible's Grand Narrative*(Downers Grove, IL: InterVarsity, 2006), 455, 저자 강조.

4. Gerhard Lohfink, *Does God Need the Church? Toward a Theology of the People of God,* trans. Linda M. Maloney(Collegeville, MN: Liturgical Press, 1999), 106-107.

5. Walter Brueggemann, *Cadences of Home: Preaching among Exiles*(Louisville: Westminster John Knox, 1997), 100.

6. 많은 유대적, 랍비적 텍스트들은 이스라엘을 우주의 배꼽(the navel of the universe)으로서 세계의 중심에 놓는다. 예를 들어, 미드라시 탄후마(*Midrash Tanhuma,* 토라에 대한 유대적 주석), 파라샤트 케도심(Parashat Kedoshim, 레위기 19:1-20:27에 초점을 맞춘 토라의 주중 읽기 분량)은 기록하기를 "배꼽이 인간의 몸 중심에 놓여 있는 것 같이, 이스라엘의 땅은 세상의 중앙이다." "세상의 중앙"이라는 표현은 에스겔 38:12에서 나온다.

7. Richard R. De Ridder, *Discipling the Nations*(Grand Rapids: Baker Academic, 1971), 43-44.

8. J. H. Bavinck, *An Introduction to the Science of Missions,* trans. David Hugh Freeman(Phillipsburg, NJ: P&R, 1979), 14. (『선교학 개론』 성광문화사)

9. C. J. H. Wright, *Mission of God,* 379, 저자 강조.

10. 같은 책, 377.

11. Peter C. Craigie, *The Book of Deuteronomy,* New International Commentary on the Old Testament(Grand Rapids: Eerdmans, 1976), 43.

12. This is the language of Lesslie Newbigin, e.g., *Foolishness to the Greeks: The Gospel and Western Culture*(Grand Rapids: Eerdmans, 1986), 1.

13. Lohfink, *Does God Need the Church?,* 107-108.

14. Rainer Albertz, *A History of Israelite Religion in the Old Testament Period,* trans. John Boden(Louisville: Westminster John Knox, 1994), 1:75.

15. Brueggemann, *Cadences of Home,* 103.

16. 같은 책, 106.

17. J. Richard Middleton and Brian J. Walsh, *Truth Is Stranger than It Used to Be: Biblical Faith in a Postmodern Age*(Downers Grove, IL: InterVarsity, 1995), 131. (『포스트모던 시대의 기독교 세계관』 살림)

18. 이런 기회는 또한 많은 비난을 받는 크리스텐덤 시대에도 주어졌다. 이 시기는 많은 구약 주석가들로 하여금 군주제에 대한 부정적인 평가를 내리도록 만들었다. 예를 들어, Brueggemann, *Cadences of Home,* 100-101을 보라.

19. Gregory K. Beale, *The Temple and the Church's Mission*(Downers Grove, IL: InterVarsity, 2004); Beale, "Eden, the Temple, and the Church's Mission in the New Creation," *Journal of Evangelical Theological Studies* 48, no. 1 (March 2005): 5-31.

20. Beale, "Eden, the Temple, and the Church's Mission," 19.

21. 같은 책

22. 이것은 아마도 바울이 로마서 12:1-2에서 언급한 희생일 것이다. 바울은 로마 그리스도인들에게 그들의 육체적인 삶 전부를 산 제물로 드리라고 요청한다.

23. Anson F. Rainey, "The Order of Sacrifices in the Old Testament Ritual Texts," *Biblica* 51, no. 4 (1970): 485-498.

24. Rodney Clapp, "The Church as Worshiping Community: Welcome to the (Real) World," in *A Peculiar People: The Church as Culture in a Post-Christian Society*(Downers Grove, IL: InterVarsity, 1996), 94-113. (「구별된다는 기쁜 의미」 서로사랑)

25. Paul H. Jones, "We Are How We Worship: Corporate Worship as a Matrix for Christian Identity Formation," *Worship* 69, no. 4 (July 1995): 347.

26. Michael Goheen, "Nourishing Our Missional Identity: Worship and the Mission of God's People," in *In Praise of Worship: An Exploration of Text and Practice*, ed. David J. Cohen and Michael Parsons(Eugene, OR: Pickwick, 2010), 32-53.

27. W. Creighton Marlowe, "Music of Missions: Themes of Cross-Cultural Outreach in the Psalms," *Missiology* 26 (1998): 445-56.

28. Mark Boda, "'Declare His Glory Among the Nations': The Psalter as Missional Collection," in *Christian Mission: Old Testament Foundations and New Testament Developments*, ed. Stanley E. Porter and Cynthia Long Westfall(Eugene, OR: Pickwick, Wipf and Stock, 2010), 13-41.

29. George W. Peters, *A Biblical Theology of Missions*(Chicago: Moody Press, 1972), 116. (「선교성경신학」 크리스챤서적)

30. Craig Broyles, *Psalms, New International Biblical Commentary*(Peabody, MA: Hendrikson), 280.

31. Michael D. Williams, *As Far as the Curse Is Found: The Covenant Story of Redemption*(Phillipsburg, NJ: P&R, 2005), 191-193.

32. Walter Brueggemann, *Tradition for Crisis: A Study in Hosea*(Richmond: John Knox Press, 1968), 25.

33. Hans Walter Wolff, "Prophecy from the Eighth through the Fifth Century," *Interpretation* 32, no. 1 (January 1978): 26-28.

34. C. J. H. Wright, *Mission of God*, 241.

35. Wolff, "Prophecy," 23.

36. 이스라엘 백성은 비록 그들이 이스라엘 땅으로 돌아왔을지라도, "오늘날 우리가 종이 되었는데 곧 주께서 우리 조상들에게 주사 그것의 열매를 먹고 그것의 아름다운 소산

을 누리게 하신 땅에서 우리가 종이 되었나이다"(느 9:36, 스 9:7-9 참조)라고 고백한다. 땅으로 돌아온 것은 실질적으로 열방 가운데 있는 그들의 위치를 바꾸지 못했다.

37. David G. Burnett, *The Healing of the Nations: The Biblical Basis of the Mission of God*(Carlisle, UK: Paternoster Press, 1986), 75.

38. Middleton and Walsh, *Truth Is Stranger*, 117, 저자 강조.

39. Brueggemann, *Cadences of Home*, 41.

40. Daniel L. Smith, *The Religion of the Landless: The Social Context of the Babylonian Exile*(Bloomington, IN: Meyer-Stone Books, 1989), 49.

41. 위의 책, Brueggemann, *Cadences of Home*, 15.

42. Smith, *Religion of the Landless*, 69-126. See also John M. G. Barclay's last chapter, "Jewish Identity in the Diaspora: A Sketch," in *Jews in the Mediterranean Diaspora: From Alexander to Trajan*(323 BCE-117 CE) (Edinburgh: T&T Clark, 1996), 399-444.

43. Smith, *Religion of the Landless*, 94.

44. J. L. McKenzie, "The Elders in the Old Testament," *Analecta Biblica* 10(1959): 405.

45. Smith, *Religion of the Landless*, 96-97.

46. Burnett, *Healing of the Nations*, 111.

47. Brueggemann, *Cadences of Home*, 116.

48. 에스라-느헤미야서가 이스라엘의 근본적인 정체성을 유지시킨 방식에 관해서는 다음을 보라. Philip F. Esler, "Ezra-Nehemiah as a Narrative of (Re-invented) Israelite Identity," in *Biblical Interpretation* 11, no. 3/4 (2003): 413-426. 또한 Daniel L. Smith-Christopher, *A Biblical Theology of Exile*(Minneapolis: Fortress Press, 2002), 35-45; and H. G. M. Williamson, *Ezra, Nehemiah, Word Biblical Commentary* 16(Waco: Word, 1985), l-lii을 보라.

49. M. D. Johnson, *The Purpose of Biblical Genealogies*(New York: Cambridge University Press, 1969), 80. Williamson notes a similar purpose in the genealogical links in Ezra 1-6(*Ezra, Nehemiah*, li).

50. Roddy Braun, 1 Chronicles, *Word Biblical Commentary* 14(Waco: Word, 1986), 5.

51. John Bright, "Faith and Destiny: The Meaning of History in Deutero-Isaiah," *Interpretation* 5, no. 1(January 1951): 22.

52. Middleton and Walsh, *Truth Is Stranger*, 114.

53. James A. Wharton, "Daniel 3:16-18," in *Interpretation* 39, no. 2(April 1985): 171.

54. Brueggemann, *Cadences of Home*, 3.

55. 위의 책, 11.

56. Williamson, *Ezra, Nehemiah*, 1.

57. 위의 책, li.

58. 위의 책

59. Lohfink, *Does God Need the Church?*, 51-52.

60. 선교적 몸으로서의 교회에 대한 예리한 논평을 포함하여, 이 본문에 대한 뛰어난 해설 에 대해서는 다음을 보라. John Bright, "An Exercise in Hermeneutics: Jeremiah 31:31-34," *Interpretation* 20, no. 2(April 1966): 188-210.

61. Küng, *Church*, 161.

62. Gerhard Lohfink, *Jesus and Community: The Social Dimension of the Christian Faith*, trans. John P. Galvin(Philadelphia: Fortress Press, 1982), 19.

63. N. T. Wright, *The New Testament and the People of God*(London: SPCK, 1992), 313.

64. J. Massyngbaerde Ford, *My Enemy Is My Guest: Jesus and Violence in Luke*(Maryknoll, NY: Orbis Books, 1984), 1.

65. Martin Goodman, *The Ruling Class of Judaea: The Origins of the Jewish Revolt against Rome A.D. 66-70*(Cambridge: Cambridge University Press, 1987), 108.

66. Joachim Jeremias, *Jesus' Promise to the Nations*, trans. S. H. Hooke, Studies in *Biblical Theology* 24(London: SCM Press, 1958), 41.

67. Martin Hengel, *Victory over Violence*, trans. David E. Green(Philadelphia: Fortress Press, 1973), 45.

68. Bavinck, *Science of Missions*, 23.

69. George Eldon Ladd, *Jesus and the Kingdom*(Waco: Word, 1964), 105. 래드가 인 용한 문서, '모세의 승천'과 '에스라 4서'는 모두 약 1세기에 기록된 유대의 묵시문학 이다.

70. Emil Schürer, *The History of the Jewish People in the Age of Jesus Christ*(175 B.C.-A.D. 135), rev. and ed. Geza Vermes, Fergus Millar, and Matthew Black(Edinburgh: T&T Clark, 1979), 2:457.

71. Pss. Sol. 17:24, quoted in N. T. Wright, *New Testament and the People of God*, 267.

72. Hyam Maccoby, *Ritual and Morality: The Ritual Purity System and Its Place in Judaism*(Cambridge: Cambridge University Press, 1999), 10-12, 153-156.

73. Jeremias, *Jesus' Promise to the Nations*, 63-65.

74. Schürer, *History of the Jewish People*, 2:530.

75. Pss. of Sol. 17:28.

76. Schürer, *History of the Jewish People*, 2:457.

77. 위의 책, 2:530.

78. Middleton and Walsh, *Truth Is Stranger*, 135.

4장 예수님이 선교적 사명을 감당할 종말론적 백성을 모으시다

1. Joachim Jeremias, *New Testament Theology*, trans. John Bowden(New York: Scribner, 1971), 170.

2. Gerhard Lohfink, *Jesus and Community: The Social Dimension of the Christian Faith*, trans. John P. Galvin(Philadelphia: Fortress Press, 1982), 123.

3. George Eldon Ladd, *Jesus and the Kingdom*(Waco: Word, 1964), 135.

4. 위의 책, 127-129.

5. Andrew Kirk, *A New World Coming: A Fresh Look at the Gospel for Today*(Basingstoke, UK: Marshall, Morgan, and Scott, 1983), 54.

6. E. J. Scheffler, "Suffering in Luke's Gospel"(Ph.D. diss., University of Pretoria, 1988), quoted in David Bosch, *Transforming Mission: Paradigm Shifts in Theology of Mission*(Maryknoll, NY: Orbis Books, 1991), 393.

7. Bosch, *Transforming Mission*, 107.

8. Colin Gunton, *Christ and Creation*(Eugene, OR: Wipf and Stock, 1992), 18.

9. Bosch, *Transforming Mission*, 32-33.

10. Donald Senior and Carroll Stuhlmueller, *The Biblical Foundations for Mission*(Maryknoll, NY: Orbis Books, 1983), 154.

11. Hendrikus Berkhof, *Christ and the Powers*, trans. John H. Yoder(Scottdale, PA: Herald Press, 1962); Walter Wink, *Naming the Powers: The Language of Power in the New Testament*, vol. 1 of The Powers(Philadelphia: Fortress Press, 1984); Wink, *Unmasking the Powers: The Invisible Forces That Determine Human Existence*, vol. 2 of The Powers(Philadelphia: Fortress Press, 1986); Wink, *Engaging the Powers: Discernment and Resistance in a World of Domination*, vol. 3 of The Powers(Minneapolis: Augsburg Fortress Press, 1992). 간단한 토론을 위해서는 다음을 보라. Richard J. Mouw, *Politics and the Biblical Drama*(Grand Rapids: Eerdmans, 1976; repr., Grand Rapids: Baker Academic, 1983), 85-116.

12. Darrell L. Guder, ed., *Missional Church: A Vision for the Sending of the Church in North America*(Grand Rapids: Eerdmans, 1998), 94-95.

13. Ladd, *Jesus and the Kingdom*, 198.

14. Joachim Jeremias, *Jesus' Promise to the Nations*, trans. S. H. Hooke (London: SCM Press, 1948), 71.

15. Johannes Munck, *Paul and the Salvation of Mankind*, trans. Frank Clarke (Atlanta: John Knox Press, 1959), 272.

16. 위의 책, 271.

17. Ladd, *Jesus and the Kingdom*, 243.

18. Jeremias, *New Testament Theology*, 171.

19. 위의 책, 174.

20. Joachim Jeremias, *The Eucharistic Words of Jesus,* trans. Norman Perrin (London: SCM Press, 1966), 233n8.

21. J. H. Bavinck, *An Introduction to the Science of Missions*, trans. David Hugh Freeman (Phillipsburg, NJ: P&R, 1979), 32, 34.

22. Rudolf Schnackenburg, *God's Rule and Kingdom*, trans. J. Murray (New York: Herder and Herder, 1959), 220.

23. Bosch, *Transforming Mission*, 96.

24. John P. Meier, "Jesus, the Twelve, and the Restoration of Israel," in *Restoration: Old Testament, Jewish, and Christian Perspectives*, ed. James M. Scott (Boston: Brill, 2001), 385n39. 또한 같은 책의 Richard Bauckham, "The Restoration of Israel in Luke-Acts," 435-487을 보라.

25. N. T. Wright, *Jesus and the Victory of God* (London: SPCK, 1996), 275. (「예수와 하나님의 승리」 크리스챤다이제스트)

26. 위의 책, 300. 샌더스는 논평하기를, "이스라엘의 재회집(reassembly)에 대한 기대는 매우 광범위하게 퍼져 있었고, 열 두 지파에 대한 기억은 아주 분명하게 남아 있었기 때문에 '열둘'은 필연적으로 '회복'을 의미했을 것이다"(Jesus and Judaism [Philadelphia: Fortress, 1985], 98).

27. Ben Meier, "Jesus, the Twelve, and Restoration," in Scott, *Restoration*, 404을 보라. 또한 Jacob Jervell, *Luke and the People of God: A New Look at Luke-Acts* (Minneapolis: Augsburg, 1972), 75-112을 보라.

28. Gerhard Lohfink, *Does God Need the Church? Toward a Theology of the People of God*, trans. Linda M. Maloney (Collegeville, MN: Liturgical Press, 1999), 131.

29. Jeremias, *Jesus' Promise to the Nations*, 66-70.

30. Lohfink, *Jesus and Community*, 65.

31. 예를 들어, 이사야 44:22, 45:22, 55:7이 있다.

32. N. T. Wright, *Jesus and the Victory of God*, 250-251.

33. 위의 책, 262.

34. Ladd, *Jesus and the Kingdom*, 294.

35. Bosch, *Transforming Mission*, 36-39.

36. George Eldon Ladd, *The Gospel of the Kingdom: Popular Expositions on the Kingdom of God*(Grand Rapids: Eerdmans, 1959), 79. (「하나님 나라의 복음」 서로사랑)

37. N. T. Wright, *The Lord and His Prayer*(London: SPCK, 1996), 14-17.

38. N. T. Wright, *Jesus and the Victory of God*, 283, quoting Ben F. Meyer, *The Aims of Jesus*(London: SCM, 1979), 173.

39. Lohfink, *Jesus and Community*, 62.

40. 위의 책, 72, 저자 강조.

41. Jeremias, *New Testament Theology*, 230, 저자 강조.

42. Ladd, *Jesus and the Kingdom*, 280n16.

43. N. T. Wright, *Jesus and the Victory of God*, 288-289.

44. 위의 책, 290.

45. Hans Küng, *On Being a Christian*, trans. Edward Quinn(Garden City, NY: Doubleday, 1976), 191.

46. Jeremias, *New Testament Theology*, 211-214.

47. 마태복음 5-7, 10, 13, 18, 24-25장.

48. 예를 들어, 정의, 명령, 완벽함, 뛰어남, 준수 또는 보존, 열매 맺음 등이다. Bosch, *Transforming Mission*, 65-68을 보라.

49. Senior and Stuhlmueller, *Biblical Foundations for Mission*, 148-149.

50. Cornelius Plantinga Jr., *Not the Way It's Supposed to Be: A Breviary of Sin*(Grand Rapids: Eerdmans, 1995), 10; Perry B. Yoder, *Shalom: The Bible's Word for Salvation, Justice, and Peace*(Nappanee, IN: Evangel, 1998).

51. Jeremias, *Jesus' Promise to the Nations*, 68.

52. Craig G. Bartholomew and Michael W. Goheen, *The Drama of Scripture: Finding Our Place in the Biblical Story*(Grand Rapids: Baker Academic, 2004), 143-145.

53. Senior and Stuhlmueller, *Biblical Foundations for Mission*, 257.

54. David Bosch, *The Church as Alternative Community*(Potchefstroom, South Africa: Institute for Reformational Studies, 1982), 15.

55. Senior and Stuhlmueller, *Biblical Foundations for Mission*, 147.

56. Joel Green, *The Theology of the Gospel of Luke, New Testament Theology*(Cambridge: Cambridge University Press, 1995), 119.

57. Green, *Theology of the Gospel of Luke*, 121.

58. Lesslie Newbigin, *A South India Diary*(London: SCM, 1951), 49; American ed.: *That All May Be One: A South India Diary-The Story of an Experiment in Christian Unity*(New York: Association Press, 1952), 51.

59. Lesslie Newbigin, *Trinitarian Faith and Today's Mission*(Richmond: John Knox Press, 1964), 42.

60. Nicholas Wolterstorff, *Educating for Shalom: Essays on Christian Higher Education*, ed. Clarence W. Joldersma and Gloria Goris Stronks(Grand Rapids: Eerdmans, 2004), 7.

61. Herman N. Ridderbos, *The Coming of the Kingdom*, trans. H. de Jongste, ed. Raymond O. Zorn(Philadelphia: P&R, 1962), 241-259.

62. Stephen S. Smalley, "Spirit, Kingdom and Prayer in Luke-Acts," *Novum Testamentum* 15, no. 1(January 1973): 59-71.

63. Peter T. O'Brien, "Prayer in Luke-Acts," *Tyndale Bulletin* 24(1973): 111-127.

64. Oscar G. Harris, "Prayer in Luke-Acts: A Study in the Theology of Luke"(Ph.D. diss., Vanderbilt University, 1966), 2-3.

65. G. W. H. Lampe, "The Holy Spirit in the Writings of St. Luke," in *Studies in the Gospels: Essays in Memory of R. H. Lightfoot*, ed. D. E. Nineham(Oxford: Oxford University Press, 1955), 169.

66. James D. G. Dunn, "Spirit and Kingdom," *Expository Times* 82(1970-71): 38.

67. Smalley, "Spirit, Kingdom and Prayer," 68.

68. John Calvin, *Institutes of the Christian Religion* 20.3, ed. John T. McNeill, trans. Ford Lewis Battles(Philadelphia: Westminster, 1960), 852. 칼빈은 기도란 복음을 따라 숨겨진 것들을 파내고 보물을 묻을 수 있는 삽(shovel)이라는 놀라운 이미지를 사용한다(850-851).

69. N. T. Wright, *Lord and His Prayer*, 47.

70. Barry G. Webb, *The Message of Zechariah: Your Kingdom Come*, The Bible Speaks Today Series(Downers Grove, IL: InterVarsity, 2003), 19.

71. Rudolf Pesch, "Berufung und Sendung, Nachfolge und Mission: Eine Studie zu Mk 1, 16-20," *Zeitschrift für katholische Theologie* 91 (1969): 15, quoted in Bosch, *Transforming Mission*, 36.

72. 헬라 사본은 다르다. 어떤 사본은 칠십으로, 다른 사본은 칠십이로 기록하고 있다. 이 것은 창세기 10장의 열방의 숫자에 대한 히브리 구약성경과 70인역 사이의 차이를 반 영하는 것이다. 70인역은 칠십이 나라들이라고 기록하고, 히브리어 성경은 칠십이라 고 기록하고 있다. 어느 쪽이든 상징은 동일한 의미를 갖는다.

73. Karl Heinrich Rengstorf, "ἑπτά," in *Theological Dictionary of the New*

Testament, ed. Gerhard Kittel, trans. Geoffrey Bromiley(Grand Rapids: Eerdmans, 1964), 2:634.

74. Joachim Jeremias, *The Parables of Jesus*, 2nd rev. ed.(New York: Charles Scribner's Sons, 1972), 118-119.

75. Lucien Legrand, *Unity and Plurality: Mission in the Bible*, trans. Robert R. Barr(Maryknoll, NY: Orbis Books, 1990), 60.

5장 그리스도의 죽음과 부활, 교회의 선교적 정체성

1. 예를 들어, Louis Berkhof, *Systematic Theology*, 4th rev. ed.(Grand Rapids: Eerdmans, 1939)를 보라. (『조직신학』 크리스챤다이제스트) 그에 반해, 레슬리 뉴비긴이 인도에서 지도자들을 훈련시키기 위하여 간략한 조직 신학을 저술할 때, 그가 순서를 바꾸었다는 사실을 아는 것은 우리에게 도움이 된다. 그는 개혁주의 전통에서 조직신학의 순서는 그리스도, 믿음에 의한 구원의 개인적 전유, 그리고 교회라고 말한다. 뉴비긴은 교회를 개인적 구원 앞에 두기 위해 주제들을 재배열한다(*Sin and Salvation*[London: SCM Press, 1956], 8-9). (『죄와 구원』 복 있는 사람[근간예정]) 그는 설명하기를, "선교 사역의 경험이 그러한 전환을 하도록 만들었다. 내가 그 동안 양육받아 왔던 프로테스탄티즘은 '크리스텐덤' 상황에 속해 있다는 것을 발견했다. 하지만 선교지에서는 교회가 그와는 다른 논리를 가진 장소가 되어야 했다"(*Unfinished Agenda: An Updated Autobiography*, expanded rev. ed.[Edinburgh: St. Andrews Press, 1993], 138). (『아직 끝나지 않은 길』 복 있는 사람)

2. C. René Padilla, foreword to *Understanding the Atonement for the Mission of the Church*, by John Driver(Scottdale, PA: Herald Press, 1986), 9-10.

3. N. T. Wright, *Evil and the Justice of God*(London: SPCK, 2006), 46. (『악의 문제와 하나님의 정의』 IVP)

4. Padilla, foreword, 10.

5. Driver, *Understanding the Atonement*, 30.

6. 이와 반대로, 어거스터스 탑레이디(Augustus Toplady)의 18세기 찬송 '만세 반석 열리니'는 이 모두를 강조한다. "내게 효험되어서 (죄책과 죄의 권세로부터) 정결하게 하소서."

7. N. T. Wright, *Surprised by Hope: Rethinking Heaven, the Resurrection, and the Mission of the Church*(New York: Harper One, 2008), 199. (『마침내 드러난 하나님 나라』 IVP)

8. 드라이버의 책 *Understanding the Atonement*는 교회의 선교적 측면에서 십자가가 갖는 의미에 대해 해석하는 열 개의 이미지들을 조사한다.

9. N. T. Wright, *Evil and the Justice of God*, 47-54.

10. Lesslie Newbigin, *Mission in Christ's Way: Bible Studies*(Geneva: WCC, 1987), 25.

11. Lesslie Newbigin, *The Open Secret: An Introduction to the Theology of Mission*, rev. ed.(Grand Rapids: Eerdmans, 1995), 35.

12. *Gen. Rab.* 14:6, in *Midrash Rabbah: Genesis*, trans. H. Freedman and Maurice Simon, 2 vols.(London: Soncino Press, 1939).

13. N. T. Wright, *Jesus and the Victory of God*(London: SPCK, 1996), 591.

14. N. T. Wright, *The New Testament and the People of God*(London: SPCK, 1996), 275-278. (「신약성서와 하나님의 백성」 크리스챤다이제스트)

15. N. T. Wright, *The Challenge of Jesus*(London: SPCK, 2000), 62.

16. 예를 들어, 조엘 그린의 속죄에 대한 "변화무쌍한 견해"(kaleidoscopic view)를 보라. 그는 "오늘날 어떤 단일한 모델이나 상징도 속죄를 설명하고 보여주는 역할을 하지 못할 것"이라고 믿는다(Green, "Kaleidoscopic View," in *The Nature of the Atonement: Four Views*, ed. James Beilby and Paul R. Eddy[Downers Grove, IL: InterVarsity, 2006], 157).

17. Newbigin, *Open Secret*, 49-50.

18. Driver, *Understanding the Atonement*, 71-86.

19. 위의 책, 101-114. 이것 역시 레슬리 뉴비긴이 즐겨 사용한 이미지다. Michael W. Goheen, *"As the Father Has Sent Me, I Am Sending You" : J. E. Lesslie Newbigin's Missionary Ecclesiology*(Zoetermeer, Netherlands: 2000), 150-152을 보라.

20. Lesslie Newbigin, "The Bible Study Lectures," in *Digest of the Proceedings of the Ninth Meeting of the Consultation on Church Union, ed. Paul A. Crow*(Princeton, NJ: COCU, 1970), 198.

21. 위의 책, 201.

22. Newbigin, *Open Secret*, 50.

23. Lesslie Newbigin, "Bible Studies on John 17: The Hinge of History," Lutheran Standard: USA (April 4, 1967): 11.

24. Lesslie Newbigin, "This Is the Turning Point of History," Reform(April 1990): 4.

25. Newbigin, *Open Secret*, 50, 저자 강조.

26. Joachim Jeremias, *Jesus' Promise to the Nations*, trans. S. H. Hooke(London: SCM, 1958), 71-73.

27. Joachim Jeremias, *The Eucharistic Words of Jesus*(London: SCM Press: Philadelphia: Trinity Press International, 1966), 229: 179-182를 참조하라.

28. Karl Barth, "An Exegetical Study of Matthew 28:16-20," in *The Theology of the Christian Mission*, ed. Gerald H. Anderson(London: SCM Press, 1961), 65.

29. 예를 들어, Gary R. Habermas, "Resurrection of Christ," in *Evangelical Dictionary of Theology*, ed. Walter A. Elwell(Grand Rapids: Baker Academic, 1984), 938-941.

30. N. T. Wright, *The Resurrection of the Son of God*(Minneapolis: Fortress Press, 2003), 205. (「하나님의 아들의 부활」 크리스챤다이제스트)

31. Herman Ridderbos, *Paul: An Outline of His Theology*, trans. John Richard De Witt(Grand Rapids: Eerdmans, 1975), 56.

32. Lesslie Newbigin, "Bible Studies Given at the National Christian Council Triennial Assembly, Shillong," *National Christian Council Review* 88 (1968): 9-10.

33. Ridderbos, *Paul*, 206.

34. David Bosch, *Transforming Mission: Paradigm Shifts in the Theology of Mission*(Maryknoll, NY: Orbis Books, 1991), 143.

35. Markus Barth, *The Broken Wall: A Study of the Epistle to the Ephesians*(1959: repr., Vancouver, BC: Regent Press, 2002), 120.

36. David Bosch, "The Structure of Mission: An Exposition of Matthew 28:16-20," in *Exploring Church Growth*, ed. Wilbert R. Shenk(Grand Rapids: Eerdmans, 1983), 218-248: Bosch, *Transforming Mission*, 65-79.

37. Günther Bornkamm, "Der Auferstandene und der Irdische," in *Zeit und Geschichte: Festschrift Bultmann zum 80 Geburtstag*, ed. E. Dinkler(Tubingen: Mohr, 1964), 185, Lucien Legrand, *Unity and Plurality: Mission in the Bible*, trans. Robert R. Barr(Maryknoll, NY: Orbis Books, 1990), 82에서 인용. 또한 P. T. O'Brien, "The Great Commission of Matthew 28:18-20: A Missionary Mandate or Not?" *Reformed Theological Review* 35(1976): 66-78을 보라.

38. 각각의 명령에 대한 보다 광범위한 연구에 대해서는 다음을 보라. Donald Senior and Carroll Stuhlmueller, *The Biblical Foundations for Mission*(Maryknoll, NY: Orbis, 1983); Mortimer Arias and Alan Johnson, *The Great Commission: Biblical Models for Evangelism*(Nashville: Abingdon, 1992).

39. Legrand, *Unity and Plurality*, 70.

40. Charles Scobie, "Israel and the Nations: An Essay in Biblical Theology," *Tyndale Bulletin* 43, no. 2 (1992): 291-292: 또한 H. H. Rowley, *The Missionary Message of the Old Testament*(London: Carey Press, 1944), 36, 39-41을 보라.

41. Johannes Blauw, *The Missionary Nature of the Church: A Survey of the Biblical Theology of Mission*(New York: McGraw-Hill, 1962), 85.

42. Wilbert R. Shenk, *Write the Vision: The Church Renewed*(Valley Forge, PA: Trinity Press International, 1995), 89.

43. Newbigin, *Mission in Christ's Way*, 22–23, 저자 강조.

44. K. Barth, "Exegetical Study of Matthew 28," 58.

45. 위의 책, 64, 저자 강조.

46. N. T. Wright, *The Last Word: Beyond Bible Wars to a New Understanding of the Authority of Scripture*(New York: Harper Collins, 2005), 54.

47. Blauw, *Missionary Nature of the Church*, 89.

48. 위의 책, 84.

49. Legrand, *Unity and Plurality*, 70.

50. 위의 책, 74.

51. K. Barth, "Exegetical Study of Matthew 28," 63.

52. Christopher J. H. Wright, *The Mission of God: Unlocking the Bible's Grand Narrative*(Downers Grove: InterVarsity, 2006), 391.

53. Newbigin, *Mission in Christ's Way*, 1.

54. Legrand, *Unity and Plurality*, 73.

55. Hugo Echegaray, *The Practice of Jesus*, trans. Matthew J. O'Connell(Maryknoll, NY: Orbis Books, 1984), 93.

56. 위의 책, 94.

6장 신약 이야기 속의 선교적 교회

1. Ward W. Gasque, "A Fruitful Field: Recent Study of the Acts of the Apostles," *Interpretation* 42(1988): 127.

2. Wilbert R. Shenk, *Write the Vision: The Church Renewed*(Valley Forge, PA: Trinity International Press, 1995), 109n12.

3. Lucien Legrand, *Unity and Plurality: Mission in the Bible*, trans. Robert R. Barr(Maryknoll, NY: Orbis Books, 1990), 103.

4. Hans Conzelmann, *The Theology of St. Luke*, trans. Geoffrey Buswell(New York: Harper and Brothers, 1960), 16–17.

5. Note the German title of Conzelmann's book on Luke: *Die Mitte der Zeit*(The Middle of History).

6. Charles H. Talbert, *Literary Patterns, Theological Themes, and the Genre of Luke-Acts, Society of Biblical Literature Monograph Series 20*(Missoula, MT: Scholars Press, 1974), 15–23; Robert C. Tannehill, *The Narrative Unity of Luke-Acts: A Literary Interpretation*, vol. 2: The Acts of the Apostles(Minneapolis: Fortress Press, 1990), 50–51. 탈버트는 이것이 누가의 시대에 널리 퍼진 문학적 관습이었다고 말한다(*Literary Patterns*, 67–88).

7. David Bosch, *Transforming Mission: Paradigm Shifts in Theology of Mission*(Maryknoll, NY: Orbis Books, 1991), 115. 또한 John Michael Penney, *The Missionary Emphasis of Lukan Pneumatology*(Sheffield, UK: Sheffield Academic Press, 1997)을 보라.

8. Legrand, *Unity and Plurality*, 96-98.

9. Lesslie Newbigin, *Mission in Christ's Way: Bible Studies*(Geneva: World Council of Churches, 1987), 1.

10. 두 가지 비평은 모두 데이비드 힐(David Hill)에 의해 이루어진 것이다. "The Spirit and the Church's Witness: Observations on Acts 1:6-8," in *Irish Biblical Studies* 6(January 1984): 16-17.

11. Lesslie Newbigin, *The Household of God: Lectures on the Nature of the Church*(New York: Friendship Press, 1953), 157-158. (「교회란 무엇인가」 IVP)

12. 위의 책, 153.

13. James D. G. Dunn, "Spirit and Kingdom," *Expository Times* 82 (1970-71): 38.

14. 예를 들어, Peter Bolt, "Mission and Witness," in *Witness to the Gospel: The Theology of Acts*, ed. I. Howard Marshall and David Peterson(Grand Rapids: Eerdmans, 1998), 211. Contrast Suzanne De Diétrich, " 'You Are My Witnesses' : A Study of the Church's Witness," *Interpretation* 8 (1954): 274.

15. Johannes Blauw, *The Missionary Nature of the Church: A Survey of the Biblical Theology of Mission*(New York: McGraw-Hill, 1962), 78.

16. Richard J. Dillon, *From Eye-Witnesses to Ministers of the Word: Tradition and Composition in Luke* 24(Rome: Biblical Institute Press, 1978), 292.

17. Darrell Guder, *Be My Witnesses*(Grand Rapids: Eerdmans, 1985), 40, 저자 강조.

18. De Diétrich, " 'You Are My Witnesses,' " 278.

19. Guder, Be My Witnesses, 91.

20. De Diétrich, " 'You Are My Witnesses,' " 279.

21. Guder, *Be My Witnesses*, 43.

22. Richard Bauckham, *Bible and Mission: Christian Witness in a Postmodern World*(Grand Rapids: Baker Academic, 2003), 99.

23. Lesslie Newbigin, *The Gospel in a Pluralist Society*(Grand Rapids: Eerdmans, 1989), 133-34. (「다원주의 사회에서의 복음」 IVP)

24. Gerhard Lohfink, *Jesus and Community: The Social Dimension of the Christian Faith, trans. John P. Galvin*(Philadelphia: Fortress Press, 1982), 131-132.

25. Brian S. Rosner, "The Progress of the Word," in *Marshall and Peterson, Witness to the Gospel*, 221.

26. 위의 책, 225.

27. Legrand, *Unity and Plurality*, 98, 저자 강조.

28. Tannehill, *Narrative Unity of Luke-Acts*, 21.

29. Legrand, *Unity and Plurality*, 105.

30. 위의 책, 101.

31. Richard Bauckham, "The Restoration of Israel in Luke-Acts," in *Restoration: Old Testament, Jewish, and Christian Perspectives*, ed. James M. Scott(Leiden: Brill, 2001), 475.

32. Christopher J. H. Wright, *The Mission of God: Unlocking the Bible's Grand Narrative*(Downers Grove, IL: InterVarsity, 2006), 501-502.

33. Bauckham, *Bible and Mission*, 77.

34. Bosch, *Transforming Mission*, 414.

35. 로버트 웹(Robert L. Webb)은 요한의 세례가 "'진정한 이스라엘'이 되는 입문의식"으로 기능한다고 주장한다. *John the Baptizer and Prophet: A Socio-Historical Study*(Sheffield, UK: JSOT Press, 1991), 197-202.

36. 요세푸스는 요한의 사역에 대해 "세례로 모두를 모으는 것"으로 기술한다(Ant. 18.117). Webb, *John the Baptizer*, 199-201을 보라.

37. Webb, *John the Baptizer*, 202.

38. 위의 책, 360-363.

39. N. T. Wright, *Jesus and the Victory of God*(London: SPCK, 1996), 160.

40. 이러한 논의의 대부분은 교회론적이거나 공동체적이 아니라 개인적인 출발점에서 시작한다. 그것은 다음과 같이 질문한다. "개개인의 신자는 그들의 구원을 잃어버릴 수 있는가?" 베얼린 베어브룩(Verlyn D. Verbrugge)이 말하기를, 히브리서 6장에 나타난 경고는 "분명하게 언약 공동체로서 하나님과 그분의 백성 사이의 관계라는 배경 속에서" 해석되어야만 한다고 바르게 이야기한다. 문제는 이 논쟁이 "언약 공동체가 아니라 개개의 신자들의 돌이킬 수 없는 배교에 대한 질문과 연관되어" 이루어져 왔기 때문이다("Towards a New Interpretation of Hebrews 6:4-6," *Calvin Theological Journal* 15[April 1980]: 61-73; here 65, 62).

41. Newbigin, *Gospel in a Pluralist Society*, 117.

42. Bauckham, "Restoration of Israel in Luke-Acts," 473.

43. Richard Bauckham, "James and the Jerusalem Church," in *The Church in Its Palestinian Setting*, ed. Richard Bauckham, *The Book of Acts in Its First Century Setting* 4(Grand Rapids: Eerdmans, 1995), 419. 또한 425-426을 보라.

44. Bauckham, "Restoration of Israel in Luke-Acts," 482.

45. Jacob Jervell, *Luke and the People of God: A New Look at Luke-Acts*(Minneapolis:

Augsburg, 1972), 43.

46. Bauckham, "Restoration of Israel in Luke-Acts," 480-481.

47. So Jervell, *Luke and the People of God*, 51-53; Lohfink, *Jesus and Community*, 139-140; Johannes Munck, *Paul and the Salvation of Mankind*, trans. Frank Clarke(Richmond: John Knox Press, 1959), 234-235.

48. Bauckham, "James and the Jerusalem Church," 453-455.

49. Munck, *Paul and the Salvation of Mankind*, 234-235.

50. Lohfink, *Jesus and Community*, 140.

51. David Seccombe, "The New People of God," in *Marshall and Peterson, Witness to the Gospel*, 371.

52. 이것은 사도행전 2:42에서 '헌신하다'로 번역된 단어의 의미를 월터 그룬트만 (Walter Grundmann)이 서술한 방식이다. 그가 쓴 "προσκαρτερέω," in *Theological Dictionary of the New Testament*, ed. Gerhard Kittel, trans. Geoffrey W. Bromiley(Grand Rapids: Eerdmans, 1965), 3:618을 보라.

53. N. T. Wright, *The Last Word: Beyond Bible Wars to a New Understanding of the Authority of Scripture*(New York: HarperCollins, 2005), 48. 라이트는 성경의 권위에 대해 유용한 설명을 제공한다. 이는 말씀이 선교를 위해 교회에 생기를 불어넣는 방식을 특별히 잘 다루고 있다(35-59).

54. Craig G. Bartholomew and Michael W. Goheen, *The Drama of Scripture: Finding Our Place in the Story of the Bible*(Grand Rapids: Baker Academic, 2004)을 보라.

55. Richard Bauckham, *God and the Crisis of Freedom: Biblical and Contemporary Perspectives*(Louisville: Westminster John Knox, 2002), 64.

56. 존 스토트(John Stott)는 이 상황에서 교실 비유를 사용하고 반지성주의를 거부하는 교회에 대해 이야기한다(*The Spirit, the Church, and the World* [Downers Grove, IL: InterVarsity, 1990], 82).

57. 교회와 말씀 사이의 이러한 연관성은 의심의 여지 없이 개혁교회가 "복음에 대한 순전한 설교"(벨직 신앙고백서 29조)를 진정한 교회의 하나의 표지로서 설명하는 이유이다. 이는 좋은 말이지만, 보다 선교적인 맥락을 필요로 한다.

58. David Peterson, "The Worship of the New Community," in *Marshall and Peterson, Witness to the Gospel*, 390-391.

59. Lohfink, *Jesus and Community*, 99. "Fellowship" and "one another" are found together in 1 John 1:7.

60. Peter T. O'Brien, "Prayer in Luke-Acts," *Tyndale Bulletin* 24 (1973): 111-127; Oscar G. Harris, "Prayer in Luke-Acts: A Study in the Theology of Luke" (Ph.D.

diss., Vanderbilt University, 1966).

61. Stephen S. Smalley, "Spirit, Kingdom and Prayer in Luke-Acts," *Novum Testamentum* 15, no. 1 (January 1973), 59-71.

62. Grundmann, "προσκαρτερέω," 3:618-619.

63. Helmut Flender, *St. Luke-Theologian of Redemptive History*, trans. Reginald H. Fuller and Ilse Fuller(London: SPCK, 1967), 166. 나는 여기서 교회를 하나의 "장소"로 이야기하는 플렌더를 인용한다. 리처드 드 리더(Richard De Ridder)와 데이비드 보쉬는 교회를 하나의 '장소'로 이해하는 것에 대해 비판적이다. 드 리더는 올바른 말씀 선포, 성례의 올바른 실행, 그리고 권징의 실천을 교회의 표지로 보는 개혁주의 교회의 견해에 도전한다. 그는 말하기를, "이러한 관점으로부터 교회는 단지 어떤 일들이 이루어지는 장소가 되었다.……그리고 하나님께서 무엇을 행하도록 창조하신 하나의 무리로 보지 않는다"(*Discipling the Nations*[Grand Rapids: Baker Academic, 1971], 213). 수십 년 후 보쉬는 비슷한 맥락에서 개혁 교회를 비판한다 (*Transforming Mission*, 249). 이러한 비판의 대부분이 사실이다. 그럼에도 불구하고 교회가 어떤 일이 이루어지는 장소라는 실제적인 의미도 존재한다.

64. Seccombe, "New People of God," 355.

65. Ernst Haenchen, *The Acts of the Apostles: A Commentary*, trans. Bernard Noble, Gerald Shinn, Hugh Anderson, and Robert Wilson(Philadelphia: Westminster, 1971), 144.

66. Martin Hengel, *Between Jesus and Paul*, trans. John Bowden(Philadelphia: Fortress Press, 1983), 58.

67. Newbigin, *Gospel in a Pluralist Society*, 119; see also 136-137.

68. Roland Allen, *The Spontaneous Expansion of the Church*(Grand Rapids: Eerdmans, 1962), 7.

69. Newbigin, *Gospel in a Pluralist Society*, 107.

70. 위의 책, 136.

71. Walter Wink, *Engaging the Powers: Discernment and Resistance in a World of Domination*(Minneapolis: Fortress Press, 1992), chap. 16, "Prayer and Powers," 297-317. (『사탄의 체제와 예수의 비폭력』 한국기독교연구소)

72. Beverly Roberts Gaventa, " 'You Will Be My Witnesses': Aspects of Mission in the Acts of the Apostles," *Missiology* 10(1982): 417-420.

73. Paul House, "Suffering and the Purpose of Acts," *Journal of the Evangelical Theological Society* 33, no. 3(September 1990): 326.

74. Brian Rapske, "Opposition to the Plan of God and Persecution," in *Marshall and Peterson, Witness to the Gospel*, 245-254.

75. Ben Witherington III, *The Acts of the Apostles: A Socio-Rhetorical Commentary*(Grand Rapids: Eerdmans, 1998), 369; Dean Flemming, *Contextualization in the New Testament: Patterns for Theology and Mission*(Downers Grove, IL: InterVarsity, 2005), 44.

76. Richard P. Thompson, *Keeping the Church in Its Place: The Church as Narrative Character in Acts*(New York: T&T Clark, 2006), 149.

77. Lesslie Newbigin, *Set Free to Be a Servant: Studies in Paul's Letter to the Galatians*(Madras, India: Christian Literature Society, 1969), 5.

78. Tannehill, *Narrative Unity of Luke-Acts*, 147-149.

79. Thompson, *Keeping the Church in Its Place*, 153.

80. 위의 책.

81. 플레밍은 적어도 두 명의 아프리카인, 그중의 한 명은 흑인(니그로)이었을 뿐만 아니라 헤롯의 궁전과 연관된 사람들이었을 것이라고 말한다(*Contextualization in the New Testament*, 43).

82. Philip H. Towner, "Mission Practice and Theology under Construction(Acts 18-20)," in *Marshall and Peterson, Witness to the Gospel*, 422.

83. Justo González, *Acts: The Gospel of the Spirit*(Maryknoll, NY: Orbis Books, 2001), 141.

84. 위의 책, 142.

85. Hengel, *Between Paul and Jesus*, 49.

86. Shenk, *Write the Vision*, 92-93.

87. González, *Acts*, 152.

88. Lesslie Newbigin, "Crosscurrents in Ecumenical and Evangelical Understandings of Mission," *International Bulletin of Missionary Research* 6, no. 4 (1982): 150.

89. See Michael Goheen, "*As the Father Has Sent Me, I Am Sending You*": *J. E. Lesslie Newbigin's Missionary Ecclesiology*(Zoetermeer, Netherlands: 2000), 275-276, 317-323.

90. Hengel, *Between Jesus and Paul*, 64.

91. Roland Allen, *Missionary Methods: St. Paul's or Ours?*(Grand Rapids: Eerdmans, 1962); (「바울의 선교 vs. 우리의 선교」 IVP) Eckhard J. Schnabel, *Paul the Missionary: Realities, Strategies and Methods*(Downers Grove, IL: InterVarsity, 2008). (「선교사 바울」 복 있는 사람[근간예정])

92. Hengel, *Between Jesus and Paul*, 49.

93. 위의 책, 50.

94. Michael Barram, "The Bible, Mission, and Social Location: Toward a Missional Hermeneutic," *Interpretation: A Journal of Bible and Theology* 61 (2007): 42-58; Barram, *Mission and Moral Reflection in Paul*(New York: Peter Lang, 2005). 나는 이것을 다음의 논문에서 발전시켰다. Goheen, "Continuing Steps toward a Missional Hermeneutic," *Fideles* 3 (2008): 49-56.

95. Newbigin, *Set Free to Be a Servant*, 2

96. 위의 책, 2.

97. Flemming, *Contextualization in the New Testament*, 52.

98. Seccombe, "New People of God," 366.

99. Bauckham, "James and the Jerusalem Church," 452.

100. 위의 책, 457-458. Bauckham, "James and the Gentiles(Acts 15:13-21)," in *History, Literature, and Society in the Book of Acts*, ed. Ben Witherington III(Cambridge: Cambridge University Press, 1996), 154-184도 보라.

101. Bauckham, "James and the Jerusalem Church," 458.

7장 선교적 교회에 대한 신약의 이미지

1. Wilbert R. Shenk, foreword to *Images of the Church in Mission*, by John Driver(Scottdale, PA: Herald Press, 1997), 9.

2. Paul Minear, *Images of the Church in the New Testament*(Philadelphia: Westminster, 1960), 13.

3. Avery Dulles, *Models of the Church*, exp. ed.(Garden City, NY: Image Books, 1987), 20.

4. Driver, *Images of the Church*, 14.

5. Minear, *Images of the Church*, 17.

6. 위의 책.

7. Lesslie Newbigin, *Household of God: Lectures on the Nature of the Church*(New York: Friendship Press, 1954), 163.

8. Herman Ridderbos, *Paul: An Outline of His Theology*, trans. John Richard De Witt(Grand Rapids: Eerdmans, 1975), 327, 저자 강조.

9. Rudolf Schnackenburg, *The Church in the New Testament*, trans. W. J. O' Hara(NewYork: Seabury Press, 1965), 155.

10. Nils A. Dahl, *Das Volk Gottes: Eine Untersuchung zum Kirchenbewusstsein des Urchristentums*(Oslo: J. Dybwad, 1941), 243, quoted in Schnackenburg, *Church in the New Testament*, 155.

11. Minear, *Images of the Church*, 67.

12. Hans Küng, *The Church*(Garden City, NY: Image Books, 1967), 162.

13. H. Strathmann, "λαός," in *Theological Dictionary of the New Testament*, ed. Gerhard Kittel, trans. Geoffrey W. Bromiley(Grand Rapids: Eerdmans 1967), 4:32.

14. Küng, *Church*, 161, first. 저자 강조.

15. Dahl, *Das Volk Gottes*, 83, quoted in Schnackenburg, *Church in the New Testament*, 150.

16. Acts 10:45, 11:2, Rom 3:30 where "the circumcision" refers not to a rite but to the Jewish people.

17. 구약에서 나온 이러한 이미지(시 80:8-11, 사 5:1-7, 렘 2:21, 겔 19:10, 호 10:1)의 중요성은 "로마에 대한 유대 혁명의 짧은 기간(A.D. 68-70) 동안 주조된 동전에 포도나무의 이미지가 새겨져 있다는 점"을 통해 드러난다. 이는 포도나무가 "이스라엘을 위한 모든 상징 중에 가장 널리 퍼져 있는 것"이기 때문이다(Lesslie Newbigin, *The Light Has Come: An Exposition of the Fourth Gospel*[Grand Rapids: Eerdmans, 1982], 196).

18. Gerhard Lohfink, *Jesus and Community: The Social Dimension of Christian Faith*, trans. John P. Galvin(Philadelphia: Fortress Press, 1984), 130-132.

19. Ridderbos, *Paul*, 330-333; J. Christiaan Beker, *Paul the Apostle: The Triumph of God in Life and Thought*(Philadelphia: Fortress Press, 1980), 317.

20. Schnackenburg, *Church in the New Testament*, 152.

21. Jo Bailey Wells, *God's Holy People: A Theme in Biblical Theology*(Sheffield, UK: Sheffield Academic Press, 2000), 222.

22. Roy Bowen Ward, "Ekklesia: A Word Study," *Restoration Quarterly* 2, no. 4 (1958): 164-166.

23. Raymond O. Zorn, *Church and Kingdom*(Philadelphia: P&R, 1962), 15.

24. W. J. Roberts, "The Meaning of Ekklesia in the New Testament," *Restoration Quarterly* 15, no. 1 (1972): 33.

25. Küng, *Church*, 118.

26. Roberts, "Meaning of Ekklesia," 34.

27. Gerhard Lohfink, *Does God Need the Church: Toward a Theology of the People of God*, trans. Linda M. Maloney(Collegeville, MN: Liturgical Press, 1999), 219.

28. Schnackenburg, *Church in the New Testament*, 153-154.

29. Herman Ridderbos, *Redemptive History and the New Testament Scripture*, trans. H. De Jongste: rev. Richard B. Gaffin Jr., 2nd rev. ed.(Phillipsburg, NJ: P&R, 1988), 49-76. 여기서 리더보스는 신약성경의 권위를 마투리아(증인), 케리그

마(선포), 디다케(가르침)의 측면에서 설명한다.

30. Joachim Jeremias, "The Key to Pauline Theology," *Expository Times* 76 (1964) : 27-30 ; Ben F. Meyer, *The Early Christians: Their World Mission and Self-Discovery*(Wilmington, DE : Michael Glazier, 1986), 160-171.

31. Meyer, *Early Christians*, 161.

32. J. Christiaan Beker, *Paul's Apocalyptic Gospel: The Coming Triumph of God*(Philadelphia : Fortress Press, 1982), 29-53.

33. Ridderbos, *Paul*, 44.

34. 위의 책, 53.

35. Beker, *Paul the Apostle*, 313 ; see also David Bosch, *Transforming Mission: Paradigm Shifts in Theology of Mission*(Maryknoll, NY : Orbis Books, 1991), 144.

36. Ridderbos, *Paul*, 91.

37. Bosch, *Transforming Mission*, 144.

38. Ridderbos, *Paul*, 45. TNIV는 이 사실을 정확히 포착한다. "그러므로 누구든지 그리스도 안에 있으면, 새로운 창조가 도래한다. 옛 세상은 가고 새 세상이 여기에 있다!"

39. Bosch, *Transforming Mission*, 168.

40. 랄프 마틴(Ralph P. Martin)이 말하기를, 빌립보서 4:5은 "세상 가운데 있는 교회의 상황은 교회로 하여금 사람을 끄는 영향력을 이방 이웃들에게 행사하도록 요청한다는 사실을 상기시켜 준다"(*Philippians: The New Century Bible Commentary*[Grand Rapids : Eerdmans, 1976], 154).

41. Bosch, *Transforming Mission*, 168.

42. Beker, *Paul's Apocalyptic Gospel*, 37.

43. Beker, *Paul the Apostle*, 326-327.

44. Bruce Winter, *Seek the Welfare of the City: Christians as Benefactors and Citizens*(Grand Rapids : Eerdmans, 1994), 82.

45. Beker, *Paul's Apocalyptic Gospel*, 41.

46. 위의 책

47. Schnackenburg, *Church in the New Testament*, 165.

48. 예를 들어, Ray C. Stedman's classic *Body Life: The Church Comes Alive*(Glendale, CA : GL Regal Books, 1972)을 보라.

49. Ridderbos, *Paul*, 362.

50. Markus Barth, *The Broken Wall: A Study of the Epistle to the Ephesians*(1959 ; repr., Vancouver, BC : Regent Press, 2002), 115.

51. Schnackenburg, *Church in the New Testament*, 165-166.

52. 학자들은 헬레니즘의 사상(예를 들어, 영지주의 신화 혹은 스토아 사상), 집단적 개인 이라는 구약의 사상, 그리고 후기 랍비적 종말론 사상에서 이러한 이미지의 기원을 추적한다.

53. Eduard Schweizer, "σῶμα," in *Theological Dictionary of the New Testament*, ed. Gerhard Kittel and Gerhard Friedrich, trans. Geoffrey W. Bromiley (GrandRapids: Eerdmans, 1971), 7:1036–41 (「신약성서신학사전」 요단); Küng, *Church*, 295.

54. Küng, *Church*, 294.

55. Ridderbos, *Paul*, 56.

56. Schnackenburg, *Church in the New Testament*, 167.

57. Lohfink, *Does God Need the Church?*, 259–260.

58. Lesslie Newbigin, *Truth to Tell: The Gospel as Public Truth*(Grand Rapids: Eerdmans, 1991), 75.

59. Lohfink, *Jesus and Community*, 145–146.

60. M. Barth, *Broken Wall*, 116.

61. Hendrikus Berkhof, *The Doctrine of the Holy Spirit*(Atlanta: John Knox Press, 1964), 30–41. 이어지는 부분은 이 책에서 많은 도움을 받았다.

62. 보쉬는 종교개혁의 루터와 칼빈주의 교회 안에 있는 이러한 위험을 경고한다 (*Transforming Mission*, 248–249).

63. 이러한 위험은 다음에서 발견된다. Johannes Hoekendijk, *The Church Inside Out*, trans. Isaac C. Rottenberg(Philadelphia: Westminster, 1964); Konrad Raiser, *Ecumenism in Transition: A Paradigm Shift in the Ecumenical Movement*(Geneva: World Council of Churches Publications, 1991). Michael W. Goheen, "The Future of Mission in the World Council of Churches: The Dialogue between Lesslie Newbigin and Konrad Raiser," *Mission Studies* 21, no. 1 (2004): 97–111을 보라.

64. Berkhof, *Doctrine of the Holy Spirit*, 61.

65. 위의 책, 63.

66. 위의 책, 64.

67. 위의 책, 51.

68. Gregory K. Beale, *The Temple and the Church's Mission: A Biblical Theology of the Dwelling Place of God*(Downers Grove, IL: InterVarsity, 2004); Beale, "Eden, the Temple, and the Church's Mission in the New Creation," *Journal of Evangelical Theological Studies* 48, no. 1 (March 2005): 5–31.

69. Beale, *Temple and the Church's Mission*, 117, 저자 강조.

70. 위의 책, 123.

71. 위의 책, 118.

72. 빌은 에스겔 40-48장을 문자적인 건물로 이해해서는 안 된다고 주장한다(위의 책, 335-364).

73. Bertil Gartner, *The Temple and the Community in the Qumran Scrolls and the New Testament: A Comparative Study in the Temple Symbolism of the Qumran Texts and the New Testament, Society for New Testament Studies Monograph Series 1*(Cambridge: Cambridge University Press, 1965).

74. 새로운 성전으로서 예수님의 부활과 새로운 성전으로서 하나님 백성의 회집 사이에 있는 긴밀한 연관성은 야고보의 언급에 대한 의견 불일치가 있는 것으로 여겨질 수 있다. 많은 다른 학자들은(예를 들어, Bauckham, "James and the Gentiles[Acts 15:13-21]," in *History, Literature, and Society in the Book of Acts*, ed. Ben Witherington III[Cambridge: Cambridge University Press, 1996], 154-184) 다윗의 무너진 장막의 회복을 이스라엘의 회복과 이방인들의 참여로 보는 반면, 빌은 이것을 예수님의 부활로 보고 있다.

75. 마지막 날에 종말론적 성전과 거룩한 공동체 사이의 연관성은 유대 저작들 사이에 매우 강하게 나타났다(Gartner, *Temple and the Community*, 1).

76. Bauckham, "James and Gentiles," 166n33; Ridderbos, *Paul*, 429-432.

77. Ridderbos, *Paul*, 432.

78. Beale, "Eden, the Temple, and the Church's Mission," 31.

79. Lesslie Newbigin, *Sign of the Kingdom*(Grand Rapids: Eerdmans, 1980), 46.

80. Lesslie Newbigin, "The Basis and Forms of Unity," *Mid-Stream* 23 (1984): 8.

81. Ridderbos, *Paul*, 91.

82. Schnackenburg, *Church in the New Testament*, 177.

83. Lesslie Newbigin, "Renewal in Mind," GEAR 29 (1983): 4, 저자 강조.

84. Leonhard Goppelt, *Theology of the New Testament*, vol. 2: *The Variety and Unity of the Apostolic Witness to Christ*, trans. John Alsup(Grand Rapids: Eerdmans, 1982), 164; Miroslav Volf, "Soft Difference: Theological Reflections on the Relation between Church and Culture in 1 Peter," *Ex Auditu* 10 (1994): 16; Johannes Nissen, *New Testament and Mission: Historical and Hermeneutical Perspectives*, 3rd ed. (New York: Peter Lang, 2004), 144.

85. Troy W. Martin, *Metaphor and Composition in 1 Peter*(Atlanta: Scholars Press, 1990). Joel Green believes that Martin's claim is "overstated" ("Living as Exiles: The Church in Diaspora in 1 Peter," in *Holiness and Ecclesiology in the New Testament*, ed. Kent E. Brower and Andy Johnson[Grand Rapids: Eerdmans, 2007], 314).

86. Reinhard Feldmeier, "Die Christen als Fremde," in his *Die Metapher der Fremde in der Antiken Welt, in Urchristentum und im 1. Petrusbrief*(Tubingen: Mohr, 1992), quoted in Volf, "Soft Difference," 16.

87. Daniel L. Smith-Christopher, *A Biblical Theology of Exile*(Minneapolis: Fortress Press, 2002), 144.

88. Goppelt, *Theology of the New Testament*, 2:165.

89. Volf, "Soft Difference," 20.

90. 위의 책, 19.

91. 현대적인 상황에 대한 안목과 함께 베드로전서의 텍스트에 대한 통찰력 있는 논의는 다음을 보라. Lesslie Newbigin, "Bible Studies: Four Talks on 1 Peter by Bishop Newbigin," in *We Were Brought Together*, ed. David M. Taylor(Sydney: Australian Council for World Council of Churches, 1960), 93-123.

92. Goppelt, *Theology of the New Testament*, 2:168.

93. Albert M. Wolters, *Creation Regained: Biblical Basics for a Reformational Worldview*, 2nd ed., with a postscript coauthored by Michael W. Goheen(Grand Rapids: Eerdmans, 2005), 25-26. (「창조 타락 구속」 IVP)

94. Winter, *Seek the Welfare of the City*, 13-14.

95. 위의 책, 15-17.

96. 위의 책, 13.

97. Newbigin, "Four Talks on 1 Peter," 96-97.

98. Philip H. Towner, "Romans 13:1-7 and Paul's Missiological Perspective: A Call to Political Quietism or Transformation?" in *Romans and the People of God: Essays in Honor of Gordon D. Fee on the Occasion of His 65th Birthday*, ed. S. K. Soderlund and N. T. Wright(Grand Rapids: Eerdmans, 1999), 159.

99. Goppelt, *Theology of the New Testament*, 2:171.

100. Dean Flemming, *Contextualization in the New Testament: Patterns for Theology and Mission*(Downers Grove, IL: InterVarsity, 2005), 146-150. See also Wolters and Goheen, *Creation Regained*, 137-139.

101. 리처드 헤이스(Richard Hays)는 "고대 가정의 전통적인 권위 구조가 언급되지만 그와 동시에 개념의 전복이 일어난다"라고 말한다(*The Moral Vision of the New Testament: Community, Cross, New Creation: A Contemporary Introduction to New Testament Ethics*[San Francisco: HarperCollins, 1996], 64).

102. Flemming, *Contextualization in the New Testament*, 148-149.

103. Bailey Wells, *God's Holy People*, 211-213.

104. Goppelt, *Theology of the New Testament*, 2:167.

105. Scot McKnight, "Aliens and Exiles: Social Location and Christian Vocation," *Word & World* 24, no. 4 (Fall 2004): 384.

106. Goppelt, *Theology of the New Testament*, 2:174.

107. 위의 책, 2:163.

108. See Michael W. Goheen and Craig G. Bartholomew, *Living at the Crossroads: An Introduction to Christian Worldview*(Grand Rapids: Baker Academic, 2008), 130-132, 142-143.

109. Newbigin, "Four Talks on 1 Peter," 112.

110. Goppelt, *Theology of the New Testament*, 2:174.

111. 예를 들어 위의 책, 2:196-97과 Flemming, *Contextualization in the New Testament*, 288-291, Nissen, *New Testament and Mission*, 143-156을 보라.

112. Flemming, *Contextualization in the New Testament*, 290.

113. 구소련에서의 교회 선교에 관한 논문에서, 나는 동유럽 교회는 적어도 다른 세 가지 문화적 환경 속에서 선교를 수행해야 했다고 주장했다. (1) 문화가 기독교 신앙에 적대적인 환경, (2) 문화가 기독교 신앙에 호의적인 환경, (3) 문화가 기독교 신앙을 사적 영역으로 몰아넣은 환경들이다 ("Building for the Future: Worldview Foundations of Sand and Rock," *Religion in Eastern Europe* 20, no. 5 [October 2000]: 30-41).

114. 이 부분의 각 주에 나온 문헌들 이외에 Stanley Hauerwas and William H. Willimon, *Resident Aliens: Life in a Christian Colony*(Nashville: Abingdon Press, 1989); (「하나님의 나그네된 백성」 복 있는 사람) Walter Brueggemann, *Cadences of Home: Preaching among Exiles*(Louisville: Westminster John Knox, 1997); Erskine Clarke, ed., *Exilic Preaching: Testimony for Christian Exiles in an Increasingly Hostile Culture*(Harrisburg, PA: Trinity International Press, 1998); Martin B. Copenhover, Anthony B. Robinson, and William H. Willimon, *Good News in Exile: Three Pastors Offer a Hopeful Vision for the Church*(Grand Rapids: Eerdmans, 1999); Michael Frost, *Exiles: Living Missionally in a Post-Christian Culture*(Peabody, MA: Hendrickson, 2006)을 보라. (「위험한 교회」 SFC출판부)

115. Richard Bauckham, *Bible and Mission: Christian Witness in a Postmodern World*(Grand Rapids: Baker Academic, 2003), 81.

116. Newbigin, "Four Talks on 1 Peter," 101-104.

117. Richard Mouw, "This World Is Not My Home: What Some Mainline Protestants Are Rediscovering about Living as Exiles in a Foreign Culture," *Christianity Today*(April 24, 2000): 86-90.

9장 선교적 교회는 오늘날 어떤 모습인가

1. Lesslie Newbigin, *The Good Shepherd: Meditations on Christian Ministry in Today's World*(Grand Rapids: Eerdmans, 1977), 37.

2. Paul H. Jones, "We Are How We Worship: Corporate Worship as a Matrix for Christian Identity Formation," *Worship* 69, no. 4 (July 1995): 346-360.

3. 위의 책, 353.

4. Rodney Clapp, "The Church as Worshiping Community: Welcome to the (Real) World," in *A Peculiar People: The Church as Culture in a Post-Christian Society*(Downers Grove, IL: InterVarsity, 1996), 95-96.

5. Johannes Nissen, *New Testament and Mission: Historical and Hermeneutical Perspectives*, 3rd ed.(Frankfurt am Main: Peter Lang, 2004), 147.

6. Richard Bauckham, *Bible and Mission: Christian Witness in a Postmodern World*(Grand Rapids: Baker Academic, 2003), 104.

7. Lesslie Newbigin, "Response to 'Word of God?' John Coventry, SJ," Gospel and Our Culture Newsletter 10, no. 3(1991).

8. Lesslie Newbigin, "Missions," in *Concise Encyclopedia of Preaching*, ed. William Willimon and Richard Lischer(Louisville: Westminster John Knox, 1995), 336.

9. N. T. Wright, *The Last Word: Beyond the Bible Wars to a New Understanding of the Authority of Scripture*(San Francisco: HarperCollins, 2005), 35-59.

10. 위의 책, 30.

11. 위의 책, 43, 저자 강조.

12. 위의 책, 48.

13. Newbigin, *Good Shepherd*, 24, 저자 강조.

14. C. John Miller, *Outgrowing the Ingrown Church*(Grand Rapids: Zondervan, 1986), 127.

15. Norman Goodall, ed., *Missions under the Cross: Addresses Delivered at the Enlarged Meeting of the Committee of the International Missionary Council at Willingen*, in Germany, 1952; with Statements Issued by the Meeting(London: Edinburgh House Press, 1953), 190.

16. George Hunsberger, "Proposals for a Missional Hermeneutic: Mapping the Conversation," accessed at http://www.gocn.org/resources/articles/ proposals-missional-hermeneutic-mapping-conversation(November 4, 2009); Michael W. Goheen, "Continuing Steps toward a Missional Hermeneutic," *Fideles* 3 (2008): 49-99.

17. C. J. Miller, *Outgrowing the Ingrown Church*, 100.

18. John Calvin, *Institutes of the Christian Religion* 20.3, ed. John T. McNeill, trans. Ford Lewis Battles(Philadelphia: Westminster), 850–851. 「기독교강요」

19. Heidelberg Catechism, Lord's Day 45, Q&A 116.

20. Andrew Murray, *The Prayer Life: The Inner Chamber and the Deepest Secret of Pentecost*(Grand Rapids: Zondervan, n.d.), 27.

21. 위의 책, 17.

22. Steven Miles, *Consumerism as a Way of Life*(Thousand Oaks, CA: Sage, 1998), 1.

23. *Our World Belongs to God*(2008), par. 14; (1987), par. 15. 1987년판과 2008년판 모두 다음 사이트에서 볼 수 있다. http://www.biblicaltheology.ca/living-at-the-crossroads/articles.

24. John Henry Newman, *The Idea of a University*(London: Longmans, Green, 1923), 50–51.

25. Friedrich Nietzsche, *Thus Spoke Zarathustra: A Book for None and All*, trans. Walter Kaufman(New York: Penguin Books, 1978), 92. 「짜라투스트라는 이렇게 말했다」

26. Johann H. Bavinck, *The Impact of Christianity on the Non-Christian World*(Grand Rapids: Eerdmans, 1949), 57. (「기독교 선교와 세계 문화」 성광문화사)

27. Harvie Conn, "Conversion and Culture: A Theological Perspective with Reference to Korea," in *Down to Earth: Studies in Christianity and Culture*, ed. John Stott and Robert Coote(Grand Rapids: Eerdmans, 1980), 149–150.

28. Hendrik Kraemer, *The Communication of the Christian Faith*(Philadelphia: Westminster, 1956), 36. (「그리스도교 신앙의 커뮤니케이션」 종로서적)

29. Lesslie Newbigin, "The Pastor's Opportunities 6: Evangelism in the City," *Expository Times* 98(September 1987), 4.

30. Michael W. Goheen and Craig G. Bartholomew, *Living at the Crossroads: An Introduction to Christian Worldview*(Grand Rapids: Baker Academic, 2008).

31. 「세계관은 이야기다」가 나왔을 때, 나는 브리티시 컬럼비아 주의 밴쿠버에 있는 리젠트 칼리지와 영국 브리스톨에 있는 트리니티 칼리지(Trinity College)에서 강의를 했다. 강의 제목은 "세계관이 지역 회중에게 중요한 것인가?"이며, 강의에 사용된 파워포인트 슬라이드는 다음에서 얻을 수 있다. http://www.biblicaltheology.ca/Regent_Talk.ppt.

32. Kraemer, *Communication of the Christian Faith*, 36.

33. Lesslie Newbigin, "Our Task Today"(1951년 12월 18–20일에 인도 티루망갈람에서 열린 교구협의회 네 번째 모임에서 행한 연설).

34. Lesslie Newbigin, "The Work of the Holy Spirit in the Life of the Asian Churches," in *A Decisive Hour for the Christian World Mission*, ed. Norman Goodall et al.(London: SCM, 1960), 28.

35. Newbigin, "Our Task Today."

36. Michael W. Goheen, *"As the Father Has Sent Me, I Am Sending You" : J. E. Lesslie Newbigin's Missionary Ecclesiology*(Zoetermeer, Netherlands: Boekencentrum, 2000), 311-314.

37. 이러한 종류의 기관들에 대한 웹사이트는 다음과 같다. 캐나다에 있는 http://www.cardus.ca와 뉴질랜드에 있는 http://www.maxim.org.nz.

38. Lesslie Newbigin, "Crosscurrents in Ecumenical and Evangelical Understandings of Mission," *International Bulletin of Missionary Research* 6, no. 4(1982): 148.

39. Hendrik Kraemer, *The Christian Message in a Non-Christian World*(Edinburgh: Edinburgh House Press, 1938), 304.

40. Lesslie Newbigin, *The Gospel in a Pluralist Society*(Grand Rapids: Eerdmans, 1989), 229.

41. C. J. Miller, *Outgrowing the Ingrown Church*, 151-152.

42. 위의 책, 152.

43. 추가적인 참고 도서로서 뛰어난 책은 Timothy Keller, *Resources for Deacons: Love Expressed through Mercy Ministries*(Decatur, GA: Presbyterian Church in America, 1985): Keller, *Ministries of Mercy: The Call of the Jericho Road*, 2nd ed.(Phillipsburg, NJ: P&R, 1997)이다. (「가서 너도 이와 같이 하라」 UCN)

44. Pope Benedict XVI, *Deus Caritas Est*(first encyclical, dated December 25, 2005, released January 25, 2006), 25.

45. 위의 책, 25, a.

46. Bryant Myers, *The New Context of World Mission*(Monrovia, CA: Mission Advanced Research and Communication Center, 1996), 48, 55.

47. Lesslie Newbigin, "How Should We Understand Sacraments and Ministry?" (1983년 1월 10-15일에 런던에서 성공회 자문위원회와 세계개신교연맹에 의해 임명된 자문단, 성공회-개신교 국제위원회를 위해 쓴 문서)

48. C. J. Miller, *Outgrowing the Ingrown Church*, 109.

49. Anthony Tyrell Hanson, *The Pioneer Ministry*(London: SPCK, 1975).

50. 나는 우리의 경험을 좀 더 자세하게 기록했다. "Hope for the Christian Family: Family Worship," Clarion: The Canadian Reformed Magazine 49, no. 6(March 17, 2000), 125-129.

51. 1987년과 2008년판을 다음 웹사이트에서 찾을 수 있다. http://www.biblicaltheology.ca/living-at-the-crossroads/articles.

52. Patrick Johnstone and Jason Mandryk, with Robyn Johnstone, *Operation World*(Minneapolis: Bethany House, 2001). (『세계 기도 정보』 죠이선교회출판부)

53. Jack Mechielsen, preface to *No Icing on the Cake: Christian Foundations for Education*, ed. Jack Mechielsen(Melbourne: Brookes-Hall, 1980), vi.

54. Neal Postman, *The End of Education: Redefining the Value of School*(New York: Vintage Books, 1996). (『교육의 종말』 문예출판사)

55. 훨씬 이후에 우리는 그 이름을 가진 책을 발견했다. Robbie Castleman, *Parenting in the Pew: Guiding Your Children into the Joy of Worship*, exp. ed.(Downers Grove, IL: InterVarsity, 2002).

56. Goheen, *"As the Father Has Sent Me"*, 238-241.

57. *Our World Belongs to God*, 2008 version, paragraph 40.

58. http://www.truecity.ca.를 보라.

59. Joachim Neander(1680), "Praise to the Lord, the Almighty," trans. Catherine Winkworth, 1863, *Psalter Hymnal*(Grand Rapids: CRC Publications, 1987), hymn #253, v. 3.

찾아보기

열방에 빛을